民初『文化遗民』研究

罗惠缙 著

本书获湖南省第14届优秀社会科学学术著作出版资助

武汉大学出版社

WUHAN UNIVERSITY PRESS

图书在版编目(CIP)数据

民初"文化遗民"研究/罗惠缙著. —武汉：武汉大学出版社,2011.8
ISBN 978-7-307-08897-9

Ⅰ.民…　Ⅱ.罗…　Ⅲ.文人—人物研究—中国—民国　Ⅳ.K825.4

中国版本图书馆 CIP 数据核字(2011)第 129442 号

责任编辑:陶佳珞　　　责任校对:黄添生　　　版式设计:马　佳

出版发行:**武汉大学出版社**　(430072　武昌　珞珈山)
　　　　　(电子邮件:cbs22@whu.edu.cn　网址:www.wdp.com.cn)
印刷:武汉中科兴业印务有限公司
开本:720×1000　1/16　印张:22　字数:316 千字　插页:2
版次:2011 年 8 月第 1 版　　2011 年 8 月第 1 次印刷
ISBN 978-7-307-08897-9/K·458　　定价:45.00 元

序

冯天瑜

    中国是一个讲究忠节的国度。忠臣、节士向来是国人的楷模。

    中国又是一个有着悠久革命传统的国度，早在三千多年前，商汤除夏桀、周武灭殷纣，即高张"革命"旗帜，《易传》曾论证其正义性：

    汤武革命，顺乎天而应乎人。①

    将革除暴君王命、建立新朝，诠释成上顺天意、下应人心的合理行为，故在改朝换代之际，前朝人士投效新朝，被视作"识时务"的"俊杰"。然而，在改朝换代过程中，总有一些不仕两朝、尽节于前朝的人物，如"不食周粟"的殷臣伯夷，此即所谓"遗民"。在中国文化统绪里，"遗民"往往赢得"节操可风"的赞誉，不仅在士林内被尊仰，亦往往被后朝的帝王所推崇，希望本朝士子像遗民忠于前朝那样忠于本朝。当然，由于中国文化中又有"革命正义"的传统，遗民亦常被批评为"愚忠"，被视作不善通变的迂腐之人。总之，遗民在中国传统的评价系统中状态复杂。而且，各个时期的"遗民"各有特定的内涵，不可一概而论，如明初的方孝孺坚守正统观，守忠节于建文帝，至死不从"篡夺"的永乐皇帝；明末清初的遗民（如黄宗羲、傅山、顾炎武、王夫之等）除不愿背弃朱明之外，还怀抱"夷夏之大防"的信念，拒绝向入主中原的满洲统治者效忠，辛亥革命前后鼓吹"排满革命"的志

---

    ① 《易·革》。

1

士特别推许王夫之等前明遗民。

罗惠缙博士研究的民初遗民,是中国历史上别具一格的遗民群体,有其特别的生成机制和时代特色,概言之,由于辛亥革命推翻的不单是清王朝,而且结束了沿袭两千多年的宗法帝制,故在继清而起的民国生活的前清遗老遗少,追怀的不仅是一个特定的前朝(清朝),还包括整个宗法帝制,以及与之相为表里的传统文化。因此,身处古今中西文化交会的当口,民初遗民除具备不仕两朝、怀念前朝的遗民的通常属性外,更多地表现为对传统文化之道统的承袭与学统的坚守,他们对逊清的追怀,很大程度上交织着对清学(以及由清学所包蕴的整个传统学术)的追怀,故其"怀清"与道统担当、学统承续、传统学术整理融为一体,从而呈现明显的"文化遗民"特征。惠缙君攻读博士期间,曾与我反复探讨民初遗民的此一特色,并竭其心力于民初文化遗民的考析,《民初"文化遗民"研究》便是惠缙君努力的结晶。

论著由上、下两编构成。

上编总体探讨民初"文化遗民"的基本情况,包括:遗民的构成、人物关系;遗民的生存方式和与传统政治观念的关联;民初"文化遗民"的学术成就;民初"文化遗民"的文学思想及文学成就;《清史稿》及地方史志、丛书的编纂、辑录,学校教育及图书馆、博物馆等文化事业等方面。

下编对王国维、刘声木、章梫等个案进行研究。王国维学殖深广,最具"文化遗民"的代表性;刘声木终身以著述为业,喜在撰述中蕴含微言大义;章梫基本以史学家身份出现,但他的诗文创作成果颇丰,文化遗民特征亦十分明显。

余论及结语部分是对民初"文化遗民"的评价。民初"文化遗民"是中国近现代文化保守主义者中的一翼,他们在精神气质、理性、价值观等文化心理层面,坚守君主制度、皇帝等具有"克里斯玛特质"的传统性内容。历代遗民面临着"亡国"问题,而民初遗民更多的是面临"亡天下"的问题,但民初"文化遗民"并没有在"亡天下"的背景中失去文化自觉和文化重振的信心,他们冷静地坚守着遗民精神,看护着民族精神家园,做出了可观的文化贡献。

惠缙是著，将民初"文化遗民"作为一个群体进行综合的、专题的研究，其关于"文化遗民"概念的界定，民初遗民群体关系的分析，民初遗民的学术倾向、文学活动，在清末民初中西文化碰撞、交融背景下的文化活动，皆有考订论析。是著在史料开拓方面也颇下功夫，一是发掘鲜为人知的材料，如王国维、沈曾植、孙德谦等1922年编纂的《亚洲学术杂志》，周庆云的"晨风庐丛刊"（包括《晨风庐唱和诗存》、《晨风庐唱和诗续集》、《淞滨吟社集》、《甲乙消寒集》、《壬癸消寒集》等），高翀的《希社丛编》；二是关注新近出版的资料，如《北京图书馆藏珍本年谱丛刊》、《民国诗集丛刊》及民国笔记史料丛刊等。此外，个人的文集、日记、碑刻、年谱、后人辑录的回忆录、文史资料等人物研究的常见史料亦有较多的运用。上述史料的运用，有助于对民初"文化遗民"的学术文化活动及其文化价值观做深入的探讨，推进了若干具体问题的研究。

是著除使用传统的历史研究方法外，较多地注意到文化生态理论、文化心理学理论、现代性理论，在"遗民文学"研究中则运用"诗文互证"、"以诗证史"等方法。

惠缙君是著颇有创获，堪称佳作，已如上述。当然，是著也留下未竟论题，略举两端：（一）清民交替之际的"清帝优待条例"，于1912年以降的十多年间保留了紫禁城内的小朝廷，这无论在象征意义上，还是在实际的社会存在上，都为逊清遗民提供了生存空间与精神依凭（王国维等行走于紫禁城，成为"帝师"，正当此际），故冯玉祥的国民军将溥仪等逐出紫禁城，遗民如丧考妣。对此一环节似应作较充分的论述，以昭显逊清遗民的特别境遇与心态。（二）王国维等人在清末新政前后迎受西方新学，在文、史、哲诸领域成为融会中西的先驱，此为近代学术史的佳话，而王氏政治上的保守性与学术上的现代性之间的矛盾，久为人们关注而未获深解，若从文化遗民论题角度，置之古今中西文化史的背景上展开此一题目，有可能作出精当的诠释。以惠缙君的执著与勤学善思，相信今后还会在此类论题上精进不已，为近现代学术史、文化史研究做出新的贡献。吾等愿意继续略助微力，并乐观其成！

2011 年 7 月 25 日撰于武昌珞珈山

目　　录

1

导　　论

　　1918 年农历十月初七，北京积水潭清脆的一声水响，打破了京城清晨的宁静，任职民国政府民政部的梁济，怀揣着一封绝命书自沉于湖中！

　　梁济投湖时清脆的水响瞬间即逝，飘荡在湖中的波纹和涟漪却漫过了湖堤，穿越高墙红瓦的阻隔，撞击着世间每一个人的心弦，《申报》、《顺天日报》、《时报》等各大报刊迅速报道了这条爆炸性的消息，梁济的自杀成为人们茶余饭后谈论的话题，一时间，赞成者有之，痛批者有之，效法者有之。溥仪谕谥"贞端"；梁的周姓同乡，继梁以死；第二天，蒙古人、理藩院员外郎吴宝训（字梓箴）亦投净业湖死；罗振玉也十分钦敬梁济的志节……

　　人们不禁要问，梁济们为何而死？

　　梁济留下遗书，敬告世人："梁济之死，系殉清朝而死也……吾因值清朝之末，故云殉清，其实非以清朝为本位，而以幼年所学为本位，吾国数千年先圣之诗礼纲常，吾家先祖先父先母之遗传与教训，幼年所闻，以对于世道有责任为主义，此主义深印于吾脑中，即以此主义为本位，故不容不殉。"①

　　梁济又说："义者，天地间不可歇绝之物，所以保全自身之人格，培补社会之元气，当引为自身当行之事，非因外势之牵迫而为也。清朝者，一时之事耳，殉清者，个人之事耳。就事论事，则清朝为主名，就义论义，则良心为通理。设使我身在汉，则汉亡之日

---

① 梁济《敬告世人书》，梁焕鼐、梁焕鼎《桂林梁先生（济）遗书》，沈云龙《近代中国史料丛刊》第 34 辑，台北：文海出版社，第 82 页。该丛刊分为正编、续编、三编，出版时间跨度大，恕不一一注明年份。

1

必尽忠；我身在唐，则唐亡之日必尽忠；在宋、在明，亦皆如此。故我身为清朝之臣，在清亡之日，则必当忠于清，是以义为本位，非以清为本位也。"①

梁济的话似乎有点矛盾：既云殉清，却不以清朝为本位。

细细剖析梁济的话语，约可看出其矛盾之所在：既要殉清，又要殉"先圣之诗礼纲常"、"先祖先父先母之遗传与教训"、"世道"、"责任"、"本位"、"主义"、"义"等。殉清是因为他是清朝人，"诗礼纲常"、"遗传与教训"、"世道"、"责任"、"本位"、"主义"、"义"等不全为清朝所独有，而是为整个中国文化所拥有，故是"非以清朝为本位"。

显然，在梁济看来，清王朝与"诗礼纲常"、"主义"、"义"等密切关联，清王朝的灭亡预示着"诗礼纲常"、"主义"、"义"等的灭亡，清朝之亡也是中国文化的灭亡。梁济的殉命既是殉清王朝，也是殉"诗礼纲常"、"主义"、"义"等，梁济殉的就是以中国文化为本位的清王朝！

两个月后，《新青年》杂志发表了陶履恭、陈独秀等人的批评文章，评论梁济的死。陶履恭认为，梁济的死根源于两种误谬的理想：拿清朝当做国家；以为自杀可以唤醒世人。显然，陶氏认为梁济的死不值一提。陈独秀则认为，梁济"就是想用对清殉节的精神，来提倡中国的纲常名教，救济社会的堕落"②。虽然梁济的思想古旧，但是他为救济社会牺牲自己的生命，以身殉自己的主义，主张一致、言行相符等气概，少有的正直和舍生取义的崇高精神，还是很值得人们尊敬的。他区分了梁济的殉清和殉精神之间的不同。

约80年后，还有一批思想史家对梁济的死争论不休，他们认为梁济或死于对共和体制的失望，或死于民初信仰危机，或是遗老

① 梁济《敬告世人书》，梁焕鼐、梁焕鼎《桂林梁先生（济）遗书》，沈云龙《近代中国史料丛刊》第34辑，台北：文海出版社，第84～85页。

② 陈独秀《论对于梁巨川先生自杀之感想》，《新青年》第六卷第一号（1919年1月）。

文化的心态的体现，① 等等。

就在人们对梁济自尽的记忆还没有完全淡忘时，1927 年 6 月 2 日，王国维怀揣着"五十之年，只欠一死。经此世变，义无再辱"的遗书，自沉昆明湖。

王国维的死因是个"世纪之谜"，几十年中形成了"殉清"说、"殉文化信念"说、"罗振玉逼债"说、"性格悲剧"说等各种不同的观点。

历史上的惊人相似，把本来无亲无故的王国维和梁济拉到了一起，正如有的人说："梁济、王国维之死，是 20 世纪初中国传统文人的精神绝唱。"② 因为都是投水自尽，他们成为一个世纪以来学人和文人们谈论的对象。

评说王国维和梁济死因的观点，有褒有贬，王、梁之死，从当事人自己到后世的评论者，都说到"殉清"，既然中华民国政府已经建立，"殉清"当属不当之举，因此，批判者的理由似乎充分。然而，细细咀嚼梁济的《敬告世人书》和熟知王国维的陈寅恪撰写的王氏挽词，我们又会发现，梁、王二人的死无不与中国文化近代转型过程中面临的某种危机和历史使命有着密切的关系，正是这种理解，导引出陈寅恪等人的"殉文化信念"诠释。

对于王国维的死，陈寅恪在超越"殉清"俗说的基础上，独出心裁地提出了"殉文化信念"的观点："凡一种文化值衰落之时，为此文化所化之人，必感苦痛，其表现此文化之程量愈宏，则其受之苦痛亦愈甚；迨既达极深之度，殆非出于自杀无以求一己之

---

① 相关论述文章，见罗志田《对共和体制的失望：梁济之死》，(《近代史研究》，2006 年第 5 期)；韩华《梁济自沉与民初信仰危机》，(《清史研究》，2006 年第 1 期)；邵盈午《从梁济"自沉"看中国近代遗老的文化心态》，(《上海师范大学学报》(哲学社会科学版) 2004 年第 1 期)；林毓生《论梁巨川先生的自杀》，《中国传统的创造性转化》，北京：生活·读书·新知三联书店 1988 年 12 月；[美] 艾恺《最后的儒家——梁漱溟与中国现代化的两难》，南京：江苏人民出版社 2003 年 8 月。

② 黄道炫《梁济和王国维：新世纪的解读》，香港中文大学《二十一世纪》，2004 年 10 月。

心安而义尽也……近数十年来,自道光之季,迄乎今日,社会经济制度,以外族之侵迫,致剧疾之变迁;纲纪之说,无所凭依,不待外来学说之挹击,而已销沉沦丧于不知觉之间;虽有人焉,强聒而力持,亦终归于不可疗救之局。盖今日赤县神州值数千年未有之巨劫奇变;劫尽变穷,则此文化精神所凝聚之人,安得不与之共命而同尽,此观堂先生所以不得不死,遂为天下后世所极哀而深情者也。"① 七年后陈在为王静安先生遗书作序时又说:"自昔大师巨子,其关系于民族盛衰学术兴废者,不仅在能承续先哲将坠之业,为其托命之人,而尤在能开拓学术之区宇,补前修所未逮。故其著作可以转移一时之风气,而示来者以轨则也。"②

显然,王国维的死,属于"文化托命"!

虽然陈寅恪对"流俗恩怨荣辱醍醐之说,皆不足置辩",但深层推敲陈寅恪的表述,我们还是能够发现他并没有完全否认王国维没有"殉清"的意味:赤县神州值数千年未有之巨劫奇变的时期,正是"近数十年来,自道光之季,迄乎今日"的晚清时期;劫尽变穷的时期,正是文化精神所凝聚之人,与之共命而同尽的时期,因此,王国维所殉的"文化"和所生活的清朝之间有着千丝万缕的联系,王国维所殉的"文化信念"也含有清文化的一部分。

细细品味近一个世纪以来关于梁、王二人之死的各种论述以及相关争论,它们无不给我们提供了一个信息:梁济、王国维等既属清朝的遗民,又属文化价值被凌逼时坚守文化信念的人,他们是合殉命和殉中国文化为一体的"文化遗民"!

1901 年,梁启超以其敏锐的观察、常带感情的笔调,撰写了《过渡时代论》一文,他开篇即说:"今日之中国,过渡时代之中国也。"梁启超认为过渡时代的中国人有两种:"其一老朽者流,死守故垒,为过渡之大敌……其二青年者流,大张旗鼓,为过渡之

---

① 陈寅恪《王观堂先生挽词并序》,《学衡》第 64 期,1928 年 7 月。

② 陈寅恪《王静安先生遗书序》,《金明馆丛稿二编》,上海:上海古籍出版社 1980 年 10 月,第 219 页。

先锋。"①

借用梁氏之论，自明中叶资本主义的萌芽出现至晚清乃至中华人民共和国成立之前的这一段漫长时期的中国，正处于"过渡时代"：它是从以皇权为主体的君主专制制向共和体制过渡的时期，它是盘踞在人们心目中的皇权神威逐渐走向解体的时期，它是人类自主意识、个性解放思想逐渐萌发、建立的时期，它是在早期启蒙思想引导下走出中世纪的时期。

因为"过渡时代"因素的影响，遗民多被视为"老朽者流"，由于他们对已故的思想、制度或人物抱残守缺、死守故垒，因而被"青年者流"斥为"顽固"和"愚妄"，落后性是显而易见的，但是透过遗民政治倾向中的顽固性成分，我们也能看见他们对传统文化也存留着一种看护之情，这不能不说是他们身上的一份可贵品质。这或许是社会文化及人物情感在"过渡时代"的特殊体现，正因为他们文化继承与遗民角色的双重身份，才使得后人的争论因各有侧重而出现多元化的倾向，也因为他们"文化遗民"的身份，使得后人有着无穷的解释空间。

因此，探寻梁济以死相挽的"诗礼纲常"、"主义"、"义"，探寻王国维"文化托命"之终极目的，这或许就是研究"文化遗民"课题价值之所在。

---

① 梁启超《过渡时代论》，梁启超《饮冰室合集·饮冰室文集之六》，北京：中华书局 1989 年 3 月，第 27、30 页。

遗民·文化遗民·民初"文化遗民"

一、遗民

从词源学角度研究"遗民"一词的变迁是理解其内在含义的基础。

关于"遗民"一词的释义，人们常以《汉语大词典》和《辞海》等辞书作为参照，二部辞书对"遗民"的解释大体分为广义与狭义两类，广义的遗民是指改朝换代之后幸存下来的人们，它不带任何政治与感情色彩，如"犹有先王之遗民"（《左传》卷39），与其同义的词有"遗老"（如《晋书》卷54"招揽遗老，与之述业"）、"逸民"（如《论语·微子》："逸民：伯夷、叔齐、虞仲、夷逸、朱张、柳下惠、少连。"）① 等，在清代以至近代人物的著作中也有这种表述。② 因其内涵过于宽泛，它们不是遗民问题探讨

_____

① 当然，也有人将"遗民"与"逸民"进行严格区分的，最显著的为归庄，他认为："凡怀道抱德不用于世者，皆谓之逸民；而遗民则惟在废兴之际，以为此前朝之所遗也……故遗民之称，视其一时之去就，而不系乎终身之显晦。所以与孔子之表逸民，皇甫谧之传高士，微有不同者也。"（《历代遗民录序》，《归庄集》卷3，上海：上海古籍出版社1984年6月，第170页。）

② 如梁启超的著作有《三月三日，遗老百余辈设欢迎会于台北故城之荟芳楼，敬赋长句奉谢》四首，其中有赞颂郑成功、刘铭传等功绩的诗及诗句："尊前相见难啼笑，华表归来有是非。万死一询诸父老，岂缘汉节始沾衣。""间气神奇表大瀛，伏波横海旧知名。南来蛇鸟延平垒，北向云山壮肃城。万里好风回舶趋，百年丽日照春耕。谁言莺老花飞后，赢得胥涛日夜声。"借用吴王赐死伍子胥后，伍沉尸江中，为潮神，每年中秋，乘素车白马，立潮头，观吴国之败典故，暗含复仇和希望台湾回归祖国之意。梁氏的诗词中经常出现"遗民"、"逸民"等字眼，如《赠台湾逸民某兼间其从子》、（转下页）

的重点，人们常注目于狭义的遗民概念。

狭义的遗民是指改朝换代后不肯出仕新朝或有强烈的怀念前朝意识的人，它带有明显的政治倾向和价值判断，如《全上古三代秦汉三国六朝文》引汉·杜笃《首阳山赋》："其二老乃答余曰：'吾殷之遗民也。'厥胤孤竹，作蕃北湄。少曰叔齐，长曰伯夷。"①卓尔堪在《明遗民诗》凡例中说："自显仕以及布衣，咸曰遗民，祖鲁论叙列逸民，虞仲国君，展禽士师，与朱张少连并称之义也。且前人有长留天地间集，又有遗民录，皆仕隐相间，则此亦不必区而别之。"②卓尔堪不区分"遗"和"逸"，也不区分"仕"和"隐"，足可看出他对"遗民"概念的理解。至于遗民与逸民的区别，张学华（字汉三，晚号暗斋）区分得更细致，辛未（1931）年冬十一月，张学华为东莞张其淦（豫泉）编辑的《元八百遗民诗咏》作序，其中明确提出了遗民、逸民的标准："盖遗民也者，必惓惓君国之思，具富贵不能淫，贫贱不能移，威武不能屈之操。非易代之际，浮湛闾里者，皆可进于遗民之列也。"③显然，遗民与逸民的差别在于是否易代。张其淦还编辑过《明代千遗民诗咏》（共三编30卷），他在赞同卓尔堪观念的基础上，则进一步强调遗民的评判："凡从前门户水火之争，或有一言一行之未惬人心者，皆可不必深求，余惟取其晚节也。"④张其淦已经将"晚节"作为衡量的标准，这比起历代只注意朝代易序短暂的一段时间，又缩小

（接上页）《高阳台·题台湾逸民某画兰》等诗词，充满了对台湾人民的理解和同情，也对他们坚持汉节、不服异族之"遗民忠义精神"深表钦佩和赞赏，他使用的是广义性质的"遗民"概念。（梁启超《饮冰室合集·饮冰室文集之四十五（下）》，第60~95页及《饮冰室合集·饮冰室专集之二十二·游台湾书牍》，北京：中华书局1989年3月，第207页。）

① 《艺文类聚》七，见严可均《全上古三代秦汉三国六朝文》，北京：中华书局1958年12月，第626页。

② 卓尔堪《明遗民诗》，北京：中华书局1961年6月，第3页。

③ 张学华《元遗民诗序》，张学华《暗斋稿》，广州：广州蔚兴场1948年刊本，第10页。

④ 张其淦《明代千遗民诗咏》凡例，周骏富《清代传记丛刊·遗逸类》，台湾明文书局1986年印行，第13页。

到终身的守护，对遗民的考验更严格了。

前人基本在这类概念的基础上展开分析。

今人对遗民概念作了新的补充与发展，如张兵认为，遗民首先必须是生活于新旧王朝交替之际的士人，在新朝不应科举，更不能出仕（出任学官和入幕者不予计较）；其次是其内心深处必怀有较强烈的遗民意识，最早的遗民当为殷周之际的伯夷、叔齐，但作为一个完整的、较大规模的社会阶层和文人群体而出现，则是在宋金元之际和明清之际。遗民尽管明显地体现出隐士的人格特征，但又绝不游离于社会政治之外，以至于越到后来政治倾向越鲜明。① 方勇认为，遗民一词同所有的概念一样，有它的本质属性和非本质属性，"是否出仕新朝"只是遗民的非本质属性，至于本质属性则"主要看他内心深处是否有较强烈的遗民意识"。② 李瑄则认为，上述二人遗民概念的界定带有一定的道德评判倾向，其实，真正"包含有政治立场与道德色彩的'遗民'词义，直到宋末元初才出现"③。

笔者以为，狭义遗民的几个基本条件，如：1. 历经两朝，2. 在新朝不出仕，3. 有遗民意识（包括不区分"遗"和"逸"、"仕"和"隐"、注重晚节等），在明清易代之前大体具备，但如果放大到考察明清之际、清（末）民（国）之际，它们又缺乏准确性。如果说"遗民意识"强调的是遗民对新王朝的不合作、对旧君王圣恩的眷顾，其有限的"出仕"是借传承学术以教化人们的目的，那么，我们会产生疑问：清初三大家顾炎武、王夫之、黄宗羲是他们的遗民价值大还是他们的学术价值大？清民之际的遗民是政治意义大还是学术价值大？如果"学术价值"超过"遗民价值"及政治意义，那仅用"遗民意识"或"道德倾向"评判是不准确的。所以，要回答涉及清民之际的遗民问题，至少，我们还得考虑

① 张兵《遗民与遗民诗之流变》，《西北师大学报》（社会科学版）1998 年第 4 期。

② 方勇《南宋遗民诗人群体研究》导言，北京：人民出版社 2000 年 6 月，第 8 页。

③ 李瑄《刘遗民非"遗民"考》，《史学集刊》2005 年第 4 期。

"遗民"一词的核心含义：对传统政治思想及新旧王朝的倾向和对待传统文化价值的态度。

1. 对传统政治思想的倾向

关于中国传统政治思想，一般认为包括政治哲学、社会模式理论、治国方略和政策、伦理道德和政治权术理论等方面，① 其特征表现为人文主义的传统、君主专制主义理论的延续与发展、政治与哲学的结合、伦理与政治一体化等。② 遗民因为其身份的特殊性往往保留了对先朝（当然主要是指汉族王朝，但民初遗民对清王朝的态度又属例外）的政治情感，因而其政治倾向也带有连续性。政治伦理化和伦理政治化使得孝、亲、忠、信成为处理人与人关系的一个基本的准则，修齐治平置放于国君，则国君不仅是政治权力的所有者与化身，而且必须是道德的楷模，否则就会落入孟子"独夫"与"民贼"的评说分类；修齐治平置放于臣民，则臣民也有自己的政治、道德义务，遵循纲常名教是对他们的起码要求，否则，就会被人视为不义，甚至落入"贰臣"的范围。显然，遗民对传统政治思想的态度基本上立足于道德评判范畴，注重传统政治思想与俗世伦理的结合，比较忽略改朝换代等社会变革带来的政治意义，这一点在明清之际、清民之际更为明显与直观。因此，笔者关于遗民的论述，不纯粹局限在"仕"与"不仕"上，既注意他们内心是否有强烈的遗民意识，但更关心他们对于传统政治思想及新旧王朝的态度。

2. 对待传统文化的态度

中国传统文化与传统政治思想有着密切的联系，大而言之，它在很大程度上是从人们的心态、思想、观念、道德、学术领域等方面对传统政治思想的诠释与实践；小而言之，它更多的是关注传统的思想资源在相关历史时期的延续与承接。传统文化的范围甚广，

① 刘泽华《中国古代政治思想史》，天津：南开大学出版社 1992 年 1 月，前言，第 2~5 页。

② 朱日耀《中国古代政治思想史》导言，长春：吉林大学出版社 1988 年 4 月，第 8~9 页。

无法——罗列,但众人熟知的"道统"、"学术"等无疑是其主要的构成,它们也承载着中国传统文化命运的续接任务。作为遗民,由于他们的政治心态主动地与新朝隔膜,甚至有意地与新朝对立,因而他们的注意力多集中在传统文化中的道统、学术等方面,有时会表现出对道统、学术强劲的依附力与自觉性,宋元之际、明清之际的遗民足以作为例证。宋末的遗民戴表元在元初被人推荐为信州教授,此仕新朝之举,被人视为"失节",但他自我认为:"教授之职专以道,他日化行俗美,则吾职举州诸生弟子有一悖理而隳业者,是吾教之授之不至也,吾又敢自谓之有道乎哉?"① 明遗民顾炎武、王夫之等也有同样的倾向,他们对于史学等传统文化有着独到的理解,如在南明王朝灭亡后,隐匿不做官,决心以从事经学、史学研究为职志的王夫之,给自己的治学立定了一个目标:"所贵乎史者,述往以为来者师也。为史者,记载徒繁,而经世之大略不著,后人欲得其得失之枢机以效法之无由也,则恶用史为?"② 他告诫后人,治史是明了历史得失、鉴古通今的手段,否则,历史就一无所用,其经世的意图是十分明显的。可以说,遗民不仅以其高尚的志节彪炳史册,更以拯救民族文化为己任,积极从事文化创造。

陈寅恪先生1935年曾说:"凡解释一字即是作一部文化史。"③ 遗民与文化的结缘建立在他们对文化的理解和认同的基础上,照此说,解释遗民,也是文化史工作的一部分。

二、文化遗民

1. 遗民类型

因为对遗民的内涵理解及评价的标准不同,从古至今关于遗民的分类存在着不同的看法:

---

① 戴表元《剡源戴先生文集》卷13《送盛元仁赴吉水教授序》,张元济等辑《四部丛刊》(初编)(1401 册),上海:商务印书馆1922 年影印本。

② 王夫之《读通鉴论》(卷6),《船山全书》,长沙:岳麓书社1996 年2 月,第225 页。

③ 《陈寅恪先生来函》,沈兼士、葛信益、启功整理《沈兼士学术论文集》,北京:中华书局1986 年12 月,第202 页。

第一类基本以时间作为判断的标准，人们常说的殷周遗民、宋遗民、明遗民、清遗民等即是。

第二类取遗民主体与新王朝是否合作作为评判的标准，如有人在研究了黄宗羲的遗民生涯后，借鉴黄宗羲对遗民“能确守儒轨，以忠孝之气贯其终始”的理解，概括出遗民有四种类型：混世者、避世者、逃世者和入世者。其中，混世者和避世者，“要皆胸中扰扰，不胜富贵利达之想，分床同梦，此曹岂复有性情”；而逃世者“皆过而失中也”，甚至沦为“伪”，只有入世者“为得遗民之正也”①。

第三类是将政治与情感评判结合起来看，如罗继祖在其文中提到，遗老大体以辛亥革命为界分为前后两段，前段集中在殷周至明代，以伯夷、叔齐为代表，民族反抗心理最为强烈，后段则在辛亥革命以后，其主要类型有，一种在前朝已成显宦，拥有厚赏，已忘怀了世务，如周馥、陈夔龙之流；一种如罗（振玉）、郑（孝胥），他们表面虽都是遗老，却一真一伪。真者上了牢笼……伪者趾高气扬；一种本已脚踏两只船，还在观望，十足政客嘴脸，如金梁之流；最好的为陈重威，也以“桓文尊王之义久微”为由，拒绝参与张勋复辟，又以“宗社已沦，典章何有”为由拒绝出仕，安心其遗老生活，如云中白鹤。②③

蒋星煜在分析了中国隐士的生活形态等各方面的问题之后，将

① 郭英德《明清文学史讲演录》，桂林：广西师范大学出版社 2005 年 12 月，第 278～282 页。

② 罗继祖、王庆祥《罗继祖绝妙小品文》，长春：时代文艺出版社 1998 年 6 月，第 477 页。

③ 据罗继祖《壎户录》载：陈重威（1853—1937）字容民，号澹斋，江苏武进人，光绪丙子（1876）举人，先后任上海道、长芦盐司笔札。督皖李鸿章闻其名，延之幕府，与于式枚、张佩纶同事，后任吴县教谕、太原理事通判、高平县知县、山西汾州知府等职。辛亥革命后寓居津、沪，有以匡复之机走告者，唯唯而已，少索策划，及事不成，先生独指其症结，以为世殊势异，桓文尊王之义久微，成旅不过托诸梦想，值重宴鹿鸣，友好欲为乞恩，固辞。（罗继祖《壎户录》，哈尔滨：黑龙江人民出版社 1989 年 6 月，第 91 页）

隐士分为四类：政治生活里的真实的隐士和虚假的隐士；经济生活里的在业隐士和无业隐士；社会生活里的孤僻隐士和交游隐士；精神生活里的养性隐士和求知隐士。① 仔细推究起来，遗民也有与其类似的因素，大体可分为政治遗民、文化遗民等类型。

政治遗民是"身在江湖，心存魏阙"、比较狂热地参与政治生活的人，其中以复辟意识、武装斗争、强烈地拒仕新朝等行为最明显，殷周时期的伯夷、叔齐，宋元之际的文天祥，明清之际的陈子龙、夏完淳、郑成功，民国时期的张勋、升允、铁良、溥伟等人是其代表。

2. 文化遗民

"文化遗民"是最近十年学术界在研究遗民问题时提到的一个名词。如葛兆光的《世间原未有斯人——沈曾植与学术史的遗忘》，② 林贤治的《文化遗民陈寅恪》，③ 刘振华的《论钱谦益的"文化遗民"心态》，④ 傅道彬、王秀臣的《郑孝胥和晚清文人的文化遗民情结》，⑤ 傅道彬、王秀臣的《海藏楼内外的郑孝胥》，⑥ 桑兵的《民国学界的老辈》⑦ 等论文。何谓"文化遗民"？学术界还没有出现一个较为全面、规范、科学的解释。⑧ 学者们的成果只是在研究到相关人物及问题时，根据研究主体的需要，提到"文

---

① 蒋星煜《中国隐士与中国文化》，上海：上海三联书店 1988 年 2 月，第 20 页。

② 《读书》，1995 年第 9 期。

③ 《书屋》，1998 年第 6 期。

④ 《东南文化》，2000 年第 11 期。

⑤ 《北方论丛》，2002 年第 1 期。

⑥ 《北方论丛》，2005 年第 1 期。

⑦ 《历史研究》，2005 年第 6 期。

⑧ 刘振华在探讨钱谦益的文化遗民心态时谈道：如果说"文化遗民"是被传统文化所"化"之遗民，尤其关注"天下兴亡"的特殊情境，将士大夫的角色内容呈现出来。"文化遗民"作为"士"与易代之际政治状况的关系形式，作为"士"所选择的一种人生态度与思想情感，作为"士"的生活方式、价值取向的普遍性，"文化遗民"拥有极为广阔的历史文化背景。（刘振华《论钱谦益的"文化遗民"心态》，《东南文化》2000 年第 11 期）（转下页）

化遗民"的内涵的某一个方面。既然本书选择民初的"文化遗民"作为主体的研究对象，因此，给出"文化遗民"一个准确的界定是责无旁贷的任务，也是无法回避的一个问题。

本书"文化遗民"定义的给出，受到以下几方面的启发：

从事文化史研究的学者知道，"文化"的含义五花八门，有人统计，自从英国文化人类学家爱德华·泰勒1865年第一次界定文化一词的含义以来，关于文化的定义已经有160个之多，但是它们或倾向于文化的外延（如爱德华·泰勒），或因侧重广义理解而失之笼统（如梁启超的"文化者，人类心能所开积出来之有价值的共业也"、①梁漱溟的"文化并非别的，乃是生活的样法"②等），或缺乏对文化的本质属性的界定（如文化形态史派的斯宾格勒、符号学派的卡西尔等）。从外延到内涵准确涉及文化本质属性的当为冯天瑜先生等在《中国文化史》一书中的论述，他们认为，"文化的实质性含义是'人类化'，是人类价值观念在社会实践过程中的对象化，是人类创造的文化价值，经由符号这一介质在传播中的实现过程，而这种实现过程包括外在的文化产品的创制和人自身心

（接上页）傅道彬等曾经给"文化遗民"下了一个定义：当一种文化衰落之时，必然会有一种新文化的兴起，那些为旧文化所"化"之人，在即将兴起的新文化环境里无法融入其中而深感痛苦，并想尽一切办法去维护或传承那种既已衰落的文化。这种遗民，由于其文化情结的根深蒂固，由于其遗民立场的文化含义，使其所有的表达都富有一种文化内涵，而使其自身的存在更具有复杂性。（傅道彬、王秀臣《郑孝胥和晚清文人的文化遗民情结》，《北方论丛》2002年第1期）笔者以为，上述定义较多地模仿了陈寅恪《王观堂先生挽词并序》的内容，而且对"文化遗民"中"文化"所涉的范围或局限于史学、文学领域，或对遗民的具体文化活动所指不详，不能全面反映"文化遗民"的文化活动。但他们对"文化遗民"的理解很有启迪、借鉴作用。

① 梁启超《什么是文化》，梁启超《饮冰室合集·饮冰室文集之三十九》，北京：中华书局1989年3月，第98页。

② 梁漱溟《东西文化及其哲学》，北京：商务印书馆2005年1月，第60页。

智的塑造"①。

1927 年 6 月王国维自沉，陈寅恪先生撰《王观堂先生挽词并序》，七年后陈又作《王静安先生遗书序》："自昔大师巨子，其关系于民族盛衰学术兴废者，不仅在能承续先哲将坠之业，为其托命之人，而尤在能开拓学术之区宇，补前修所未逮。故其著作可以转移一时之风气，而示来者以轨则也。"② 显然，他认为王国维是因"文化绝命"而自杀，王国维的死属于文化托命。

1911 年 7 月为王先谦七十生辰，他坚辞各类馈遗但允许同道以文、诗为寿，甲戌（1874 年）科门生、时任学部参议的缪荃孙为其作序云："从来儒统与世统相维系，当阴阳剥复、枢纽绝续之时，天必生劬学好古之士，赐以耆寿，为盛学绵绪系，即为斯世树标准。"接着，他以汉代口授儒经的伏生、北魏承继易学的关朗作比，指出王夫子葵园先生即是伏生、关朗再现。"世统有兴废，而儒统无兴废。且欲通古今为一贯，合中外为一辙。扩张之功，推先生为砥柱。"③ 缪荃孙的寿序虽有一定的夸张之嫌，但是他从学术承继的角度而言，明显肯定了王先谦学术续命的功绩。

嘉业堂主刘承干嘉惠学林的一件大事是，1917 年夏至 1919 年秋，他邀请缪荃孙等人为其六十万册之巨的嘉业堂编纂藏书志，其在书前序言中，以主客问答的形式解释了自己为何要收藏和编纂书籍的理由，他从范钦"天一阁"、钱塘汪宪"振绮堂"、丁丙"八千卷楼"、归安陆心源"皕宋楼"等藏书家后人不能竟其业而终于散落的现实中领悟到："典籍本天下之公物，聚散得失，自一人一家言之，或不能无坠履遗簪之惜；自天下之大言之，则失于此者得于彼，散于私而聚于公，其所损者固微而所益者转愈于斤斤私其所

---

① 冯天瑜、何晓明、周积明《中华文化史》序言，上海：上海人民出版社 1990 年 8 月，第 26 页。

② 陈寅恪《王静安先生遗书序》，《金明馆丛稿二编》，上海：上海古籍出版社 1980 年 10 月，第 219 页。

③ 《王先谦自定年谱》，王先谦《葵园四种》，长沙：岳麓书社 1986 年 9 月，第 800～801 页。

有。"况且"文献征存,人皆有责","与其过而废也,无宁过而存之。则虽鳞爪不全,自珍敝帚,或犹可后贤证古之一助也"①。客人又开导他说,"时事之艰,经术之孟晋也;离乱之极,学统之维系也",接着,他又以五代十国及明代图书尽遭沦丧而有毋昭裔、毛晋等人继而起之之故事,劝导刘承干刊刻书籍,刘氏欣然接受其建议,约请缪荃孙等人校刻书籍,最后,他发表感慨,认为这样做,既"与艺林不为无功",又可以"大昌斯文之运会,以扩经术而持学统"②。很显然,刘承干认为自己的上述做法,不仅是为了保存文献,承载着文化薪火递传的重任,更主要的是在天地易位、纲弛纽解的时候,接续了文化命脉、学术传统!

江苏兴化人李详(审言)撰有《海上流人录》一文,他将寄寓海上的流人(民初遗民)分为三类:第一类为"金闺旧彦,草泽名儒,不赴征车,久脱朝籍,丹铅点勘,藉竹素为萱苏;金石摩沙,齐若光于崦景",即他们不赴征召,以沉溺书画、品玩金石为趣。第二类以"哀郢终燕,微服轻装……朝夕校录,同执苦之诸生;知旧谈谐,助语林之故实"。他们隐逸林间,诗酒留恋、谈谐作乐。第三类为"幼清廉洁,探道渊元,日承长老之言,侧睹君子之论",他们基本侧身于释道之中。③ 不论三类人的外在活动形式如何,他们内在的本性都是从事文化活动,比较明显地呈现出"文化遗民"的特征。

以上列举的五人的述说,是从不同的侧面就文化的本义与文化传统的传承立论的,将他们论说的主旨进行组合与归纳,能够引导我们对"文化遗民"内涵的理解,结合遗民所处的特定背景、遗民一词呈现出的核心含义以及他们在实际文化事业中做出的贡献,笔者认为:

---

① 刘承干《嘉业堂藏书志自序》,缪荃孙等《嘉业堂藏书志》,上海:复旦大学出版社 1997 年 12 月,第 1~2 页。

② 刘承干《嘉业堂丛书序》,缪荃孙等《嘉业堂藏书志》,上海:复旦大学出版社 1997 年 12 月,第 1243~1244 页。

③ 王国维《兴化李审言海上流人录征事启》,王国维著、赵利栋辑校《王国维学术随笔》,北京:社会科学文献出版社 2002 年 2 月,第 104 页。

　　"文化遗民"是指在因朝代的更替、时序的鼎革等因素导致的民族盛衰、学术兴废、文化价值被凌逼时,坚持以从事学术研究、赓续学术思想或从事文化典籍的考镜、整理、出版等为职志,借助自己的心智塑造,将固有的文化价值或思想观念以潜隐或外显的方式表现出来,从而使学术传统和文化、思想得到挖掘、传承、开拓或创造出新的文化产品之遗民。

　　这一定义基于四种考虑:

　　①"文化遗民"是遗民群体中的一类,他们尽管有明显的政治倾向,但相比于文化实绩,他们的政治目的与野心基本处于隐而不彰之地步。

　　②作为"文化遗民",他们的主要贡献在于从事学术研究、赓续学术思想或从事文化典籍的考镜、整理、出版等。

　　③"文化遗民"从其阶层构成来看,多为士人/文人出身,其情感倾向、道德规范有与前朝或传统的文化价值相吻合的成分,甚至有超越俗世、保持士人遗世独立情操的特征。

　　④"文化遗民"是出现于特定时代的,一般涉及民族观念、学术风气、文化价值等内在的文化本质属性方面。

　　简而言之,"文化遗民"是集道统担当、学统承续与文化整理等职责为一体的遗民。

　　3. "文化遗民"考略

　　历史的悠久,朝代的频繁更替,使得遗民屡屡出现,而作为其一类主要构成因子的"文化遗民"更是一个动态的发展过程,从殷周到民初,遗民此起彼伏。

　　作为遗民的前辈,殷周遗民比较明显地属于政治遗民。

　　《诗经·大雅·云汉》有"周余黎民,靡有孑遗"诗句,故一般认为殷周之际为遗民的起点,代表性的人物有箕子、微子、伯夷、叔齐等。《史记》载箕子曾说:"为人臣谏不听而去,是彰君之恶而自说于民,吾不忍为也。乃被发佯狂而为奴。遂隐而鼓琴以自悲，故传之曰《箕子操》。"微子曾说："父子有骨肉，而臣主以义属。故父有过，子三谏不听，则随而号之；人臣三谏不听，则其义可以去矣。于是太师、少师乃劝微子去，遂行。"①

①宋金元之际的文化遗民

宋金元之际，约可为中国遗民发展的第二个阶段，这一阶段的遗民因比较关注华夷之辨，而且对教育、史学、文学艺术等学术文化有坚守之情，富有"文化遗民"的特征，依他们从事的遗民文化活动，大体分为三类：一类是以诗文创作为主体的诗人、文人，如著名的有元好问、郑思肖、汪元量、刘辰翁、谢翱、谢枋得、真山民、龚开、周密等；一类是以马廷鸾、马端临父子，胡三省等为代表的历史学家；一类是诗人兼艺术家，如郑思肖、龚开等人。

元好问（1190—1257）字裕之，号遗山，世称遗山先生，太原秀容人，曾任国史院编修、南阳令、尚书省左司员外郎等职。据郝树侯《元好问诗选》后记载，49～67岁（1239—1257）为元好问遗民生活时期。元好问的遗民文化活动集中在两方面：

首先，抱着"衰年那与世相关"的态度，经过二十余年的辛勤劳动，编成汇辑金国已故君臣诗词总集的《中州集》和《壬辰杂编》，命名"中州"寓有"今是中原一布衣"、缅怀故国、以金为正统的深意。写于金天兴二年（1233年）的《癸巳四月二十九日出京》一诗就对金朝的灭亡流露出回肠荡气的愤慨，其时，元好问官左右司员外郎，崔立降蒙古后，元氏在四月二十九日被蒙古军羁管出京，暂住青城（即大梁城南五里处），故其诗有："只知灞上真儿戏，谁谓神州逐陆沉。华表鹤来应有语，铜盘人去亦何心？兴亡谁识天公意，留着青城阅古今。"② 既化用《搜神记》中辽东人物丁令威魂化为鹤，飞到辽东城门华表上，唱歌为故国招魂的故事，又哀叹天兴末年在青城被蒙古军队杀戮而死的金国后妃内族，基本呈现了"以诗存史，以文存史"的特征。

---

① 司马迁《史记》，北京：中华书局1959年9月，第1609～1610页。

② 郝树侯《元好问诗选》，北京：人民文学出版社1983年2月，第61页。

其次，元好问怀着"国亡史兴，己所当任"的信念，往来四方，搜集史料，决心以一己之力纂修《金史》，曾于顺天张柔处抄《金源实录》，被人所阻后，筑"野史亭"于其家，采择金末君臣遗言往行曰"金源君臣言行录"，有百余万言。元氏虽未实现自己纂修金史的愿望，但他所收集的资料为元代修宋、辽、金史，明朝修《元史》，提供了大量的第一手资料，特别是为《金史》的修纂奠定了成功的基础，故《四库全书总目》称，后之《金史》，"多本其所著"，这种国亡修史的做法，为明万斯同"以布衣参史局"修《明史》，民初遗民为报效故主参修《清史稿》所效仿。

郑思肖（1239—1316）字所南，一字忆翁，福建连江人，南宋灭亡后改名为思肖，名"肖"是国姓赵（趙）的一部分，即思赵之意，且将自我居室名为"本穴世家"（把"本"下的"十"字，移入"穴"字中间，即"大宋世家"）。35 岁宋亡后离家出走，浪迹吴中名山、道观、禅院，40 年间写下了大量抒发爱国情操、讴歌南宋的爱国志士、痛斥奸臣佞徒、控诉元军暴行的诗文，有《咸淳集》一卷、《大义集》一卷、《中兴集》二卷，共收诗 250 首，杂文一卷数十篇，前后自序 5 篇，命名为《心史》，于元世祖至正二十年（1283）手订而成，晚年将其密封在一大铁盒中，外书"大宋铁函经"，内书"大宋孤臣郑思肖百拜封"字样，藏于苏州承天寺水井，明崇祯十一年（1638）疏浚眢井时被发现，成为中国历史上的一件奇事，一时为之作序、跋的达二十余人。其《中兴集》二卷，杂文数十篇都写于宋亡后几年，取名为"中兴"，意即"帝业虽迁鼎，人心未倒戈"，希冀中兴宋国。

南宋遗民画家大多以临安为中心，散居在湖州、苏州、松江一带，约分为三类：1. 以龚开、郑思肖、钱选、罗稚川、王迪简、胡廷晖等为代表的士大夫与介于文人士大夫和工匠之间的一类；2. 以温日观、马臻、颜辉等为代表的僧道一类；3. 以宋汝志、孙君泽、刘耀、沈月溪等为代表的南宋画院画家和院体传人为一类，其中以前两种构成南宋遗民画家的中心。①

作为遗民画家，郑思肖擅画兰花，宋亡后，所画兰花均无土、无根，因"地为番人夺去"，意寓土地沦丧于异族，无从扎根。龚开（1222—1306）字圣予，号翠岩，又号龟城叟，江苏淮阴人。南宋灭亡后，昔日的好友一个个仕元，龚开隐居不仕，独立不移，晚年穷困，以至"立则沮洳，坐无几席"，作画时，"儿浚俯伏榻上，就背按纸作唐马匹"。龚开还是一个文学家，著有《龟城叟集》，今存世的文章有三篇，即《辑陆君实挽诗序》、《陆君实传》、《宋文垂相传》。所挽对象为宋朝两忠烈：一是其早年挚友，后负帝赵昺于崖山蹈海的陆秀夫（字君实），一为丞相文天祥。《辑陆君实挽诗序》将陆秀夫比为汉将军李广，对其殉国表示了深切的哀悼；《陆君实传》详述了这位殉国忠臣的平生遭际，为后世留下了有关陆秀夫生平的第一篇传记材料。传末评赞有曰："国之亡固有天数，抑亦人事有不至欤？而吾君实，鞠躬尽瘁，死而后已。呜呼！悲夫！天耶？人耶？"

谢翱（1249—1295）字皋羽，号"晞发子"，又号"宋累"，福建长溪人，徙居浦城。屡试进士不第。元兵南下，他倾家财募乡兵数百人投文天祥军，参加抗元，文兵败被俘后潜伏民间。宋亡后流亡浙东，与宋遗民往还。著有《晞发集》、《天地正气》等。元朝至元二十七年（1290），谢翱登浙江桐庐富春山西台，写下了惊天地、泣鬼神的《登西台恸哭记》，明代张丁将此文比作箕子"忧宗社之音"的《麦秀之歌》。②

郑思肖、谢翱这种坚强的遗民气节成为后人模仿、钦敬的对象，明亡后，褔王朱由崧在南京建立弘光政权（1644—1645），弘光帝被俘后，1645年唐王朱聿键在福州建立隆武政权（1645—1646），《心史》和《晞发集》合刻问世，闽人方润《合刻〈铁函

---

① 庞鸥《抱香怀古意 恋国忆前身——泛议宋、明遗民艺术》，《东南文化杂志》，2001年第4期。

② 陈庆元《福建文学发展史》，福州：福建人民出版社1996年12月，第235页。

心史〉〈睎发集〉叙》云:"悲风若酸,山月皆苦。感今昔之同时,视乾坤为有恨。"闽人洪士恭"跋"云:"今圣明南御闽邦,文武奋起,扫腥膻而恢区夏,先生之神,实式临之。"①

汪元量(1241—约1317)字大有,号水云,浙江钱塘人。宋亡时随三宫被掳北上,后以黄冠道士的身份南归,至元二十六年(1289)抵达杭州,曾游历湖湘、蜀川、江西等地。著有《湖山类稿》十三卷,《汪水云诗》四卷,《水云词》二卷。刘辰翁序《湖山类稿》时说:"其诗自奉使出疆,三宫去国,凡都人忧悲恨叹无不有。及过河所历皇王帝伯之故都遗迹,凡可喜、可诧、可惊、可痛哭而流涕者,皆收拾于诗。"其友人李珏跋元量所撰《湖山类稿》,称元量"亡国之戚,去国之苦,艰关愁叹之状,备见于诗……亦宋亡之诗史也"②。

周密(1232—1298)字公谨,号草窗,又号四水潜夫、弁阳老人、华不注山人,祖籍济南,流寓浙江吴兴,宋德祐间为浙江义乌县令,入元不仕。著有《齐东野语》、《武林旧事》、《癸辛杂识》、《志雅堂要杂钞》等杂著数十种。善书画音律,能诗,尤好藏书、校书。

谢枋得(1226—1289)字君直,号叠山,江西弋阳人。宝祐四年(1256)与文天祥同科中进士。曾为考官,出题以贾似道政事为问,遂被罢斥。德祐元年(1275)起用为江东提刑、江西招谕使,知信州,率兵抗元。城陷后,流亡建阳,以卖卜教书为生。元朝迫其出仕,地方官强制送往大都(今北京),乃绝食死,门人私谥文节。编有《文章轨范》,后人辑有《叠山集》。妻李氏,江西安仁人,《宋史·列女传》载:夫流亡后,携二子藏于贵溪山中,采草木而食,元兵搜山,扬言李氏不出,则将山村屠为废墟,

---

① 转见陈庆元《福建文学发展史》,福州:福建人民出版社1996年12月,第246页。

② 孔凡礼《增订湖山类稿》,北京:中华书局1984年6月,第185~188页。

李氏闻讯毅然出山，被俘后自尽于狱中。①

宋金元之际的遗民诗人除元好问等，可见史料的约有70余人，元好问《寄中书耶律公书》中提到54人，《河汾诸老诗集》中收录8人，如陈庚、陈赓兄弟，段克己、段成己兄弟等，此外有邓牧、真山民、杨宏道、李俊民、王元粹、张本、白华、秦志安等。② 方勇在《南宋遗民诗人群体研究》中除了介绍上述几个关键人物外，将当时的遗民分为八个群体：临安群，会稽、山阴群，台州、庆元联合群，以方凤为代表的浦阳群，以桐庐为中心的严州群，以庐陵为中心的江西群，以建阳、崇安为中心的福建群，以赵璹为代表的东莞群，遗民数量繁多。

马廷鸾（1222—1289）字翔仲，号碧梧，江西饶州府东平人。据《宋史》马廷鸾本传载，南宋淳祐七年进士，历任池州教授、太学录、秘书省正字等官职，咸淳五年出任右丞相。曾上书弹劾把持朝政的宰相丁大全之罪行，进谏罢免庸臣董宋臣、朱熠之流的官职，因此被拜为宰相。但当时外戚当权，朝政腐败，忠臣无法施展才华，挽救危亡，马廷鸾出任宰相三年之后，以"天下安危，人主不知；国家利害，群臣不知；军前胜负，列阃不知"③ 等为由，辞官去政，晚年归隐故乡，潜心著书立说，有《碧梧玩芳集》等著作传世。马端临（1254—1340）字贵与，号竹村，马廷鸾次子，《宋史》、《元史》无马端临传，仅《新元史》、《元史类编》有简单介绍。少时的马端临曾任秘书少监，受对历史文献资料有丰富的收集和整理的父亲马廷鸾的影响，潜心史学，早年师从朱熹学派的

---

① 脱脱《宋史》（卷460），北京：中华书局1985年6月，第13489页。邓之诚《骨董续记》所载与《宋史》略有异："（李氏）以君直（即谢枋得）故，与二子系金陵狱。一将官欲得之，李给曰：'尔能脱我械系，乃可议此。'将以为然，祷上下释其狱。李即具汤沐约翌日出。是夕伺二子熟寐，解衣带自尽死。"（邓之诚《骨董琐记全编·骨董续记卷二》，北京出版社1996年6月，第294页）

② 王步高、丁帆《大学语文》，南京：南京大学出版社1999年，第423页。

③ 脱脱《宋史》（卷414），北京：中华书局1985年6月，第12439页。

曹泾,12 岁中秀才,南宋咸淳九年中江南漕试(乡试)第一,以荫补承事郎。后因父廷鸾反对奸臣贾似道,遭到排挤而离职回乡,端临随父回家奉侍父亲。1279 年南宋为元所灭,马端临隐居不仕,投降元朝并担任吏部尚书的浙江衢州人留梦炎曾招马端临出仕,遭到拒绝。父马廷鸾逝世后,在元朝的压力下,马端临被迫出任慈湖、柯山书院山长,1322 年,出任台州儒学教授,仅三月即告老还乡,不久病逝,享年 70 岁。马端临在故乡潜心研究历代典章制度,积数十年之力,完成记述历代典章制度的巨著《文献通考》,全书 348 卷,从上古一直写到南宋末年,后人将马氏《文献通考》、唐杜佑《通典》、宋郑樵《通志》合称"三通"。

胡三省(1230—1302)字身之,浙江台州宁海人。出身书香门第,父胡钥笃爱史学,人称"山泽遗才"。南宋理宗宝祐四年(1256 年),胡与文天祥、陆秀夫、谢枋得等同榜进士及第,历任县令、府学教授等职。登第后开始专心著述《资治通鉴广注》,得 97 卷,论 10 篇。1276 年临安(即杭州)失陷后,手稿在流亡新昌(今广东台山)途中散失。宋亡后,重新撰写,元世祖至元二十二年(1285)完成《资治通鉴音注》294 卷及《通鉴释文辨误》(12 卷),注文中多处联系蒙古灭宋事实,发表感慨,注中凡是称宋皆曰"本朝"或"我宋",其释地理皆用宋州县名,[1] 以寄托自己的民族情感。

元朝统一中国后,元统治者对汉族士人采取拉拢的怀柔政策,并派侍御史程文海访求江南文士,罗致去元朝为官,如叶李、赵孟頫等易节归顺,如同榜进士谢枋得等拒不应召,胡三省则全家迁归家乡,从此谢绝人事,以著书为乐,自号"知安老人",堂上立匾题名"逸老堂",在居所筑书室名"读书林"。

作为遗民文化活动的一部分,宋金元时期的遗民,或以文学为健笔,或以史学为寄托,或以绘画为意趣,将自己对故国之思隐喻其中,构成了中国遗民史学的一个高峰期,这些也催发了明遗民的

---

① 顾炎武《日知录》(卷 13),长沙:岳麓书社 1994 年 5 月,第 509 页。

对宋代遗民精神的继承和发展。"明清之际是宋遗民的发现时期",① 其一是编辑遗民录，著名的有程敏政的《宋遗民录》、朱子素的《历代遗民录》、李长科的《宋遗民广录》、朱明德的《广宋遗民录》等；其二是表彰遗民忠义，弘扬遗民精神，李楷（叔则）序李长科（小有）辑《宋遗民广录》，曰："宋之存，不称'宋'也，宋亡而称'宋'，以'民'续君臣之穷也；若曰：天亡宋，人不亡宋，称'宋'以存之云尔。""宋存而中国存，宋亡而中国亡。中国之存亡，千古之大变也夫……""知遗民之存宋，宋存而中国存矣。"② 清末民初的刘体信也慕真山民、汪元量等遗民的志节，摘取他们的名号命其室名为"真山堂"、"水云庵道士"。③

元明之际，士人存有"元遗心态"，像许衡、刘因、杨维桢、袁凯等，清初吴梅村、黄宗羲、归庄等在其著作中都有论及。④ 至清民之际，东莞张其淦（豫泉）撰写有《元八百遗民诗咏》（8卷），收录元遗民850余人。⑤ 也许是资料阙如，目前的研究成果不多见。

②明清之际的文化遗民

明清之际为中国遗民发展的第三个阶段，也是中国遗民发展的高峰期。

据卓尔堪《遗民诗》统计，清初遗民诗人有四百多人，作品有三千多首，邓之诚称誉为"所录皆置身枯槁，寂寞自甘之士，

---

① 赵园《明清之际士大夫研究》，北京：北京大学出版社1999年1月，第274页。

② 李楷《河滨文选》卷4《宋遗民广录》，转引自赵园《明清之际士大夫研究》，北京：北京大学出版社1999年1月，第274页。

③ 刘声木《苌楚斋随笔、续笔、三笔、四笔、五笔》，北京：中华书局1998年3月，第547页。

④ 详见赵园《明清之际士大夫研究》，北京：北京大学出版社1999年1月，第276页。

⑤ 刘承干《清遗民诗咏序》，缪荃孙等《嘉业堂藏书志》附一《嘉业堂群书序跋卷四》，上海：复旦大学出版社1997年12月，第1398页。

其驰骛声华,出处可议者,概从摈弃,取舍可谓谨严。搜罗不遗,一代遗民之作,大约具备"①;钱仲联《清诗纪事·明遗民卷》收录有440余人;孙静庵《明遗民录》收录800人;张其淦(豫泉)在1928年左右撰写的《明代千遗民诗咏》收录明代遗民1900余人②。就明代遗民的文化活动状况而言,他们同宋元之际的遗民一样,不仅坚守"夷夏观念",而且是在顾炎武"亡国"与"亡天下"之论中从事着多方面的遗民文化活动,他们尤具有"文化遗民"的特征。明代"文化遗民"大体分为四类:一是以顾炎武、王夫之、黄宗羲等为代表的历史学家;一是以归庄、魏禧、张岱、屈大均、杜濬、钱澄之、申涵光、吴嘉纪等为代表的文学家;一是以傅山、方以智、吕留良、喻昌、刘若金、李延罡等为代表的医学家;一是以石涛、八大山人、髡残、弘仁、龚贤等为代表的遗民画家。其他人物有孙奇逢、李颙、万斯同、谈迁、李确、孙奇逢、"海内三遗民"徐枋、宣城沈寿民、嘉兴巢鸣盛等。

黄宗羲(1610—1695)、顾炎武(1613—1682)、王夫之(1619—1692)为清初遗民三大家,明朝灭亡后,他们都参加过抗清斗争,后来都致力于学术研究,作为"文化遗民",三大家的影响主要集中在两方面:二是遗民精神的弘扬;二是遗民学术的承启。

明亡后的黄宗羲,辞博学鸿儒、明史纂修顾问、朝廷征举遗献,而且一再诠释遗民的含义,康熙十五年(1676)他撰《前翰林院庶吉士韦庵鲁先生墓志铭》,康熙二十年(1681)撰《宪副郑平子先生七十寿序》,康熙二十四年(1685)撰《谢时符先

---

① 邓之诚《骨董琐记全编·骨董三记卷一》,北京:北京出版社1996年6月,第418页。

② 刘承干《清遗民诗咏序》说收录有3700余人,但据张其淦《明代千遗民诗咏》凡例介绍,收录的为1900余人,为取整数,故命其书名为"千遗民录"。(详见缪荃孙等《嘉业堂藏书志》附一《嘉业堂群书序跋卷四》,上海:复旦大学出版社1997年12月,第1398页)另见张其淦《明代千遗民诗咏》(周骏富《清代传记丛刊·遗逸类》,台北:台湾明文书局1986年印行,第11页)

生墓志铭》，文章对"今之遗老退士"的生活情态做了独到的刻画。基于这种对待世务的态度，后之研究者将遗民概括为四种类型：一是混世者；二是避世者；三是逃世者；四是入世者。黄宗羲认为，混世者和避世者，"要皆胸中扰扰，不胜富贵利达之想，分床同梦，此曹岂复有性情"；而逃世者"皆过而失中也"，甚而至于沦为"伪"，只有入世者"为得遗民之正也"，为何只有入世者"得遗民之正"呢？黄宗羲明确地指出："士之报国，各有分限"，"然士各有分，朝不坐，宴不与，士之分亦止于不仕而已"，遗民与非遗民的界限，仅仅在于作为旧朝之"遗"，是否能坚持不与作为政治实体的新朝政权发生直接的君臣关系（即"官方关系"）；至于是否避忌与新朝政权中人发生种种"民间关系"，可以不论。①

复明无望之后，顾炎武往来于山东、河北、山西、陕西一带，四谒孝陵，六谒思陵，康熙十六年以死力辞博学鸿词科，晚岁卜居陕西省华阴，谓"秦人慕经学，重处士，持清议，实他邦所少；而华阴绾毂关河之口，虽足不出户，而能见天下之人、闻天下之事。一旦有警，入山守险，不过十里之遥。若志在四方，则一出关门，亦有建瓴之便"。② 体现了他坚强的遗民风度。顾炎武也反复阐述"夷夏之防"，他说："君臣之分，所关者在一身；夷夏之防，所系者在天下。故夫子之于管仲，略其不死子纠之罪，而取其一匡九合之功，盖权衡于大小之间，而以天下为心也。夫以君臣之分，而犹不敌夷夏之防，而《春秋》之志可知矣。"③ 不仅如此，他也称颂遗民气节，在《广宋遗民录》序中指出：张扬遗民，目的在

① 郭英德《明清文学史讲演录》，桂林：广西师范大学出版社2005年12月，第280页。

② 赵尔巽等《清史稿》（卷481），北京：中华书局1976年7月，第13166页。

③ 顾炎武《日知录》（卷7），长沙：岳麓书社1994年5月，第245页。

于"以存人类于天下","冀人道之犹未绝也"①。这大体与他提出的"君子为学,以明道也,以救世也。徒以诗文而已,所谓雕虫篆刻,亦何益哉?"以及在《日知录》中提倡的"保天下者,匹夫之贱,与有责焉"②之"天下兴亡,匹夫有责"的经世意趣相吻合。

与黄、顾相似,王夫之义不仕清,以自己的言行表证其遗民气概,即坚持强烈的夷夏大防,如他在《读通鉴论》中就说:"夷狄者,歼之不为不仁,夺之不为不义,诱之不为不信。何也?信义者,人与人相与之道,非以施之异类也。"③"天下之大防二:中国、夷狄也,君子、小人也。非本末有别,而先王强为之防也。中国之于夷狄,所生异地,其地异,其气异矣;气异而习异,习异而所知所行蔑不异焉……以要言之,天下之大防二,而其归一也。一者,何也?义、利之分也。"④他从夷夏之分也即君子、小人之分、义利之分角度看待夷夏观念,所以有人说他"抱着大中华主义,借武力以宣扬文化"⑤。"明亡,益自韬晦。归衡阳之石船山,筑土室曰'观生居',晨夕杜门。"康熙十八年(1679)吴三桂僭号于衡阳,有人以《劝进表》相属,王夫之答曰:"'亡国遗臣,所欠一死耳,今安用此不祥之人哉!'遂逃入深山,作《祓禊赋》以示意。三桂平,大吏闻而嘉之,嘱郡守馈粟帛,请见,夫之以疾辞。未几,卒,葬大乐山之高节里,自题墓碣曰'明遗臣王某之墓'。"⑥

---

① 《亭林文集》(卷4),顾炎武《顾亭林诗文集》,北京:中华书局1983年5月,第98页。

② 顾炎武《日知录》(卷13),长沙:岳麓书社1994年5月,第471页。

③ 《读通鉴论》(卷4),王夫之《船山全书》,长沙:岳麓书社1996年2月,第155页。

④ 《读通鉴论》(卷14),王夫之《船山全书》,长沙:岳麓书社1996年2月,第502~503页。

⑤ 嵇文甫《王船山学术论丛》,北京:生活·读书·新知三联书店1962年10月,第149页。

⑥ 赵尔巽等《清史稿》(卷481),北京:中华书局1976年7月,第13106~13107页。

　　至于遗民学术的承启，黄宗羲对学术的理解可以作为参照，"明人讲学，袭语录之糟粕，不以六经为根柢，束书而从事于游谈。故问学者必先穷经，经术所以经世。不为迂儒，必兼读史。读史不多，无以证理之变化；多而不求于心，则为俗学"①。正是本着学术经世的目的，顾炎武说："自一身以至于天下国家，皆学之事也。"而且，广交贤豪长者，虚怀商榷，不自满假。其《广师篇》云："学究天人，确乎不拔，吾不如王寅旭；读书为己，探赜洞微，吾不如杨雪臣；独精三礼，卓然经师，吾不如张稷若；萧然物外，自得天机，吾不如傅青主；坚苦力学，无师而成，吾不如李中孚；险阻备尝，与时屈伸，吾不如路安卿；博闻强记，群书之府，吾不如吴志伊；文章尔雅，宅心和厚，吾不如朱锡鬯；好学不倦，笃于朋友，吾不如王山史；精心六书，信而好古，吾不如张力臣。至于达而在位，其可称述者，亦多有之，然非布衣之所得议也。"②

　　三大家成果丰硕，黄宗羲有《黄梨洲诗集》、《南雷文定》、《宋元学案》、《明儒学案》和《明夷待访录》等，顾炎武有《亭林文集》、《日知录》、《音学五书》、《天下郡国利病书》、《肇域志》等，王夫之有《黄书》、《姜斋诗话》、《读通鉴论》、《宋论》等一百多种著作。尤其是黄宗羲成书于康熙二年（1663）的《明夷待访录》，化用《周易》爻辞："明夷于飞垂其翼，君子于行三日不食。人攸往，主人有言"句，以"明夷"指有智慧的人处在患难地位。"待访"即等待后代明君来造访采纳。其对君主专制社会的解剖、对"新民本"思想的追求，达到了较高的认识阶段，③ 故顾炎武在致黄宗羲的信中说："大著《待访录》读之再三，于是知天下之未尝无人，百王之弊可以复起，而三代之盛可以徐还也……炎武以管见为《日知录》一书，窃自幸其中所论，

---

① 赵尔巽等《清史稿》（卷481），北京：中华书局1976年7月，第13105页。

② 赵尔巽等《清史稿》（卷481），北京：中华书局1976年7月，第13167、13169页。

③ 详见冯天瑜、谢贵安《解构专制——明末清初"新民本"思想研究》，武汉：湖北人民出版社2003年8月。

同于先生者十之六七。"① 斯书被刘师培喻之为"中国之《民约论》"。

除著书外，他们也关注讲学，如黄宗羲在明灭亡后，奉太夫人返里门，开始著述，"四方请业之士渐至矣……问学者既多，丁未，复举证人书院之会于越中，以申蕺山之绪。已而东之鄞，西之海宁，皆请主讲，大江南北，从者骈集"②。此外，如孙奇逢、李颙等也以遗民身份参与讲学，且规模很大。

对于与修《明史》，顾炎武以死相辞，黄宗羲以老相拒，虽然黄宗羲不赴征书，"而史局大案，必咨于公……总裁千里遗书，乞公审正而后定。其论《宋史》别立《道学传》为元儒之陋，《明史》不当仍其例……史局依之，资笔削焉"③。这种局外修史（尤其是关于"儒林"、"理学"两传的处置）的做法虽然与有明一代的学术评价关系密切，④ 但他们还是存有明显的"以史存世"，"以史报故国"的想法，黄宗羲为谈迁（1593—1657，原名以训，字观若，明亡后改名迁，字孺木）写的墓表就说道："当是时，士人身经丧乱，多欲追叙缘因，以显来世。"⑤ 万斯同"以布衣参史局，不署衔，不受俸"，但他的修史就是"欲以遗民自居，而即以任故国之史事报故国"，所以，全祖望感慨说，"较之遗山（注：元好问），其意相同，而所以洁其身者，则非遗山所及"⑥。

上述史学家也是文学家，他们的遗民文学活动在文学史教材中

① 顾炎武《与黄太冲书》，《顾亭林诗文集·佚文辑补》，北京：中华书局 1958 年 8 月，第 238 页。

② 《梨洲先生神道碑文》，全祖望《鲒埼亭文集选注》，济南：齐鲁书社 1982 年 12 月，第 105 页。

③ 《梨洲先生神道碑文》，全祖望《鲒埼亭文集选注》，济南：齐鲁书社 1982 年 12 月，第 108～109 页。

④ 详见赵园《明清之际遗民学术论片》，《社会科学战线》，1995 年第 5 期。

⑤ 《谈孺木墓表》，沈善洪《黄宗羲全集》（第 10 册），杭州：浙江古籍出版社 2005 年 1 月。

⑥ 《万贞文（斯同）先生传》，全祖望《鲒埼亭文集选注》，济南：齐鲁书社 1982 年 12 月，第 297～299 页。

有较多的介绍，而合史学和文学研究为一体的明遗民研究成果众多，著名的有（朝鲜）佚名氏的《皇明遗民传》（七卷）、孙静庵的《明遗民录》、张其金的《明代千遗民诗咏》（共三编）、秦光玉的《明季滇南遗民录》（二卷，补遗一卷）、谢正光的《明遗民传记资料索引》、赵园的《明清之际士大夫研究》等，个案研究成果有潘承玉的《清初诗坛：卓尔堪与〈遗民诗〉研究》、赵红娟《明遗民董说研究》等，还有许多单篇研究论文中涉及地域性的遗民分析，不一一列举。

明清之际的"文化遗民"除从事传统学术、史学、文学外，还有一部分从事传统的医学研究，据张田生《明遗民与清初医学的发展》介绍，明清医学遗民中，傅山著有《傅青主女科》、《男科》、《产后编》等书；吕留良著有《吕氏医贯》、《赵氏医贯评》、《东庄医案》等书；方以智著有《医书》，现佚；李延罡著有《补撰药品化义》、《医学口诀》、《脉诀汇辨》及《痘诊全书》等书；喻昌著有《尚论篇》、《医门法律》、《寓意草》等书。他们在自然哲学、医学科学和医疗技艺等方面产生了巨大的影响。①

明清之际的画家又出现了以石涛、八大山人、髡残、弘仁"四僧"为代表的遗民画家，而且人物众多，据傅阳华《明遗民画家若干问题研究》揭示，当时的遗民画家有143人。②

三、民初"文化遗民"

1. 民初"文化遗民"

与宋元易代、明清易代背景相似，民清鼎革之际也出现了不少的遗民，就遗民类型而言，民清易代的遗民大体分为政治遗民和"文化遗民"两类：政治遗民主要以张勋、升允、铁良、溥伟等人为代表，他们基本以政治复辟为主要目的；以罗振玉、王国维、沈

---

① 张田生《明遗民与清初医学的发展》，《甘肃中医学院学报》2005年第1期。

② 傅阳华《明遗民画家若干问题研究》，首都师范大学2002年博士论文。

曾植等为代表及本书研究所涉的一大批遗民更多地呈现出"文化遗民"的特征：

①与历代遗民相比较，民初遗民面临的背景不同，除有政治变革外，还面临着文化转换，因为，清民之际，中国社会处于一种独特的时期，它既是中国文化从古代向现代的转型时期，即文化的时代性转换，也是中国文化由传统的民族性成分融入世界文明体系的过程，即文化的民族性转换。正是两种转换使得民初遗民有着"一体两翼"的构成，一体就是民初遗民群体，两翼的一翼是大多数遗民多将学术研究或从事文化典籍的整理、出版等视为自己的职志，一翼是对中华民国新政权的抵制，而且两翼具有不对称性的特点，但两者又互有兼容和补充。

②构成背景的文化内涵不同，历代遗民基本是用传统的夷夏观念作为理论支撑构筑他们的遗民世界，夷夏评判成为他们主要的话语系统，民初遗民则在中西文化的比较背景中，放弃西学选择了中学，中学成为他们的话语系统，这就大大超出了历代遗民夷夏观念的范围，从某种意义上讲，他们的中学就是传统的中国文化、学术，因而他们的文化遗民情结就是对传统文化的眷念之情，民初"文化遗民"的传统文化指向大体集中在民族观（大中华民族观）、五伦观（尤其是君臣观）、孔教观和传统的学术上。

③由于面临的背景不同，导致他们承担的任务不同。准确而言，民初部分遗民之所以被称为文化遗民，是因为他们不纯粹停留在眷念传统文化的层面，而是在学术方法的承继与开拓、史学与文化业绩、文学等领域，以自己的实践和相关文化活动等具体外化的表现方式，进一步继承和推演，因而在中国文化从传统向现代的转型过程中，他们担当了文化薪火递传的角色。至少可以说，如果缺乏民初"文化遗民"这个文化"二传手"自觉或不自觉的学术传导的话，那么，现代中国学术的建立就不会那么迅捷和顺当。

2. 遗民与"新民"

论及遗民时，有必要提及"新民"概念。

受严复"鼓民力、新民德、开民智"主张的影响，1902 年，梁启超在《新民丛报》上发表了最有影响力的系列文章《新民说》，他从内治与外交的角度论述了陶铸"新民"的必要性及基本的方法。"新"之义有二：淬厉其所本有而新之；采补其所无而新之。"所谓新民者，必非如心醉西风者流，蔑弃吾数千年之道德、学术、风俗，以求伍于他人；亦非如墨守故纸者流，谓仅抱此数千年道德、学术、风俗，遂足以立于大地也。"① 梁氏认为，"新民"既不醉心西风，也不墨守故纸，而是将中西各国民族所以自立之道、治国之精华，取长补短、择善而从。那么，如何陶铸"新民"呢？梁启超认为，应该系统地向人们灌输一套新的资产阶级道德理想和价值观念，如公德私德思想、国家思想、进取冒险精神、权利义务思想、平等自由观念、自尊自重思想、合群思想、生利分利思想、尚武精神、毅力培养，等等，力图造就与专制朝廷臣民完全不同的新一代国民。"新民"理论的出现为国民性的塑造提供了有力的理论支撑，也是梁启超对中国人的国民劣根性进行批判的有效依据。

本书借鉴梁氏的"新民"称呼，从两个层面来使用"新民"与"遗民"：一是在清王朝尚未灭亡之前，凡是具有或认可上述资产阶级道德理想和价值观念的人，称为"新民"，如下文述及的王国维及对西学有较多热情的沈曾植、辜鸿铭、陈宝琛、宋育仁、吴士鉴、金梁等人；二是在中华民国建立后，凡是比较坚定地拥护共和思想或赞成共和主张的人，毫无疑问地就是"新民"，而先前曾经认可"西学"的人，由于其情感倾向已经滑入到对清王朝的留恋和固守，故将他们归入到"遗民"范围，也就是说，在以民主、共和思想为理论指导的中华民国建立后，是否赞同民主、共和就成为划分"新民"与"遗民"的一个主要标准和参照。

3. 民初"文化遗民"与民国学人

在谈到民初"文化遗民"时，涉及他们与民国学人的区分，民初"文化遗民"与"民国学人"是两组不同的概念：

第一，从时间上讲，民初"文化遗民"作为一个相对独立的

---

① 梁启超《新民说》，梁启超《饮冰室合集·饮冰室专集之四》，北京：中华书局 1989 年 3 月，第 3 页。

主体存在的时间，从 1911 年辛亥革命至 30 年代初期，头 10 年和 20 年代是较为集中的时期；"民国学人"基本是指民国建立到 1949 年这段时期的主要学术研究人物，因此后者的包容范围大于前者。

第二，从身份上看，两类人群都有"政治身份"加"学术身份"的成分，民初"文化遗民"都属于遗民，他们或多或少对清王朝有留恋，对民国有敌意；"民国学人"则基本跳出政治身份，仅从学术身份而言，若一定要评价他们的政治态度，则他们"新民"的成分多些。

第三，被视为"遗民"或"民国学人"，不仅是个人自觉体认的结果，也是社会、同类人对他的评价与认可。如陈衍对他人称其为"遗老"时回应说："惟余甚不主张'遗老'二字……老则老耳，何遗之有？"又如有人视马其昶为遗民，但是胡思敬等因他在民国做官，且态度趋新，他们不以遗民相看。因此，本书将他们归属于"民国学人"的范畴，不作遗民考虑之列。而像张尔田、孙德谦、杨守敬、董康、夏敬观、夏孙桐、李详、李宣龚、潘飞声、吴昌硕、姚文栋等，现在基本用"民国学人"称呼，他们在学术上的贡献有目共睹，但他们确实是"遗民"，同仁作的碑传、他们之间的往来书信、相关交往活动及各自文集中的用语都可作为证明，用"文化遗民"来称呼更能切合他们身份的本真状态。

第四，称"文化遗民"或"民国学人"大要属于学术上的评判，关于两类人的价值评判、道德评判则基本不涉及。

上　编

第一章 民初"文化遗民"概说

社会的变革与转型使得人们的思想出现歧异与新变，新旧的交汇与碰撞也使社会生活异彩纷呈，"过渡时代"的社会场景往往促引文化的多样性发展，中国历史上的晚周、晚明、晚清就是这一历史表象的代表，惟其如此，"三晚"这样的边缘时代常常成为思想史、文化史研究的重点区域和关目，其中尤以晚周与晚清为甚，因为晚周是从封建社会形态向皇权专制形态的过渡，晚清是从皇权专制形态向民主共和形态的过渡，以个人权威、利益为核心的改朝换代被以制度、意识形态为核心的社会转型所取代，政治革命中寓含着社会革命。民初遗民的出现既与历代具有同一性，但也呈现出一定的差异性。

第一节 社会场景

"场"是物理学的一个术语，它的本义指某种特定情况下产生的力对其存在空间的相互作用，如磁场、电场、引力场等，后来被借用到社会科学的研究领域，出现诸如经济场、政治场、道德场、宗教场、审美场等提法，法国学者布尔迪厄在他所著《文化资本与社会炼金术》一书中认为，无论政治、经济、法律、宗教、道德还是文化，都是一个"场"，"场"是由不同位置之间的客观关系构成的网络，或一个构造。① 关于"文化场"，有的学者认为由三种观念构成：文化域观念、文化层观念、文化史观念。"域"是

---

① ［法］布尔迪厄《文化资本与社会炼金术》，上海：上海人民出版社出版 1997 年 1 月，第 142 页。

指一种范围和相关性，其中，思想文化与其它社会文化因素相互叠加，互相制约，思想文化就是在这个"文化域"中生成和变化。①显然，"场"、"域"是指平台、空间区域，是各种关系、力量能够凝结的一个基点；"场"、"域"也是一个同化器，能够将涉入其圈的所有东西同化，消解它们的差异性。

与"文化场"相关联的是"文化生态"，自 1377 年伊斯兰学者伊本·赫尔东在《历史绪论》一书中首先提出"文化生态"的概念以来，文化生态学的研究逐渐引起人们的注意，19 世纪 60 年代德国学者恩斯特·海克尔、20 世纪 30 年代英国学者阿瑟·乔治·坦斯利、20 世纪 50 年代美国的文化人类学家斯图尔德等都对它进行专门的研究。"文化生态"是指相互交往的文化群体凭以从事文化创造、文化传播及其它文化活动的背景及条件，文化生态本身又构成一种文化成分，它一般由自然环境、社会经济环境、社会制度环境三个层面构成。②

借助"场"、"域"、"文化生态"等概念，我们可以断定，民初遗民的出现就是政治"场"、文化"场"、社会关系"场"等"文化生态"综合作用的结果。

一、政治背景

站在 21 世纪的门槛反观 1840 年至 1911 年半个世纪的中国，我们发现她是一个内忧、外患两种势力煎熬和逼迫的交接体，从世界范围看，资本主义自由贸易体系的发展，迫切需要扩充原材料基地和销售市场，以自给自足的自然生产关系为主体的农业国度，加上地大物博的空间环境，使得她成为资本主义力图用商品重炮轰击的靶子，然而，实施"闭关锁国"政策的清王朝于外界懵懂无知，

---

① 胡伟希《辛亥革命与中国近代思想文化研究的观念和方法（代序）》，胡伟希《辛亥革命与中国近代思想文化》，北京：中国人民大学出版社 1991 年 9 月，第 3 页。

② 冯天瑜、何晓明、周积明《中华文化史》，上海：上海人民出版社 1990 年 8 月，第 9~10 页。

当从 1840 年 6 月英国"远征军"轰击珠江口的炮声中惊醒过来的时候，措手不及的清王朝只好屈辱地接受南京城下之盟，从此，中国逐渐进入到资本主义的侵略体系中。第二次鸦片战争、甲午中日战争一波接连一波，中国社会的危机一步一步地加深，《辛丑条约》的签订使清政府完全变成了一只系着铃铛的温顺小狗，"量中华之物力，结与国之欢心"的承诺换取了"洋人的朝廷"暂时的稳定。面对屈辱的侵略、亡国灭种的危险，有识之士不断地奔走呼号，振衰救弊，挽国民于水火。太平天国运动、戊戌变法、义和团运动的熊熊烈火在清政府一步一步屈服洋人的进程中燃烧起来，1911 年 10 月 10 日武昌新军工程第八营的一声枪响，颠覆了统治中国 268 年的清王朝的命运，一个以民主、共和为旗号的新政权——中华民国——建立了。

辛亥革命的成功解除了专制统治对人们的桎梏，开启了人们思想上的枷锁，搅动了沉寂的社会秩序，然而，由于资产阶级革命家固有的阶级局限，处于社会底层的民众除获得了剪辫、放足等自由新风尚外并没有收获多少关于民主、共和带来的丰硕成果，短暂的振奋随即被宋教仁的鲜血、二次革命的炮火所湮灭。当自认为代表着四万万人民利益的袁世凯"现在看透孙（中山）、黄（兴），除捣乱外无本领。左又是捣乱，右又是捣乱。我受四万万人民付托之重，不能以四万万人之财产生命，听人捣乱……彼等若敢另行组织政府，我即敢举兵征伐之"① 后，建立中华民国的功臣孙中山、黄兴等人竟成了亲手筹建的国家的被流放、驱逐者和被讨伐者。1914 年 12 月规定总统连任无限制的《修正大总统选举法》出台，有权推举继任人的决议书刻于嘉禾金简，藏之金匮石室，袁世凯不仅可成"终身总统"，而且能传之百世万代。面对袁氏践踏众人信仰与意志，"劫于一人政治之权威"下的人们竟然陷入麻木状态，"政治上，无论有何等可惊可骇之举动，国人咸若痛痒不相关"，"一时风尚所趋，只知有势立，不知有道德，而谀垢无耻、卑鄙畏琐之

---

① 白蕉《袁世凯与中华民国》，章伯锋、顾亚《近代稗海》（第 3 辑），成都：四川人民出版社 1985 年 7 月，第 45 页。

行为，群恬然不以为怪"。① 官僚阶层却"不知国家为何物，不解职务为何事，惟窟穴官场，以求一己之富贵利达"②。面对沉沦无声的社会状态，一部分资产阶级先进分子只好倡导"道德救亡"；文人们则在他们的诗歌中流露出"相逢莫问人间事，故国伤心只流泪"③ 的迷茫和惆怅。

总之，辛亥革命的功败垂成使得社会一度陷入混乱，革命派、北洋军阀派、复辟派、洋人等各种势力为着自己的目标和利益又一次角逐在民初政治的舞台上，并释放着自己的能量，可以说，民初政治背景是政治热情、桃源梦想、丑恶势力、乌烟瘴气和异彩社会的混合体。

二、文化背景

清王朝被推翻，民初出现了一大批遗民，这是不争的事实，它与历史上朝代更替出现割舍不断的君臣圣恩的遗民没有两样，宋元易代、明清鼎革被人们冠以"以夷变夏"，对代表华夏文明的传统精神的堕落痛心疾首，惊呼为"千年未有之变局"，从民族主义的角度自然容易为人理解，然而，当代表华夏文明和救亡图存之精神凝结的中华民国出现后，依然有人决意成为遗民，这恐怕就难以用通用的政治理论来解释了。

前文已经提到，就民初遗民的特性来说，民初遗民绝大多数为"文化遗民"。"文化遗民"是以其独有的文化特性而区别于政治遗民的，既然"域"是指一种范围和相关性，而思想文化与其它社会文化因素是其主要的构成，那么，撇开民初"文化遗民"出现的政治性因素，民初"文化场"有以下几方面的构成：

1. 与中华民国政府相对立的紫禁城中保留着以溥仪为核心的

---

① 惟一《最近社会之悲观》，《正谊》1915 年（一卷 7 号），沈云龙《近代中国史料丛刊（三编）》，台北：文海出版社 1990 年。

② 谷钟秀《道德救亡论》，《正谊》1914 年（一卷 1 号），沈云龙《近代中国史料丛刊（三编）》，台北：文海出版社 1990 年。

③ 苏曼殊《东居杂诗十九首·其二》，柳亚子编《苏曼殊全集》，北京：中国书店 1985 年 9 月，第 61 页。

末代君主和一整套皇家礼仪,"清帝逊位之后,其尊号仍存不废"、"其宗庙陵寝,永远奉祀",民国政府以对待外国君主之礼相待。显然,"国中之国"的溥仪不单是一个个体,而是一个符号,是一种精神象征。正是因为象征的存在,民国初年出现了"两种形象各异而实质相同的复辟实体……它们既寄生于民国又与民国为敌:一个企图复清朝之辟,一个力谋复帝制之辟;一个拥戴溥仪复辟,一个推动袁世凯称帝。两种复辟势力所拥戴的具体对象不一,但它们植根于相同的社会土壤和由千百年的历史积淀而成的皇权心态"①。熟悉此情此景的人物说:"袁氏称帝时期,革命党与反对帝制派,群集上海;而复辟党与清室遗老,亦以上海为中心地,宴会往来,俨然一家,其反对袁世凯则两方一致也。"生活于其间的李瑞清打趣说:"昔赵江汉与元遗山,相遇于元都,一谈绍兴、淳熙,一论大定、明昌,皆为之呜咽流涕,实则各思故国,所哀故不相侔。吾辈麝集淞沪,复辟排满,处境不同,其不为李鸷期则同,皆不赞成袁氏帝制自为也,吾辈其金、宋两朝人乎。"② 所以,1916 年"洪宪帝制"复辟、1917 年张勋复辟、1924 年甲子清室复辟才有了坚实的精神载体。

2. 辛亥革命改变了固有阶级的利益分配,对民国政府的不满使得部分满族贵族及汉族士大夫对爱新觉罗氏的虔诚更加真挚和坚韧,夷夏观念的扭曲和利益驱使,具有同一思想因素的集团结成了统一战线,形成了庞大的队伍。

3. 袁世凯的复辟帝制梦想不仅加剧了中华民国政府对他的敌对情绪,而且将代替皇帝权威缺失后的总统权威一扫而光,更有甚者,它激发了人们对皇权的崇拜与仰慕,使皇权心理在特定的条件下苏醒、激活,并形成一种普遍的社会心理倾向。

精神象征、夷夏观念的扭曲、皇权心理的激活等因素一般被视

---

① 陈旭麓《近代中国社会的新陈代谢》,上海:上海社会科学院出版社 2006 年 1 月,第 366 页。

② 《清道人轶事》,刘成禺《世载堂杂忆》,沈阳:辽宁教育出版社 1997 年 3 月,第 117 页。

作民初复辟思潮产生的社会根源,如果借用"场"的概念,其实它们是社会文化场的体现,三者相互作用与影响,加之政治因子的撮合,使得不成气候的单个元素在获得了一定的声援或基础后结成了庞大的群体力量,这种群体力量反过来又使单个元素的力量弱化,这犹如飓风,它的形成离不开温暖的水域、潮湿的大气和相当的风能,一旦结成飓风,它反过来又加剧水域、大气和风能的运动,形成横扫天下之势。

从深层次讲,辛亥革命在君主政体推翻,共和信仰体系还未完全建立之前,形成了一个"意义世界的丢失",即政治层面的信仰危机和旧价值体系的崩溃,复辟思潮的出现或许有不合理之处,但也并不是无的放矢,"而是中国人的意义世界从总体上瓦解之后的本能反映,只是他们以复辟旧有的秩序来回应这种危机,未免显得智慧资源的贫乏乃至枯竭"①。

三、身份确立——"边际人"的文化解析

遗民身份的确立是与社会转型联系在一起的。

"转型"一词的英语表述是 Transformation,其义为:"行为或状态明显地被改变。"(The act or state of being changed markedly)《辞海》、《现代汉语词典》中没有收录"转型"一词,与之相近的词语是"转变",即(事物)由一种情况变到另一种情况。"转型"作为一个基本概念,一般认为,最初应用在数学、医学和语言学领域,后来延伸到经济学、社会学领域,后来,在历史学和文化学领域有广泛的运用。对所谓"社会转型",陆学艺等学者做了依次递进的三级规定:"中国社会从传统社会向现代社会、从农业社会向工业社会、从封闭性社会向开放性社会的社会变迁和发展",它是事实性规定;"在传统与现代(性)的张力作用下实现的社会变迁和发展",它是实质性规定;"是从中国的'传统社会

---

① 马勇《辛亥革命后复辟思潮的文化审视》,胡伟希《辛亥革命与中国近代思想文化》,北京:中国人民大学出版社 1991 年 9 月,第 53 页。

结构'向'现代社会结构'的转换,"它是结构性层次性规定。①
从广义的文化层面看,社会转型也可视为文化转型,"它是指社会
生活的各个领域、各个层面的整体性变革"②。

社会转型和文化转型为遗民成为"边际人"提供了整体性的
历史和文化背景。正如导论所说,从明中叶起资本主义的萌芽出现
至晚清乃至中华人民共和国成立之前的这一段漫长时期,为中国的
"过渡时代",处于"过渡时代"的政治、经济、道德观念、价值
标准、文化体系以及人格等,都会因制度的变迁、观念的碰撞、文
化心理等因素的影响,产生相应的变化,这种现象的出现是社会转
型的必然趋势。"过渡时代"影响之于人类,从社会心理学研究的
角度,出现了"过渡人"的概念,与它相类的还有"边缘人"、
"边际人"等概念,三者既互相联系,又有内在的区别。根据相关
研究成果揭示,"过渡人"是站在传统—现代的连续体上的人,他
们生活在新、旧双重价值体系中……"过渡人"反映了旧式人格
向新型人格转型中的文化困惑和冲突,这种冲突属于时间性文化冲
突;"边缘人"则是在同一时代背景下两个或两个以上的区域、民
族、社会体系、知识体系之间从隔阂到同化过程中人格的裂变和转
型特征,这是一种空间性、地位性文化冲突的产物。"过渡人"和
"边缘人"都是"边际人"。边际性是人的时间与空间、身份与区
位的两重性矛盾在特定的社会、经济、政治、道德和文化条件下的
表现方式。"边际人"既是两个文化体系对流后的产物,又是新旧
时代接触后的文化结晶,因而在边际人身上不仅具有两种或两种以
上的文化期望和文化冲突,而且其角色行为也常常是困惑的、矛盾

---

① 陆学艺、景天魁《转型中的中国社会》,哈尔滨:黑龙江教育出版社
1994 年,第 23 页。郑杭生等人认为,社会转型是指社会结构和社会运行机制
从一种形式向另一种形式转换的过程……我们通常所说的社会转型是指从传
统社会向现代社会转换的过程,就中国而言,社会转型就是向社会主义现代
化的转换(郑杭生《中国社会转型中的社会问题》,北京:中国人民大学出
版社 1996 年,第 1 页)。二者表述的意思基本相同。

② 冯天瑜《中国文化现代转型刍议》,冯天瑜《人文论衡》,武汉:武
汉出版社 1997 年 4 月,第 234 页。

的、边际性的。①

社会转型与文化相关联，就出现了跨文化的意义，② 跨文化的英语表示是 intercultural，但有更多的人将"跨"改换为"间际"，因为一种文化对另一种文化的影响不是静态的个体行为，更多地要注意它与发生关联者出现的意义重组的动态行为，故每一种文化都有自己的文化特质，在与它者相遇或交汇时，都会显现出自己的特质。"当一种文化遭际另一种文化时，彼此见出反响或进入视线的从不会是各自的整个系统，而总是各自引起对方关注的特定方面，恰是这些方面具体展现了不同文化间的关联。进而，这些方面由于是被对方见出的，因此，它们在此关联中往往会以不同于其本然状态的面貌出现"，这就是"文化间性"。人们在用"文化间性"看待文化时，也会出现"误解的合法性"，即对他方文化会因理解的出发点不同而出现"变异"的现象。③

虽然"边际人"、"文化间性"概念一般被用在两种文化交汇领域，其实，将它们移用来作遗民探讨，尤其是民初的遗民，颇具合理性。这主要从两方面入手：

1. 对待中西文化

作为边际人，民初"文化遗民"有对传统文化割舍不断的情

① 叶南客《边际人——大过渡时代的转型人格》，上海：上海人民出版社 1996 年 7 月，第 4~7 页。

② 跨文化是指在交际过程中"参与者不只依赖自己的代码、习惯、观念和行为方式，而是同时也经历和了解对方的代码、习惯、观念和行为方式的所有关系。而后者被认为是陌生新异的，因此，跨文化包括所有的自我特征和陌生新异性、认同感和奇特感、亲密性和危险性、正常事物和新事物一起对参与者的中心行为、观念、情感和理解力起作用的关系。跨文化是指通过越过体系界限来经历文化的归属性的所有的人与人之间的关系"。（［德］马勒茨克《跨文化交流》，北京大学出版社 2001 年，第 31 页）作为来自不同文化背景的人之间的参与和交流的"跨文化"概念，出现在西方语言中，大体强调文化的性质，此处的"跨文化"运用，较多强调文化的形态，即社会转型过程中的不同文化类型也归属跨文化的范围。

③ 王才勇《中西语境中的文化述微》附录《有关文化间性问题》，上海：上海人民出版社 2004 年 11 月，第 232~233 页。

感，因此他们尤其关注传统文化中进入人们视野的夷夏观念、纲常伦理以孔子为代表的儒家思想等古典性内容；对于西学，他们则比较注意其具有的能够丰富中国文化缺陷的物态文化层面，如西方的路矿、练兵、制造等物质性的文明；对于新建立的、以西方的"民主"、"科学"等精神性内容为指导原则的中华民国则抱着一种"误解"，借用"文化间性"理论，当然，"合法性误解"的成分少，"有意识性误解"的成分多，这与他们对西方的制度文明、意识形态了解有限有一定的关系。与遗民相对的"新民"，一方面看中传统文化的古典型内容，但他们更多是注意中国传统文化（尤其是精神文化）中的消极性、糟粕性的成分，为弥补传统精神中的缺失，他们更愿意从西方寻找资源，因此，"进化论"、"民主"、"科学"、"平等"、"自由"等西方现代精神法则，成为他们关注和求索的对象。

显然，遗民和"新民"对于中西文化的看待不是处在同一起点的，他们的意图、目的和倾向性有歧异。

2. 遗民与"新民"的相互关系

遗民与"新民"在政治态度上的对立，导致了二者看待对方也存在偏见，退一步而言，至少有一些误解和偏颇。

遗民将"新民"视为新文化即西方文化的代表，而"新民"将遗民视为旧文化即古典糟粕性的代表。20世纪是以"进步"、"共和"等西方性价值观念主导世界的时期，当时的中国因要极力融入世界文明体系，故整个社会呈现出一种"热烈"的场景，因此，与"热烈"场景背道而驰的遗民总被视作反动与腐朽，故他们多以"冷静"的场景出现，这恐怕是遗民与"新民"对立的一个主要原因。

但是，对立的遗民与"新民"在中国文化（尤其是精神文化）的积极性成分方面，却表现出了一种同一的倾向，"新民"与遗民在文化事业上的交往和合作并没有因政治上的对立而停止，前文所说的"民国学人"中，既有遗民，也有"新民"，遗民学人在学术上与"新民"学人有较多的关联就是一例。

总之，"新民"因政治上的高歌猛进遮掩了他们学术上的实

43

绩，民初遗民因文化上的接续凸显了他们在近现代社会存在的合理性。从社会的主导层面看，民初遗民的准确身份当属文化"边际人"，这正是他们"文化遗民"身份的另一种表征。

第二节　遗民构成

　　民国初年的遗民数量到底有多少，这是一个未知之谜，其缘由一则因为社会鼎革带来的混乱使得许多的资料无法保存；二则因为在共和替代专制这种被视为进步与反动对决的激烈角逐中，部分人为了某种利益不得不隐去其真实的外在身份和内心表达；三则，尽管马克思主义认为，人民群众是历史的创造者，是推动社会发展的决定性力量，但作为过往时空存留的历史陈迹，并没有全部记录下他们的历史业绩，人们只能从精英人物的活动、思想中窥视历史的发展脉络和轨迹。与此类似，民初遗民也是一个人员庞大的类群，历史的舞台并没有承载下全部的演员，后继的研究者们亦只能从遗民类群中的前台精英入手，以点带面、以偏概全地选择某一断面作为切入口，试图以此探视历史的真相，也希冀从中获得某种教益。

一、遗民谱录

　　贾逸君在编纂《中华民国名人传》时以为，"前清遗老"仅有于式枚、王照、朱祖谋、吕海寰、沈曾植、陆润庠、梁鼎芬、陈宝琛、康有为、辜鸿铭、劳乃宣、郑孝胥、恽毓鼎等十三人。熊月之在分析了上海、青岛、天津流寓的遗民后，初步估算"不下于二三百人"，① 事实上，无论取何种意思的理解，民初的遗民远远不止上述人物，因为侧身其间的刘承干在《清遗民诗咏序》中作了部分交代：东莞张其淦（豫泉）曾经撰写好《元八百遗民诗咏》及《明代遗民诗咏》两书后请刘作序，刘氏写成《元代八百遗民诗咏序》。张豫泉之书的体例以诗冠于前，以行义丽其后，刘氏作完序后又建议张豫泉"致意于挽近嬗代之际"的遗民，张答以

---

①　熊月之《辛亥鼎革与租界遗老》，《学术月刊》，2001 年第 9 期。

"纪传阒绝，将安所取材"，反而劝刘承干自己完成此事，应允后的刘氏搜罗碑传志状，参以平时的见闻，并驰书四方，最后收录从戊寅之夏（1938）至庚辰岁尽（1940）的遗民为《清遗民诗咏》，共得400人，① 他们当准确地属于"文化遗民"。如果将1912年至1938年间辞世的遗民再加入其中，人数远远超过上述数目。除大家耳熟能详的王国维、罗振玉、沈曾植、瞿鸿機、沈瑜庆、李瑞清、陈曾寿、陈三立、章梫、刘廷琛、胡思敬、冯煦、王乃征、温肃、曹元忠、曹元弼、姚文栋（东木）、李经羲、柯绍忞、缪荃孙、赵启霖、赵熙、俞兆蕃、陈毅（诒重）、张勋、胡嗣瑗、陈夔龙、吴士鉴、吴庆坻、赵炳麟、朱孝臧、况周颐、郑文焯、王闿运、赵尔巽、夏孙桐、宾育仁、升允、樊增祥、杨钟羲、朱益藩、林纾、金梁、周馥、周庆云、刘承干、王季烈、梁济、万绳杙、商衍瀛、溥伟、善耆、铁良等外，还有众多不是十分为人熟悉的遗民，他们在上述部分遗民的日记、年谱、后人辑录的碑传、文史资料中有较多的提及。碍于篇幅和限于资料的齐全性，这里仅选取郑孝胥、杨钟羲、沈曾植等三份代表性的材料做抽样式的分析，至于其他如参与史撰、诗歌唱和、藏书整理等类型的遗民，为减少重复，均在专节研究中提及。

《郑孝胥日记》自光绪八年壬午（1882）23岁起，到民国二十七年戊寅（1938）79岁止，横跨56年，留下了与中国近代政治、经济、军事、外交、文教等领域密切相关的众多资料，其中三、四、五册为民国时期日记。1912年2月12日，隆裕太后将《清帝退位诏书》交与袁世凯的外交大臣胡惟德，清帝溥仪正式退位，五天后的除夕，郑孝胥听到满城的爆竹声，以一位遗民的口吻感慨说："于是乎大清二百六十八年至此夕而毕。"② 该日记与遗民交往的记录比比皆是，首先选择两个小团体：

---

① 《清遗民诗咏序》，缪荃孙等《嘉业堂藏书志》附一《嘉业堂群书序跋卷四》，上海：复旦大学出版社1997年12月，第1398页。

② 劳祖德整理《郑孝胥日记》，北京：中华书局1993年10月，第1399页。

①1912年7月15日上海的"读经社"开张,期年之后的7月19日停办,一年中参与读经活动的遗民主要有:王旭庄及儿子王孝纾、林贻书(开旿)、刘宣甫及儿子刘天民、杨小宋、沈瑜庆、吴鉴泉、陈介庵父子、博泉、寿荫、左笏卿(绍佐)、金伯平、立村、孙世富、刘树屏(葆良)等。

②1915年4月21日,由冯煦、朱彊村、王乃征(病三)、郑孝胥、唐元素等牵头的"一元会"在沪成立,入会者只需出一元钱作为聚会的饮资,少则三五人,多则十余人,轮流坐庄,地点选择沪上的酒楼如雅叙园、悦宾楼、会宾楼、小有天、古渝轩、都益处、同兴楼等,"一元会"聚集了不少的遗民,除以上列举的熟悉人物和"读经社"的部分人物外,还有郑绩臣、郑尧臣、宋澄之、喻志韶(长霖)、李审言(详)、① 王叔用、邹紫东、余尧衢(肇康)、张诜侪等。一元会前后延续有十余年的时间。

溥仪在《我的前半生》说"到民国三年,就有人称这年为复辟年了",那么,仅"复辟年"里与郑孝胥交往的遗民就有:袁海观(伯夔)、蒋赋荪、庄思缄、沈友卿、孟纯孙、张子开、刘访渠、李木公(国榜)、张亚馨、洪鹭汀、李拔可、张让三、赵竹君、李劲风、程颂万(子大)、蒋孟苹、杨寿彤、丁衡甫(宝铨)、刘聚卿(世珩)、刘炳照(语石)、姚赋秋、张菊生、诸贞壮、吴寄尘、叶揆初、陶拙存(葆廉)、刘澄如(锦藻)、曾伯厚、徐秋澄等,"复辟年"前后有更多的遗民,不能在此一一列举。

---

① 李详(1858—1931)字审言,晚号辉叟,江苏兴化人,工诗文考证,著述丰富,有《愧生丛录》(五卷)等著作18种。一般认为李详为晚清至民国时期国学大师,但本书将他纳入到文化遗民的范围,理由是他的文章中流露出了强烈的遗民情结。据王国维《兴化李审言海上流人录征事启》载,李详不仅与流寓上海的遗民有较多的交往,更主要的是他的《海上流人录》将他的心境表现出来:"自古易姓之际,汹汹时时,久而不定,人士转徙,逃死无所……至于交州奔进,犹为南士之宾;辽海栖迟,不坠西山之节……今之海上,其避世之渊薮者乎?"(王国维著、赵利栋辑校《王国维学术随笔》,北京:社会科学文献出版社2002年2月,第104页)

杨钟羲 1940 年编纂成的《雪樵自订年谱》，原名《来室家乘》，其 75 年的生辰中有近一半时间是在民国度过的。民国的更替，使得他产生与顾炎武同样的感受："亡或愈于死。"① 1912 年后与他交往的遗民除淞社的 35 人（事实上，淞社成员不止 35 人，依《淞滨吟社集》收录为 49 人，② 逸社的 14 人）外，还有秦子质、程平园、何诗孙、陈重威、李季皋、朱晓岚、罗子经、丁闇（暗）公、周树模（少朴）、金蓉镜（甸臣）、刘之泗（刘聚卿儿子）、景方昶、袁珏生、寿耆、（庐江）陈诗、佟楫先、王眲公、李石梧、梅斐漪等。

从《沈寐叟年谱》及《沈曾植集校注》的人物交往及诗歌唱和中，亦能发现很多的遗民，如孙德谦③、张孟劬（尔田）④、叶柏皋（尔恺）、朱湛卿（福清）、王部昀（王蘧常父）、吴子梨（受福）、盛萍旨（沅）、岳斐君（廷彬）、王仁东、周孝甄、王完巢、徐积余、周沈观（树模）、潘之博、王甲荣、傅沅叔、张黄楼等。

上述具名的一百多人只是遗民中的部分人物，而且地点基本上集中在上海，显然，如果将其他地区的遗民也纳入统计，那么，民初遗民的群体是庞大的，其构成也是复杂的。

二、地域分布

李瑞清门生胡小石曾言，辛亥革命后，清室遗臣居处分两大部分：一为青岛，倚德人之保护，恭王、肃王及重臣多人居此；一为

---

① 杨钟羲《雪樵自订年谱》，沈云龙《近代中国史料丛刊（续编）》第 22 辑《雪桥诗话初集》附录．台北：文海出版社，第 52 页。

② 详细名单见上编第四章《遗民与文学》。

③ 另可参见王蘧常《清故贞士元和孙隘堪先生行状》，卞孝萱、唐文权《民国人物碑传集》，北京：团结出版社 1995 年 2 月，第 630～635 页。

④ 另据邓之诚《张君孟劬别传》载：早岁愤梁启超辈异说惑世，与孙德谦合撰《新学商兑》一卷驳斥。国变后，高隐不仕，专心著作。晚岁尤笃信孔孟，有犯之者，大声急呼以斥。（卞孝萱、唐文权《民国人物碑传集》，北京：团结出版社 1995 年 2 月，第 451～452 页）

上海，瞿鸿機任军机大臣，位最高，沈子培、李梅庵则为中坚也。① 就大体而言，胡小石的说法不错，但详细言之，则与实际有些出入。

从现有的材料挖掘看，遗民的地域分布也是广泛的，南方的江浙、上海、江西、岭南地区，北方的山东、天津地区，西南的四川等地是遗民集中活动的区域，这些地方也基本是宋元之际、明清之际盛产遗民的地方。就其居住的城市而言，民初遗民大多集中在上海、青岛、北京、天津、大连、成都、香港等地，其它地方也有零星的分布。

上述地域中，以上海、青岛为最。胡思敬 1912 年 4 月从南昌来到上海，在上海愚园召集遗老们举行了"五角会"，经过事先的串联和准备，决定在上海愚园举行大会，与会人员众多，据《吴中访旧记》载：

予既莅沪，则从陈考功、伯严访故人居址。伯严一一为予述之曰："梁按察节庵、秦学使右衡、左兵备笏卿、麦孝廉蜕庵，皆至自广州。李藩司梅庵、樊藩司云门、吴学使康伯、杨太守子勤，皆至自江宁。赵侍郎尧生、陈侍御仁先、吴学使子修，皆至自北京。朱古微侍郎，新自苏州至。陈叔伊部郎，新自福州至。郑苏庵藩司、李孟符部郎、沈子培巡抚，皆旧寓于此。"又曰："苏庵居海藏楼，避不见客。节庵为粤人所忌，谋欲杀之，狼狈走免，身无一钱，僦小屋以居。子培伪称足疾，已数月不下楼矣。"② 此外还有江西来的杨增荦、梅光远、熊亦园，四川来的胡铁华、胡孝先，福建来的林贻书、沈瑜庆等，共 27 人。

具体情形见下面简表，必须说明的是：遗民是流动的，其活动也是丰富多彩的，因此他们归属的地点仅是就总体而言，故出现有重出现象。

---

① 《清道人轶事》，刘成禺《世载堂杂忆》，沈阳：辽宁教育出版社 1997 年 3 月，第 117 页。

② 胡思敬《吴中访旧记》，胡思敬《退庐全书》，沈云龙《近代中国史料丛刊》第 45 辑，台北：文海出版社，第 216~217 页。

地点	代表性人物
上海	1. 社团人物： 淞社：刘承干、周湘舲、艺风（缪荃孙）等49人。 逸社：瞿鸿禨、冯煦等14人。 超社：樊增祥、瞿鸿禨等12人。 希社：高太痴（旭）、潘兰史（飞声）等。 沤社：夏敬观（剑丞）、朱孝臧（彊村）等28人。 汐社：左笏卿① 2. 散见人物： 曾广钧、袁思亮
青岛	※十老会：周馥、弓海寰、刘斋祺（云樵）、赵尔巽、童祥熊（次山）、李惺园（思敳）、张安圃（人骏）、陆凤石（润庠）、王季寅（石坞）、劳乃宣等。② ※许久香、③ 康有为、溥伟、刘廷琛、吴郁生、④ 李柳溪、张叔威、吴清泉、李子元、廖若如⑤ ※魏元旷、华澜石、叶鹤巢、卢扶常等⑥
北京	柯劭忞、黄维翰、⑦ 林开暮、陈宝琛⑧

---

① 傅岳芬《应山左笏卿先生墓碑》，卞孝萱、唐文权《民国人物碑传集》，北京：团结出版社1995年2月，第612页

② 劳乃宣《韧叟自订年谱》，桐乡卢氏校刻《桐乡劳先生（乃宣）遗稿》，沈云龙《近代中国史料丛刊》第36辑，台北：文海出版社，第57页，同见周馥《秋浦周尚书（玉山）全集》，沈云龙《近代中国史料丛刊》第9辑，台北：文海出版社，第1376页。

③ 陈隽如《记清季遗老率真会》，中国人民政治协商会议天津市文史委员会《天津文史资料选辑》第35辑，天津：天津人民出版社1986年。

④ 刘诗谱《吴郁生居岛轶事》，中国人民政治协商会议青岛市委员会文史资料委员会《青岛文史资料》第7辑，青岛：青岛出版社1986年。

⑤ 王舟瑶、王敬礼《默庵居士自订年谱》，周和平《北京图书馆藏珍本年谱》（185册），北京：图书馆出版社1998年影印版，第495页。

⑥ 魏元旷《蕉庵诗话》，张寅彭《民国诗话丛编》（第一册），上海：上海书店出版社2002年12月。

⑦ 王树楠《呼兰知府黄君墓志铭》，卞孝萱、唐文权《民国人物碑传集》，北京：团结出版社1995年2月，第520页。

⑧ 《一士谈荟·林开暮》，徐一士《一士类稿·一士谈荟》，北京：书目文献出版社1984年1月，第446页。

续表

地点	代表性人物
天津	※冰社：陈宝琛、夏孙桐等二十余人。① ※静园中的郑孝胥、胡嗣瑗、罗振玉、杨钟羲、陈曾寿、温肃、景方昶、萧丙炎、万绳栻、刘骧业、佟济煦等。 ※吕海寰、② 金梁、林绍年（赞虞）③
成都	"五老七贤"：尹昌龄、刘咸荣、徐炯、曾鉴、方旭、陈钟信、宋育仁、赵熙、颜楷、骆成骧等35人。④
香港	许秉璋、冯溥光、陈殿臣、卢礼孙、陈伯陶、陈庆保、吴道镕、曹受坤、区大典、区大原、赖际熙、温肃（1932年以后）、朱汝珍、桂坫、陈子褒、陈达明、杨玉衔、何藻翔、卢湘父、陈教端、俞霈、刘叔庄、曹伯陶、崔师贯、岑光樾、陈焕章（1930年后）、韩文举、叶湘南、谭荔垣、陈望曾、苏志纲、陈念典、⑤ 张学华、陈文良、丁仁长、汪兆镛。⑥
杭州	陈曾寿、胡嗣瑗⑦
台湾	王松、⑧ 洪缵⑨

① 袁荣法《湘潭袁氏家集》，沈云龙《近代中国史料丛刊续编》第202辑，台北：文海出版社，第49页。

② 李石孙《吕海寰的一生》，中国人民政治协商会议天津市文史委员会《天津文史资料选辑》第35辑，天津：天津人民出版社1986年。

③ 钟碧蓉、孙彩霞《民国人物碑传集》，成都：四川人民出版社1997年3月，第525页。

④ 许丽梅《民国时期四川"五老七贤"述略》之附表，2003年四川大学硕士论文。

⑤ 伯子《辛亥革命前后前清遗老在香港的活动》，中国人民政治协商会议全国委员会文史资料研究委员会《文史资料选辑》第44辑，北京：中国文史出版社2001年，第215～232页。

⑥ 刘承干《清故荣禄大夫二品衔江西提法使张公墓志铭》，张学华、张澍棠《提法公年谱》附录，周和平《北京图书馆藏珍本年谱》（187册），北京：北京图书馆出版社1998年影印版，第236页。

⑦ 周君适《伪满宫廷杂忆》，成都：四川人民出版社1981年2月。

⑧ 梁淑安《中国文学家大辞典·近代卷》，北京：中华书局1997年2月，第19页。

⑨ 梁淑安《中国文学家大辞典·近代卷》，北京：中华书局1997年2月，第333页。

续表

地点	代 表 性 人 物
广州	丁仁长①
奉天	袁金铠、② 金梁等
其他	1. 浙江嘉兴： 六老图：沈曾植、吴子梨（受福）、盛萍旨（沅）、岳斐君（廷彬）、金甸丞（蓉镜）、王部昀③ 2. 浙江秀水： 九老会：陈练江（枝万）、屠明谱（宗培）、钱理甫（燮荣）、盛萍旨、岳斐君、陆费子（煦）、王部昀、邵敬之（承炘）、谢芷汸（希傅）④ 3. 海外（包括港澳地区）： 张学华、吴澹庵、陈香轮、丁潜客（仁长）、陈真逸、许稚云、许少云⑤ 4. 高丽贵臣： 李范晋⑥

---

① 伯子《辛亥革命前后前清遗老在香港的活动》，中国人民政治协商会议全国委员会文史资料研究委员会《文史资料选辑》第44辑，北京：中国文史出版社2001年，第217页；张肇迪《前清遗老丁仁长轶事》，全国政协文史资料委员会《文史资料存稿选编》〈晚清·北洋〉（上），北京：中国文史出版社2002年8月，第857页。

② 衍川《记袁金铠》，中国人民政治协商会议沈阳市文史委员编《文史资料选辑》第1辑，沈阳：辽宁人民出版社1962年。

③ 王蘧常《沈寐叟年谱》，台北：台湾"商务印书馆"1977年2月，第70～71页。

④ 王迈常、王蘧常《部昀府君年谱》，周和平《北京图书馆藏珍本年谱》（181册），北京：图书馆出版社1998年影印版，第492页。

⑤ 张学华、张澍棠《提法公年谱》，周和平《北京图书馆藏珍本年谱》（187册），北京：图书馆出版社1998年影印版，第221页。

⑥ 李范晋自刎，留绝命诗："国亡君失我何归，支厦擎天旧事非。万里孤臣忠胆裂，悲风淅沥雪霏霏。"

唐之棣《陈伯陶犹哭宋王台》附图《陈伯陶与一班遗老故朋的合影》

对比历代遗民的地域构成，民初遗民集中的主要区域为江浙、山东、福建、江西、广东（包括香港）等地，它与宋元、明清之际的遗民分布具有同一性和相似性的特征，这种现象的出现约可理解为遗民精神的继承和发展、地域文化风尚的影响等原因。

三、群体关系

如前所述，遗民是在遗民文化场的作用下形成的，事实上，遗民文化场不仅限于政治背景和文化变迁等因素，古代宗法社会存留的血缘、地缘以及与之相关的业缘、学缘等关系亦在遗民形成的过程中起作用。"血缘的意思是人和人的权利和义务根据亲属关系来决定。亲属是由生育和婚姻所构成的关系。血缘，严格说来，只指由生育所发生的亲子关系。事实上，在单系的家庭组织中所注重的亲属确多由于生育少由于婚姻，所以说是血缘也无妨……血缘是稳定的力量，在稳定的社会中，地缘不过是血缘的投影，不分离的……地域上的靠近可以说是血缘上亲疏的一种反映，区位是社会化了的空间……这也告诉我们'地'的关系派生于社会关系。"①
费孝通先生的话重点是就血缘与地缘的关系立论的,尤其认为
"地缘不过是血缘的投影"、"'地'的关系派生于社会关系",那
么,我们也可以以此类推:"业"(缘)的关系、"学"(缘)的关
系也派生于社会关系。所以,就遗民的群体关系、社会关系作简单
的勾勒与分析,对我们把握民初遗民的特征有一定的益处,同时也
能加深对遗民群体的复杂性与多样性特征的理解。

遗民的群体关系大体有五类:

1. 父子(包括兄弟)型

刘峤祺—刘廷琛,江西德化人。刘峤祺字云樵,卒年不详,
1920年沈曾植为其作80岁寿诗,丁卯举人,曾任浙江义乌、嘉
兴、太湖等地道员,两浙盐运使等职;刘廷琛(1867—1932)字
幼云,晚号潜楼,曾任翰林院编修、国史馆协修、山西学政、京师
大学堂首任总监督等职,著作有《贞观政要讲义》(未刊)、《潜楼
文稿》(未刊)、《增订经济举要》(已刊)等。

吴庆坻—吴士鉴,浙江钱塘人。吴庆坻(1848—1924)字子
修,光绪十二年进士,历任四川学政、湖南提学使、资政院硕学通
儒议员等职,著有《蕉廊脞录》、辑《辛亥殉难记》,有诗文集
《补松庐文录》、《补松庐诗录》、辛亥后作的《悔余生诗》等,主
持续修《浙江通志》。吴士鉴(1868—1933)为吴庆坻长子,号绚
斋,光绪十五年举人、光绪十八年榜眼,历仕江西学政、资政院硕
学通儒议员等职。② 著有《清宫词》、《商周彝器例》、《九钟精舍
金石跋尾》、《含嘉室诗文集》等。

刘安澜(紫回)、刘锦藻(澂如)—刘承干,浙江南浔人。刘
安澜、刘锦藻系清光禄大夫刘镛(1825—1889,字贯经)之子,

① 《血缘与地缘》,费孝通《乡土中国 生育制度》,北京:北京大学
出版社1998年5月,第69~70页。

② 吴士鉴《含嘉室自订年谱》,周和平《北京图书馆藏珍本年谱》
(192册),北京:北京图书馆出版社1998年影印版。徐一士《谈吴士鉴》,
《一士类稿》,沈阳:辽宁教育出版社1997年3月,第118~123页。

刘镛是南浔 "四象之首"。刘镛长子刘安澜 (1856—1885) 字紫回，光绪乙卯 (1879) 援例得郎中，签分工部虞衡司行走，辑录顺治至道光年间 "表彰遗逸之诗" 为《国朝诗萃》，以补沈德潜《国朝诗别裁》(又名《清诗别裁集》)、王德夫《国朝诗传》之不足。光绪乙酉 (1885) 病逝，时年 29 岁。次子刘锦藻 (1862—1934) 原名安江，字澄如，光绪甲午 (1894) 进士。承父从事实业；辑有《续皇朝文献通考》(400 卷)，著有《南浔备志》三卷、《坚匏庵诗文钞》四卷、《杂著》二卷、《律赋》一卷、《楹联》一卷等。刘承干 (1881—1963)，字翰怡，光绪乙巳 (1905) 秀才，曾官候补内务府卿。生父为刘锦藻，因伯父刘安澜死后无子，刘承干过继为其子。刘承干为南浔及清末民初藏、刻书大家，先后收购卢氏 "抱经堂"、独山莫氏 "影山草堂"、仁和朱氏 "结一庐"、丰顺丁氏 "持静斋"、太仓缪氏 "东仓书库" 等家藏书，共 60 万卷近 20 万册，建藏书楼为 "嘉业堂"，缪荃孙、董康等为其编有《嘉业堂藏书志》、《续志》、《嘉业堂藏书目录》等。刊刻的古籍有《嘉业堂丛书》、《吴兴丛书》、《求恕斋丛书》、《留余草堂丛书》、《希古楼金石丛书》等约 180 种。

刘世珩—刘之泗，安徽贵池人。刘世珩 (1875—1937) 字聚卿，号葱石，收藏鉴赏家，刻有《贵池先哲遗书》；刘之泗 (1901—1937) 能诗画，楚园易主后移居吴阊，自始至终蓄发，属典型的遗少。①

钱德邠—钱履穆、钱箸桐，江苏太仓人。钱溯耆 (1843—？)字德邠，历任中书，补刑部，改官知州，著有《百老吟》、《续百老吟》。长子钱履穆历官山东太守，次子钱箸桐曾为主政，② 他们均是章梫京朝同官。辛亥国变后，"父子偕隐，故国之思尤笃"③。

---

① 杨钟羲《雪樵自订年谱》，沈云龙《近代中国史料丛刊 (续编)》第 22 辑《雪桥诗话初集》附录，台北：文海出版社，第 69 页。

② 章梫《钱德邠观察寿言序》，章梫《一山文存》，沈云龙《近代中国史料丛刊》第 33 辑，台北：文海出版社，第 470 页。

③ 章梫《钱德邠观察封松积泪图序》，章梫《一山文存》，沈云龙《近代中国史料丛刊》第 33 辑，台北：文海出版社，第 511 页。

曹元忠—曹元弼，江苏吴县人。曹元忠（1865—1923）字君直，光绪二十年举人，后任学部图书馆纂修，执教北洋师范学堂、中州学堂等，有《笺经堂遗集》、《笺经堂词》及《礼仪》二卷等；曹元弼（1867—1937）字谷孙、师郑，晚号复礼老人、新罗仙史，为曹元忠从弟，光绪十一年举人，1897 年应张之洞之约主讲两湖书院及湖北存古学堂，后与从兄同为礼学馆分纂，著有《周易郑氏注笺释》、《孝经集注》等。①

2. 姻亲型

罗振玉和王国维的姻亲关系众所周知，其实，民初遗民间的姻亲人物还是比较多的，有些是在辛亥国变之前就已经结成的，也有部分是在国变之后的交往中形成的，很多遗民能够聚集在一起，恐怕与姻缘有一定的关系。这正好印证了一句俗语"物以类聚，人以群分"。

沈曾植的儿子子颎（慈护）民国四年娶昆山李橘农次女，4 年后，李氏卒，续娶劳乃宣四女绁；② 胡思敬有女儿二人，一适临川李瑞清儿子纯侃，一适德化刘廷琛次子希淹，③ 这样，胡、李、刘三人"癸巳赣榜三贤"④ 的同年关系进一步变成了亲家关系。杨钟羲儿子懿涑于 1915 年 11 月与曹君直次女订婚，1918 年完娶。⑤ 吕海寰三子与浙江粮储道王季寅（字石坞）六女 1915 年在烟台结婚。⑥ 军机大臣、弼德院顾问大臣、四川督学吴郁生三女绥如嫁陈

① 王大隆《吴县曹先生行状》，卞孝萱、唐文权《民国人物碑传集》，北京：团结出版社 1995 年 2 月，第 522～526 页。

② 王蘧常《沈寐叟年谱》，台北：台湾"商务印书馆"1977 年 2 月，第 62、73 页。

③ 刘廷琛《胡公漱唐行状》，胡思敬《退庐全书》（诗、文集）沈云龙《近代中国史料丛刊》第 45 辑，台北：文海出版社，第 21 页。

④ 郑逸梅《艺林散叶续编》，《艺林散叶荟编》北京：中华书局 1995 年 1 月，第 524 页。

⑤ 杨钟羲《雪樵自订年谱》，沈云龙《近代中国史料丛刊续编》第 22 辑《雪桥诗话初集》附录，台北：文海出版社，第 64 页。

⑥ 《福山石坞王君事书》，周和平《北京图书馆藏珍本年谱》（180 册），北京：北京图书馆出版社 1998 年影印版，第 409 页。

宝琛次子懋同。① 朱益藩三子 1930 年娶刘廷琛之女为妻。② 光绪二十九年进士、学部图书局副局长、弼德院秘书黎湛枝二儿廷询为温肃女婿;③ 原江西提法使张学华儿子树芝 1917 年娶翰林院编修吴道镕女儿;④ 魏元旷与段遁庵(笏)亦为亲家;⑤ 吴士鉴长女 1911 年嫁与顾瑗长子顾复(字华林),吴、顾为亲家,⑥ 顾瑗字亚蘧,河南祥符人。光绪壬辰(1892)中进士,改庶吉士,授编修,壬寅(1902)年与赵炳麟等考取御史,主张实行地方自治,清史馆成立后,任纂修,但长期不到任,张勋复辟时任命为侍郎,有《西征集》等著述。

此外像劳乃宣和陶葆廉为翁婿关系,陶葆廉,浙江秀水人,娶劳氏次女纺为妻,其父陶模为同治进士,曾任秦州知州、陕西按察使、新疆巡抚、陕甘总督、两广总督等职。两广总督周馥与四川总督刘秉璋儿子刘体信(声木)亦为翁婿关系;⑦ 吴士鉴四儿与江苏提法使、湘乡左孝同(子异)孙女订姻。⑧

3. 乡谊型

---

① 陈宝琛《吴君郁生墓志铭》,陈宝琛《沧趣楼文存》(下卷),福州:福建图书馆 1959 年油印本,第 42 页。

② 贺一清、朱烈《朱益藩生平大事》,颜富山主编江西省莲花文史资料第三辑《末代帝师朱益藩》,第 97 页。

③ 温肃《光禄大夫学部右丞黎君形状》,卞孝萱、唐文权《民国人物碑传集》,北京:团结出版社 1995 年 2 月,第 947 页。

④ 张学华、张澍棠《提法公年谱》,周和平《北京图书馆藏珍本年谱》(187 册),北京:北京图书馆出版社 1998 年影印版,第 222 页。

⑤ 魏元旷《(蕉庵)诗话后编》,张寅彭《民国诗话丛编》(第一册),上海:上海书店出版社 2002 年 12 月,第 50 页。

⑥ 吴士鉴《含嘉室自订年谱》,周和平《北京图书馆藏珍本年谱》(192 册),北京:北京图书馆出版社 1998 年影印版,第 211 页。

⑦ 京都文楷斋胡清、宋德裕合刻《清授光禄大夫建威将军陆军部尚书两广总督建德周悫慎公墓志铭》,钟碧蓉、孙彩霞《民国人物碑传集》,成都:四川人民出版社 1997 年 3 月,第 573 页。

⑧ 吴士鉴《含嘉室自订年谱》,周和平《北京图书馆藏珍本年谱》(192 册),北京:北京图书馆出版社 1998 年影印版,第 169 页。

　　既然"'地'的关系派生于社会关系",因此,分析民初遗民的地缘结构对理解遗民的生活全体也有一定的好处。以籍贯分,民初遗民有以胡思敬为主体的江西籍;沈曾植为主体的浙江籍,代表人物有章梫、刘承干、劳乃宣、吴庆坻、吴士鉴、王国维等;以陈宝琛为主体的福建籍,代表人物有沈瑜庆、郑孝胥、辜鸿铭、林纾、林绍年(赞虞)等;以罗振玉为主体的江苏籍,代表人物有冯煦、陆润庠、曹元忠、曹元弼、吴郁生等;以瞿鸿機为主体的湖南籍,代表人物有袁思亮(伯夔)、曾广钧、王泽寰、陈毅(诒重)等;以陈曾寿、樊增祥、左笏卿、周泊园为主体的湖北籍;以陈夔龙、胡嗣瑗为主体的贵州籍;以温肃、陈伯陶、朱汝珍、汪兆镛、黎湛枝、张其淦、张学华等为主体的广东籍,等等。

　　下面以江西籍人来分析。

　　也许是因为八百年的朱子理学流风熏陶所至,"江西人素尚节义"①,曾国藩的感慨能够给我们带来太多的联想,从不肯仕元的文天祥到抗战时期拒日的散原老人陈三立,无一不存有江西人的节义。民初的遗民中江西籍人也较多,如除大家熟知的陈三立、刘云樵、刘廷琛、李瑞清、朱益藩等之外,还有:萍乡喻庶三、南昌魏元旷(字斯逸)魏元戴兄弟、崇仁二华兄弟、杨增荦(昀谷)、丰城毛实君、胡幼胰(胡思敬弟)、黄子雅、陈考功、卢扶常、华澜石、叶鹤巢、黄维翰(申甫)、熊芑丞、兰石如、巢歧村②、冷醉呆(晟)③、道人李柏、朱自然、郑古真④及段遁庵等。他们的交往除一部分参与上海遗老们的活动,一部分集中在山东青岛活动外,还有一部分集中在江西南昌,南昌的主脑人物为胡思敬,在南

──────────

　　① 胡思敬《陈右铭服膺曾文正》,胡思敬《国闻备乘》,上海:上海书店出版社1997年1月,第32页。

　　② 胡思敬《退庐全书》,沈云龙《近代中国史料丛刊》第45辑,台北:文海出版社。

　　③ 魏元旷《(蕉庵)诗话后编》卷2,张寅彭《民国诗话丛编》(第一册),上海:上海书店出版社2002年12月,第43页。

　　④ 魏元旷《(蕉庵)诗话后编》卷2,张寅彭《民国诗话丛编》(第一册),上海:上海书店出版社2002年12月,第42页。

昌筑问影楼于东湖之滨，刊刻《豫章丛书》，汇集先哲散佚孤本，后改问影楼为退庐图书馆，供公众借阅；在家乡盐步（今新建）开办蒙学馆、修盐步书院、改古夷齐废庙为殷贤祠；在宜丰，创建梅、陶二公祠，祀汉梅子真、晋陶渊明；在南昌建新昌三君子祠、明季六忠祠；倡议设立"江西讨论会"等①，上面述及的江西籍人多或与胡驰书往来，或有形迹交往，其中以魏元旷为最，魏元旷原名焕奎，字斯逸，号紫侯，光绪二十一年进士，官刑部浙江司正主稿，曾主讲南昌东湖书院，并在东湖边筑潜园，民国后，心存清室，时时流露遗民意识，与胡思敬交往颇密。

4. 学缘型

学缘是指与自己在学业上存在一定相同处或有共同的志向、兴趣、爱好、利益等特点的个人关系或团体、组织，它与血缘、姻缘、地缘、业缘等构成同等的人际关系。在中国古代，科举考试的实施加剧了这一人际关系的基础，乡试、会试、殿试等级属不仅是功名进阶的环节，也是日后有效人际关系建立的必备平台。主考、房考等官一身三任，他们既是监试人员，也是今后官宦仕途中的有力后盾，自然而然就成了考生们的老师。金梁《光宣小记》记载，尽管考试谕禁止师生之称，但习俗相沿，不能停止，正、副总裁称座师，同考官称房师，谓之拜老师，拜师时，还应具受业帖、备礼、履历簿等，三节（年节、端午、中秋）两寿（老师、师母生日）皆须祝贺。② 作为竞争对手的考生们只要同年考试及第，不论年纪大小均称为"同年"，有时也会举行同年会，定期行团拜故事，《光宣小记》载，某岁，同年约集湖广会馆，宴座师、房师，醵饮演剧，为衣冠盛会。章一山（梫）、冯令之（巽占）、景子中（润）、陈治重（毅）、刘厚之（敦谨）、关颖人（赓麟）、何邕成（震）、朱聘三（汝珍）、商藻亭（衍鎏）诸同年订交。谭祖庵

① 胡思敬《退庐全书》，沈云龙《近代中国史料丛刊》第45辑，台北：文海出版社。

② 金梁《光宣小记》，章伯锋、顾亚《近代稗海》（第11辑），成都：四川人民出版社1988年6月，第285页。

（延闿）、黄远生（为基）、陆亮臣（光熙）诸同年，亦谈论颇洽。王揖唐、陈重远、高云麓（振霄）等亦为同年。金梁与章一山、陈诒重关系尤密，对陆亮臣则不惧欺君之罪，在廷试策中为其猵改书写误字。①

　　缪荃孙 1910 年在北京充京师图书馆正监督，后在《年谱》中记录了一年来与其交往的众多人物及其活动，这些人除个别或逝世、或仕民国外，基本成了遗民：上半年赴杭州会夏闰枝，帮张安圃修《江苏通志》，与沈曾植游皖城，晤同年朱家宝中丞，会旧友卞柳门（绪昌）、吴棣轩（同甲）、门人童次山（祥熊），下半年在京见面的有：四川旧雨乔懋轩（树枬），同课冯金鉴观察、王锡蕃学士，同年陆润庠、吕海寰、唐景崇、廷杰、陈邦瑞、沈家本、李连芳、陈田、张曾扬（小帆）、林绍年，旧游荣庆、张英麟、陈宝琛、盛宣怀、邹嘉禾、董康、罗振玉，新交吴昌绶、王国维、宝熙、凤山、毓隆、陈毅，门人张亨嘉、王仁俊、孙雄、张锡恭、陈世昌，在天津，会刘聚卿、傅沅叔、沈佑彦、沈冕士。②

　　又如王先谦，曾经为庚午（1870）云南副考官、甲戌（1874）会试同考官、乙亥（1875）江西正副考官、庚辰（1880）会试同考官等职，经其选择的门生故旧有：朱一新、李慈铭、缪荃孙、赵铭、于式枚、梁鼎芬、安维峻、吴庆坻等。③

　　此外，像光绪十八年（1892），25 岁的吴士鉴参加会试，经正总裁翁同龢的力擢，吴卷为浙江第二十四名（最末一名），殿试经汪鸣銮的推荐为一甲第二名，同年的有陈子励（伯陶），两年后吴充顺天乡试同考官，向司闱杨钟羲切磋学问，三十四年授翰林院侍读、国史馆纂修，与樊樊山、陈衍、郭春榆（曾炘）、郑叔进

　　①　金梁《光宣小记》，章伯锋、顾亚《近代稗海》（第 11 辑），成都：四川人民出版社 1988 年 6 月，第 287 页。

　　②　缪荃孙《艺风老人年谱》，周和平《北京图书馆藏珍本年谱》（180册），北京：北京图书馆出版社 1998 年影印版，第 737～744 页。

　　③　陈毅《先师长沙祭酒王先生墓表》，卞孝萱、唐文权《民国人物碑传集》，北京：团结出版社 1995 年 2 月，第 403～404 页；《王先谦自定年谱》，王先谦《葵园四种》，长沙：岳麓书社 1986 年 9 月，第 683～841 页。

（沅）、王书衡（式通）、顾亚蘧（瑗）结社连吟；① 光绪元年（1875）20 岁的郑文焯应顺天乡试恩科，保和殿复试一等第十三名，同年有曹鸿勋（竹铭）、黄思永、陈冕、易顺鼎、冯梦华、张次珊、况夔笙、王梦湘等，房考官为陈宝琛，其后的 26 年中，七次会试不第，时时与吴昌硕、黄彭年、王闿运、朱祖谋、宋育仁、夏敬观等诗词唱和；② 光绪十一年瞿鸿禨檄调浙江学政，次年按试宁、绍、杭、嘉、湖、台、温、处、金九府，与就学于西湖诂经精舍的浙江黄岩人王玫伯（名舟瑶）有师生之谊，此后王玫伯与喻长霖、章一山亦结为同学，经年往来。③ 江苏金坛冯煦、丹徒人鲍蜕农（心增）、高觐昌和溧阳沈子彦在光绪丙戌（1886）年同中礼部试，辛亥革命后，作为同年的冯煦、鲍蜕农、高觐昌三人都变成了遗民，而且还有较多的交往，高觐昌的《年谱》载："（戊午1918 年）命子悦儒、侄慰儒就学于刘蔚如（嘉斌）之门，刘为前法部参议，国变后，笔耕谋食，与鲍蜕农太守同为吾乡遗老，品学不苟者，坚苦之操。"④

上述种种，都是与座师、同年、门生、故旧、新交的学缘结交，入民国后部分人没有成为遗民，但中间的绝大多数人物都属明显的遗民，虽然我们不能全面评说学缘关系在促成遗民情结中的绝对作用，至少能够窥见学缘关系在仕途上及相关利益上的帮助与影响。

5. 业缘与趣缘型

业缘与学缘有一定的联系，"学"的定型与固定逐渐强化了"业"的功能，"业"的定型与固定又逐渐强化了"趣"的功能，

---

① 吴士鉴《含嘉室自订年谱》，周和平《北京图书馆藏珍本年谱》（192 册），北京：北京图书馆出版社 1998 年影印版。
② 戴正诚《郑叔问先生年谱》，周和平《北京图书馆藏珍本年谱》（184 册），北京：北京图书馆出版社 1998 年影印版。
③ 王玫伯《默庵居士自订年谱》，周和平《北京图书馆藏珍本年谱》（185 册），北京：北京图书馆出版社 1998 年影印版。
④ 高觐昌《葵园通叟自订年谱》，周和平《北京图书馆藏珍本年谱》（184 册），北京：北京图书馆出版社 1998 年影印版，第 516 页。

因此，业缘与趣缘的结合也是人类建立社会关系的一种有效手段。就民初遗民的"业缘和趣缘"看，它们与文学活动的关系最为密切，形成了富有特色的"遗民文学"。其中，会社、诗社和文社是一个显著的方面。

据《唐诗纪事·白居易》载，唐会昌五年（845）二月二十四日，退居洛阳的白居易与胡杲、吉玫、刘贞、郑据、卢贞、张浑及李元爽、禅僧如满八位老者，因志趣相投，结为"九老会"，并绘画留念，此后，"九老会"流风不断：宋代李昉罢相后，至道元年，与张好问、李运、宋琪、武允成、吴僧赞宁、魏丕、杨徽之、朱昂结成的"九老会"，会蜀寇起而停止；①清有乾隆二十七年（1762）沈德潜与钱陈群等参加庆祝皇太后七旬圣寿的"香山九老会"；晚清及民国时期有：天津诗人杨光仪（字香吟，1822—1900）、梅宝璐、孟继勋、于士佑等组织诗社，与乡里九老耆儒集结的"九老会"；广东中山汪文炳与李赞辰、林郁华（字星舫）、梁壁珊、郑萧、李达庐等人在民国初年组成的"仿白香山九老会"。

最早将九老会用于遗民世界的当属宋元之际的平江九老。平江九老出现于宋元易代后的至元（1264—1294）年间湖南平江，陆心源的《宋诗纪事补遗》第八十卷有记载，邓显鹤的《沅湘耆旧传》则记录得更详细，据其转引《湖南通志·金石门》载："元九老题名诗石在平江道岩葆真观，宋遗民鲁仕能年七十三，吴钘、鲁仕行、邓希恕年七十七，方采、李应春年六十九，张万全年六十七，罗太岜年六十二，罗太亨年六十，皆平江人，于至元间择山水胜处，更迭主会，凡历十二年，各题姓名及诗，刻于石。"②

同时，"九老会"内容也常常入画，明代画家谢环的《香山九老图》、现代画家傅抱石的两幅《九老图》都是以此为题材来源

① 洪迈《容斋随笔·四笔·至道九老》，长沙：岳麓书社1994年10月，第513~541页。

② 邓显鹤《沅湘耆旧传前编》（卷二十七），《续修四库全书》（1690册），上海：上海古籍出版社2002年4月，第366页。

的。林纾 1920 年也作有《香山九老图》。

林纾《香山九老图》（1920 年）

与"九老会"性质相同的民初遗民活动还有：

①浙江嘉兴六老、秀水九老会。1918 年 3 月，王部昀与沈曾植、吴子梨（受福）、盛萍旨（沅）、岳斐君（廷彬）、金甸丞（蓉镜）等会于南湖高士祠，以欧法写景（影），王部昀题"六老图"，作《六老图记》。1921 年 3 月，王部昀等仿香山故事，又与陈练江（枝万）、屠明谱（宗培）、钱理甫（燮荣）、盛萍旨、岳斐君、陆费（煦）、邵敬之（承炘）、谢芷沩（希傅）结九老之会，同样以欧法写景（影）。是年 9 月，秀水县知事汪楚生（莹）宴九老于约园，因陆费以病不与，于是请步青补之，凑为九老之

数，并绘有"九老约园图"。①

②钱德邠观察的"七影图"。② 参与者详情待考。

③淞社九老会，分癸丑九老会、甲寅九老会、徐园九老会。

淞社即淞滨吟社，它是周庆云、刘承干等人模仿吴渭等人月泉吟社的遗风，在上海创办的一个遗民诗社，自1913年上巳日徐园修禊之始至1925年花朝日，周庆云与刘承干借学圃为淞社第五十七次雅集活动结束，共存留13年时间。

癸丑人日周庆云招次缪荃孙、钱德邠、汪洵等9人，原定于白太傅生日续举淞滨九老会并绘图征咏，至当日则有隆裕太后升遐罢宴之忌讳，于是推迟至中秋节举行，参加诗咏的为刘炳照、吴俊卿、周庆云、赵汤、汪昌燊、沈焜、许涟祥等人。

甲寅九老会在立春后一日在周庆云的晨风庐举行，参加者为吴苏隐（82岁）、许子颂（74岁）、缪荃孙、钱德邠（溯耆）、吴仓石（即吴昌硕）、戴启文（71岁）、汪渊若（即汪洵，69岁）、刘语石（炳照，68岁）、昊子修（庆坻，67岁），其余有虽参与却不列名的朱念陶（锟）、潘飞声、周庆云等22人。③

徐园九老会为甲寅年三月在沪北徐园举行，参与者为周瀚如、朱曼伯、李艺渊等9人，聚会缘由是因为李艺渊夫妇八旬双寿。④

④山东青岛的"十老会"：由周馥、吕海寰、刘喬祺（云樵）、赵尔巽、童祥熊（次山）、李惺园（思敬）、张安圃（人骏）、陆凤石（润庠）、王季寅（石坞）、劳乃宣组成。⑤

---

① 王迈常、王蘧常《部昀府君年谱》，北京图书馆藏珍本年谱丛刊（181册），北京：北京图书馆出版社1998年，第489~492页。

② 章梫《钱德邠观察寿言序》，章梫《一山文存》，沈云龙《近代中国史料丛刊》第33辑，台北：文海出版社，第469页。

③ 周庆云《晨风庐唱和诗存》（卷四），晨风庐甲寅（1914）年九月刻本，第8页。

④ 周庆云《淞滨吟社集》（乙集），晨风庐1915年刻本，第109页。

⑤ 劳乃宣《韧叟自订年谱》，桐乡卢氏校刻《桐乡劳先生（乃宣）遗稿》，沈云龙《近代中国史料丛刊》第36辑，台北：文海出版社，第57页。

⑤花江九老会。20 世纪 20 年代流寓哈尔滨的诗人成多禄、陈浏、马忠骏等酝酿成立九老会，因成多禄返回吉林，此事不了了之。1927 年流寓哈尔滨的遗民李世斌（吉甫）又倡议设"九老会"，得到多人赞同，参与者为清末官员，有清末候补道员周冕（少逸），年 82，铁路交涉总局总办李鸿谟（虞臣），清末主黑龙江屯垦事、民初任黑龙江省通志局局长的张朝墉（北墙、白翔），清末任奉天府尹、浙江巡抚的曾韫（子固），曾任呼兰、龙江知府的王顺存（理堂），曾任户部主事、交通部秘书的陈浏（亮白、号寂者、垂叟），曾任海伦、泰来县知事的辛天成（九丹，号韭馨），曾任黑松两江邮船局局长的韩宝濂（吟笙），9 月 9 日举行重阳集会，摄有"九老图"。①

⑥上海的"读经社"，1912 年 7 月 15 日开张，期年之后的 7 月 19 日停办，一年中参与读经活动的人有：郑孝胥、王旭庄及儿子王孝纾、林贻书（开暮）、刘宣甫及儿子刘天民、杨小宋、沈瑜庆、吴鉴泉、陈介庵父子、博泉、寿荫、左笏卿（绍佐）、金伯平、立村、孙世富、刘葆良等。②

⑦上海的"一元会"，1915 年 4 月 21 日由冯煦、朱彊村、王乃征（病三）、郑孝胥、唐元素等牵头在沪成立，③ 入会者只需出钱一元作为聚会的饮资，少则三五人，多则十余人，轮流坐庄，地点选择沪上的酒楼如雅叙园、悦宾楼、会宾楼、小有天、古渝轩、都益处、同兴楼等，"一元会"聚集了不少的遗民，除以上列举的熟悉人物和"读经社"的部分人物外，还有郑绩臣、郑尧臣、宋澄之、喻志韶（长霖）、李审言（详）、王叔用、邹紫东、余尧衢（肇康）、张诜侪等。④

⑧香港的"岐丰行生日会"，1923 年寓居香港的陈子励（伯

---

① 李兴盛《流人名人文化与旅游文化》，哈尔滨：黑龙江人民出版社 2008 年 1 月，第 300～301 页。

② 劳祖德《郑孝胥日记》，北京：中华书局 1993 年 10 月。

③ 杨钟羲《雪樵自订年谱》，杨钟羲《雪桥诗话初集》附录，沈云龙《近代中国史料丛刊（续编）》第 22 辑，台北：文海出版社，第 63 页。

④ 劳祖德《郑孝胥日记》，北京：中华书局 1993 年 10 月。

陶）、赖际熙、何藻翔、苏志刚、陈念典、陈庆保、俞鼐、卢礼孙父子、陈殿臣等仿宋九老会之故事，组成"岐丰行生日会"，① 等等。这些会社活动和雅集，或因诗歌吟咏，或因读书引发。

除会社外，民初的诗社和文社数量众多，较有影响的有：以刘承干、周湘龄（庆云）为主席的淞社，成员多达49人；以瞿鸿禨、冯煦、艺风（缪荃孙）、乙庵（沈曾植）为主体的逸社，成员达14人；以樊增祥、瞿鸿机、陈三立为主体的超社，成员达12人；以夏剑丞、黄公渚、朱彊村为主体的沤社，成员达28人；以陈宝琛、夏孙桐为主体的冰社，成员达20余人；以高太痴（翀）、潘兰史（飞声）为主体的希社；以左笏卿为首的汐社，等等。

上述会社、诗社和文社，基本是在民初出现的，它们的形成有一个共同的前提，就是中华民国的建立动摇了他们生存的物质基础，摧毁了他们赖以自存的精神寄托，扫荡了他们合理存在的社会根基，因而在失去了加官进爵、封妻荫子以及坚守君臣之义等共同的"业缘"上，时时流露出对民国的不满情绪。好在失"业"的遗民们对传统文化有一定的研究，读经、文酒唱和、结社吟诗等相同的雅趣正好变成了他们麻醉自我心灵、消闲排遣和怡情适性的工具。因此，"业缘和趣缘"充当了遗民群体关系表达的方式，在一定的程度上，加深了这一群体内在的身份认同和文化倾向。

总之，人类是自然界最高级的动物，智力活动的复杂性和人类活动的丰富性不是简单的语言和分类所能概括的。民初遗民在社会转型过程中的多面性和流动性不纯粹局限于上述领域，因此，这里仅以最容易概括的社会背景和"遗民构成"做粗线条的归类，目的在于为后文的立论和分析提供一个参照和场所，但是它们并不等于民初"文化遗民"所有关系的阐述。

---

① 伯子《辛亥革命前后前清遗老在香港的活动》，中国人民政治协商会议全国委员会文史资料研究委员会《文史资料选辑》第44辑，北京：中国文史出版社2001年，第230页。

第二章　遗民的政治情结

　　民初"文化遗民"的出现是社会政治因素和文化场综合作用的结果，从某种意义上说，政治因素是政治变革在人们心灵上的投影，文化场则是"投影"能够显现的物质基础和外在环境，二者相互作用，互为补充，影响着他们政治情结的形成。鲁迅先生在1924年指出，中国历史进化中存在着"两种很特别的现象"："一种是新的来了好久之后而旧的又回复过来，即是反复；一种是新的来了好久之后旧的并不废去，即是羼杂。"① 就历史进化而言，"反复"和"羼杂"反映了社会前进过程中的复杂性和艰巨性，事实上，作为一种普遍性的特征，它不仅适合转型过程中的人类社会，而且适合社会转型过程中的所有人群，民初"文化遗民"就是典型的代表，他们既欲参与政治，却又有点超然物外。

第一节　"孤露遗臣"之情怀

　　社会客观环境的不同会导致遗民的生存方式的异样，但是它们也会存在一些共同的特征，赵园在对明代遗民研究的基础上，归纳出明遗民比较共同的生存方式有：逃禅、衣冠、交接、生计、葬制等形式。② 民初遗民同明代遗民一样，朝代的更替也带给他们"孤露遗臣"之情怀，但是，由于清民鼎革的独特背景及中华民国对

---

① 鲁迅《中国小说史的变迁》，《鲁迅全集》第9卷，北京：人民文学出版社1981年，第301页。

② 赵园《明清之际士大夫研究》，北京：北京大学出版社1999年1月，第290~355页。

逊帝的特殊处置方式，使得民初遗民的情怀既与明代遗民具有同一性，也呈现出了自己的特殊性。1924 年 12 月钱玄同在《语丝》第四期上发表《告遗老》一文，他指出，遗老可走的路有四条："大彻大悟……堂堂正正地做一个'人'"、"明目张胆地做复辟运动"、"做一个草间苟活的孤臣"、"什么正经事也不做，只是捧捧戏子，逛逛窑子，上上馆子，做做诗钟，打打灯谜……以终余年"①。事实上，民初遗民并没有完全沿着钱玄同提示的四条路走，这四条路也不是遗民路径的全部，他们选择了更丰富的表现方式。

一、复辟情结

"复辟"本指失去的君主复位，如《尚书·咸有一德》第八："伊尹既复政厥辟，将告归。"② 指伊尹将政权交还给商王太甲，同类的情形还有明代的英宗，1449 年土木堡之变后，英宗朱祁镇被蒙古人俘虏，景泰帝朱祁钰即位，第二年英宗被放回后即遭软禁，景泰七年，朱祁钰病重，武清侯徐有贞、副都御史石亨等人发动"夺门之变"，英宗复辟。"复辟"一义后来多引申为恢复旧有制度的行为，如从秦至清不绝如缕的"封建"声音就是一例，现在常指政权落到旧制度代表的手里，尤其是恢复君主专制制度的做法，像英国的斯图亚特王朝复辟、法国的波旁王朝复辟。

民初复辟思潮的起点在于劳乃宣对"共和"、"民主"等词的解释和理解。1911 年冬，劳乃宣撰成《共和正解》一文，他从历史上周厉王的横征暴敛导致国人暴动，政权暂由大臣周公和召公共同执掌这一史实出发，从词源学的角度考察出"共和"一词"其本义为，君幼不能行政，公卿相与和而修政事，故曰'共和'，乃君主政体，非民主政体也"，此为"共和"一词的正解，正解"共和"中，"君主居正统之名，以振服天下之民心；政府握大权之

————————————

① 钱玄同《告遗老》，《钱玄同散文经典》，北京：印刷工业出版社 2001 年 6 月，第 92~93 页。

② 《尚书正义》，阮元校刻《十三经注疏》，北京：中华书局 1980 年影印本，第 165 页。

实，以担负行政之责任；国会处于监察之地位"，时下辛亥党人所倡导的"共和"实为"民主"，为"谬解之共和"。① 三年后，劳氏又作《续共和正解》，进一步申发此论，他说，通观世界各国，国名都以地名称呼，未有用代称的，"大清"、"中华"等词就不属于地名，因此，不用民国纪年而用中华共和纪年，一则与周召共和旧制相同，二则表示为君主国，三则与世界从同。按此理解，当今的总统袁世凯应该仿行共和，总统任职两届共10年后，宣统皇帝已经18岁，可以亲裁大政了，这样，袁世凯就能功成身退，封为王爵，世袭罔替，中国政体亦能符合世界潮流。在《君主民主平议》中，劳氏指出，从民主产生的本源看，"民之有主，其始固出于众之推戴，则官天下实为建国立君之原则"，它类似于中国古代的禅让制度，但是这种情况不多见。从天道人事关系看，人群有天合、人合之分，天合为家，人合为国，家可以扩充为国，故"家天下为立国之常道"，而官天下则无法言明。发生于欧美的民主，实为外国的官天下。民主多实施于较小的区域，因为人少而容易推举首领，人多则无法实行，而且，民主的实施是因人民的知识程度不同而有别的，像北美每选举总统一次则带来战争一次，法国、葡萄牙等国改易为民主制度则变乱丛生。事实和理论证明，"家天下为常，官天下为变，外国之民主犹中国之禅授，同（为）一非常之举……能为环球诸国通行之常道者，惟君主之制而已"②。况且，民主制在中国已经实行了三年，国势之安危、民生之苦乐，既比不上宣统时期，又比不上光绪时期，更且比不上康雍乾时期，因此，"今日欲救中国，非复帝制不可"③！时至1916年，劳乃宣在阅读陈澧《东塾集》中《说长

① 劳乃宣《共和正解》，桐乡卢氏校刻《桐乡劳先生（乃宣）遗稿》，沈云龙《近代中国史料丛刊》第36辑，台北：文海出版社，第141～146页。

② 劳乃宣《君主民主平议》，桐乡卢氏校刻《桐乡劳先生（乃宣）遗稿》，沈云龙《近代中国史料丛刊》第36辑，台北：文海出版社，第155～161页。

③ 劳乃宣《致周玉山书》，桐乡卢氏校刻《桐乡劳先生（乃宣）遗稿》，沈云龙《近代中国史料丛刊》第36辑，台北：文海出版社，第447页。

白山》一文后，撰写了一篇读后感——《书陈东塾先生说长白山篇后》，又一次表达了相同的看法。

1914年6月，劳乃宣的《共和正解》、《续共和正解》、《君主民主平议》三文合刊发行，在思想界引起了轩然大波，章梫为其作跋，盛称"海内外之亲爱吾国者，以为就病下药，诚无如此方之良者"①。宋育仁有'公然联名之呈'，劳乃宣甚至托赵秉钧呈给大总统阅览，王闿运亦颇谬发议论，这样，宣统复辟之说喧嚣一时。② 后经肃政史夏寿棻的查处，以宋育仁被押解回四川，复辟学说暂时沉寂。

1917年7月1日，张勋等人拥立清帝溥仪复辟，一时遗老们袍笏登场，一个星期后，复辟活动暂告一段落。如果将眼光从历史的刻度上再放大十年，那么，我们会发现民国初年的复辟思潮和活动只是消歇了一会，在20年代又枯木逢春了。紫禁城小朝廷在与"从来没有放弃过复辟的念头"③ 的徐世昌等老北洋交往的同时，也与奉系的首领张作霖有了亲密的往来，外国人报纸关于复辟的一些鼓励性话语，让溥仪也觉察到"这两年（注：约指1919年、1920年），和张勋复辟前的情况差不多，复辟的'谣传'弄得满城风雨"④。当溥仪从写着"匹克尼克来江边"新诗的胡适身上"发现原来洋博士也有着那种遗老似的心理"后，溥仪"从心底感到了欣喜"⑤，内外气候的凝聚、复辟思潮的余响流韵，激发了1924年北京政变后的冯玉祥"乘机为首都除去一个污点，为中华民国

<hr />

① 章梫《劳山人正续共和正解跋》，章梫《一山文存》，沈云龙《近代中国史料丛刊》第33辑，台北：文海出版社，第467页。

② 黄远庸《远生遗著》（卷2），《民国丛书》第二编99册，上海：上海书店1990年，第281~282页。

③ 溥仪《我的前半生》，北京：群众出版社1964年3月，第112页。

④ 溥仪《我的前半生》，北京：群众出版社1964年3月，第118~119页。

⑤ 溥仪《我的前半生》，北京：群众出版社1964年3月，第116~119页。

除去一个祸害的根源"①的决心，11月，溥仪被赶出紫禁城。当北京政府清室善后委员会点查养心殿时，金梁等密谋复辟文件被披露，活跃于甲子年（1924）春夏间的清室复辟事件又一次暴露在大众的视野中。

张勋复辟，学界众所周知，但甲子清室复辟则鲜为人知。

甲子清室密谋复辟的真正操盘手为金梁。据故宫博物院编《甲子清室密谋复辟文证》载，1924年初，金梁以"镶红旗蒙古副都统"的名义向溥仪建议恢复大业之法：臣意今日要事，以密图恢复为第一。恢复大计，旋转乾坤，经纬万端，当先保护朝廷，以固根本；其次清理财产，以维财政。盖必有以自养，然后有以自保，能自养自保，然后可密图恢复，三者相连，本为一事，不能分也……恢复办法，务从慎密，当内自振奋而外示韬晦。求贤才、收人心、联友邦，以不动声色为主……至于恢复大计，心腹之臣运筹于内，忠贞之士效命于外。成则国家蒙其利，不成则一二人任其害。机事唯密，不能尽言。② 金梁被任命为小朝廷内务府大臣后，3月提出了以"裁撤"为主的内务府整顿方案后，再次"上书"，陈述溥仪要"亲政"、"求才"、"布德"、"图存"四事。4月金梁又向溥仪上《奏为列举贤才事》，举荐人才，分用其心、用其人和用其名三类共30人。可用其心者4人：升允、冯煦、刘廷琛、铁良；可用其人者18人：柯劭忞、罗振玉、李家驹、章梫、叶尔恺、刘承干、陈毅、万绳栻、胡嗣瑗、林纾、梁弧、冯恕、容厚、王季烈、许德芬、孙壮、郑垂、彬熙；可用其名者8人：赵尔巽、袁金铠、孙宝琦、王怀庆、傅增湘、梁启超、熊希龄、蔡元培。

清室善后委员会向京师地方检察厅去函咨询是否提起公诉，转送至京师高等检察厅后，答复认为，金梁、康有为、江亢虎等

---

① 转引胡平生《民国初期的复辟派》，台北：台湾学生书局1975年7月，第406页。

② 《甲子清室密谋复辟文证》，沈云龙《近代中国史料丛刊（续集）》第82辑，台北：文海出版社1974年，第153～161页。

人虽言语离奇，但"尚难认为罪证"，此一复辟活动暂告一段落。

当然，复辟思潮并没有停止、消歇，30 年代"满洲帝国"的建立又是它的一次回光返照。

近半个世纪的复辟情结可谓既长又久，这是民国初年各路遗民"群策群力"、综合作用的结果，相比于历代的复辟活动，我们会感觉到民初遗民在反复顿挫和屡簸屡起中，其复辟心态的执著，也会惊讶其情怀的坚韧！①

二、留辫、易服与归隐

从生物性的角度看，头发和衣服是人类生活的一部分，本没有太多的研究意义及价值，但一旦将其置放于特殊的环境中，它们就赋有了文化的含义，载于《孝经》的"身体发肤受之父母，不敢毁伤，孝之始也；立身行道，扬名于后世，以显父母，孝之忠也"② 之言，把头发的存留与忠孝联系在一起，赵武灵王"着胡服"、"习骑射"的主张将革新与保守联系在一起，所以，研究发辫和衣服，对了解人物深层次文化心理有一定的意义。

清代的发辫和衣服因赋予较强烈的政治色彩，常常成为人们研究的主要区域，清兵入关后，"留头不留发，留发不留头"的"剃发令"因江南市民的反对，最终酿成了"扬州十日"、"嘉定三屠"等惨剧，经近三百年的熏染与沉淀后，发辫演变成了"新民"与"遗民"、"进步"与"保守"的分水岭。民初遗民因其政治观念的保守，借一根辫子保留了他们对清王朝的恋情和对君

---

① 当然，并不是所有的遗民都赞同复辟，如江西新建人杨增荦（号昀谷）就明确表示反对，而且他也与徐世昌、段祺瑞等人关系密切。陶菊隐称赞说："夫杨以一遗老不苟同于复辟，与徐、段游而终身无所染。高风亮节，翘然异于众，孰谓今人不及古人耶？"（陶菊隐《政海轶闻》，上海书店出版社 1998 年 3 月，第 78 页）

② 《孝经·开宗明义章第一》，阮元校刻《十三经注疏》，北京：中华书局 1980 年影印本，第 2545 页。

臣之义的固守，众所周知的自诩"残雪犹有傲霜枝"的辜鸿铭就是典型。事实上，细细罗列民初的遗民，留辫的大有人在，如：张勋，王国维，梁鼎芬，陈伯严（三立），朱古微，陈小石（夔龙），① 刘世珩、刘之泗父子，② 罗振玉，③ 吴子修，左子异④等。

　　与留辫相似，也有一些人易服，并借以作为归隐的象征。"自古有文章以来，帝王之兴，受禅之玉干戈，皆改正朔，所以明天道，定人心也。"⑤《礼记》里也记载："立权度量，考文章，改正朔，易服色，殊徽号，异器械，别衣服，此其所得与民变革者也。"⑥ 它们是将"改正朔，易服色"与"明天道"、"变革"等联系在一起，汉代董仲舒在《春秋繁露》中，进一步将其申衍到礼制的层面。至于民初的遗民，他们的易服观，与革命党人革除旧习俗完全异趣，而是将其视为一种对抗、一种寄托、一种操守，因而"易服"被派生出了明显的政治、文化意义。

　　辛亥国变后"云海写影一黄冠"⑦ 的江宁提学使、两江师范学堂监督李瑞清因其坚守危城、宁死不屈的气节赢得了沈曾植、陈三立、朱孝臧、吴昌硕、胡思敬等遗民们的称颂，"清道人"成为

---

①　劳祖德《郑孝胥日记》，北京：中华书局 1993 年 10 月。

②　杨钟羲《雪樵自订年谱》，杨钟羲《雪桥诗话初集·附录》，沈云龙《近代中国史料丛刊（续编）》第 22 辑，台北：文海出版社。

③　陈邦直《罗振玉传》，存萃学社编集《罗振玉传记汇编》，香港：大东图书公司印行 1978 年 12 月，第 32 页。

④　王庆祥：《罗振玉王国维往来书信》，上海：东方出版社 2000 年 7 月，第 126 页；崔振化《柯劭忞轶事》，全国政协文史资料委员会《文史资料存稿选编·晚清·北洋（上）》，北京：中国文史出版社 2002 年 8 月，第 823 页。

⑤　严可均《全上古三代秦汉三国六朝文·高堂隆·改正朔议》，北京：中华书局 1958 年 12 月，第 1229 页。

⑥　《礼记·大传第十六》，阮元校刻《十三经注疏》，北京：中华书局 1980 年影印本，第 1506 页。

⑦　陈三立《清道人卜葬金陵哭以此诗》，李瑞清《清道人遗集二卷》，沈云龙《近代中国史料丛刊》第 42 辑，台北：文海出版社，第 7 页。

众多遗民称羡与模仿的对象。梁鼎芬在端方被斩之后操理与他关系要好的端方的丧事，"节庵亦以感恩故人之意，由沪来汉，住汉口大旅社，辫发短垂，终日戴长尾红风帽，不露头角。戴风帽者，师黄梨洲入清装束也"①。后来有一天他的发辫被黎元洪、曹亚伯等人恶作剧地剪掉了。礼部礼学馆顾问王舟瑶（玫伯），辛亥后，改道士装；② 御史江春霖在皇帝让政后，项城（袁世凯）以礼征公，"不起，蓄发为道人装。迨项城授以勋章，公笑曰：'道人无须此也。'"③。甲午举人、无锡人王世忠，国变后，"黄冠道服，闭户不与世通，绝口不谈时事"④。宋育仁在清廷逊位后，"黄冠遁迹茅山之麓"⑤。高邮人王丹铭，曾经为太守，后改为道士装，道号丹明，潜心在白云观读《道藏》⑥。浙江余姚人、长安县县丞、陕西巡抚岑春煊幕僚岑炜（字盛之）辛亥鼎沸后"易装道士，徜徉山林泉石间，吟诗高歌为乐"⑦。浙江天台人褚九芸，曾为山西学政刘廷琛幕僚，后充两广师范学堂教习，辛亥国变后归为道士装。⑧

---

① 《梁节庵之胡与辫》，刘成禺《世载堂杂忆》，沈阳：辽宁教育出版社 1997 年 3 月，第 72 页。

② 章梫《诰授资政大夫广东候补道王君墓志铭》，王玫伯《默庵居士自订年谱》，周和平《北京图书馆藏珍本年谱》（185 册），北京：图书馆出版社 1998 年影印，第 523 页。

③ 林纾《清中议大夫翰林院检讨前新疆道御史梅阳江公墓志铭》，钟碧蓉、孙彩霞《民国人物碑传集》，成都：四川人民出版社 1997 年 3 月，第 199 页。

④ 刘声木《苌楚斋随笔、续笔、三笔、四笔、五笔》，北京：中华书局 1998 年 3 月，第 173 页。

⑤ 钟碧蓉、孙彩霞《民国人物碑传集》，成都：四川人民出版社 1997 年 3 月，第 342 页。

⑥ 王庆祥《王国维罗振玉往来书信》，上海：东方出版社，2000 年 7 月，第 353 页。

⑦ 陈灨一《睇向斋臆谈》，《睇向斋谈往》，上海：上海书店出版社 1998 年 3 月，第 127 页。

⑧ 章梫《王章诗存合刻·一山诗存》（卷 5），民国 15 年（1926）刘承干吴兴刘氏刻本。

真正归隐为僧的有浙江嵊县人郑淦，名文熙，前清时为和州知州，清亡后，潜往永嘉（温州）妙智寺为僧，任挑水、舂碓诸苦役，时任温州瓯海关监督的冒鹤亭寻访得知，① 并与刘成禺口述其原委，非遗民的刘成禺亦盛称他"在清史可补《忠义传》之阙遗，在国史可作《隐逸传》之资料"②。过一二年，郑淦圆寂，罗振玉写信告知王国维此信息，"知嵊县郑同知，祝发于温州某寺，守节甚坚，今日物化"③。

姚文栋则采取与上述遗民不同的做法，据其传载：辛亥国变后，"闭户寂处，不改正朔，不弃发，不废衣冠。袁世凯欲罗致君，君衣朝服，诣明伦堂摄影与之，以明不可屈，又虑其将复我也，乃寄身僧寺"④。

当然，留辫、易服、归隐只是遗民们表达情感的一种外在方式，他们内心对大清王朝的眷恋并没有因外表的改变而改变，所以有署名为道士而非真道士者，如潘兰史（飞声）之水晶庵道士、李瑞清之玉梅花庵道士，⑤ 尤其是李瑞清的似道非道、"名不副

---

① 刘成禺《世载堂杂忆》之《遁迹僧寮一奇士》载：冒鹤亭民初任温州瓯海关监督时，与当地文人学者，颇相往返，并留意寻访山林隐逸之士，忽闻郊外妙智寺有一怪僧，凡劈柴、挑水等困苦繁重之事，无不乐为之。役毕，闭门静坐，诵经读书，时发吟咏之声。冒氏询之方丈，则知为不明来历，只求为僧的灵照，冒氏欲与其见面，灵照一再回避。冒氏亲往见之，"灵照闭户诵经，敲门不应；敲欲急，诵益烈"。终不曾谋面。冒氏返城，与同官嵊县的宋延华言之，宋告知为郑淦。

② 《遁迹僧寮一奇士》，刘成禺《世载堂杂忆》，沈阳：辽宁教育出版社1997年3月，第120页。

③ 王庆祥：《罗振玉王国维往来书信》，上海：东方出版社2000年，第454页。

④ 许汝棻《景宪先生传》，卞孝萱、唐文权《民国人物碑传集》，北京：团结出版社1995年2月，第733页。

⑤ 郑逸梅《艺林散叶》3161条，郑逸梅《艺林散叶荟编》，北京：中华书局1995年1月，第232页。

实"引来了一些趣闻逸事。①

三、变名

"名，自命也，从口，从夕。夕者，冥也。冥不相见，故以口自名。"② 名字本为方便称呼用，但遗民们也将它们当成一种有寄寓意义的东西，顾炎武曾说："有亡国，有亡天下，亡国与亡天下奚辨？曰：易姓改号谓之亡国。仁义充塞，而至于率兽食人，人将相食，谓之亡天下。"③ 清民之交，遗民改名颇为常见，他们将改名视为"亡国"之征。

魏元旷（斯逸）《蕉庵诗话》载："绍唐（即胡思敬）言顷岁海内知交，多有攻易其名字者。予所知，则扶常（即卢扶常）改名耿，字黑庵，号草夫；鹤巢（即叶鹤巢）称宁愚；建侯称鲁民；华澜石更号持庵，绍唐亦以退庐称。"④ 四川总督刘秉璋儿子刘体信（声木），字运之，光绪末年，分省补知府，签分山东，辛亥国变后改名声木，字十枝，取汉代郭宪《汉武东冥记》故事，据载，东方朔从西那国回来，得风声木十枝，实如细珠，风吹枝如玉声，有武事则如金革之响，有文事则如琴瑟之响，此木五千载一湿，万

---

① 1912 年，由北京白云观方丈陈明霈发起，在北京宣布成立中华民国道教会。道教会闻李瑞清为道士，故"引为同道，并承赐以道号"，李瑞清立即回信告诉他们，"瑞清尘俗人也，非欲求金丹、慕长生、思轻举也……其云道人者，不过如明之大涤子，自称石涛和尚，假道号聊以自娱也……公等立中国道教会……欲命瑞清为发起人，则非所愿也……瑞清虽出世，未能出家"。最后他劝诸道士们勿为世利、浮华所缚，要真正实践老子所说的"无为自化、清静自正"之道家宗旨。（李瑞清《复中国道教会书》，《清道人遗集二卷》，沈云龙《近代中国史料丛刊》第 42 辑，台北：文海出版社，第258～259 页。）

② 段玉裁《说文解字注》，杭州：浙江古籍出版社 1998 年 2 月，第 56 页。

③ 顾炎武《日知录》（卷 13），长沙：岳麓书社 1994 年 5 月，第 471 页。

④ 魏元旷《蕉庵诗话》（卷 2），张寅彭《民国诗话丛编》（第一册），上海书店出版社 2002 年 12 月，第 9 页。

年一枯。① 他慕谢翱《天地间集》，自号为 "天地间人"②。满人震在廷，名钧，曾为江都令，辛亥革命后，改名唐晏，字元素;③任陕甘总督的升允，字吉甫，辛亥后改名为钱素庵④，1916 年又易名钱大猷⑤。广州府知府、翰林院编修高觐昌，字葵北，号省庵，壬子（1914 年）改字遁庵。⑥ 翰林院编修、江西南康知府、湖南武陵人王以敏，原号梦湘，辛亥后改名 "文梅"⑦。王先谦曰 "葵园"，辛亥后又为 "遁，其乱后变名也"⑧。汪兆镛在辛亥武昌起义后，赴澳门侨居，往来粤、澳之间，他两上罗浮山，住酥醪观，自号 "觉道士"⑨，后又改号为 "今吾"，取宋遗民汪炎的诗句 "年光元日又除日，心事今吾非故吾" 之意⑩。江宁布政使、提学使陈伯陶（字象华、子砺）自号 "九龙真逸"⑪。王乃征（聘

---

① 刘声木《苌楚斋随笔、续笔、三笔、四笔、五笔》，北京：中华书局 1998 年 3 月，第 546 页。

② 刘声木《苌楚斋随笔、续笔、三笔、四笔、五笔》，北京：中华书局 1998 年 3 月，第 547 页。

③ 劳祖德《郑孝胥日记》（三），北京：中华书局 1993 年 10 月，第 1548 页。

④ 章梫《王章诗存合刻·一山诗存》（卷 4），民国 15 年（1926）刘承干吴兴刘氏刻本。

⑤ 劳祖德《郑孝胥日记》（三），北京：中华书局 1993 年 10 月，第 1598 页。

⑥ 高觐昌《葵园遁叟自订年谱》，周和平《北京图书馆藏珍本年谱》（184 册），北京：图书馆出版社 1998 年影印版，第 513 页。

⑦ 王乃征《王梦湘墓志铭》，梁淑安《中国文学家大辞典·近代卷》，北京：中华书局 1997 年 2 月，第 15 页。

⑧ 陈毅《先师长沙祭酒王先生墓表》，卞孝萱、唐文权《民国人物碑传集》，北京：团结出版社 1995 年 2 月，第 404 页。

⑨ 张学华《诰授朝议大夫湖南优贡知县汪君行状》，张学华《暗斋稿》，广州：广州蔚兴场 1948 年刊本，第 52 页。

⑩ 汪兆镛《微尚老人自订年谱》，王云五《新编中国名人年谱集成》，台湾 "商务印书馆" 1981—1982 年出版，第 3 页。

⑪ 陈宝琛《吴君郁生墓志铭》，陈宝琛《沧趣楼文存》（下卷），福州：福建图书馆 1959 年油印本，第 26 页。

山）易名为"潜"，称"潜道人"①。台湾人王松自号"沧海遗民"②。近代著名词人朱祖谋（1857—1931），字古微，号沤尹，又号彊村、孝臧，孝臧一名则是辛亥之后自改的③。江苏阳湖人刘炳照字光珊，号语石，淞滨吟社社员，以贰佐浮沉浙江多年，国变流寓上海，拳拳故国，自号"复丁老人"④。

上列的变名之举，喻他们归隐之志向，其不与民国同流的意图是十分明显的。但是，胡思敬对其同乡黄子雅国变后更别号为"更民"提出了批评意见，他认为"更民"与乾嘉诗人洪亮吉因指斥时政被谪戍伊犁，赦归后自号"更生"不同，洪亮吉的"更生"意指再生，"执事弃官而归，犹是大清之民，何更之有？"因此，他建议酌改，因为"'更'字有服从民国之意"⑤。

四、筑室

晋代陶渊明《饮酒·五》有"结庐在人境，而无车马喧"之句，"庐"是陶渊明归隐生活的一个寄托。近代文人筑室的不在少数，如郑孝胥的"海藏楼"成于光绪三十一年，取苏轼"万人如海一身藏"诗典；梁鼎芬的"精卫庵"成于光绪三十二年弹劾奕劻之后；瞿鸿机的"超览楼"筑于光绪三十三年五月，它们虽然在民初都成为遗老们诗酒聚会的场所，有疏离民国的意思，但初意毕竟不是针对民国而言的，故不在此讨论范围中。民初遗民在辛亥国变后，也大有陶氏的遗韵，纷纷结庐，著名的有陈曾寿杭州西湖

① 陈灝一《睇向斋臆谈》，《睇向斋谈往》，上海：上海书店出版社1998年3月，第143页。
② 梁淑安《中国文学家大辞典·近代卷》，北京：中华书局1997年2月，第18页。
③ 章梫《王章诗存合刻·一山诗存》（卷5），民国15年（1926）刘承干吴兴刘氏刻本。
④ 章梫《王章诗存合刻·一山诗存》（卷5），民国15年（1926）刘承干吴兴刘氏刻本。
⑤ 胡思敬《劝黄子雅戒酒书》，胡思敬《退庐全书》，沈云龙《近代中国史料丛刊》第45辑，台北：文海出版社，第530页。

边的"苍虬阁"，以苍松的坚贞喻其"不二之节"；胡思敬南昌东湖边的"退庐"，取"退隐之意"；魏元旷（斯逸）在南昌筑"潜园"，喻潜隐不出。三庐舍的名字也成为他们诗文集的名称。寓居日本京都的罗振玉，在净土寺町购地筑房、建园、凿池，取北齐颜黄门（之推）之《观我生赋》中"切仙弓之永慕"句，命其园名为"永慕园"，意即对皇帝的仰望①。1913 年，得友人为赵尔巽延请他担任清史馆纂修之职并劝其回国的书信，罗振玉不仅焚毁其书，而且命其家水池为"洗耳池"，以示对皇帝的忠诚和对民国的厌恶②。胡嗣瑗在张勋复辟失败后，在杭州西湖修建"五峰草堂"，以示隐居③。两广优级师范学堂监督、广东候补道员、礼学馆顾问官王舟瑶（玫伯）1913 年在杭州筑舍，座师瞿鸿机为其题字，曰"王逸民庐"，堂曰"后凋草堂"，堂东有"潜园"④。周庆云在上海结"晨风庐"，取魏国桓范《世要论·与管宁书》"思请见于蓬庐之侧，承训诲于道德之门。厥涂无由，托思晨风"⑤ 故事，表达秦风钦钦，思贤之心⑥。辛亥革命后，刘体信总共改其室名 7 次："苌楚斋"取《诗经·隰有苌楚》诗三章之义，叹生逢乱世，不如草木苌楚（即猕猴桃）无知无累、无室无家之忧；他慕

①　此典出自《史记》："黄帝采首山铜，铸鼎于荆山下，鼎既成，有龙垂胡髯下迎黄帝，黄帝上骑，群臣后宫从上者七十余人，龙乃上去。余小臣不得上，乃悉持龙髯，龙髯拔堕，堕黄帝之弓。百姓仰望黄帝既上天，乃抱其弓与龙髯号，故后世因名其处曰鼎湖，其弓曰乌号。"（司马迁《史记·封禅书》，北京：中华书局 1959 年 9 月，第 1394 页）

②　陈邦直《罗振玉传》，存萃学社编集《罗振玉传记汇编》，香港：大东图书公司印行 1978 年 12 月，第 33 ~ 34 页。

③　周君适《伪满宫廷杂忆》，成都：四川人民出版社 1981 年 2 月，第 8 页。

④　王玫伯《默庵居士自订年谱》，周和平《北京图书馆藏珍本年谱》（185 册），北京：北京图书馆出版社 1998 年影印版，第 478 页。

⑤　《艺文类聚》三十七，见严可均《全上古三代秦汉三国六朝文》，北京：中华书局 1958 年 12 月，第 1258 页。

⑥　周延礽《吴兴周梦坡（庆云）先生年谱》，沈云龙《近代中国史料丛刊》第 816 辑，台北：文海出版社，第 49 页。

南宋郑思肖、明代徐俟斋（枋）或画兰、或画芝，命其室为"兰芝室"，他又慕南宋真山民、邓牧、汪元量（字大有，号水云）等遗民的志节，取其室名为"真山堂"、"水云庵道士"，此外，还有"乐笑"是仿南宋遗民张炎的名号，"蒙人"取自《尔雅》"大蒙之人信"典故，"台臣"取自《左传》典故。① 温肃（毅夫）筑"杜鹃庵"，取古代蜀国望帝杜宇禅位退隐，国亡身死后魂化为杜鹃鸟的故事，以示对故国的怀念②。张其淦（字豫泉）曾任安徽提学使，辛亥国变后寓居上海，以"松柏"名其斋③，借《论语·子罕》"岁寒，然后知松柏之后凋也"句喻指其坚贞。合肥人李国松（字子木）与湘潭袁思亮、新城陈祖壬被称为"义宁（陈三立）门下三杰"，辛亥国变后，李国松迁居上海，命其室为"肥遁庐"，袁思亮为其作《肥遁庐图记》④。刘廷琛（幼云）在青岛筑"潜楼"，"潜楼之名，盖取《易经》乾卦·初九爻意，潜是比喻人隐居不出，静处不动。先祖以潜楼为完号，意即不再出仕了"⑤。"潜楼"落成后，陈宝琛为其书匾，陈曾寿为其制图，遗民们纷纷题辞做诗，以示庆贺，如陈宝琛的《过青岛晤刘幼云嘱题潜楼读书图》、吴郁生的《题潜楼读书图》、胡思敬的《题潜楼读书图》、郑孝胥的《刘幼云潜楼读书图》、沈曾植的《题潜楼图为刘幼云》、劳乃宣《题刘幼云潜楼读书图》、梁鼎芬《潜楼读书图二首》。

---

①　刘声木《苌楚斋随笔、续笔、三笔、四笔、五笔》，北京：中华书局1998年3月，第547页。

②　胡思敬《答温毅夫书》，胡思敬《退庐全书》，沈云龙《近代中国史料丛刊》第45辑，台北：文海出版社，第684页。

③　《张其淦撰述》，刘声木《苌楚斋随笔、续笔、三笔、四笔、五笔》，北京：中华书局1998年3月，第883页。

④　袁荣法《湘潭袁氏家集》，沈云龙《近代中国史料丛刊（续编）》第202辑，台北：文海出版社，第295页。

⑤　刘诗谱《忆先祖刘廷琛之晚年》，中国人民政治协商会议青岛市委员会文史资料委员会《青岛文史资料第7辑》，青岛：青岛出版社1986年，第161页。

此外，像柯劭忞在北京西城太仆寺街筑的 "蓼园"①，梁鼎芬在梁格庄筑的 "种树庐"，林纾的 "烟云楼"② 等都表达了相同的意趣。

五、殉节

与变名和归隐、筑室明志等 "苟且偷生" 的遗民不同，皇帝临难或朝代变更是否随其 "殉节" 是评判一个人忠贞与否的标准。

《阅微草堂笔记》中记载着这样的一个故事：某公在明为谏官，尝扶乩问寿数。仙判某年某月某日当死。计期不远，恒悒悒。届期乃无恙。后入本朝（清朝），至九列。适同僚家扶乩，前仙又降。某公叩以所判无验。又判曰："君不死，我奈何？"某公俯仰沉思，忽命驾去。盖所判正甲申三月十九日也。③ 故事中某公，一般认为是指钱谦益。

清民鼎革之际，亦有类似的笑话。陆润庠（1841—1915）字凤石，江苏元和（今苏州）人，同治十三年（1874）状元。先任修撰、乡会试主考官、山东学政、国子监祭酒等，1896 年创办苏纶纱厂、苏经丝厂，1898 年任内阁学士，署工部侍郎，后任工部尚书、吏部尚书、参预政务大臣、东阁大学士、弼德院院长等职。辛亥后，留毓庆宫为逊帝溥仪的师傅，授太保。1915 年 8 月病逝于北京。陆氏出殡时，京朝诸门人俱挽清代衣冠，路祭叩拜，滑稽者赠以联语："此老无遗千古恨，诸公尽是两榜才。"有丐戏易下联二字为 "诸公尽是两朝臣"。途人抚掌大笑。④

辛亥国变，溥仪逊位，殉皇帝之节不大可能，故其 "节" 多为 "大清之节"。"殉节" 的情形大体有：殉节、欲殉节、未能殉

---

① 崔振化《柯劭忞轶事》，全国政协文史资料委员会《文史资料存稿选编·晚清·北洋（上）》，北京：中国文史出版社 2002 年 8 月，第 823 页。

② 1921 年，林纾十谒崇陵后，溥仪赐其 "贞不绝俗" 四字，后又赐有 "烟云供养" 的春条，"臣谨以天章明其楼"。（林纾《御书记》，薛绥之、张俊才《林纾研究资料》，福州：福建人民出版社 1982 年，第 98 页。）

③ 纪昀《阅微草堂笔记》，上海：上海古籍出版社 1980 年 9 月，第 20 页。

④ 《大公报》，1915 年 11 月 9 日。

节而后悔三种类型。

对于殉节之人，同类相趣的遗民，或以文、或以诗、或以札记纪念他们。

《清史稿》"列传"之"忠义传"，收录了较多的为清殉节尤其是辛亥时殉清之人，如天津人刘锡祺（佩之），江西乐安人程彬（筱竹），满洲镶蓝旗文生、嵩佳氏桂荫（辑五），蒙古镶蓝旗人、荆州驻防荣浚（心川），汉军人、候补县丞锡汪桢，湖北人张景良，满洲正白旗人倭和布（清泉），等等。其中对长沙人简纯泽（廉静）叙述颇详，传曰："国变后，居数年，悲咤不解。丙辰夏，北行之京师，旋客天津。后一年至烟台，游烟霞洞，去之威海，投海死。获其尸，有自书绝命词，以树墓碣镌'大清遗民'四大字为获尸者告，感其义，敛而葬诸海滨，且立碣焉。"①

1916年，隐居淞沪的吴庆坻（子修）通过多年的寻访，将抗拒辛亥、为清殉节的150余人物的事迹辑录成《辛亥殉难记》，1921年，荆州人果仲澜（涣）、铁韵铮（忠）重印，1923年金梁复校，1935年，金梁在王录补遗的基础上，将其增订成八卷。金梁、王先谦、果涣先后作序，称吴子修"表彰忠烈，海内同钦"，② 读此书可以"振顽立懦，诚有益于世道"③。

据陈三立《清故山东提学使罗君墓志铭》④ 载，原山东提学使湘潭人罗正钧（字顺循），亦撰成《辛亥殉节录》六卷，"搜采一时臣僚之殉清以死者，得百数十人，成《辛亥殉节录》六卷以

---

① 赵尔巽等《清史稿》（卷496），北京：中华书局1976年7月，第13727页。

② 金梁《重刻辛亥殉难记跋》，吴庆坻《辛亥殉难记》，台北：成文出版社1968年，第3页。

③ 果涣《重印辛亥殉难记后跋》，吴庆坻《辛亥殉难记》，台北：成文出版社1968年，第4页。

④ 陈三立《清故山东提学使罗君墓志铭》，汪兆镛《碑传集三编》，沈云龙《近代中国史料丛刊（续编）》第73辑，台北：文海出版社1970年，第1204页。

寄怀"①。1921 年 9 月罗振玉在获得天津乔氏新印的王守恂编著的《庚子京师褒恤录》后，为其作《校字记》、《补遗》各一卷，并拟将在吴、罗、乔三书的基础上作《庚辛成仁录》。② 罗振玉在《庚子褒恤录校补序》有更详细的记载：辛酉（注：1921 年）长夏，采访辛亥殉国诸君子事，实以勘定吴子修、罗顺驯（循）两提学之书，欲兼采庚子国变死事之人，合撰《庚辛成仁录》。而苦无一书记述庚子死事者。一日，老友章式之外部以《庚子京师褒恤录》见赠，为之喜出望外。此录为裕小彭部丞（厚）旧稿，天津乔亦香太守（保衡）所编刻杀青……尽一日之力读之，后又函请朱聘三（汝珍）敬检，复请金浚宣部郎、乔亦香太守借原稿比勘、订正，成《校书记》一卷，又复查原稿，发现李文忠有两次请恤顺直官绅兵民奏、吉林将军两次请恤吉林官绅兵民奏、顺天府一次请恤奏等十余通，均芟削不载。于是，又编成《补遗》一卷。③

此外，像 1924 年刊行的尚秉和著的《辛壬春秋》，亦有《清臣殉难记》等篇目。

刘体信（声木）在《苌楚斋随笔、续笔、三笔、四笔、五笔》中亦有多则记录。如无锡人张曾畴（字望岊，号潜园），曾官湖北候补知府，辛亥之变时被拘，惧受辱而投江。④ 刘体信将其与黄冠道服、闭户不与世通、绝口不谈时事的无锡举人王世忠称为"清末完人"，而获得刘体信"清末完人"称呼的还有陈伯陶（子砺）。⑤

被认为最壮烈的当数江阴人赵彝鼎（字焕文，号虚谷），《清

---

① 钱基博《近百年湖南学风》，长沙：岳麓书社，2010 年 1 月，第 69 页。

② 王庆祥《罗振玉王国维往来书信》，上海：东方出版社 2000 年 7 月，第 519 页。

③ 罗振玉《庚子褒恤录校补序》，罗振玉《丙寅稿》，丁卯（1927 年）春正月上虞罗氏刊本，第 10 页。

④ 《王世忠等清末完人》，刘声木《苌楚斋随笔、续笔、三笔、四笔、五笔》，北京：中华书局 1998 年 3 月，第 173 页。

⑤ 《遗民修东莞县志》，刘声木《苌楚斋随笔、续笔、三笔、四笔、五笔》，北京：中华书局 1998 年 3 月，第 639 页。

史稿·列传二百八十三·忠义十》有 160 余字的记载。赵为讲学诸生，国变后，留下遗嘱，在其经常讲学之"三贤祠"西楼，投缳而死。面向北，若望阙以示志。赵死后，其妻弟孙邦桢茂才辑录他的事迹，遍征题咏，合其传、状、墓志，编为《殉节记》一卷，乙卯年（1915）排印。刘体信高度赞扬了赵彝鼎为清殉节的行为，并作了一个长长的按语：

> 我朝养士二百余年，士习素淳厚，光绪中叶，已论议蜂起，蔑弃礼义。及期末造，纲常名教，已扫地无余，宜乎宗社为墟，而高爵厚禄者，又复弹冠相庆。不谓成仁取义，孤忠劲节，震耀千古，乃在僻居江表，仅入义庠之赵茂才。其能熟审于君臣之义，从容绝命，冀以正人心，息邪说，甘蹈首阳之节，视死如归。其撑住纲常，有功名教，死诚有重于泰山者，予故节录《殉节记》中诸人所述，亦冀以挽回末世之人心，以成茂才殉节之志。

赵彝鼎的遗嘱，既有对后事的安排、训诸生词、自述等，也有对某些做法的自我表注。"我作忠义之事，我妻亦不必悲伤，人固有一死，但求死合于义也……我比召忽①之死，似尤合君臣之义。

---

① 据《列子·力命第六》记载：召忽，春秋时齐国人，任齐大夫，为公子纠师傅。管夷吾、鲍叔牙二人相友甚戚，同处于齐。管夷吾事公子纠，鲍叔牙事公子小白。齐襄公十二年（前 686 年），齐国内乱，召忽、管仲侍奉公子纠奔鲁国躲藏，鲍叔牙跟随公子小白去莒国避难。齐襄公乱中被杀，公子小白马上离开莒国要返回齐国；鲁国听说后，也发兵送公子纠回国，并派管仲带兵拦公子小白于莒道。管仲箭射中小白带钩，小白佯死，欺骗公子纠。小白昼夜驰行至齐都，得以先入而立，于公元前 685 年即位，即齐桓公。小白既立，胁鲁杀公子纠，召忽死之，管夷吾被囚。鲍叔牙谓桓公曰："管夷吾能，可以治国。"桓公曰："我仇也，愿杀之。"鲍叔牙曰："吾闻贤君无私怨，且人能为其主，亦必能为人君。如欲霸王，非夷吾其弗可。君必舍之！"遂召管仲。鲁归之，齐鲍叔牙郊迎，释其囚。桓公礼之，而位于高国之上，鲍叔牙以身下之，任以国政。号曰仲父。桓公遂霸。（《老子·庄子·列子》，长沙：岳麓书社，1989 年 8 月，第 43 页。

况我亦欲正人心，息邪说，使人不得以汉外视我君为满也，则我一死之所争大矣。"对诸生的训词为："尔等需读孔孟之书，忠君爱国；我已愿作圣清之鬼，求是去非。""自述"为："一秀亦君恩，愿作圣清之鬼；《五经》由我读，岂为革党之民。"在"自注"中，于"国家养兵数百年，乃敢目君为满"后批注"此理不可不明"；于"学堂掌教二三子，还思造士为清"后批注"是所望于群公"；最后他解释为何投缳"三贤祠"，说："我心为国，故不死于家而死于此地，以会课在此，正欲以明伦也。"①

赵彝鼎的训词、自注，从五伦、为清而死、满汉民族之评判立论；刘体信的按语，从表彰节义、挽回世道人心出发，赞赏之中蕴含着惋惜和钦佩之情。

事实上，与赵彝鼎表现相同的还有湘潭人何性存（承鑫）秀才、广东香山人李郇雨（泽霖）秀才，他们在国变后，或自经，或绝食而死，番禺人汪兆镛感慨三人之行节，作《辛亥三秀才行》诗歌，此诗被吴庆坻收录在其著作《蕉廊脞录》中：

> 油幕老记室，白屋村夫子。薿然青青一衿耳，临难谁能责以死，伟哉乃有三义士！何生橐笔细柳营，妖氛忽犯循州城，城亡义不图苟生，碧磷夜照丰湖清。同时李、赵二文学，徒闻贼民之兴大诧愕，蔑弃礼教曷为国，志士岂忘在沟壑，毕命辞成万夫却，绝粒投缳神自若，得此泮池芹藻不寂寞。呜呼！兴亡自古何代无，痛绝眴息海水枯。长白山隶汉版图，东塾著说征班书，妄辨种族欺瞽恩，大盗移国罪当诛。茫茫天意何为乎？九域从此流毒痛。三子一暝翔霄衢，蝉蜕不受滓浊污，愧死印累绶若卿大夫，圣清三百年养士之泽报区区。②

① 《赵彝鼎殉难大节》，刘声木《苌楚斋随笔、续笔、三笔、四笔、五笔》，北京：中华书局，1998 年 3 月，第 571～574 页。

② 吴庆坻《蕉廊脞录》，北京：中华书局 1990 年 3 月，第 103～104 页。

全诗从"三义士"在鼎变后"不图苟生"入笔，称颂他们的殉节为士林增光，同时也痛斥种族之辨徒为蛊惑人心，称辛亥建国为"大盗移国"。作者的立场显而易见。

又有江苏吴县人、长沙知县沈瀛（士登）及黄忠浩，在湖南响应武昌起义的过程中被斩，一个月后，《民立报》载有《沈瀛之愚忠》一文，郑孝胥读罢此文，立即作诗《哀长沙县知县沈瀛》一首：

> 吴儿轻靡尽随风，九鼎吾终重此公。势不两存能自决，人皆一死未为穷。交期太浅真相失，节义何尝或可同。他日私成黄沈传，还从鬼录想双雄。①

1918 年 10 月 7 日，梁济怀着对共和制度和对传统文化的失望，② 投入北京积水潭净业湖而死，梁济在其遗书中表明，"梁济之死，系殉清朝而死也"③。其死成为舆论关注的焦点，赞成者有之，痛批者有之。时任宣统太傅的陈宝琛"以闻于皇室，赐谕矜悼，予谥贞端"④。罗振玉在给王国维的信中，也钦敬其志节，并

---

① 郑孝胥《海藏楼诗集》，上海：上海古籍出版社，2003 年 8 月，第 222 页。

② 相关论述文章，见罗志田《对共和体制的失望：梁济之死》，（《近代史研究》，2006 年第 5 期）；韩华《梁济自沉与民初信仰危机》，（《清史研究》，2006 年第 1 期） 林毓生《论梁巨川先生的自杀》，《中国传统的创造性转化》，北京：生活·读书·新知三联书店 1988 年 12 月；［美］艾恺《最后的儒家——梁漱溟与中国现代化的两难》，南京：江苏人民出版社 2003 年 8 月。

③ 梁济《敬告世人书》，梁焕鼐、梁焕鼎《桂林梁先生（济）遗书》，沈云龙《近代中国史料丛刊》第 34 辑，台北：文海出版社，第 81 页。

④ 梁焕鼐、梁焕鼎《桂林梁先生（济）遗书》，沈云龙《近代中国史料丛刊》第 34 辑，台北：文海出版社，第 59 页。

告知王国维，效法梁济的还有梁的周姓同乡，继梁以死。①《清史稿》又载，蒙古人、理藩院员外郎吴宝训（梓箴）"闻济死，痛哭。越日，亦投净业湖死"②。

1927 年 6 月 2 日，王国维自沉昆明湖，虽然关于其死因有众多的解释，但《清史稿》列其入《忠义传》，且这种意见可视为遗民的公意。据金梁《瓜园述异》载：王国维死后，金梁为其撰传，"原拟补入'文苑'，及刻史稿，乃改归'忠义'。盖出史馆公意云"③。王国维入"文苑"或入"忠义"传，都有合理的成分，但最终入了"忠义"传，这就凸显了民初遗民的节义观和价值判断。

《清史稿》在《忠义传》前有一个序言，分阶段概述了各朝忠义人士，最后说："将帅之死事者，既有专传，凡上列诸人之义烈尤著者，与夫官书既漏而不能无记载者，则别编为传，粗见本末。若夫道光以后死于外衅，及光绪庚子拳乱，宣统辛亥革命，于义宜详，并备列之，用资后鉴云。"④

欲以殉节告终之人，有罗振玉、沈曾植等。武昌变起后，罗振玉与在北京学部的王国维，"约，各备米盐，誓不去，万一不幸，死耳"⑤。在上海的基本以沈曾植为中心，"一时沪堧达官学者，每日必诣公所，请求收拾时局大计。辜汤生（鸿铭）欲北上商援于某巨公，公（注：沈曾植）握其手慨然曰：'豺虎纵横，去无幸

---

① 王庆祥《罗振玉王国维往来书信》，上海：东方出版社 2000 年 7 月，第 454 页。

② 赵尔巽等《清史稿》（卷 496），北京：中华书局 1976 年 7 月，第 13727 页。

③ 金梁《瓜园述异》，沈云龙《近代中国史料丛刊（续编）》第 24 辑，台北：文海出版社，第 36 页。

④ 赵尔巽等《清史稿》（卷 487），北京：中华书局 1976 年 7 月，第 13454 页。

⑤ 罗振玉《自传——集蓼编》，存萃学社编《罗振玉传记汇编》，香港：大东图书公司印行 1978 年 12 月，第 196 页。

理，慎自保，我辈当习共死之道，来日大难，自有同死之时也。'"①。

事实上也有一些遗民为没有"殉节"而后悔，如张坚伯，张曾对郑孝胥说："去年能死，亦可保全名节，然心顾不甘；今年（注：1912 年）乃追悔其不死，奈何！"② 吴庆坻命其辛亥后所做诗歌为《悔余生诗》，以未能"殉节"清廷而悔其余生，③ 甲子（1924）三月卒于里居学官巷，临终前口占一绝："寂寞分无千载誉，蹉跎死已十年迟。平生师友王、梁、沈，又到相逢痛哭时。""王"指王葵园，吴庆坻丙子年（1876）乡举出葵园门；"梁"、"沈"分指梁鼎芬和沈曾植。④

民初遗民对"气节"的坚守，反映了他们的价值取向，也表明了他们观念中的某些合理性成分，正是基于这种理解，他们并不以变成遗民为可耻，反而在各类文章或挽联中大加宣扬或肯定，如1935 年赵启霖去世，郑家溉编修所撰的挽联就是将他与明末清初的三大家顾、黄、王并称："尚论及先贤，以明末顾亭林、王船山、黄梨洲三遗老之学行俱优，特请从祀圣祠，不数年间，竟与三遗老同悲国变；敢言留直道，较清季胡漱唐、江杏村、赵竺垣诸御

---

① 王蘧常《沈寐叟年谱》，台北：台湾"商务印书馆"1977 年 6 月，第 57 页。

② 劳祖德《郑孝胥日记》（三），北京：中华书局 1993 年 10 月，第 1452 页。

③ 李审言乙未、丙申（1895—1896）之间病，日率懒卧，取号"窳生"，其妻经常为家人缝补衣服，待家幸粗立后，妻去世，丧偶后的李审言改名"愧生"，以示"视孺人为有愧"。他的改名与辛亥国变后一部分遗民变名无关。（蔡文锦《李审言评传》，北京：中国文联出版社 2001 年 7 月，第 129 页）

④ 邓之诚《骨董琐记全编·骨董琐记卷五》，北京：北京出版社 1996 年 6 月，第 142 ~ 143 页。

史而声名独著，今忽考终故里，在九原下应偕诸御史痛话时艰。"①②

六、崇陵情结

1913 年，光绪梓宫入崇陵，亲送的人员有溥仪的汉官三师傅陈宝琛、朱益藩、陆润庠，另外尚有劳乃宣、林绍年（赞誉）、刘聚卿、梁鼎芬等人，③ 这大概是梁鼎芬与崇陵结缘之始了。

作为遗民，拜谒皇陵或许是他们表达对先帝、先朝情感的一种方式，顾炎武在明灭亡后，曾经四谒孝陵，六谒思陵。据刘声木《苌楚斋四笔》载：顾炎武在沧桑之际，四谒孝陵，六谒天寿山攒宫，而与其同谒的还有李天生、王山史等人。历史有惊人的相似，梁鼎芬拜谒崇陵时，有林琴南、毓清臣等人做伴，故刘声木将梁鼎芬与顾炎武作比，最后他感慨说："历代以来，每当国家阳九百六之时，必至风俗颓坏，人心变幻，莫可救药。始至生民涂炭，流离

① 赵启霖《瀞园自述》，中国人民政治协商会议湖南省委员会文史资料研究委员会《湖南文史资料》第 28 辑，长沙：湖南人民出版社 1987 年 12 月，第 21 页。

② 挽联中涉及的胡漱唐（胡思敬，1869—1922）、江杏村（江春霖，1855—1918）、赵竺垣（赵炳麟，1876—1932）、赵启霖（1859—1935）等御史在光、宣之际同为谏官。陈瀛一在《睇向斋秘录》中指出："光、宣之交，谏垣中首推二赵一江，有'三霖公司'之称。继起者以胡思敬为最有声。"据胡思敬《国闻备乘》载："湘潭赵启霖、莆田江春霖、全州赵炳麟同时为谏官，甚相得，号称敢言。京师人争目瞩之，因假上海洋商标记，共三御史为'三霖公司'。启霖美文辞，温慎如好女子……炳麟汲汲好名……春霖刚直使气。"丁未（1907）二月赵启霖上疏请将王夫之、顾炎武、黄宗羲三大儒从祀文庙，次年九月，御旨准奏。入民国后，他们都成为遗民，隐居乡里不仕。（详见陈瀛一《睇向斋秘录》，陈瀛一《睇向斋谈往》，上海：上海书店出版社 1998 年 3 月，第 108 页；胡思敬《国闻备乘》，上海：上海书店出版社 1997 年 1 月，第 92 页；赵启霖《瀞园自述》，中国人民政治协商会议湖南省委员会文史资料研究委员会《湖南文史资料》第 28 辑，长沙：湖南人民出版社 1987 年 12 月，第 12～13 页）

③ 章梫《张振卿总宪八十寿序》，章梫《一山文存》，沈云龙《近代中国史料丛刊》第 33 辑，台北：文海出版社，第 552 页。

颠沛，困苦备尝，无所控诉。乃天为众生示之警罚，非仅降祸福于一人一家已也……然礼义廉耻，必有人为之拨乱反正，上契天心，始克久安长治。然吾谓亭林先生等，即其人矣。"①

"（梁鼎芬）两至梁格庄叩谒景皇帝暂安之殿，露宿寝殿旁，瞻仰流涕。及孝定景皇后升遐，奉安崇陵，恭送如礼，自愿留守陵寝，遂命管理崇陵种树事。"② 梁鼎芬的所作所为是"崇陵情结"的典型，至于"崇陵情结"大体体现在三个方面：

1. 种树

崇陵建成后，因园林无树，影响了美观和风水，梁鼎芬在多次交涉无果的情况下，决定募捐栽树，将崇陵上的白雪用瓶子装好，称为"崇陵雪水"，然后向王公大臣和遗民们赠送，换取他们的捐金，经过他的努力，终于捐赠到足额的资金遍植崇陵墓树。梁鼎芬在崇陵种第一棵树时，还将它摄成照片，以志纪念，这一史实也成了遗民们诗歌和画坛题材的一个来源。陈宝琛称他"补天挥日手能闲，冠带扶锄水石间。不见成荫心不死，长留遗蜕傍桥山"③。李瑞清称他"草木有荣枯，臣心终不死"④。稍后，浙江钱塘人汪洛年（1871—1926，字社耆，号鸥客，汪康年兄）绘成《梁文忠公遗像》。

退居浙江南浔的刘承干，因输金资助崇陵种树的经费，获得溥仪皇帝赐给的"钦若嘉业"的匾额，这就是近现代中国藏书史上

---

① 刘声木《苌楚斋随笔、续笔、三笔、四笔、五笔》，北京：中华书局1998 年 3 月，第 733 页。

② 赵尔巽《清史稿》（卷 472），北京：中华书局 1976 年 7 月，第12822 页。

③ 陈宝琛《梁文忠崇陵种树遗照》，《沧趣楼奏议·诗集》，沈云龙《近代中国史料丛刊》第 40 辑，台北：文海出版社，第 288 页。也有另一种版本："补天回日手如何？冠带临风自把锄。不见松青心不死，固应藏魄傍山庐。"（《梁鼎芬临死诫其子切勿做官》，伍稼青《民国名人轶事》，台北：台湾学生书局 1981 年 10 月，第 143 页。

④ 李瑞清《题梁节庵先生崇陵种树图》，《清道人遗集二卷》，沈云龙《近代中国史料丛刊》第 42 辑，台北：文海出版社，第 59 页。

梁鼎芬崇陵种第一树图

约摄于 1914 年，刘承干捐巨资助光绪皇陵即崇陵植树，梁因此赠送照片给他。

大名鼎鼎的"嘉业堂"堂名的来历，时隔 8 年，溥仪大婚，刘承干北上觐贺，拜谒崇陵后发现陵树凋敝、土木材瓦损毁，亦自愿承担补种、缮茸之资，在 1928 年东陵被盗后，刘又进贡修复银两①。

2. 守陵与拜谒崇陵

梁鼎芬自告奋勇担任守陵任务，整整 3 年，忠贞专一，以至他

----

① 项文惠《嘉业堂主——刘承干传》，杭州：浙江人民出版社 2005 年 7 月，第 18～19 页。

的诚心感化了前来行刺的杀手。据伍稼青《民国名人轶事》载：有一天夜里，梁正在灯下读史书，忽然院子里跳下一个彪形大汉，手持一把雪亮的匕首，闯进屋里。梁面不改色地问道："壮士何来，可是要取梁某的首级？"那位不速之客被他感动，下不得手。梁放下书，慨然引颈道："我梁某死于先帝的陵前，于愿足矣！"那人终于放下匕首，双膝跪倒，自称是袁世凯授命行刺的，劝梁从速离去，免遭不测，梁泰然谢绝劝告，表示决不怕死。①

梁鼎芬每次去紫禁城向圣上溥仪请安，遭到太监们四两银子门包的勒索，也在所不计，一样引发了后人对其"大度"的嘲讽："一群夷齐去做官，首阳薇蕨难采完。忠臣要算梁星海，四两门包请圣安。"②

"念德宗以英主被扼，每述及，常不胜哀痛。十谒崇陵，匍伏流涕。逢岁祭，虽风雪勿为阻。尝蒙赐御书'贞不绝俗'额，感幸无极，誓死必表于墓，曰'清处士'。忧时伤事，一发之于诗文。"这是《清史稿》林纾传的一部分。事实上，从1913年4月开始，林纾也频繁谒拜崇陵，10年内达11次之多。1922年林纾又作《御书记》，表示"一日不死，一日不忘大清。死必表于道曰：'清处士林纾墓'，示臣之死生，固于吾清相终始也。"③

梁鼎芬、林纾的所作所为恐怕不纯粹是"崇陵情结"的体现了，蕴含着更多的眷念清王朝的成分。林纾在《答郑孝胥书》中，不仅回击了时人谓梁节庵装"伪"的疑问，而且将自己的心境表露无疑：

> 梁节庵之为人，都下颇有谓之好名者。然节庵于我德宗皇帝奉移时，在梁格庄大雪之中，席薰殿次数日……近三四年，

---

① 《梁鼎芬临死诫其子切勿做官》，伍稼青《民国名人轶事》，台北：台湾学生书局1981年10月，第143页。

② 《崇陵种树之梁鼎芬》，伍稼青《民国名人轶事》，台北：台湾学生书局1981年10月，第142页。

③ 林纾《御书记》，薛绥之、张俊才《林纾研究资料》，福州：福建人民出版社1982年，第98页。

每日必诣陵下，且筹措万余金以助上方便房之费。乃陵工告葳，则奉其父母遗照于种树庐中，不携妾御，茹苦耐寂，又近三年，即使为好名之人，然弟七十之年，眼中实未见其有此行伪到底者。高啸桐生时，亦有人指其为伪。弟曰：但能将伪字带入窀穸，即可算之为真。今于节庵亦然。至云荐入内廷，出诸黎氏，此事亦足原谅。节庵非事黎氏，侍我少帝也……仍是我清室之臣，万非从贼之比……弟自始至终，为我大清之举人。谓我为好名，听之；谓我作伪，听之；谓为中落之家奴，念念不忘故主，则吾心也。如刘廷琛、陈曾寿之假名复辟，图一身之富贵，事极少钮，即行辞职，逍遥江湖。此等人以国家为孤注，大事既去，无一伏节死义之臣。较之梁节庵一味墨守常经，窃谓逊之。故弟到死未敢赞成复辟之举动，亦度吾才力之所不能，故不敢盲从以败大局。①

除梁、林二人外，劳乃宣三谒崇陵，沈瑜庆、李惺园（思敬）、刘承干、林绍年（赞虞）、张曾畅（小帆）、章梫等都曾专门或顺便拜谒崇陵。

3. 崇陵祭品

1916年2月1日（农历十二月二十八日）为崇陵岁末大祭，梁鼎芬将分得的祭品赠送给郑孝胥、胡思敬、劳乃宣、沈曾植、陈宝琛、陈曾寿、冒鹤亭、赵启霖等遗民，赵启霖得祭品二次②，郑孝胥得"饽饽一件、菊霜一件"③，冒鹤亭又将饽饽赠送给妙智寺的"灵照"即上文所说的和州知州郑淦，冒氏"作书，附自刻诗集及饽饽一箧，遣人贻灵照"，不数日，"灵照复函，縢诗四章，

① 林纾《答郑孝胥书》，薛绥之、张俊才《林纾研究资料》，福州：福建人民出版社1982年，第99～102页。

② 赵启霖《瀞园自述》，中国人民政治协商会议湖南省委员会文史资料研究委员会《湖南文史资料》第28辑，长沙：湖南人民出版社1987年，第20页。

③ 劳祖德《郑孝胥日记》（三），北京：中华书局1993年10月，第1598页。

返其饽饽"①。梁鼎芬的这一举动获得了遗民的钦敬，他们纷纷做诗，以示庆贺，如郑孝胥有《正月廿二日先考公忌日适梁节庵自梁格庄寄贻崇陵祭品遂以社供》、胡思敬有《谢梁节庵按察馈先陵祭品》、劳乃宣有《梁节庵种树崇陵以岁末大祭均余饼饵见寄感赋长歌却寄》、陈宝琛有《节庵自梁格庄以崇陵祭余羊果见饷感赋》、《二月八日节庵寄饷崇陵桥下雪泉》、《谢节庵惠寄玉菌》等。

此外，像梁鼎芬、赵秉钧的陵墓在梁格庄崇陵附近；罗振玉亦谋在梁格庄买地，筑慈晖堂以祀先祖先妣，并"为异日止息之计"②；柯劭忞的陵墓在河北易县清西陵附近，意指他们死后还要伴随着皇帝。

上述六个方面是遗民们"孤露遗臣"情怀的主体体现，事实上，他们的表现并不仅限于此，还有：

1. 自愿做遗民，如郑孝胥，1911 年 10 月底在其《日记》中谈到国家的前程时自我表白说："……必将瓜剖豆分以隶于各国，彼将以华人攻华人，而举国糜烂，我则为清国遗老以没世矣。"③11 月，其友人柯贞贤、孟纯孙欲去苏州拜谒程德全都督，与郑告辞，郑语之曰："世界者，有情之质；人类者，有义之物。吾于君国，不能公然为无情无义之举也。共和者，佳名美事，公等好为之，吾为人臣，惟以遗老终耳。"④

2. 停作日记、文章，如胡思敬与亲家李瑞清约定"以宣统三年为断"⑤。

---

① 《遁迹僧寮一奇士》，刘成禺《世载堂杂忆》，沈阳：辽宁教育出版社 1997 年 3 月，第 121 页。

② 王庆祥：《罗振玉王国维往来书信》，上海：东方出版社 2000 年 7 月，第 431 ~ 432 页。

③ 劳祖德《郑孝胥日记》（三），北京：中华书局 1993 年 10 月，第1353 页。

④ 劳祖德《郑孝胥日记》（三），北京：中华书局 1993 年 10 月，第1356 页。

⑤ 胡思敬《致王泽寰书书》，胡思敬《退庐全书》，沈云龙《近代中国史料丛刊》第 45 辑，台北：文海出版社，第 542 页。

3. 自断年谱,如吴士鉴《含嘉室自订年谱》、缪荃孙《艺风老人年谱》止于宣统二年,缪荃孙在壬子年(1912)手定年谱中感慨:"(宣统三年)十二月二十七日皇帝逊位于民国,南北合同,国破家亡,生不如死。"其儿子禄保、僧保补叙说:"府君手定斯谱,讫于辛亥,隐喻绝笔之意。"①

4. 到民国年间仍以"我朝"、"本朝"等称呼清王朝。"本朝"不仅是一个具有特定内涵和指称对象的概念,而且它与个人的情感倾向联系在一起,顾炎武《日知录》中解释说,"古人谓所事之国为本朝"②。如王国维《沈乙庵先生七十寿序》的第一句"我朝三百年间,学术三变……",罗振玉的著作《本朝学术概略》(收入《辽居杂著乙编》),等等。

第二节 "余与民国乃敌国也"

民初的遗民对新建立的民国视之为寇仇,因而不惜与民国对立。1918年1月,东南各省绅士联请内务部发行《四库全书》以充塞各地兴建的图书馆,因联名之数不够,钱能训、林植斋、丁衡甫等均托人与郑孝胥接洽列名事宜,郑拒绝说:"仆不认有所谓'民国'者","余与民国乃敌国也"③。与郑孝胥情感相类的人太多,他们通过各种方式表达了对民国的态度。

一、拒用民国年号

在遗民们看来,用公元年号是"正朔"已改的标志,为了表达对皇帝的留恋与忠贞,其日记、诗文等均使用宣统年号,或者使用传统的干支纪年,如劳乃宣在《青岛尊孔文社建藏书楼记》后,

---

① 缪荃孙《艺风老人年谱》,周和平《北京图书馆藏珍本年谱》(180册),北京:北京图书馆出版社1998年影印版,第737~745页。

② 顾炎武《日知录》(卷13),长沙:岳麓书社1994年5月,第509页。

③ 劳祖德《郑孝胥日记》(三),北京:中华书局1993年10月,第1705页。

大书"大清宣统六年，岁次甲寅四月"字样。① 上文所引林纾的《御书记》文尾标明的时间是："宣统十四年三月十五日臣林纾记。"② 其他如陈曾寿、杨钟羲、温肃、郑孝胥等也有相同的做法，更有甚者，他们对使用民国或民国纪年的行为或拒绝，或加以抨击。周君适撰写的回忆录中描绘了他在岳丈陈曾寿家的一些情形，除经常能够接触到遗民外，觉得"苍虬阁"中的规矩和忌讳很多："写字要避'圣讳'、'祖讳'……署年月不许用公元或民国字样，要写'宣统'年号，或写干支。月份写阴历某月；不许说'前清'、'满清'，要称'本朝'。"③ 郑孝胥隐居沪滨的 13 年间，"不问世事，凡诗文简札题识，仍用宣统甲子，始终疾恶共和，未尝书民国年号也"④。1913 年 3 月，郑孝胥购得张謇（季直）自书的《狼山观音造像记》，发现"书民国元年"，且不避"淳"字讳，心里就隐隐不快⑤，8 月，梁鸿志（众异）托人求郑孝胥书"民国大学"匾署，郑氏辞不为。⑥ 1915 年 3 月，对熊希龄（秉三）具名邀请郑氏书写叶小松堂庆的寿文，郑孝胥"删去秉三伪衔，改用'太岁在旃蒙单阏如月'"⑦ 起首语。民国 10 年（1921），日本人芥川龙之介来中国，萃访了居于上海的郑孝胥，芥川发现，郑氏

① 劳乃宣《青岛尊孔文社建藏书楼记》，桐乡卢氏校刻《桐乡劳先生（乃宣）遗稿》，沈云龙《近代中国史料丛刊》第 36 辑，台北：文海出版社，第 513 页。

② 林纾《御书记》，薛绥之、张俊才《林纾研究资料》，福州：福建人民出版社 1982 年，第 98 页。

③ 周君适《伪满宫廷杂忆》，成都：四川人民出版社 1981 年 2 月，第 4～5 页。

④ 叶参、陈邦直、党庠周《郑孝胥传》，上海：上海书店 1989 年《民国丛书》第一编（88），第二页。

⑤ 劳祖德《郑孝胥日记》（三），北京：中华书局 1993 年 10 月，第 1456 页。

⑥ 劳祖德《郑孝胥日记》（三），北京：中华书局 1993 年 10 月，第 1481 页。

⑦ 劳祖德《郑孝胥日记》（三），北京：中华书局 1993 年 10 月，第 1553 页。

的家中"犹插黄色小龙旗"①。1916 年,罗振玉为小儿吉事托张某人择日,张某人以阳历给示,罗十分不快,在给王国维的信中说:"所择之日请明告以系阴历,弟不知阳历为何物。又诹吉书内即填明年,弟亦不欲见'民国六年'字样也。"②

胡思敬对民国的排斥显得更为坚决,他不仅不认可民国,如在答王泽寰的信中指出:"我辈处今日时势,与前明遗老不同,明革为清,国已定矣,今日尚在黄巾绿林时代,无所谓朝廷,更无所谓政府。"对那些以督军、省长自居,以改革者自命的人,"吾鄙之殆不啻蚍蜉之转丸也"。劝王泽寰在修《庐陵志》涉及"新昌"、"盐步"等旧名,不要改为"宜丰"等新名,③ 提醒王书衡在国史修纂中要注意"国初"与"清初"、"大清"与"有清"的区别。④ 而且在使用"民国"、"前清"字样的人中,对年轻不懂事者,则循循善诱,给以教诲,如在回复喻相平为其父喻庶三治丧的信中指出:"治丧当从《大清通礼》,依次而行。讣文仍旧式,不可妄用'前清'、'民国'等字。"⑤ 对有疏忽纰漏的加以规劝,吴庆坻儿子吴士鉴从 23 岁起开始关心舆地之学,1909 年在京城得到山东曲阜的出土文物编钟,他考证出此为鲁国卿大夫名原者所用,本应有钟十六枚,实得九枚,故名"九钟",始撰《九钟精舍金石跋尾》,1911 年形成甲编,林纾为其绘图,王先谦等为其题跋。胡思敬阅是书后指出,书名冠以国号,"似非本朝臣子所为",况且

① 贾逸君《中华民国名人传·前清遗老·郑孝胥》,《民国丛书》第一编(86),上海:上海书店 1989 年,第 39 页。

② 王庆祥《罗振玉王国维往来书信》,上海:东方出版社 2000 年 7 月,第 135 页。

③ 胡思敬《致王泽寰书》,胡思敬《退庐全书》(笺牍、奏疏),沈云龙《近代中国史料丛刊》第 45 辑,台北:文海出版社,第 549 页。

④ 胡思敬《与王推事书衡诘国史凡例书》,胡思敬《退庐全书》(笺牍、奏疏),沈云龙《近代中国史料丛刊》第 45 辑,台北:文海出版社,第 508 页。

⑤ 胡思敬《喻喻相平书》,胡思敬《退庐全书》(笺牍、奏疏),沈云龙《近代中国史料丛刊》第 45 辑,台北:文海出版社,第 644 页。

"九钟"的本意是"南斋侍从之臣，身经国变，思恋旧主"；再则，序言中有"爱新觉罗氏入主中夏"一语，胡思敬认为，"语涉谩骂，尤不可为训"，有如父母之名，耳可得而闻，口不可得而言。①在给当事人吴士鉴的信中，胡思敬告诉他要注意撰述的大体，自从阮元的《皇清经解》走，无一人称"皇清"为"清"，这是为不模糊君臣之义目的出发的，单用"清"是后世人为简便起见的做法，如果用"清"代替"皇清"，本朝臣民与后世臣民的区别就不明显了。②

胡思敬有诗歌《见通行民国银行纸币书以志慨》：

> 白昼尘昏不见三，孔桑坏法自何年。尸居总觉无生气，看到人间使纸钱。③

他对民国使用纸钱的仇恨溢于言表。

此外，像默庵居士王舟瑶（玫伯），在针对其同年章梫（一山）、喻志韶（长霖）编辑文集时指出："吾曹劫后残生，万念皆绝，独有宜审计者二事：一为身后墓志不可出异代达官之手，以属异代达官必乖，耿耿未亡之心迹；一为平日文字不可不播诸天壤，若一散佚，桑海迭变，他日更无足征。"④ 王卒后，其墓志最终由章梫撰写，其家传也由汪兆镛撰成，基本上实践了他的愿望。

---

① 胡思敬《致吴子修亨使书》，胡思敬《退庐全书》，沈云龙《近代中国史料丛刊》第45辑，台北：文海出版社，第500页。

② 胡思敬《覆吴侍读甸斋书》，胡思敬《退庐全书》，沈云龙《近代中国史料丛刊》第45辑，台北 文海出版社，第502页。

③ 胡思敬《见通行民国银行纸币书以志慨》，胡思敬《退庐全书》，沈云龙《近代中国史料丛刊》第45辑，台北：文海出版社，第139页。

④ 章梫《默庵文集叙》 章梫《一山文存》，沈云龙《近代中国史料丛刊》第33辑，台北：文海出版社，第438页。

二、诅咒民国、民国肇造者及临难变节者

> 茫茫一白无昏晓,没尽田园掩尽关。看汝飞扬能几时,朝曦隐隐露西山。①

这是辛亥后胡思敬《咏雪二首》中的一首,三、四两句,一语双关,既暗指民国的气数将尽,又预言西山将起的希冀,用心昭然,可见一斑。又如,胡思敬在给刘聚卿(世珩)的诗歌中,有"愁闻杜宇啼亡国,忍看蟾蜍蚀大清。闲坐瓜棚谈旧史,海枯石烂恨难平"② 等句,以"杜鹃啼血"、"海枯石烂"等故事暗含对故国的怀念与忠贞,尤其是"蟾蜍蚀大清"句,反用李白《古朗月行》"蟾蜍蚀圆影,大明夜已残"诗意,喻比民国代替大清,对民国的敌视和诅咒溢于言表。

对于民国肇造者,遗民们用词痛骂:"首祸诸奸,如孙文、黄兴、陈其美、居正、李烈钧、钮永建、何海鸣、柏文蔚、陈炯明等无一伏。"③ "当日果孙、黄得势,则不惟有五代六朝之弑逆,直行放路易十六之事,思之可为寒心。"④ 以篡位的南朝梁武帝萧衍和暴戾的路易十六比喻孙中山、黄兴等人,痛斥之情态历历在现。对于临难变节者,或讥讽、或鄙视,张謇(季直)、汤寿潜(蜇仙)、熊希龄(秉三)等人辛亥后倾向革命,胡思敬认为他们"临

---

① 胡思敬《咏雪二首》,胡思敬《退庐全书》,沈云龙《近代中国史料丛刊》第45辑,台北:文海出版社,第119页。

② 胡思敬《次刘京卿静寄轩夜话韵》,胡思敬《退庐全书》,沈云龙《近代中国史料丛刊》第45辑,台北:文海出版社,第135页。

③ 胡思敬《与陈师傅书》,胡思敬《退庐全书》,沈云龙《近代中国史料丛刊》第45辑,台北:文海出版社,第526~527页。

④ 林纾《答郑孝胥书》,薛绥之、张俊才《林纾研究资料》,福州:福建人民出版社1982年,第99页。

老陷贼"，故做诗"借郑虔事以讽"①。郑孝胥对革命党人向无好感，1911 年 11 月的《日记》中记载说："南方士大夫毫无操守，提倡革命，附和共和，彼于共和实无所解，鄙语有所谓'失心疯'者，殆近之。"② 光绪举人、官度支部主事、西藏都昌人黄锡鹏（字百我）辛亥后乞假南归，在其撰述中自称"作故国遗民以没世，则至荣之幸也"，声言其"备员外郎署已逾八年，必无改操易节之理"。在其复友人信中，表示愿"以漆室女自处，誓不再嫁"，因而斥"王湘绮耄年改嫁，易哭庵徇利屈身。二公声名，俱一落千丈"③，足见黄锡鹏对王闿运、易顺鼎的不满，黄这种"志节皎然"、"不为势利所诱"的态度亦获得刘体信（声木）"清末完人"的好评。

三、拒绝与民国合作

有了上述两种情感基础，民初遗民与民国的合作是难以实行的，因此，胡思敬、李瑞清拒绝担任教育会会长之职，袁思亮担当一段时间的铸印局局长后又辞官回家了，张士珩坚辞天津造币厂厂长之职，④ 赵启霖对袁世凯筹备洪宪帝制表示出了自己的愤慨，其族人赵殷在编辑赵启霖的《自述》时曾补充说："当筹备时，各逸老颇有列名劝进者，公闻之，愤甚，谓廉耻荡尽，国将不国矣。"⑤ 对于赵尔巽聘请修清史的事情，郑孝胥、沈曾植、李瑞清、劳乃宣等均驰书却聘，劳乃宣两次向徐世昌、袁世凯辞参政院参政之聘，

① 胡思敬《与陈考功书》，胡思敬《退庐全书》，沈云龙《近代中国史料丛刊》第 45 辑，台北：文海出版社，第 490 页。
② 劳祖德《郑孝胥日记》（三），北京：中华书局 1993 年 10 月，第 1358 页。
③ 《黄锡鹏遗民》，刘声木《苌楚斋随笔、续笔、三笔、四笔、五笔》，北京：中华书局，1998 年 3 月，第 253 页。
④ 程先甲《清授光禄大夫四品卿衔张公墓表》，卞孝萱、唐文权《民国人物碑传集》，北京：团结出版社 1995 年 2 月，第 260 页。
⑤ 赵启霖《澄园自述》，中国政协湖南省文史委员会《湖南文史资料》第 28 辑，长沙：湖南人民出版社 1987 年，第 20 页。

以示不与民国同流。

又如汪兆镛，辛亥革命成功后，新政府曾邀请汪兆镛出任地方官职，但汪兆镛以清朝遗老自居，不肯任事于民国。1912 年，其异母弟汪精卫请他替民国政府效力，也被他一口回绝，言誓不屑为朝秦暮楚之徒。后胡汉民邀汪兆镛任总秘书席，他辞之。粤盐商公请汪兆镛为盐政局长，他又辞之。

与拒绝与民国合作相表里，部分遗民也对"出山"任职民国政府的人大加挞伐。安徽桐城人陈剑潭（澹然）善挟策卖文，干诸侯、抵卿相，喜言经世，与胡思敬关系颇好。民国建立后，陈剑潭曾任袁世凯总统府参议，后又任江苏、安徽通志馆馆长。陈剑潭两次贻书给胡思敬咨询编刻书事宜，胡思敬在《答陈剑潭书》中肯认其"以经世为归"的刻书意旨，但胡氏回信首先就毫不留情面地指责陈剑潭任袁氏参议的污点："纵尽善尽美，而扳项城为知己，作民国之功臣，大节已亏，余何足道哉？"[①] 表现出明显的不满情绪。

总之，民初遗民对民国的敌视，不一而足，上述主要是从政治态度上而言，其它如纂修《清史稿》、诗文辞赋等方面亦有体现，这会在后文中有相应的揭示。

第三节　民初遗民与传统观念

一、夷夏观念

夷夏之辨历来被视为华夏文化和周边少数民族文化文野特征的一条分界线，有人指出，"夷夏之辨是在两个层面上展开的：一是现实生活中夷夏之间种姓与文化上的差异，以及由此引起的族际冲突；二是意识形态领域中对夷夏文化的认同别异和对夷夏关系的明

---

① 胡思敬《答陈剑潭书》，胡思敬《退庐全书》，沈云龙《近代中国史料丛刊》第 45 辑，台北：文海出版社，第 566～569 页。

确定位"①。中华民国建立之前的夷夏观念，以时间为界可分为两个层面：一是鸦片战争之前，大体取传统的夷夏观念，基本属于夷夏之辨的第一个层面；二是西学进入中国后，"夷"逐步有"西夷"、"中夷"的分野，而"中夷"在与"西夷"的对抗中有与"夏"合流并上升为"夏"层面的趋势，它们大体是在两个层面综合的基础上衍生的。宋遗民、明遗民和辛亥革命初期的思想家基本取传统的夷夏观念，他们看来，以成吉思汗为代表的蒙古人和以爱新觉罗为代表的满人都是"鞑虏"，因此"驱逐鞑虏，恢复中华"成了从朱元璋起义到"兴中会"建立这段过程中一贯连续的口号。甲午战争以后尤其是戊戌变法时期，中国人对固有的夷夏观念以新的眼光审视，狭隘的夷夏观念逐渐扩展为民族观念，"中国人已较少称外人为'夷狄'，而转以'洋人'相称，这便是由传统的'夷夏观'转向近代民族主义的一种表征"②；在国学保存会及其机关报《国粹学报》基础上形成的"国粹派"基于民族主义的立场，将保存国学、国粹与振兴民族结合起来，章太炎有"用国粹激励种性，增进爱国的热肠"③之言，许守微有"国粹者，一国精神之所寄也。其为学，本之历史，因乎政俗，齐乎人心之所同，而实为立国之根本源泉也。是故国粹存则其国存，国粹亡则其国亡"之认识④，民族主义呈现出向"文化民族主义"靠拢之势。同盟会的创立以及三民主义概念的出现，特别是"民国成立后，对内的民族主义思想从此消泯于无形，'排满'口号也销声匿迹，代之

---

① 姜建设《夷夏之辨发生问题的历史考察》，《史学月刊》，1998 年第 5 期。

② 冯天瑜《中华元典精神》，上海：上海人民出版社 1994 年 5 月，第 478 页。

③ 章太炎《东京留学生欢迎会演说词》，汤志钧《章太炎政论选集》（上），北京：中华书局 1977 年 11 月，第 272 页。

④ 许守微《论国粹无阻于欧化》，张枏、王忍之《辛亥革命前十年间时论选》（第二卷上），北京：生活·读书·新知三联书店 1963 年，第 52 页。

而起的是 '五族共和', 是国家与民族的完全整合为一"①, 民族主义已经发展到新的水平线上。可见, 夷夏观念—民族主义—五族共和三个层次螺旋式的上升, 与近代中国人在中西文化对比中对民族关系认识的深化以及对自身身份的定位有着密切的关系。

但是, 我们要注意到, 上述关于民族主义规律性的认识是从总体、就社群的主流而言的, 事实上, 由于主观的倾向和固执的心理等原因, 民初遗民在民国后的认识并不完全与主流合拍, 而是呈现出一定的保留和歧异, 大体呈现出两种类型。

①视 "中华民国" 为夷。民初遗民固守夷夏观念的外壳, 把在 "西夷" 思想指导下建立的中华民国视为 "西夷" 的延续, 因此, 民清易代同样是 "以夷变夏"、"以野变文"! 并且对 "五族共和" 并不以为然, 这一表述在民初遗民的著作中多有体现: 如1922 年7 月, 罗振玉致宝熙的信中就有言抨击民国: "民国肇基, 揭五族共和之帜, 然其种族之念, 何尝稍杀? 以丰镐旧民, 穷饿以死者相枕藉, 民国不愿恤也。"②

章梫1917 年为35 岁而卒的袁固之撰墓志铭, 起首就对时风加以评点: "晚近倡为中国家族主义有妨碍国家主义之谬说, 煽惑流俗, 遂致辛亥之大乱。"③ 在他看来, 正是因为国家主义的盛行, 才致 "辛亥之大乱"。

②坚持上古夷夏观念, 视外国为夷, 如张尔田。1925 年在美国等国家陆续退还庚子赔款用于资助文化事业的大背景下, 日本政府与段祺瑞政府协商, 成立了东方文化事业委员会, 清末民初多次倡导续修《四库全书》的呼吁获得东方文化事业委员会的支持, "重币聘君, 君峻拒之。君本殷顽, 倭方纳逊帝, 乃推中夏之义,

---

① 罗福惠《中国民族主义思想论稿》, 武汉: 华中师范大学出版社1996 年7 月, 第335 页。

② 王庆祥《罗振玉王国维往来书信》, 上海: 东方出版社2000 年7 月, 第543 页。

③ 章梫《袁固之墓志铭》, 章梫《一山文存》, 沈云龙《近代中国史料丛刊》第35 辑, 台北: 文海出版社, 第538 页。

不与倭并存"①。

二、五伦观念

吕留良有"华夷之辨大于君臣之伦"之论，王夫之强调"不以一时之君臣，废古今夷夏之通义"②。他们都认为夷夏通义大于君臣之伦，雍正在《大义觉迷录》中辩驳了吕留良、曾静的言论，指出君臣居五伦之首，对于民初遗民来说，华夷之辨、君臣之伦无需取舍，华夷之界不能模糊，同样，君臣之伦也不能搁置。

章梫族曾祖章广轩就是一位坚定维护三纲五伦，痛斥革命党人倡自由平等之说的代表。甲寅年，章梫撰有《家四君传》，家四君是指已故的族叔子裁（文谱）、族曾祖协臣（启华）、族高祖比瑜（玉鋆）及长其2岁且健在的族曾祖广轩（祖荫），章梫与章广轩曾同学于村学精秘庵、府学东湖书院、省会崇文书院，性情相投，辛亥国变后，章广轩致书章梫："三纲扫地，人类将尽，不止为六朝五代，乱未可猝定。"又说："国变以来，彼党谬谓，铲除君臣一伦，开数千年之魔障，太平可立见，乡人亦疑信参半。""三纲之不可一日去，三尺童子皆知之，而犹待吾辈研求乎？"③ 显然，他认为三纲五伦不应该铲除。章广轩的言辞十分激烈，但大多民初遗民用较为缓和及平实的语言表达了类似的意思。

武昌首义成功后的11月5日，杭州新军起义，光复省垣，建立军政府，劳乃宣写信给在杭的儿子，谆谆告诫他不要为时风所蔽，要坚信"君主之名存则犹可图存，君主之名亡则必至于亡，此一定之理也"④。作为父亲，劳乃宣从君臣之义的角度训诫儿子

① 邓之诚《张孟劬别传》，卞孝萱、唐文权《民国人物碑传集》，北京：团结出版社1995年2月，第451页。

② 王夫之《读通鉴论》，《船山全书》（第10册），长沙：岳麓书社1996年12月，第536页。

③ 章梫《家四君传》，章梫《一山文存》，沈云龙《近代中国史料丛刊》第35辑，台北：文海出版社，第461~462页。

④ 劳乃宣《示儿书》，桐乡卢氏校刻《桐乡劳先生（乃宣）遗稿》，沈云龙《近代中国史料丛刊》第36辑，台北：文海出版社，第424页。

可以理解，毕竟它是五伦的一个组成部分。

前文所举的江阴人赵彝鼎的遗嘱、训诸生词等，尤其是他自述中的"我作忠义之事，我妻亦不必悲伤，人固有一死，但求死合于义也……我比召忽之死，似尤合君臣之义。况我亦欲正人心，息邪说，使人不得以汉外视我君为满也，则我一死之所争大矣"，明确地表达了自己的死是对君臣之义的坚守，而且，他自认为其死撇开了满汉之间的民族关系，不局限于纯粹的夷夏观念，而是关系到五伦和人心正邪的分野，这就是他"一死之所争"的大旨。

刘体信的按语肯定赵彝鼎"撑住纲常，有功名教"，称颂他"挽回末世之人心"。"撑住纲常，有功名教"作为一个赞语，在刘体信《苌楚斋随笔、续笔、三笔、四笔、五笔》中有大量的记载，如《论眷怀故主诸书》：章学诚在《信摭》中称徐铉的《南唐李后主墓碑》、郑文宝《江表志》"于前朝故主，皆至惓惓之意，而不触忌讳于新朝，可谓得故臣之谊矣"。刘体信在按语中则既肯定徐铉、郑文宝"较之卖主求荣，反颜相向者"固属有间，但较之晋代荀息所说的"竭股肱之力，加之以忠贞，其济，君之灵也，不济，则以死继之"，仍不能无愧。接下来对《四库全书提要》中"名君臣之义，立人道之防"的著作一一列出，因为它们"庶足以见孤忠劲节，撑住纲常，是庙堂之上，褒励臣节，虽事隔两代，犹矜善伐恶如此"①。又如《续论劝孝图说等书》对光绪年间重印的《男四十八孝图说》、《女二十四孝图说》、吴读秋的《车鉴录》加以评论，他认为此等撰述，"天经地义，伦教纲常，恰理厌心，允宜家喻户晓，人人手此一编，潜移默化于无形之中，实属有功于名教者匪细，为教孝弟（悌）第一善本，未可以浅近而忽之。撰述以觉世牖民为贵，人生以勤善淑世为高"②。

与其类似的还有胡思敬，其在《答赵芷荪书》中，对清监察

① 刘声木《论眷怀故主诸书》，刘声木《苌楚斋随笔、续笔、三笔、四笔、五笔》，北京：中华书局1998年3月，第708页。
② 刘声木《续论劝孝图说等书》，刘声木《苌楚斋随笔、续笔、三笔、四笔、五笔》，北京：中华书局1998年3月，第934页。

御史赵启霖（字芷荪，号瀞园）以忠、信、恕、诚、敬、公正、中和等作为治心之道称赞有加，谈到辛亥时死去的清臣时说："辛亥殉义诸臣，此亦扶持名教之一端……二品以上大员，当以京口副都通载穆为巨擘，外此唯闽督松寿尚慷慨可取。"① 对武昌起义中自经而死的载穆，福州战役中饮金以殉的闽浙总督松寿作出肯定，因为他们坚守着君臣之义，扶持纲常名教。

与称颂君臣节义相表里，胡思敬对有违节义之事大加挞伐。上文述及的陈剑潭，胡思敬在指责陈剑潭任袁氏参议的污点后，接着以自己编写"豫章丛书"所尊之旨加以说明："文章发于忠爱，其人既重，文亦与之俱传……凡人品不为众论所许者，即四库已收，如陈彭年《江夏别录》、夏竦《文庄集》、程钜夫《雪楼集》，一概不收，专以表扬潜德为主，庶为善者知所劝，为恶者有所惩。身虽坐废斗室，编摩于风教，不无小补。"故对陈的著书仅"取《江表忠烈》，余皆不甚注意，盖以文之足以载道者"②。胡思敬强调的大节就是君臣之伦，注重的是人品重于书品，故对陈剑潭的点拨、批评也是从它出发的。

三、孔教运动与孔教观

辛亥革命以迅猛之势推翻了清王朝，破坏了一个旧世界，专制中央政权体制的倒台，使得维系传统的伦理观念和价值体系的上层建筑失去了庇护，又因为经验、认识、力量对比等原因，陷入经济掣制、军事围困和合法性地位认可的中华民国政府在建立新世界的过程中却面临着一系列的矛盾和困境，因此，民初社会犹如大海中颠簸前行的扁舟，人们不禁为其前程生出一些担忧和感慨："今吾之为治也，数千年之旧机器已坏，而新机器不能成也。"③ "康梁

---

① 胡思敬《答赵芷荪书》，胡思敬《退庐全书》，沈云龙《近代中国史料丛刊》第 45 辑，台北：文海出版社，第 591～592 页。

② 胡思敬《答陈剑潭书》，胡思敬《退庐全书》，沈云龙《近代中国史料丛刊》第 45 辑，台北：文海出版社，第 566～569 页。

③ 康有为《孤愤语二·无望》，汤志钧《康有为政论集》（下），北京：中华书局 1981 年 2 月，第 878 页。

孙黄，其它种种所开方药，非不善也，奈中国材料不配何！"① 面对此情此景，以孙中山、黄兴、宋教仁等为首的资产阶级革命家毫不气馁，二次革命、护法运动、护国运动有条不紊地进行着。而代表北洋军阀利益的袁世凯却为了一己之私利，处处利用孔学服务于自己的统治地位，借用传统的儒家意识形态来构筑自己政权的价值基础和合法象征。

民初的孔教运动大体由尊孔引发的尊孔思潮和立孔教为国教两部分组成。

尊孔思潮的始作俑者当推康有为，民国建立仅6月之久，康有为即撰成《中华救国论》一文，他告诫国民，"以为共和已得，大功告成，国利民福，即可自致"，是一种错觉；在万国竞争之日，列强群迫之时，骤行人人所未经之途、人人所未闻之事的共和制度，实是值得深忧的，因为当今"号为共和，而实共争共乱；号为自由，而实自死自亡；号为爱国，而实卖国灭国"。因此要挽救这种颓势，"今在内地，欲治人心，定风俗，必宜遍立孔教会，选择平世大同之义，以教国民"②，首发尊孔的先声。袁就任中华民国临时大总统后，随即以大总统名义发布《整饬伦常令》，指出"中华立国，以孝弟（悌）忠信、礼义廉耻，为人道之大经，国体虽更，民彝无改"，称赞"此八德者，乃人群秩序之常，非帝王专制之规也"③。言外之意，"孝弟（悌）忠信、礼义廉耻"八德在民国亦颇有用场。大风起于青萍之末，这样，一场由隐而显、由静而动的尊孔活动借助一定的政治背景和政治势力，在各类主角的"心怀鬼胎"中走向了民初社会的前台。1912年12月12日，张勋、麦梦华、陈焕章等上书袁世凯、教育部、内务部，请准予立案

① 黄远庸《远生遗著》（第一卷），《民国丛书》第二编99册，上海：上海书店1990年，第111页。

② 康有为《中华救国论》，汤志钧《康有为政论集》（下），北京：中华书局1981年2月，第699～729页。

③ 袁世凯《整饬伦常令》，经世文社《民国经世文编》（交通、宗教、道德），沈云龙《近代中国史料丛刊》，台北：文海出版社1966—1987年，第5248～5249页。

实施孔教会，嗣后，获教育部、内务部准许。1913 年 2 月，《孔教会杂志》、《不忍》杂志创办，6 月，袁世凯发布"尊孔令"，9 月 24 日，纪念孔子诞辰 2464 年的孔教会在曲阜召开，1914 年 1 月，政治会议开会，决定恢复祭祀孔子活动，9 月 25 日，袁世凯正式颁布《举行祀孔典礼令》，祀孔活动达至高潮，延续至 1915 年。① 正如有的论者评价："尊孔成为一部成员十分复杂的混声合唱，参加这部合唱的人心态不完全一样：他们有的是从反对共和的目的出发提倡尊孔，有的则是力图借助传统文化精神挽救社会和人心。所以尊孔复古思潮从一开始就是包含着政治与文化双重取向的保守主义思潮。"②

立孔教为国教的活动肇始于 1912 年 10 月 7 日，陈焕章、沈曾植、朱祖谋、姚文栋、陈三立、梁鼎芬等 12 人在上海海宁路发起成立的孔教会，他们以"昌明孔教，救济社会"为宗旨。与孔教会相类的团体还有：1914 年以徐琪、饶石顽为正副社长的"孔社"，以康有为、王锡蕃为正副会长的"孔道会"，此外，青岛的"尊孔文社"、太原的宗圣会、扬州的尊孔崇道会等组织次第出现。这些人物纷纷著文，或者论证孔教为宗教，或者申明孔教作为国教的理由。

但是，像劳乃宣、胡思敬等人，并不是十分认同孔教作为宗教或国教，更多的是从孔子学说本身的精义出发，阐述他们对孔教的理解。

1913 年秋，德国同善会牧师卫礼贤伙同周馥等人在青岛礼贤书院内创办尊孔文社，"以讲求圣人之道，议建藏书楼，以藏经籍"③。劳乃宣被邀主持社事，并写有《青岛尊孔文社建藏书楼

---

① 吴雁南、冯祖贻等《中国近代社会思潮》（二），长沙：湖南教育出版社 1998 年 8 月，第 29～33 页。

② 吴雁南、冯祖贻等《中国近代社会思潮》（二），长沙：湖南教育出版社 1998 年 8 月，第 33 页。

③ 劳乃宣《青岛尊孔文社建藏书楼记》，桐乡卢氏校刻《桐乡劳先生（乃宣）遗稿》，沈云龙《近代中国史料丛刊》第 36 辑，台北：文海出版社，第 512 页。

记》一文，盛称圣人之道和圣人之书。同时，他以《论孔教》为题在孔教会上进行演说。劳乃宣首先指出，孔教之名不存在。因为《尚书》"敬敷五教"为经籍中最初言教之语，《论语》"子以四教：文、行、忠、信"为它的衍申，"文"、"行"修于外，"忠"、"信"立于内；又，《中庸》中有"天命之为性，率性之为道，修道之为教"之述，因此，教本于道，道本于性，性本于天，而人人不能外乎天，故人人不能外乎教。三代以前的帝王之教普被天下，故无教外、教内之别，三代之衰，圣王不作，孔子以匹夫之责，起承道统、祖述尧舜、宪章文武，故其道为"二帝三王、群圣人继天立极之道，非孔子一人之道、孔氏一家之道"。"教既非孔氏一家之教，则孔教之名何自生乎？"其次，他认为"教"有两个含义，本为动词"上施下效"，引申为"教人之法"，已属名词，当释氏之学（即佛教）传入中国后，逐渐出现了"宗教"一词，此时的"教"当训释为"党派之名称"。考察孔教之实际，"第可作教人之法解，不可做党派解也"。再次，宗教的确立，必托于鬼神，以神为教之主，以教为神之属，孔子之教则在于人道，虽然有祭祀鬼神的成分，但神道不是它的全体，因此，孔教会之设应以孔子教人之法传布天下。又，宗教如山，诸教各自独立，不能相合，孔教则如天，群教皆在它的覆盖之下；宗教如水，诸水各行其渠，不相屠越，孔教则如地，百川无不在其持载之中。最后，既然孔教与诸宗教有别，那么，如天地的孔子之道的本质是什么呢？"修诸己传诸人也"，"阐圣言、名圣道也"，"专以纲常伦纪、诚正修齐、人道之教"也。明白了这一点，也就明白了孔教是纯粹无疵的人道之教，实施它，就能达至张载所说的"为天地立心，为生民立命，为往圣继绝学，为万世开太平"的境界了。① 同时，劳乃宣在《跋罗子经论孔教会书》中也表达了相同的看法。

胡思敬在给王书衡的信中指出，王和梁启超等列名发起的孔教会，不是尊崇孔教，就实质看，是"袭孔子述而不作、信而好古

---

① 劳乃宣《论孔教》，桐乡卢氏校刻《桐乡劳先生（乃宣）遗稿》，沈云龙《近代中国史料丛刊》第36辑，台北：文海出版社，第165~169页。

所传之道，皆尧、舜、禹、汤、文、武、周、孔以来共由之道，愚夫愚妇与知与能之道"。这种反其道而行的做法导致"世衰俗敝、异学争鸣"，况且，"视孔子别为一教，尊为教主"也使得杨、墨、老、佛、耶稣、天主、天方等教与它起而为敌，加剧今日之变。①

细细品味劳乃宣、胡思敬的解释，我们很容易发现其演说、跋语、书信的真正意图在于恢复以孔道为核心的儒家道统，张扬纲常伦纪、诚正修齐、人道之教。

李瑞清对孔教有自己独到的理解，在担任江宁提学使、两江师范学堂监督时曾经批阅学生们的课卷，将自己对孔教的看法一一呈现于文中。他指出，时人认为孔子为教育家而非宗教家的说法是错误的，其实，孔子是一个宗教革命家，他以"孝弟（悌）革鬼神之命"，孔子之论，"采择四代礼乐，不泥一朝，择善而从，不善而改，方为孔教之真"，而且，凡是学问，必具一个体段，以成一种学问，因此，学问有"一时"和"一种"之区别，但孔子之学"不局于一定之时代，不囿于一个之体段，因时因地以立学"，所以，"凡宜于现今之学，皆孔子之学，凡不宜于现今之学，皆非孔子之学"，就其实质来说，孔子之学"以时为宗旨"，"以孝弟（悌）为本，以忠恕大用，以改良进化为目的，其所用以达其目的者，知（智）、仁、勇也"。正是这样，李瑞清宣称："吾断断奉孔子为中国宗教家，吾愿吾全国奉孔子为教主。"②

虽然，李瑞清公开尊称孔子为教主，与孔教会倡导者同趣而与劳乃宣、胡思敬等异趣，但仔细推敲他对孔教的解释，我们不难发现他的孔教内涵仍是立足于"孝弟（悌）"、"忠恕"、"智、仁、勇"等人道内容，本质上依然离不开儒家道统、纲常伦纪等。

鲁迅在《在现代中国的孔夫子》一文中曾说，孔子活着的时候是颇受苦头的，等到死了之后运气比较好一点，"但到袁世凯时

---

① 胡思敬《覆王书衡书》，胡思敬《退庐全书》，沈云龙《近代中国史料丛刊》第 45 辑，台北：文海出版社，第 515～516 页。

② 李瑞清《诸生课卷批》，《清道人遗集二卷》，沈云龙《近代中国史料丛刊》第 42 辑，台北：文海出版社，第 139～140 页。

代,却又被重新记得,不但恢复了祭典,还新做了古怪的祭服,使奉祀的人们穿起来。跟着这事而出现的便是帝制"①。总之,孔夫子是权势者们捧起来的,并且被当作砖头使用的,他是活动假借的主角和精神符号的象征。

诚然,夷夏观念、五伦观念、孔教观念仅是民初遗民与传统观念粘连的几个主要方面,此外,他们对名节、义利等均有相应的阐述。

---

① 鲁迅《在现代中国的孔夫子》,《鲁迅全集·且介亭杂文二集》,北京:人民文学出版社 1981 年,第 317 页。

第三章　遗民与中西文化

由于前文对民初遗民的政治倾向作了综合的归纳与分析，因此，本章仅专就他们的学术成果作集中的考察。民初遗民在东西学术互动和中国学术古今转换的过程中呈现出既趋新又复古的特征，其学术实绩是有目共睹的，他们在中国近现代学术史上的贡献，正是被纳入"文化遗民"的理由。

第一节　传统学术的殿军

自从 1902 年梁启超提议并与黄遵宪商谋在日本创立《国学报》，"国学"一词逐渐进入人们的视野，当然"国学"是一个内涵模糊、外延广阔、意义分歧但又有一定指向性的术语。章太炎、邓实、梁启超、胡适、钱穆、何炳松、马一浮、胡朴安等人都对"国学"概念作了相应的界定和解释，较为有代表性和容易为人接受的是：国学"相对于新学指旧学，相对于西学指中学。引申而言，即中国传统学术"①。作为遗民兼学人的民初"文化遗民"，他们的学术视域广涉旧学、中学和西学，因此，本节基本取"中国传统学术"这个宽泛的含义来陈述民初遗民在传统学术上的成绩。②

---

① 桑兵《晚清民国的国学研究》，上海：上海古籍出版社 2001 年 11 月，第 1 页。

② 桑兵在其著作《晚清民国的国学研究》中，罗列了中、西、日各类学人及团体关于国学概念的理解，涉及的范围颇广，但基本覆盖于"中国传统学术"的范围。其实，按纯粹意义的理解，有些是难以统括于"国学"概念之下的，有些又可能超越它。由于"中国传统学术"这个麻布口袋很大，所有的"马铃薯"（与中国学术相关的学科分野）均能装入其中。

从民初"文化遗民"的个体来看，他们各自在某一领域有着自己独特的贡献，或为殿军，或为开山，因而站在不同立场上的人有不同的评价。① 但从整体上看，上述罗列的"殿军"人物除阮元、胡适外则基本归属于遗民群体或是准遗民，区别仅在于他们与政治的关联有疏密，或者各自的学术路向和兴趣有差异，但都是围绕"中国传统学术"这个命题展开的，因而他们的成果都丰富了这一领域的内容。

关于国学的分类有多种，以学科分，有哲学、史学、宗教学、文学、礼俗学、考据学、伦理学、版本学等；以思想分，有儒、道、释、诸子等；以内容分，先有刘歆《七略》的六艺、诸子、

----

① 言"殿军"的说法很多，如钱穆称康有为为"言近三百年学术者，必以长素为殿军"（钱穆《中国近三百年学术史》，商务印书馆 1997 年 8 月版）；也有称康有为传统今文学的殿军；唐振常称陈寅恪为"中国传统学术的殿军，新史学的开山"（唐振常《承传立新——陈寅恪先生之学》，香港商务印书馆 2000 年 9 月版）；阮元被视为乾嘉汉学的殿军；章太炎被称为清代朴学的殿军（梁启超《清代学术概论》，梁启超《饮冰室合集》，中华书局 1989 年 3 月版）；刘衍文称廖季平为今文学的殿军（刘衍文《寄庐杂笔》，上海书店出版社 2000 年版）；刘师培为晚清扬州学派的殿军；梁启超视胡适为清代汉学的殿军（梁启超《清代学术概论》，梁启超《饮冰室合集》，中华书局 1989 年 3 月版）；张中行说孙楷第先生是"乾嘉学派"的殿军；清末词学名家如冯煦、沈曾植、郑文焯、朱祖谋、况周颐等既是清代词学之殿军，又是民初词学的奠基者和骨干（刘扬忠《二十世纪中国词学学术史论纲》，《暨南学报》2000 年第 6 期）；胡适是"以科学实证为核心的近代性的思维方式"的"殿军"，认为其思维方法是一种以实证为核心的"科学方法"（陈曼娜《略论传统思维方式在近代的转换》，《哲学研究》1999 年第 8 期）；黄侃是乾嘉朴学之殿军（司马朝军、王文晖《黄侃年谱》，湖北人民出版社 2005 年 7 月）；何新认为王国维、章太炎、陈寅恪三人，从学术上看，或可算作朴学在二十世纪作为殿军的最后三位代表性人物（何新《朴学家的理性与悲沉——读〈陈寅恪文集〉论陈寅恪》，《读书》1986 年第 5 期）；艾恺称梁漱溟为以圣贤自许的儒学殿军（姜义华等编《港台及海外学者论近代中国文化》，生活·读书·新知三联书店 1987 年版）。纵向或从个体看，他们的说法都具有合理性和表述上的科学性，如将他们的说法作横向的比对，可以看出，前后延涉半个世纪的人物，对朴学、乾嘉考据学、清代汉学、乾嘉朴学、扬州汉学、儒学等概念的理解是各有异趣和侧重的，因而会产生一些陈述上的矛盾。

诗赋、兵书、术数、方技等，后演变为经、史、子、集四部。为了表述的方便，这里选择中国传统意义上的"经史子集"四分法，结合《四库全书》的具体类目，通过"文化遗民"的成果排列，展现他们对传统学术的贡献。①

一、经学领域

在中国古代的典籍中，诗、书、礼、乐、易、春秋被称为"六经"，自汉武帝"罢黜百家，独尊儒术"后，解释儒家学说的"经学"成了历代统治阶级的主要思想工具。反映在图书目录学上，汉代刘歆的《七略》首标"六艺略"，《隋书·经籍志》初立四部分类后以"甲"部标示，到清代的《四库全书》以经、史、子、集四部定型。"经"被列为四部之首是与人们对它的认识密切相关的，《隋书·经籍志》说："夫经籍也者，机神之妙旨，圣哲之能事。所以经天地，纬阴阳，正纲纪，弘道德，显仁足以利物，藏用足以独善。学之者，将殖焉；不学者，将落焉。"②《四库全书总目》也说："仁、义、礼、智，所以治国也；方技、数术，所以治身也；诸子为经籍之鼓吹；文章乃政化之黼黻，皆为治之具也。"③ 在他们看来，作为经部的仁、义、礼、智是治国用的，作为史部的方技、数术是治身用的，子部的诸子权当是一种鼓吹，而集部的文章仅是政治的点缀。正是这样，历代的学人能够皓首穷经，不仅是科举功利的督促，而且有一种学术的崇高和治国的抱负

---

① 至于学术脉络和学术承继等方面上的阐述，可以参看桑兵的《晚清民国的国学研究》、罗志田的《裂变中的传承——20 世纪前期的中国文化与学术》等专门性研究的著作，陈平原的《中国现代学术之建立——以章太炎、胡适之为中心》、陈以爱的《中国现代学术研究机构的兴起》等从个案入手的著作。比较有系统的分析论文为桑兵的《民国学界的老辈》（《历史研究》2005 年第 6 期），此外，亦可参看麻天祥《创变中的民国学术》（《浙江学刊》2001 年第 2 期）、刘梦溪《中国现代学术要略》（刘梦溪主编《中国现代学术经典》总序，石家庄：河北教育出版社 2002 年 1 月）等文章。

② 《隋书·经籍志》卷 32，北京：中华书局 1973 年 8 月，第 903 页。

③ 《四库全书总目》凡例，北京：中华书局 1965 年 6 月，第 17 页。

在支撑他们的心灵。

在《四库全书》中，经部不仅包括"六经"，而且涵括《孝经》、"四书"、小学（训诂、字书、韵书）等内容。民初"文化遗民"在传统教育模式的熏陶下，对经学也有精深的钻研，因而，出现了众多的研究成果。

姓名	代表性成果	备注
王先谦	著：《尚书孔传参正》(36 卷)、《诗三家义集疏》(36 卷)、辑：《皇清经解续编》(1430 卷)	
王闿运	《周易说》(11 卷)、《尚书笺》(30 卷)、《尚书大传补注》(7 卷)、《诗经补笺》(20 卷)、《礼经笺》(17 卷)、《周官笺》(6 卷)、《礼记笺》(46 卷)、《春秋公羊笺》(11 卷)、《论语训》(2 卷)、《尔雅集解》(19 卷)、《尔雅集解》(19 卷)	
曹元忠	《礼议》(2 卷)	
曹元弼	辑：《经学文钞》(与梁鼎芬) 著：《礼经校释》(20 卷)、《周易学》(8 卷)、《礼经学》(9 卷)、《孝经学》(7 卷)、《周易郑氏注笺释》(28 卷)、《大学通义》(1 卷)、《中庸通义》(1 卷)、《孝经郑氏笺注释》(3 卷)、《孝经集注》(2 卷)、《礼经大义》(2 卷)、《古文尚书郑氏笺注释》(42 卷)、《孙氏尚书今古文注疏校补》	李慈铭、王颂蔚推《礼经校释》为高密（即郑玄）功臣
柯劭忞	《尔雅补注》、《穀梁补笺》、《春秋穀梁传注》、《校刊十三经附札记》	
宋育仁	《周礼三十表》(20 卷)、《周礼略例》(1 卷)、《周官古经略例》(10 卷)、《诗·国风讲义》(15 卷)、《仪礼冠昏释义》(2 卷)、《礼书稿》(50 卷)、《孝经衍义》(4 卷)、《尔雅今释》(8 卷)、《尔雅义讲》、《群经大义》、《说文部首笺证》①	

① 李海金《宋育仁的部分著述》，中国人民政治协商会议四川省富顺县委员会文史资料委员会《富顺县文史资料选辑》第 3 辑，1989 年，第 2 ~ 3 页。

续表

姓名	代表性成果	备注
周 馥	《易理汇参》	
王玫伯	《周官孟子异议疏证》(1卷)、《戴记吕览月令异文释》(1卷)、《穀梁逸礼考证》(1卷)、《群经大义述》(2卷)	
王同愈	《说文检疑》	
张其淦	《邵村学易》	
叶德辉	《周礼郑注改字考》(6卷)、《仪礼郑注改字考》(17卷)、《礼记郑注改字考》(20卷)、《春秋三传地名异文考》(6卷)、《春秋三传人名异文考》(6卷)、《经义通诂》(6卷)、《孝经释义》(3卷)、《说文解字故训》(30卷)、《六书古微》(10卷)、《同声假借字考》(2卷)、《释人疏证》(2卷)、《说文读若考》(8卷)、《说文籀文考证》(2卷)、《春秋三传地名异文考》(6卷)、《郎园书札》(1卷)、《古器释名》(2卷)、《春秋三传地名异文考》(6卷)、《輶轩今语评》(2卷)、《春秋三传地名异文考》(6卷)	
陈松山	《尔雅义疏》	

说明：(一) 本表格及以下三个表格中涉及的人物，均属于遗民，所列著述由于难以作时间上的考订，故不以辛亥国变作分期，且仅选择与本主题相关的成果。

(二) 如以“全集”名世的，列入文学类。

(三) 王国维、罗振玉的著述繁多，不列举。

(四) 主要资料来源：

1. 梁淑安《中国文学家大辞典·近代卷》，北京：中华书局1997年2月。

2. 沈云龙《近代中国史料丛刊》(正编、续编、三编)，台北：文海出版社1966—1987年。

3. 周和平《北京图书馆藏珍本年谱》，北京：北京图书馆出版社1998年影印版。

4. 陈旭麓《中国近代史词典》，上海：上海辞书出版社1982年10月。

5. 碑传类：如卞孝萱、唐文权《辛亥人物碑传集》，北京：团结出版社

1995 年 2 月；钟碧蓉、孙彩霞《民国人物碑传集》，成都：四川人民出版社 1997 年 3 月；闵而昌《碑传集补》，缪荃孙《碑传集续编》，汪兆镛《碑传集三编》。

6. 杨荫深《中国学术家列传》、王森然《近代二十家评传》、人世间社《二十今人志》，上海：上海书店 1998 年影印版。

7. 罗检秋《近代诸子学与文化思潮》，北京：中国社会科学出版社 1998 年 6 月。

8. 所列人物的全集、文集、年谱。

二、史学领域

史部主要收录历史、地理、职官、政事、目录、人物传记等方面的内容，中国古代对史的格外关注，形成了史学蔚为大盛的局面，民初遗民的史学成果不可谓不多，从《清史稿》的修纂到地方史志的编订，从王闿运、沈曾植到王国维、罗振玉、金梁等，无一不为它们付出了巨大的努力。

姓名	成 果	备 注
柯劭忞	《新元史》(257 卷)、《新元史考异》，《清史稿·天文志》及部分列传、指导《时宪志》，整理《清史稿》本纪、儒林、文苑等传，《文献通考注》、《译史补》	
沈曾植	总纂《浙江通志》 著：《佛国记校注》(1 卷)、《蛮书校注》(10 卷)、《诸番志校注》(2 卷)、《蒙鞑备录注》(1 卷)、《黑鞑事略注》(1 卷)、《皇元圣武亲征录校注》(1 卷)、《长春真人西游记校注》(2 卷)、《西游录注》(1 卷)、《塞北纪程注》(1 卷)、《异域说注》(1 卷)、《近疆西夷传注》(1 卷)、《夷岛志略广证》(2 卷)、《女真考略》(1 卷)、《蒙古源流笺证》(8 卷)、《汉律辑存》(1 卷)、《晋书刑法志补》(1 卷)、《法藏一勺》(4 卷) 等	

续表

姓　名	成　　果	备　注
张尔田	与修《浙江通志》 著：《史微》(8卷)、《玉溪生年谱》(4卷)、《蒙古源流笺证》(8卷)、《钱大昕学案》(2卷)、《清史稿》之《乐志》、《刑法志》、《地理志》江苏篇、《列朝后妃传》(2卷)	
夏孙桐	撰《清史稿》嘉庆、道光、咸丰、同治四朝列传及循吏、艺术（100卷），《续四库提要》、《医家书录》	
郭曾炘	《德宗本纪》	
叶德辉	《隋书经籍志考证》(2卷)、《观古堂藏书目录》(4卷)、《汉律疏证》(6卷)、《四库全书总目版本考》(20卷)、《郎园读书志》(16卷)、《藏书十约》(1卷)、《南阳碑传集》(10卷)、《南阳祖庭典录》(6卷)	
吴士鉴	《晋书斠注》(130卷)、《晋书经籍志》(4卷)、《西洋历史讲义》	
汪兆镛	《晋会要》(60卷)、《补〈三国志〉食货、刑法》(共2卷)、《番禺县续志》(44卷)、《山阴汪氏族谱》(共3卷)	
吴庆坻	续修《浙江通志》，手定《杭州府志》	
陈作霖	《金陵通纪》(16卷)、《金陵通传》(49卷)	
缪荃孙	编：《顺天府志》，《清史稿》儒林、文苑、循吏、孝友、隐逸五传，《江苏通志》、《湖北通志》、《江阴县志》 著：《书目答问》、《艺风堂藏书记》(8卷)、《艺风堂续藏书记》(8卷)、《金石目》(18卷)、《嘉业堂藏书志》（与董康等合著）	

续表

姓名	成　果	备　注
宋育仁	总裁《四川通志》、主修《富顺县志》 著：《宪法比较征》、《宋评明夷待访录》、《泰西采风记》(15 卷)、《甲午以来国变记》(3 卷)、《借筹记》(1 卷)、《采风拾遗》(2 卷)、《中国地理政治学》(4 卷)、《宪法比例征》(20 卷)、《陈政汇稿》(10 卷)、《中外币制源流考议》(8 卷)①	
秦树声	撰《清史稿》地理志若干卷	
陆润庠	《德宗景皇帝实录》	
金　梁	印行：《清史稿》 著：《四朝佚闻》、《满洲老档秘录》、《清帝外纪》、《清后外传》、《近世人物志》、《盛京故宫书画录》、《满洲旧档》、《瓜圃园述异》、《光宣小记》、《旧朝纪闻》、《清史补》等	
章　梫	《康熙政要》、《旅纴金鉴》	
梁鼎芬	主修《广东通志》	
王闿运	《湘军志》(16 卷)	
黎湛枝	《政艺通考》、《德宗景皇帝实录》、《德宗本纪》、《宣统政纪》、《景皇帝圣训》	
王玫伯	《郑注禹贡引地理志释》(1 卷)、《光绪台州府志》(130 卷)	
冯　煦	《蒿庵奏稿》(4 卷)、《江苏通志》(与李详合纂)	
劳乃宣	《各国约章纂要》、《新刑律修正案汇录》	
徐世昌	《退耕堂政书》、《历代吏治举要》、《大清畿辅先哲传》	
王同愈	《疑年录》	
温　肃	《德宗实录》、《贞观政要讲义》	
陈夔龙	《庸庵尚书奏议》	

①　李海金《宋育仁的部分著述》，中国政协四川省富顺县委员会文史资料委员会《富顺县文史资料选辑》第 3 辑，1989 年，第 2～3 页。

姓名	成　　果	备　注
胡思敬	修纂《盐乘》、校辑：《豫章丛书》（110 种）	
魏元旷	总纂《南昌县志》 编纂《西山志》6 卷	
安维峻	《谏垣存稿》、《甘肃新通志》（与升允合辑）	
王　照	《三体石经时代辨吴》	
王先谦	纂修：《穆宗实录》、《外国通鉴》（33 卷） 辑：《东华录》及《东华续录》（630 卷） 校：《郡斋读书志》、《合校水经注》、《养知书屋集》 著：《书林清话》（10 卷）、《释名疏证补》（8 卷）、《汉书补注》（124 卷）、《后汉书集解》（110 卷）、《新旧唐书合注》（250 卷）、《元书拾补》（10 卷）、《五洲地理志略》（36 卷）、《日本源流考》（22 卷）	
孙德谦	《古书读法略例》、《汉书艺文志举例》、《刘向校雠学纂微》、《稷山段氏二妙年谱》、《太史公书义法》、《靖节年谱》、《章实斋年谱》、《吴彦高年谱》	
李岳瑞	《春冰室野乘》	
杨守敬	《水经注疏》（30 卷）、《汉书地理志补校》、《三国郡县表补正》、《隋书地理志考证》、《禹贡本义》、《历代舆地图》、《水经注图》、《日本访书志》、《续寰宇访碑录》、《观海堂金石丛书》、《望堂金石初、二集》、《瀛寰译音异名记》、《丛书举要》、《晦明轩稿》	
刘聚卿	《贵池先哲遗书》、《暖红室汇刻传奇》、《宋本李太白集校记》、《玉海堂影日宋丛书》	
刘承干	刊刻《嘉业堂丛书》、《求恕斋丛书》、《吴兴丛书》、《留余草堂丛书》 编：《宋会要》（500 卷） 著：《海东金石苑补遗》、《明史例案》、《京师坊巷志考证》、《希古楼金石萃编》、《词人考略》	

续表

姓名	成　　果	备　注
周庆云	《灵峰志》、《莫干山志》、《西溪秋雪庵志》、《南浔志》、《浔溪诗征》、《历代两浙词人小传》	
金兆丰	编：《光绪实录》、《清史稿》、总纂《吉林县志》 著：《校补三国疆域志》、《尔雅郭注补》、《水经补注》、《金华县志稿》、《中国通史》、《清史大纲》	
黄维翰	《江西通志》之《疆域志》、《姓系考》、《历代地理志》、《名人传略》，《黑水先民传》(25卷)、《蒙服志》(1卷)、《渤海国志》(3卷)、《历代名人生卒年表》(2卷)、《豫章通志》(未成书)	
唐元素	校：《龙溪精舍丛书》(120册) 著：《渤海国志》(4卷)、《国朝书人辑略》(12卷)、《洛阳伽蓝记钩沉》(5卷)、《石鼓文集注》(1卷)、《孔门学案》(若干卷)、《两汉三国学案》(11卷)、《十篆斋金石跋尾》(若干卷)	

三、诸子学领域

《四库全书总目》说："自六经以外立说者，皆子书也。其初亦相淆，自《七略》区而列之，名品乃定。"[①] 在《四库全书》中，诸子、天文算法、术数、艺术、谱录、杂家、宗教等均归属其中。相对于经学、史学，诸子学一直处于被荫蔽的状态，自乾嘉考据学说勃兴后，以老、庄为主体的诸子学慢慢引起人们的注意，至晚清，伴随着西学东渐和社会历史的深刻变化，诸子学逐渐走向复兴，其标志有：（一）评价诸子的标准发生变化，（二）阅读诸子

---

① 《四库全书总目》(卷91)，《子部总叙》，北京：中华书局1965年6月，第769页。

之书成为一种风气，（三）诸子之书校释更加完善。① 在诸子学复兴学术时风的影响下，民初遗民亦关注诸子学的研究，并取得了一定的成果。

姓名	成　　果	备　注
王先谦	《庄子集解》(8卷)、《荀子集解》及《考证》(共21卷)、《校正盐铁论》(10卷)	
王闿运	《庄子注》(2卷)、《墨子注》(7卷)、《鹖冠子注》(1卷)	
孙德谦	《诸子要略》、《诸子通考》、《孙卿子通谊》、《吕氏春秋通谊》、《古书录辑存补》、《南北史艺文志》、《文选学通谊》、《群经谊纲》、《春秋通谊》、《小学钩沉补编续编》、《诸子发微》、《墨子通谊》、《列子通谊》、《贾子新书通谊》、《古今伪书辨惑》、《四库提要校订》	
汪兆铺	《老子道德经撮要》(1卷)、《孔门弟子学行考》(4卷)、《岭南画征略》(14卷)、《续贡举表》(1卷)	
曾广钧	《河洛算术》、《国风天宿图》	
宋育仁	《经术公理学》(8卷)、《经世财政学》(8卷)、《记瓺》(若干卷)、《乐律审定宫商声字谱》(2卷)、《名学举例》(2卷)、《礼律根本解决论》(2卷)、《乐律举例》②	
王同愈	《校士算存》	
劳乃宣	《古筹算考释》(6卷)、《续编》(8卷)、《筹算浅释》、《垛积筹法》、《衍元小草》、《筹算蒙课》、《分法浅释》、《简字谱录五种》、《读音简字通谱》(1卷)、《拳案三种》(包括《义和团教门源流考》、《奉禁义和拳汇录》、《拳案杂存》)	

① 罗检秋《近代诸子学与文化思潮》，北京：中国社会科学出版社1998年6月，第80~88页。

② 李海金《宋育仁的部分著述》，中国政协四川省富顺县委员会文史资料委员会《富顺县文史资料选辑》第3辑，1989年，第2~3页。

续表

姓名	成　果	备　注
周庆云	《琴史补》、《琴史续》、《琴书乐书存目》、《获古丛编》、《历代金石诗录》、《续古志石华》、《金玉印痕》	
张其淦	《老子约》	
吴昌硕	《削觚庐印存》、《缶庐印存》、《吴昌硕书画册》	
叶德辉	《游艺卮言》(1卷)、《翼教丛编》(6卷)、《觉迷要录》(4卷)、《明辨录》(2卷)	

四、文学领域

作为集部的文学，一般收录历代文学家的总集、别集、诗文评、词曲等内容。魏晋时期，人们对文学的认识由自为转为自觉体认，因而有曹丕的"文章，经国之大业，不朽之盛事"的美誉，可是，文学的教化功能并没有因此论的提出而消解，韩愈、周敦颐的"文以载道"、"文以明道"观是它的进一步延伸和明确化的表达，《四库全书总目》继承并发扬之，故有"文章乃政化之黼黻"的看法。另一方面，作为怡情适性的一门艺术，文学是对人类社会各项活动的记录和反映，后人能够从中窥见性情的变化、思想活动的轨迹、特定的人物背景资料，并获得情感的熏陶和精神的愉悦，因此，文学向来受到人们的重视。从王国维到胡适都说过，一代有一代之文学，文学的创获是丰富学术思想的又一有效手段。

民初遗民的文学活动与历代文学家一样是丰富多彩的，但因特定时段人们的价值评判、史料整理、认识水平等因素，他们的文学成就除部分为大家所了解外，大多并不为人熟悉，璞玉浑金，还需来者的继续努力。

下表只是将他们在文学上的成果（指所有的成果，不区分是遗民时期所作还是非遗民时期所作）做简单的形式排列，至于其内容方面的全面分析，还待来日作专题的研究，而以诗社和文社为主体内容的遗民文学及其活动将在后面章节有所论及。

姓名	成　　果	备　注
王以敏	《樊邨诗存别集》(2 卷)、《樊邨诗存·济上集》(1 卷)	徐世昌《晚簃晴诗汇》："与实甫（易顺鼎）齐名。"
王先谦	著：《虚受堂文集》(16 卷)、《虚受堂诗存》(19 卷)、《诗余偶钞》(6 卷)、《虚受堂书札目录》(2 卷)、《王先谦自定年谱》(3 卷)、《律赋类纂》(14 卷) 编：《续古文辞类纂》(34 卷)、《骈文类钞》(44 卷)	
王　松	《沧海遗民剩稿》(2 卷)、《台阳诗话》	
王闿运	《湘绮楼诗文集》(22 卷)、《楚词释》(11 卷)、《八代诗选》、《唐诗选》	
王　照	《小航文存》(4 卷)、《方家园杂咏记事》(1 卷)、《水东集》(9 卷)、《读左随笔》(1 卷)	
王新桢	《两一子遗稿》、遗稿《随笔》二册、《遗事记》、《异事记》、《时事记》各一册、小说《新封神》一部	
叶德辉	《观古堂诗录》(6 卷)、《观古堂骈文》(1 卷)、《观古堂文外集》(1 卷)、《郋园山居文录》(2 卷)、《郋园北游文存》(1 卷)、《郋园书画题跋记》(4 卷)、《寓目记》(3 卷)、《古泉杂咏》(4 卷)	
冯　煦	《蒿庵类稿》(32 卷)、《蒿庵类稿续编》(2 卷)、《蒿庵随笔》(4 卷)、《蒙香室词》（又名《蒿庵词》）(2 卷)、《蒿庵论词》(1 卷)	
许　珏	《复庵遗集》(24 卷)	
孙　雄	编：《道咸同光四朝诗史》、《道咸同光四朝诗史一斑录》等 著：《眉韵楼诗》、《诗史阁壬癸诗存》(6 卷)、《旧京诗存》(8 卷)、《眉韵楼诗话》及《续编》等	

续表

姓名	成　　果	备　注
孙德谦	《四益宦骈文稿》(2卷)、《六朝丽指》(1卷)、《中国文学通志》	
严　遨	《贲园诗钞》(5卷)、《读晋书笔记》、《咸同纪事》	
李　详	《学制斋文集》(6卷)、《学制斋骈文》(2卷)、《学制斋骈文续集》(1卷)、《愧生丛录》(2卷)、《世说小笺》、《文心雕龙补注》、《颜世家训补注》、《韩诗证选》、《文选萃精说义》、《汪容甫文笺》等	与骈文家王式通被冒广生誉为"北李南王"，被沈曾植誉为"江淮选学大师"。
李宣龚	《硕果亭诗》(2卷)、《硕果亭诗续》(4卷)、《硕果亭文剩》、《墨巢词》(1卷)	
李瑞清	《清道人遗集》(4卷)、《围城记》(1卷)	
杨圻	《江山万里楼诗词钞》(16卷)	
杨钟羲	合编：《八旗文经》(56卷) 著：《圣遗诗集》(5卷)、《雪桥诗话》(12卷)、《雪桥诗话续集》(8卷)、《雪桥诗话三集》(12卷)、《雪桥诗话余集》(8卷)《留垞丛刻》(8卷)、《日知荟说讲义》(3卷)、《雪桥词》(1卷)、《白山词介》(5卷)	
杨增荦	《杨昀谷先生遗诗》(8卷)、《诗补录》(1卷)	
吴庆坻	编：《吴氏一家诗录》(10卷) 著：《补松庐文录》(8卷)、《补松庐诗录》(6卷)《悔余生诗》(5卷)、《蕉廊脞录》(8卷)、《辛亥殉难记》(8卷)	
吴昌硕	《缶庐诗》、《缶庐别存》	
况周颐	《蕙风簃随笔》、《阮庵笔记五种》、《蕙风词》、《蕙风词话》、《词学讲义》	"清季四大词家"之一

续表

姓名	成　果	备　注
汪兆镛	辑：《五百四峰享堂集外诗》（2 卷）、《东塾遗诗》（2 卷）、《忆江南馆词》及《补遗》（共 2 卷） 著：《微尚斋诗》、《微尚斋杂文》（6 卷）、《雨屋深灯词》（3 卷）、《雨屋深灯词续稿》、《元广东遗民录》（2 卷）、《碑传集三编》（50 卷）、《棕窗杂记》（4 卷）、《澳门杂诗》（1 卷）	
沈曾植	编：《江西诗派韩尧二集》、《校注元亲征录》 著：《海日楼诗集》（12 卷）、《曼陀罗㦱词》、《海日楼丛札》、《海日楼题跋》、《海日楼文集》（2 卷）	
宋育仁	《问琴阁丛书》（含《问琴阁文录》、《诗录》、《哀怨集》、《夏小正文法答问》、《三唐诗品》等）、《泰西各国采风记》、《同文略例》、《问琴阁骈文集》（30 卷）、《摘刊文录》（1 卷）、《问琴阁古文存》（20 卷）、《问琴阁诗集》（30 卷）、《问琴阁诗余》（4 卷）、《问琴阁三唐诗品》、《楚词笺》（1 卷）、《六经实义》（20 卷）、《同文解字五篇》（50 卷）、《讲学汇钞序例》（4 卷）、《南菁学堂讲义》（4 卷）、《世界教育会讲义》（3 卷）、《蜀学会讲义》（2 卷）①	
张尔田	《遯庵乐府》（2 卷）、《遯庵文集》（2 卷）、《屑守斋日记》（1 卷）、《新学商兑》（1 卷）	
陈三立	《散原精舍文集》（17 卷）、《散原精舍诗》及《续集》、《别集》（6 卷）	
陈作霖	编：《国朝金陵词抄》 著：《可园诗存》（28 卷）、《可园诗话》（8 卷）、《可园文存》（16 卷）、《可园词存》（4 卷）、《寿藻堂诗集》（6 卷）、《寿藻堂文集》（2 卷）、《寿藻堂杂存》、《养和轩随笔》	

① 李海金《宋育仁的部分著述》，中国政协四川富顺文史委员会《富顺县文史资料选辑》第 3 辑 1989 年第 2～3 页。

续表

姓名	成　　果	备　注
陈宝琛	《沧趣楼文存》(2卷)、《沧趣楼诗集》(11卷)	
陈曾寿	《苍虬阁诗》、《诗续》(11卷)	
陈夔龙	《水流云在图记》、《梦蕉亭杂记》(2卷)、《花近楼诗存》、《璧水春长集》、《鸣原唱和集》、《鸣原唱和续集》	
林　纾	《畏庐文集》初、二、三集及小说、译作	
易顺鼎	《琴志楼编年诗集》(12卷)、《琴志楼游山诗集》(8卷)、《壬子诗存》、《甲寅诗存》、《癸丑诗存》(共6卷)	
金蓉镜	《潜庐全集》(13卷)、《漷湖遗老集》、《续集》(共8卷)	
周应昌	《栖霞诗抄》(2卷)	
周　馥	《周悫慎公全集》(41卷)	
郑文焯	《大鹤山房全集》、《大鹤山人诗集》(2卷)	
郑孝胥	《海藏楼诗集》	
赵　熙	《赵尧生诗稿》、《香宋诗前集》、《香宋诗抄》	
胡思敬	著:《退庐文集》(7卷)、《退庐诗集》(4卷)、《驴背集》(4卷)、《戊戌履霜录》(4卷)、《国闻备乘》、《退庐疏稿》、《退庐笺牍》、《陟冈集》、《王船山读通鉴论辨》、《古文辞类纂补》、《圣武记误录》、《鲁论六要》、《类释诗文集》	
魏元旷	《潜园全集》(含《蕉庵诗话》、《潜园诗集》、《蕉庵随笔》等)	
胡薇元	《玉津阁集》	
柯劭忞	《蓼园诗钞》、《续钞》(共7卷)、《文选补注》、《春秋谷梁传》、《文献通考注》、《译史补》	
洪缪	《寄鹤斋诗矕》(4卷)、《寄鹤斋诗话》、《寄鹤斋文存》、《寄鹤斋骈文集》、《八州游记》、《八州诗草》、《中东战纪》	

姓名	成　果	备　注
夏孙桐	参与：《清儒学案》、《晚晴簃诗汇》 著：《悔龛词》及《词续》（共2卷）、《观所尚斋诗存》及《补遗》（共3卷）、《观所尚斋文存》及《补遗》（共8卷）	
夏敬观	选注：《二晏词》、《元好问诗》、《孟郊诗》、《汉短箫铙歌注》 著：《忍古楼诗》（15卷）、《音学备考》、《忍古楼画说》、《历代御府画院兴废考》、《太玄经考》、《春秋繁露考逸》、《映庵词》（4卷）、《词调溯源》	
徐世昌	编：《晚晴簃诗汇》、《清儒学案》 著：《水竹村人集》、《退耕堂集》、《竹窗楹语》、《弢斋述学》、《将吏法言》、《海西草堂集》等	
郭曾炘	《匏安诗存》（9卷）	
曹元忠	《笺经堂遗集》（20卷）、《乐府补亡》（1卷）、《笺经堂词》（亦名《凌波词》）（1卷）、《沙州石室文字记》	
梁　济	《桂林梁先生（济）遗书》（6种7卷），曾经改编有剧本	
梁鼎芬	《节庵先生遗诗》（6卷）、《欸红楼词》（1卷）	
辜鸿铭	《读易草堂文集》（2卷）、《张文襄幕府纪闻》（2卷）及外文译著	
章　梫	《一山文存》（12卷）、《王章诗存合刻·一山诗存》（6卷）	
喻长霖	《惺误斋初稿》（10卷）	
曾广钧	《环天室诗集》、《环天室外集》、《环天室文集》	
曾习经	《蛰庵诗存》、《蛰庵词》	
缪荃孙	编：《续国朝碑传记》（86卷）、《云自在龛丛书》（5集19种）、《对雨楼丛书》（5卷）、《藕香拾零》（38种） 著：《艺风堂文集》（8卷）、《艺风堂续集》（8卷）、《艺风堂文漫存》（12卷）、《艺风堂读书记》（4卷）、《常州词录》（31卷）	
樊增祥	《樊山集》（28卷）、《樊山续集》（32卷）	
潘飞声	《说剑堂诗集》（3卷）、《在山泉诗话》（4卷）、《归省赠言》、《饮琼浆馆骈文词抄》	

姓名	成　果	备　注
瞿鸿机	《超览楼诗稿》(6 卷)、《瞿文慎公诗选遗墨》(4 卷)、《旧闻纪略》	
吴士鉴	《含嘉室诗集》(8 卷)、《含嘉室文集》(4 卷)、《商周彝器释例》(1 卷)、《九钟精舍金石跋尾》甲乙各一编、《敦煌唐写本经典释文校语》(2 卷)、《畜吉轩经眼录》、《清宫词》	
王玫伯	《读经札记》(4 卷)、《读说文札记》(4 卷)、《经师家法述》(1 卷)、《中国学术史》(2 卷)、《劝学浅语》(1 卷)、《默庵日记钞》(10 卷)、《默庵文集》及《续集》(共 13 卷)、《王章诗存合刻·默庵诗存》(6 卷)、《西桥王氏家谱》(12 卷)、《家集》(10 卷)、《台州文征》(180 卷)、《台诗四录》(29 卷)、《台诗外录》(38 卷)	
张学华	《家乘》及《补遗》(共 12 卷)、《文贞公年谱》(1 卷)、《暗斋稿》(3 卷)、《采薇百咏》 校补：《广东文征》	
张其淦	《松柏山房骈体文钞》10 卷、《梦痕仙馆诗钞》10 卷、《吟芷居诗话》4 卷、《五代咏史诗钞》6 卷、《元八百遗民诗咏》8 卷、《明代千遗民诗咏》21 卷 辑有《东莞诗录》65 卷	
王季烈	编：《曲谱集成》《与众曲谱》 著：《螾庐曲谈》、《螾庐曲稿》等	与吴梅、俞宗海合称"近代三曲家"
金兆丰	《竹屋词钞》、《遁庐诗草》	
朱祖谋	编：《彊邨丛书》(179 种) 辑：《宋元明百六十三家词》、《湖洲词证》(24 卷)、《国朝湖州词征》 著：《彊邨遗书》(含《彊邨语业》、《弃稿》、《沧海遗音集》等)	"清季四大词家"之一

续表

姓名	成　　果	备　注
王同愈	《栩缘随笔》、《栩缘日记》、《栩缘诗文集》	
张士珩	《竹居小牍》(10 卷)、《竹居外录》(1 卷)、《竹居先德录》(1 卷)、《劳山甲录》(1 卷)	
周庆云	《梦坡文存》、《梦坡诗存》、《梦坡词存》、《玉溪碎锦记》、《浔溪文征》、《浔溪词征》、《浔雅》	
曹允源	编:《苏州文征甲编》若干卷、《苏州文征乙编》(24 卷) 著:《复庵类稿》(8 卷)、《复庵续稿》(4 卷)、《复庵外稿》(2 卷)、《鬻字斋诗略》(4 卷)、《鬻字斋诗续》(1 卷)、《淮南杂志》(2 卷)	
唐元素	《天咫偶闻》(10 卷)、《涉江先生文钞》(1 卷)、《海上嘉月楼诗稿》(1 卷)、《香奁集发微》(若干卷)	
黄维翰	《稼溪诗草》(3 卷)、《稼溪文存》(3 卷)	
温　肃	《权山文存》、《温寺御年谱及檗庵奏稿》	
曹元弼	《述学诗》(20 卷)、《复礼堂文集》及《二集》、《三集》(共 26 卷)、《诗存》(若干卷)	
陈松山	《明诗纪事》、《黔寺纪略后编补编》	

第二节　民初"文化遗民"① 与西学的粘连

梁启超在《中国近三百年学术史》中指出,自来华的耶稣教会人创始"西学"名目以来,西学在中国的发展经历了两个阶段:第一期从明中叶至晚清北京总理衙门附设同文馆及上海制造局附设广方言馆,所谓的西学包括测算天文、测绘地图、坚船利炮等,它

---

① 严格地说,民初遗民是在辛亥国变以后出现的,辛亥国变前没有遗民,凡是对西学感兴趣的人都可以称为"新民",辛亥后这些"新民"有的成了遗民,有些依然是"新民"。为区别起见,这里权且用"遗民"来称呼辛亥后成为遗民的人。

们不能在学界发生影响；第二期始于李壬叔（善兰）、华若汀（蘅芳）等翻译的西方科学书、国际法书、政治书，从此，"中国人才知道西人还有藏在'船坚炮利'背后的学问，对于'西学的观念'渐渐变了"①。又如马克思谈到中国的闭关自守时说："与外界完全隔绝曾是保存旧中国的首要条件，而当这种隔绝状态在英国的努力之下被暴力所打破的时候，接踵而来的必然是解体的过程，正如小心保存在密闭棺木里的木乃伊，一接触新鲜空气便必然要解体一样。"②"背后的学问"、"新鲜空气"大体就是我们常说的"西学"，它成了 19 世纪后半期与 20 世纪初期的传统中国学问（即"中学"）的对立体。趋"西"还是趋"中"，表现在政治上，是革新派与保守派的分别；表现在文化上，是文化激进主义与文化保守主义的分野和标志。

近代中国人对西学的认识经历了三个阶段：器物层面—制度层面—心态层面，这是由表及里、由形而下到形而上的渐进，事实上，用这三个阶段来观照民初遗民对西学的认识，我们发现，遗民的类型与它们十分吻合，只是在第三阶段，遗民们因社会的变革，导致他们过分看重君臣观念和政治观念，因而固守着传统的文化观念，成为文化保守主义思潮中的一员，与"新民"在关于建立国家制度形态及方式上存在分歧。

自西学输入至 19 世纪 90 年代中期，人们对西学的印象基本上停留在或稍微超过梁启超说的第一个层面，张之洞综合了冯桂芬、王韬、薛福成、郑观应等人的"西学"阐述，在《劝学篇》中广泛地概括了"西学"的内容："西政、西艺、西史为新学。""学校、地理、度支、赋税、武备、律例、劝工、通商，西政也。算、绘、矿、医、声、光、化、电，西艺也。"③ 第二个层面则基本以

---

① 梁启超《中国近三百年学术史》，梁启超《饮冰室合集·饮冰室专集之七十五》，北京：中华书局 1989 年 3 月，第 27 页。

② 《马克思恩格斯全集》第 9 卷，北京：人民出版社 1957 年，第 247 页。

③ 冯天瑜、肖川评注《劝学篇·劝学篇书后》，武汉：湖北人民出版社 2002 年 10 月，第 144～145 页。

甲午战争为契机，人们从"中体西用"思想的局限性中体悟到制度层面变革的重要性，因而多关注学会、舆论和制度建设。

有一种错觉，人们总以为民初遗民因敌视变革及中华民国，对传统文化取保守主义的立场，故他们对西学也一直持排斥态度，其实不然。生逢其时的民初遗民不论是在第一个层面还是在第二个层面上都与早期的梁启超、康有为、章太炎、孙中山一样，都在吮吸着"西学"的新鲜空气，他们对西学也并不隔膜，学习西学的热情一样浓厚，早期的王国维、辜鸿铭、康有为①、陈宝琛等就是热心西学的典型，其实，除他们外，还有更多的遗民对西学表现出了强烈的关注。尤其是随着中法战争、甲午战争的爆发，民初遗民对西学的认识也在随着整个社会对西学的关注逐渐由器物层向制度层转换，总括而言，他们的西学关怀，主要表现在两个层面的四个方面：一是变易与不易，二是器变与道变，三是注重学会、舆论和学校教育，四是重视政治改良。由于全面分析民初遗民的西学倾向存在一定的困难，这里仅选择有代表性的人物加以分析。

一、变易与不易

同治、光绪年间，京师活跃着一群以指弹时政为己任的清流党人，陈宝琛与李鸿藻、张佩纶、宝廷、黄体芳、邓承修、张之洞等被称为"北清流"，他们区别于以沈桂芬、翁同龢、盛昱、王仁

---

① 当然，遗民康有为并不受到众遗民的赞赏和欢迎。戊戌变法的失败，陈宝琛、郑孝胥等人归之为袁有为事机不密，致使光绪帝一蹶不振，幽死瀛台。追源祸始，康有为实开其端，因此，1927年康有为病故，其门人徐良要求溥仪赐给他谥号，溥仪采取了陈、郑"不应予谥"的建议。陈三立、胡嗣瑗等人认为康有为志大才疏、飞扬浮躁、喜欢大吹大擂。康有为僻居沪渎时，遗老们还是与他有较多的交往，这些引起了胡思敬的强烈不满，在致王病山的信中就说："近来海上诸老好与康圣人游，即康亦以清室遗老自命，仆颇不以为然。前致书培老（注：沈曾植）……云光绪将乱之初，一二小人之邪说，可以煽动四方，即暗指圣人及其徒梁启超也。"（见周君适《伪满宫廷杂忆》，成都：四川人民出版社1981年2月，第11~19页；胡思敬《致王病山书》，胡思敬《退庐全书》沈云龙《近代中国史料丛刊》第45辑，台北：文海出版社，第671~672页。

堪、志锐、文廷式等为代表的"南清流",时为言官的陈宝琛就上陈了台湾巡守、开山防海及《洋务六事》等奏章,表现出了改革时政的理想。甲申年(1884)中法战争以后,海内才智之士,颇思改弦更张,担任江南同知的郑孝胥"讲求时务,以谋救国之策",稍后任日本东京领事、大阪总领事时,鉴于日本明治维新的成功经验,又"考究富强之术、及变法次第,至为详审"①。与此同时,宋育仁撰成《时务论》初稿,提出了改良主义的政治主张,该书刚发表,就受到有进步思想的朝官、士林的重视,《翁同龢日记》1894年2月25日记载说:"(宋)以所作《时务论》数万言见示。此人亦奇杰,惟改制度、用术数,恐能言而不能行耳。"②陈炽读罢,也写信称赞"管子天下才,诸葛真王佐"③。1891年在任广西学政时,宋育仁撰写《时务论外篇》,两年后,又撰成《守御论》,其关心时务、爱国救危之情,跃然纸上。吴道镕在主持广东潮州、韩山、金山、惠州、丰湖、三水、肆江、广州应元书院时,与陈石樵、石惺庵等设馆郡学,"日夕手一编,博综经史,旁通算术以及泰西政学,诸书无所不览"④。

在中国近代史上,王先谦是以顽固派的面貌著名于世的,湖南维新运动时期,他与叶德辉驱逐南学会、殴打《湘报》主笔、逼走梁启超,阻挠了湖南维新事业的步伐,其实,王先谦并不是一个冬烘,他对西学也有一定的兴趣,尤其是自光绪五年(1879)崇厚擅自与俄国签订了《里瓦基亚条约》以来,王对时局表现出了

---

① 叶参、陈邦直、党庠周《郑孝胥传》,《民国丛书》第一编(88),上海:上海书店影印版,1989年,第2页。

② 陈义杰整理《翁同龢日记》(第5册),北京:中华书局1997年6月,第2669页。

③ 易公度、刘海声、徐溥《晚清政治家、学者宋育仁》,中国政协四川省委员会、四川省志编纂委员会《四川文史资料选辑》第29辑,1983年,第30页。

④ 张学华《诰授通奉大夫翰林院编修吴君行状》,吴道镕《澹庵文存》,沈云龙《近代中国史料丛刊(续编)》第20辑,台北:文海出版社,第2页。

极大的关注，他不仅赞同曾纪泽赴俄改约，而且在八月的《奏会议防俄未尽事宜折》中，提出防俄四策：豫定应敌之策、暂连日本之交、宜专任使之权、精求船械之利。① 在 1894—1899 年主讲岳麓书院时，亦关心湖南的新政，其时，黄遵宪、陈三立、熊希龄等合谋，延请梁启超为新设时务学堂总教习，江标、徐仁铸为学政，学会、报馆同时并兴，民权平等之说一时宣扬都遍。学会之初成立，王先谦随同陈宝箴中丞前往听讲，②③ 又如，他在《复吴生学竞》信中指出，虽然梁启超、熊、唐、谭、樊诸人宣讲新学，有些离经叛道，引起社会的反感，宜加注意，但是，"今日地球大通，各国往来，朝廷不能不讲译学。西人以工商立国，用其货物，

---

①　王先谦《王先谦自定年谱》，《葵园四种》，长沙：岳麓书社 1986 年 9 月，第 701～704 页。

②　王先谦《王先谦自定年谱》，《葵园四种》，长沙：岳麓书社 1986 年 9 月，第 744 页。

③　王先谦与叶德辉压制湖南维新运动是事实，但不能简单看待。事情的起因是梁启超在时务学堂大讲康有为的《新学伪经考》、《孔子改制考》。本来，王先谦对康有为就有不满，同年的年谱记载："康有为以变法自强之说，耸动海内，朝野多为所惑。翁叔平尚书保荐有'胜臣十倍'之语，一时靡然从风。识者心鄙其人，然不悟其有逆谋也。"当叶德辉将教习梁启超的评语呈给王看时，王亦说："悖逆语连篇累牍，乃知其志在谋逆。"至于康、梁的"逆谋"，王先谦在《复吴生学竞》的书信及致陈中丞的《附原奏稿》中有些表示，大要在于：1. 西学与西教不同，康、梁则以西教惑人。2. 欲以西学中的民权、平等之说颠覆君臣、父子之大防。但是，这些并不能否认王先谦对西学的渴求，第一，他认为趋重西学是时代大势所至，在《复吴生学竞》信中就说："至谓近日事，亦趋重西学者，势所必至。"第二，地球大通，各国往来，禁交换、禁购买是不可能的，"必讲求工艺以抵制之，中国机庶可转"。第三，他在《复毕永年》的信中，从批评中国学人的通病中看到国人学习西学的弊病，通病就是一"空"字。理学兴，则舍程、朱而趋陆、王，以程、朱务实也。汉学兴，则诋汉而尊宋，以汉学苦人也。新学兴，又斥西而守中，以西学尤繁重也。至于究心新学，能人所难，宜无病矣。然日本维新，从制造入；中国求新，从议论入。所务在名，所图在私。显然，他认为从议论入手谈论西学是在图名、图私。（王先谦《王先谦自定年谱》、《虚受堂书札》，《葵园四种》，长沙：岳麓书社 1986 年 9 月。）

王先谦抵制维新运动与他对西学的理解和认识有密切的关系，（转下页）

朘我脂膏。我不能禁彼物使不来，又不能禁吾民使不购，则必讲求工艺以抵制，中国机庶可转。故声光电化及一切制造、矿学，皆当开通风气，力造精能。国家以西学导中人，亦是于万难之中，求自全之策"。显然，王先谦不反对学习西学，接着，他将自己与康、梁等人的分歧表达了出来："然朝廷所采者，西学也，非命人从西教也。西教流行，势不能禁，奸顽无赖从之，犹有说也；学士大夫靡然归美，此不可说也。至康、梁今日所以惑人，自为一教，并非西教。其言平等，则西国并不平等；言民权，则西主实自持权。"当然，接下来的话对康梁有咒骂的成分："康、梁谬托西教，以行其邪说，真中国之巨蠹，不意光天化日之中有此鬼蜮！"最后他提醒说："今若谓趋重西学，则其势必至有康梁之说，似觉远于事情。"也就是说，提倡西学与提倡康梁之说是两码事，不能混淆。①此外，在《与俞中丞》、《复万伯任》信中也表达了类似的看法。

"百日维新"期间，吴士鉴感觉到"朝廷锐意变法，余亦深知旧法之当废，新法之当兴，惟在廷诸臣墨守成见，新进之士不知利害"②，既对变法表示赞成，但也流露出一些担忧。1901 年，金梁上万言书《论中兴三策》：一曰正人心，二曰求贤才，三曰定法制③，提出了"求变"的具体主张。

（接上页）康、梁的君主立宪主张是他不赞成的，他较多地注意西学器物层面的知识，有"中体西用"的成分和倾向，而这种分歧一直影响到辛亥革命时期。显然，叶、王与康、梁的敌对，不纯粹是政治之争，而是涉及传统文化如何在近代社会中转型的问题，即文化之争。以上所列能够说明，虽然王先谦不是一个新锐维新人物，但他对学习西学并不反对，应该说，他是一个"渐进西学派"，而不是"顽固派"。

① 王先谦《王先谦自定年谱》，《葵园四种》，长沙：岳麓书社 1986 年9 月，第 863～864 页。

② 吴士鉴《含嘉室自订年谱》，周和平《北京图书馆藏珍本年谱》(192册)，北京：北京图书馆出版社 1998 年影印版，第 157～158 页。

③ 申权《金公年谱》，周和平《北京图书馆藏珍本年谱》(198 册)，北京：北京图书馆出版社 1998 年影印版，第 126 页。

总之,"求变"是时代主流,部分晚清士人尽管在民初成为遗民,但这段时间,也是随时代大势在前进、在进步。

二、器变与道变

作为地方封疆大吏的周馥、曾广钧、沈曾植及胡思敬等,跟随着朝廷洋务运动的步伐,各自在其职位上,对西学有一定的注意和运用。

如两广总督周馥,在1906年前后,"公尝谓当世之变,旷代未有,应之者宜开牖新机,因如近世国家富强诸术,如轮、电、路矿、制造等事,皆权宜拓制,缔造经营,且兢兢以人才为亟,筹建陆海军学校"①。

曾广钧一向关注匠艺、西政,他对上海译刊西书中的有关路矿诸作十分感兴趣。甲午中日战争期间,痛感中国军队武器窳败、军心惶惶,以至于溃败,于是"慨然解兵,思从政治维新以救国,始与康南海、谭浏阳、梁新会诸君子友善。丙申(1896)返湘,更与南学会诸子研求新学,又偏游湘西、湘南觅矿"②。实践着他"强国须先富国"的理念。

胡思敬在《答赵芷荪书》中谈道:"仆四十以前,亦为功利所误,手抄政治、舆地、洋务书,不下数百种。"③ 庚子事变之后的陆润庠则驱车出京门,不远千里,麻鞋诣阙上疏,陈《救时十策》,其大旨在练兵、理财、取士、察吏等④。

又如沈曾植,光绪二十七年(1901)代刘坤一拟奏稿,其中

① 京都文楷斋胡清、宋德裕合刻《清授光禄大夫建威将军陆军部尚书两广总督建德周悫慎公墓志铭》,钟碧蓉、孙彩霞《民国人物碑传集》,成都:四川人民出版社1997年3月,第573页。

② 曾昭杭等《(曾广钧)哀启》,卞孝萱、唐文权《民国人物碑传集》,北京:团结出版社1995年2月,第793页。

③ 熊步成《图书收藏家胡思敬》,中国人民政治协商会议江西省委员会文史资料研究委员会《江西文史资料选辑》第20辑,1986年,第91页。

④ 叶昌炽《太保东阁大学士赠太傅陆文端公墓志铭》,汪兆镛《碑传集三编》,香港:大东图书公司1978年,第166页。

开列的条目有十条：设议政、开书馆、兴学堂、广课吏、设外部、讲武学、删则例、重州县、设警察、整科举。在《与陶制军书》中，以古论今，提出"务财训农、通商惠工、敬教劝学、授方任能"① 等主张。

总之，作为器物层面的西学，开矿、练兵、筑路、制造等为他们关注的主体内容。

三、注重学会、舆论和学校教育

1895 年帝党官僚文廷式在北京组织强学会，演讲"中国自强之学"和挽救民族危亡的道理，许多开明官吏和知识分子纷纷参加强学会的活动，民初成为遗民的人亦有参与，如吴士鉴、② 宋育仁（并且任都讲）、陈三立、沈曾植等，沈曾植与陈炽、丁立钧（叔衡）、王幼霞（鹏运）、袁世凯、张巽之（孝谦）、徐世昌、张权、杨锐及弟弟沈子封等，"闻赞康广厦开强学会于京师，且为其作序文"③。

作为舆论宣传的重要工具，维新人物非常注重报馆的建设，梁启超主笔、黄遵宪、汪康年操办的上海强学会机关报——《时务报》——是一份最有影响的报纸，趋向维新的人士都比较注意。陈三立阅览了《时务报》后，"心气舒豁，顿为之喜"，并相信在它们的引导之下，"必能渐开风气，增光上国"④。

此外，1894 年 17 岁的金梁"留心时事，览阅报章，通当世之

---

① 王蘧常《沈寐叟年谱》，台北：台湾"商务印书馆"1977 年 6 月，第 39~40 页。

② 吴士鉴《含嘉室自订年谱》，周和平《北京图书馆藏珍本年谱》(192 册)，北京：北京图书馆出版社 1998 年影印版，第 154 页。

③ 王蘧常《沈寐叟年谱》，台北：台湾"商务印书馆"1977 年 6 月，第 30 页。

④ 《与汪康年书》(13)，陈三立著《散原精舍诗文集》(集外文)，上海：上海古籍出版社 2003 年 6 月，第 1179 页。

务尤惓惓于君国"①。吴士鉴则"博览泰西各报,以觇时事"②。

宋育仁 1896 年与邓镕组蜀学会,鼓吹改良,创办《渝报》,次年,回成都兼长尊经书院,与吴之英创办《蜀学报》,宣传欧西政治、工商、教育诸新学。③

文教改革是戊戌新政的四内容之一,学堂建设普遍受到重视。

陈宝琛"感世变急,非兴学育才,无以相济也。以日本同文地近,有绩效,因创立东文学堂,以为留学预备"④。1898 年,金梁"设小学于家,以新法教授,并研究教育之理,撰书《师范》……后设课会文,以提倡新学,应者甚众",1900 年与同人倡立文明学社,次年,在旗营内设立尚武小学堂,提倡八旗教育,堂内附设东文学堂,30 岁中进士后,受李家驹等援引入京师大学堂,充提调,⑤ 同名为东文学堂的还有沈曾植,1901 年,在扬州与李鸿章相国书信论行新政,有美芹之说四:通志意、议奉行新政、议章程、剂名实。7 月,任上海南洋公学监督,添设政治科,11 月,南洋公学附设东文学堂于虹口,公聘罗振玉为监学,日本藤田剑峰博士为教习,这就是王国维曾经半工半读的东文学社。

又如王玫伯,1900 年,"辛丑朝议各行省建设学堂,台州府学堂、师范学堂、黄岩县学堂章程皆君手所定",后又为上海南洋公学特班生教习⑥,在 1905—1907 年监督两江师范学堂时赴日本考察学务,历时三月,遍观大小各校及图书馆、工厂、议院、法庭、

---

① 申权《金公年谱》,周和平《北京图书馆藏珍本年谱》(198 册),北京:北京图书馆出版社 1998 年影印版,第 124 页。

② 吴士鉴《含嘉室自订年谱》,周和平《北京图书馆藏珍本年谱》(192 册),北京:北京图书馆出版社 1998 年影印版,第 154 页。

③ 《宋育仁小传》,戴安常选编《近代蜀四家词》,成都:四川人民出版社 1987 年 4 月,第 58 页。

④ 陈懋复《诰授光禄大夫晋赠太师谥文忠太傅先府君行状》,钟碧蓉、孙彩霞《民国人物碑传集》,成都:四川人民出版社 1997 年 3 月,第 436 页。

⑤ 申权《金公年谱》,周和平《北京图书馆藏珍本年谱》(198 册),北京:北京图书馆出版社 1998 年影印版,第 125~132 页。

⑥ 王玫伯《默庵居士自订年谱》,周和平《北京图书馆藏珍本年谱》(185 册),北京:北京图书馆出版社 1998 年影印版,第 522~523 页。

监狱等机关。① 吴士鉴于 1908 年将西湖蚕学馆改设高等学堂②，同期的陈三立对当时国内盛行的新式教育——学堂——也表现出了积极支持和赞同的态度，不仅将自己的儿子陈隆恪、陈寅恪送往日本留学，而且写下大量的赞颂学堂教育的诗篇，如：《峥庐坐雨寄怀城中乐群学舍熊季廉蔡公湛》、《次韵答王义门内翰枉赠一首》、《雪晴放舟题寄南昌乐群学社诸子》、《送饶石顽监督出游大西洋诸国》等。

当然，学堂的建设并不是获得所有人物的赞同，胡思敬就曾经对张之洞等人 1903 年颁行的《奏定学堂章程》提出批评，认为它“剿袭东洋皮毛，出自幕客陈毅之手，遂欲颁行天下”③。宣统元年（1909）在学堂新章程实施了几年后，胡思敬又奏陈学堂有十弊六害，批评学堂多注重西洋科学而忽略中学，学堂压抑人才、搅乱仕途、骚扰闾阎等，④ 但这与王国维对张之洞的批判，意趣是不同的。

四、政治改良

从早期的改良主义者冯桂芬、王韬、何启、胡礼垣等到晚期的康有为、梁启超等极为关注资产阶级议会政治的内容，他们希望在目前的形势下实现君主立宪，变革政体，从而达至富强，但是更多的人将它们放大到社会的制度层面，因而，关于议会、学说、思想等方面，都有一些阐述。

1898 年，光绪帝特召倾向于维新的郑孝胥于乾清宫，郑氏奏陈练兵之策……蒙旨嘉许，以同知擢用道员，充总理各国事务衙门

---

① 王玖伯《默庵居士自订年谱》，周和平《北京图书馆藏珍本年谱》（185 册），北京：北京图书馆出版社 1998 年影印版，第 456 页。

② 吴士鉴《含嘉室自订年谱》，周和平《北京图书馆藏珍本年谱》（192 册），北京：北京图书馆出版社 1998 年影印版，第 187 页。

③ 胡思敬《与善化相国询先朝掌故书》，胡思敬《退庐全书》，沈云龙《近代中国史料丛刊》第 45 辑，台北：文海出版社，第 496～497 页。

④ 胡思敬《奏学堂十弊六害折》，王学珍、郭建荣《北京大学史料》（第一卷，1898—1911），北京：北京大学出版社 1993 年 4 月，第 38～39 页。

章京。宣统时期，郑氏又与海内外同志，倡议君主立宪，以图挽救，和之者甚众。① 宋育仁1894年随公使龚照瑗出使英、法、意、比四国，在英国，勤于访问，出入议院、学校及工商界，将诸国的政治、社会、文教、风俗等内容，融之其著作《采风记》，以倡君主立宪及两院制。1895年，上《呈清理财政折》、《债式议》，要求清廷改革财政、废科举、兴学校，只因顽固派徐桐等人的阻挠，建议未被采用。②

陈三立对西方学说的接触，从少年时代与"提倡新学，颇受乡曲无识者之攻击"③ 的郭嵩焘游，就已经开始了。对于西方的政治和哲学，陈三立是从严复的著作中了解的，因此，他在诗歌中多次提到"天赋人权"和宣传资产阶级民治自由和政治进化的英国哲学家、思想家约翰·穆勒的《群己权界论》和甄克斯的《社会通铨论》，甚至在严复60岁生日时称赞严复为时代的"先觉者"。④

沈曾植在1902年进入由总理各国事务衙门改成的外务部，担任和会司员外郎，次年简放江西广信府知府，深为当时的士人不悦学忧虑，1906年8月，赴日本考察学务，"甚契日本穗积博士之学说及伊藤博文之《宪法讲义》，自是直欲冶新、旧思想于一炉矣"⑤。等到中华民国建立后，沈曾植"乃潜究东西方各国学术，而深斥夫欧罗巴非常可怪之论。默欲以孔子之教与耶、释诸教提

---

① 叶参、陈邦直、党庠周《郑孝胥传》，《民国丛书》第一编88册，上海：上海书店，第2~5页。

② 《宋育仁小传》，戴安常选编《近代蜀四家词》，成都：四川人民出版社1987年4月，第59页。

③ 瞿兑之《杶庐所闻录·郭嵩焘论言官》，瞿兑之《杶庐所闻录 养和室随笔》，沈阳：辽宁教育出版社1997年3月，第81页。

④ 郭延礼《陈三立的诗文浅论》，陈三立著，李开军校点《散原精舍诗文集》（前言），上海：上海古籍出版社2003年6月，第3页。

⑤ 王蘧常《沈寐叟年谱》，台北：台湾"商务印书馆"1977年2月，第50页。

携，以共进于大同之域，故尤称大同之说"①。其思想由激进渐趋保守，到 20 年代的《亚洲学术杂志》的出版，已经初步形成了东方文化主义的思想倾向。

第三节　民初遗民文化价值观的集中表达
——以《亚洲学术杂志》为例

"亚洲学术研究会"是 1921 年秋成立于上海的一个讲学研究组织，主体人物为一批"积学之士"，从政治倾向来讲，基本上是流寓上海的一群遗民。他们在讲学的基础上，出版了刊物《亚洲学术杂志》。该杂志长期隐而不彰，虽然仅存留 2 年时间，且只发行 4 期，但它的学术研究实绩、由章程的解释引发的议论以及该杂志表现出的思想倾向，对解读民国初期"文化遗民"之学术思想具有重要的参考价值。

一、杂志简介

据"亚洲学术研究会""记事"所载，该会以"亚洲学术与世道人心有极大关系，须加以研究，故名曰亚洲（原文为'名亚曰洲'）学术研究会"，② 研究会在上海租屋一间（即上海横滨桥克明路顺大里 71 号）为会友讲习之地，计划每月讲书 3 次或 2 次，月出杂志 1 册（后因故月刊变成季刊，8 月出版第 1 期，11 月出版第 2 期，1922 年 3 月、8 月出版第 3 期、第 4 期，好像实际仅刊发 4 期），以发表学术上研究之所得，会友资格必须在 30 岁以上且与本会宗旨学派不相背谬。孙德谦为编辑人，汪钟霖、邓彦远为理事人，任稿会员有王国维、罗振玉、曹元弼、张尔田等。杂志在上海和日本大阪市设有销售处。

杂志体例分为六类，除"图画"外尚有：

---

① 王蘧常 《嘉兴沈乙庵先生学案小识》，卞孝萱、唐文权《民国人物碑传集》，北京：团结出版社 1995 年 2 月，第 445 页。
② 《亚洲学术研究会简章》，《亚洲学术杂志》第 1 期，1921 年 8 月。

1. "论说"。该类要求"将我亚洲旧有之学术,发明真理,著为专篇,以备世贤之研究,不过事高论,亦不为陈腐之谈。凡琐屑之考据,空疏之议论,皆在所摈弃,于近今学说之背谬者,则辞而辟之"①。代表性的篇目有:孙德谦《中国学术要略》、《史权论》、《诸子通考序》、《中国四部书阐原》、《六经为万世治法其实行自汉始》、《存伦篇补义》、《儒家道术于时属夏故其教重学而明礼说》,张尔田《论六经为经世之学》、《章(学诚)氏遗书序》、《答梁任公论史学书》、《与人论学术书》,敬庵《中国法律生于礼》,达庵《中国之弭兵学说》、《战国策士论》,曹元弼《礼经纂疏序》,罗振玉《补宋书宗室世系表》,王国维《摩尼教流行中国考》,陈教友《长春道教源流》,〔日〕西本省三《德意志青年与中国文化》,等等。

2. "专著"。该类取有成书却未经刊行的或已经刊行却流传未广的近儒之著,"但必有关于学术足资研究者"。代表性的篇目有:曹元弼《孝经学》,孙德谦《诸子要略》、《四库提要校订》,王国维《西胡考》、《高昌宁朔将军曲斌造寺碑跋》,罗福苌《西夏国书略说》,释持《和林三唐碑跋》,陈曾谷《春秋大义译本节录》,鲍心增《蜕斋讲义》,等等。

3. "文苑"。文体不分骈散,传记必取有学问者,信札则必须讨论学术。收录有叶昌炽、罗君楚墓志,王子庄、王鹏运、孙诒让传,吴道镕《粤东胜朝遗民录序》,孙德谦《复李审言论骈文书》等文章。

4. "丛录"。以随笔、记录之书为主,只谈学术,不关涉政事。如陈曾矩的《释平天下》、况周颐的《蕙风簃随笔》等。

5. "译稿"。以时贤议论或往古篇籍为主,"期与东西各国以通彼我之邮,证心理之同"②。基本集中在辜鸿铭的《春秋大义》中。

---

① 《亚洲学术研究会简章》,《亚洲学术杂志》第 1 期,1921 年 8 月。
② 《亚洲学术研究会简章》,《亚洲学术杂志》第 1 期,1921 年 8 月。

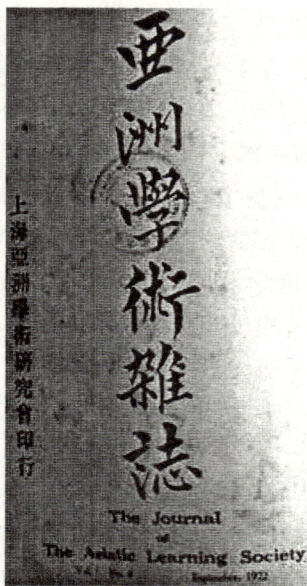

《亚洲学术杂志》第4期封面，壬戌：1922年

二、章程及争议

"亚洲学术研究会"办刊宗旨"以六条为体，以八项为用"。"六体"包括：主忠信以修身，尊周孔以明教，敦睦亲以保种，讲经训以善世，崇忠孝以靖乱，明礼让以弭兵；"八用"包括：亚人之性情、亚人之政治、亚人之道德、亚人之法律、亚人之体俗、亚人之和平、亚人之教学、亚人之文化。

研究会的出现，在学人阶层中产生了一定的影响，引起了部分人士的共鸣，南京高等师范学校的学生组织"史地研究会"的会刊《史地学报》以"历史界消息"的名义介绍了"亚洲学术研究会"的情况，并表达了自己的立场："（该会）愤心时流，欲藉此志痛加针砭……其论说、丛录攻斥骛新者，尤不遗余力。吾人于此，要不欲置辞其间；惟于此史著丰多之杂志，不能不表其恳挚之欢悦，且谨祝该会之有造于学术也。"① 吴宓在《中华新报》上盛赞杂志："每篇皆言之有物，精粹确实，不事敷衍补缀，其方法亦甚允当，虽专事发明经义，整理旧学，然处处针对时势，以实用为归。"② 1921 年 9 月，收到杂志首册的罗振玉在给王国维的信中说："其中佳作不少，深愿同人能合力作，发挥正论，以振狂愚。"③ 此外，《晶报》、日本的《日本周报》、旅居加拿大温哥华的阮丽朝等都表达了对杂志出版的庆贺。

1921 年"别后冒暑返里"的胡思敬在南昌亦得知杂志的出版，但他的态度是矛盾的，肯定之中夹杂着不满，因其不满，从而引发了一次小小的议论。

给沈曾植的信里，胡思敬首先是对章程的肯认，肯定章程，这与他"潜心宋五子书"、"以讲学挽回世道"④ 的观念有关系。胡思敬站在"明学术以正人心，以厚风俗"、"知行合一而后有学"、"政教合一而后有治"的立场上，批判清代学术"一坏于纪、阮之丑博，讲汉学；再坏于祁文端之纤小，讲小学；三坏于翁、潘之破碎，讲金石学；四坏于张之洞之猖狂，讲西学"，他们虽人品高下不同，但其"误国则一"⑤，因此，要挽救"学术误国"的颓势，必须提倡宋五子学。而一举出自沈曾植尊意⑥的亚洲学术研究会在

① 《史地学报》第 2 卷第 2 号，1922 年。

② 《吴宓看论新文化运动之反应》，《亚洲学术杂志》第 4 期丛录，1922 年 8 月。

③ 王庆祥《罗振玉王国维往来书信》，上海：东方出版社 2000 年 7 月，第 519 页。

④ 刘廷琛《胡公漱唐行状》，胡思敬《退庐全书》，沈云龙《近代中国史料丛刊（正编）》第 45 辑，台北：文海出版社，第 21 页。

⑤ 胡思敬《致沈乙盦书》，胡思敬《退庐全书》，沈云龙《近代中国史料丛刊（正编）》第 45 辑，台北：文海出版社，第 663 页。

⑥ 亚洲学术研究会任会员名单不具录，沈曾植亦未在《亚洲学术杂志》上发文，王蘧常《沈寐叟年谱》不记此事，沈是否为该会主倡者，待考。另据《郑孝胥日记》1921 年 3 月 30 日所记：汪甘卿为亚洲学术研究会约余至都益处午饭，坐有子勤、孙益庵、吴宽仲、邓白村、朱稷臣、梁克刚等。但从胡思敬与沈的交往以及给沈的书信中建议他担任会长来看，沈为亚洲学术研究会的倡导者，而且是主要的人物，应该可信。

解释"讲经训以善世"时尤其强调"讲经训而不由朱注，是犹出入而不由户，将终身无入德之门"①。这一着棋正好切合胡思敬的心意，因而胡表现出由衷的高兴，他称道说："台端不欲阳居讲学之名，实阴示人以率由之迳。暗室一灯，何其幸也！"②

但是，胡思敬并不爱屋及乌，而是提出两点异议、一点建议。

异议之一是对冠以"亚洲"二字的不满。他指出，"亚洲"二字古来未有，徐继畬《瀛环志略》的"四大土"之名系泰西人所立，不足为典。现在要尊崇孔教，却袭用欧西名词充同洲之义，势必会将佛教、波斯火教、天方回教混为一谈，"老韩合传，恐蹈马史之讥，华夷不分，更失麟经之旨"③，因此，他认为将"亚洲"二字缩小为"中国"，方为得当。二是对宗旨"六体"之二"尊周孔以明教"置放地位的异议。胡思敬指出，"尊周孔以明教"与其它五条不是并列关系，因为孔周之教的核心在经训，经训训释的具体内容为主忠信、敦睦亲、崇忠孝、明礼让，所以，应将"尊周孔以明教"置于纲的地位，其它五项为目，这样，主宾分明，次序不混，方能对学说大有裨益。由于沈曾植在该会及杂志上不愿自显其名，只愿意在暗中裁度，而且从不抛头露面，胡思敬在信中建议，像沈老这种负士林重望、三十年一步一趋、海内群觇以为向背的人物，于"坐视风俗人心之坏"之际，尤其要登高一呼，造成某种气势，既要在华洋辐辏的上海担任该会的会长，而且要在苏、杭、南京、安庆、南昌、武昌、长沙、广州、福州等省各立分会，使同志诸贤自相团结，同时，设立讲经会，以四书五经为主，将会友的论学文章选入报端，以扩大影响。胡思敬坚信，就像光绪将乱之初，一二小人之邪说④可以煽动四方一样，在今日乱极思治之

---

① 《亚洲学术研究会简章》，《亚洲学术杂志》第 1 期，1921 年 8 月。

② 胡思敬《致沈乙庵书》，胡思敬《退庐全书》，沈云龙《近代中国史料丛刊（正编）》第 45 辑，台北：文海出版社，第 663～664 页。

③ 胡思敬《致沈乙庵书》，胡思敬《退庐全书》，沈云龙《近代中国史料丛刊（正编）》第 45 辑，台北：文海出版社，第 664 页。

④ 胡思敬在给王病山信中明确指出，"一二小人"是指康有为、梁启超。（胡思敬《致王病山书》，胡思敬《退庐全书》，沈云龙《近代中国史料丛刊》第 45 辑，台北：文海出版社，第 672 页。

际，一二君子的诚心亦可以挽回风俗人心之坏的劫运！

此外，在与胡嗣瑗的通信中，胡思敬指出"其（即沈曾植）所定章程，尚不离三教同源之旨"① 之不足，在致同乡华澜石的信中，亦批评沈氏的章程有"开陈不甚剀切"② 的毛病，在给熟稔沈曾植的谢石钦③的信中甚至认为，"此老……欲视华、夷为一体，通老、佛、儒、墨为一家，务博之心太重"，之后他说，"聪明之累人也"④，大有聪明反被聪明误之担忧了。总之，胡思敬认为此章程是优劣并举的。

三、从杂志看民初遗民的文化倾向

如杂志体例所言，《亚洲学术杂志》在"论说"、"专著"栏目中，发表了众多发明真理和足资学术研究的文章，对传统学术的阐发和研究带来了一份沉甸甸的实绩，真正实践着他们的办刊旨趣，用行动证明了他们对中国传统文化的坚守之情。但是，这还不够！他们特辟专文——《亚洲学理浅识》——解释章程中的"六体"，而且摘录中外报纸、时论文章，对近今学说之悖谬者，辞而辟之。上述种种，都集中体现了杂志的文化思想倾向，具体概括为以下三个方面：

（一）对伦理道德的肯认，由此上升到对中国文化精神的维护

章程的解释基本上是站在伦理的层面展开的。周孔之教，皆以明人伦，人伦不是别的，君君、臣臣、父父、子子是也，它们存留于日用事物之间，其道以忠恕为主，以至诚为辅助，周孔之教不像

---

① 胡思敬《致胡晴初书》，胡思敬《退庐全书》，沈云龙《近代中国史料丛刊（正编）》第 45 辑，台北：文海出版社，第 667 页。

② 胡思敬《答华澜石书》，胡思敬《退庐全书》，沈云龙《近代中国史料丛刊（正编）》第 45 辑，台北：文海出版社，第 684 页。

③ 宣统元年（1909 年）冬，任礼学馆顾问的沈曾植派遣谢石钦、孙荣等赴日本东京调查租税沿革。见王蘧常《沈寐叟年谱》，台北：台湾"商务印书馆" 1977 年 6 月，第 54 页。

④ 胡思敬《致谢汉川石钦书》，胡思敬《退庐全书》，沈云龙《近代中国史料丛刊（正编）》第 45 辑，台北：文海出版社，第 699 页。

其他宗教哲学有时代之反动的特性,而是在一乱一治之时代,利用它的稳定性,可以保持社会秩序之井然。将周孔之教视为哲学,是未知"成己之精微",将它视为国粹,更是"未知成物之广大"的道理,故谓"尊周孔以明教";"睦亲"二字来源于《周礼》,与"忠信"互为依存,如果说忠信为自立之本的话,那么睦亲为社交之本,它比宗教家倡导的"博爱"亲切有味,比近世学者倡导的"互助论"平实易行,同时,敦行睦亲,则无自侮人侮、自毁人毁之害,实有敬人人敬、爱人人爱之利,人心无畛域则一切畛域自平,种族自保,故谓"敦睦亲以保种";尽己之谓忠,以实之谓信,忠信所操者约、所用者广,因此,孔子教人以忠信为本,而且历史上"创业垂统,莫不以忠信得之"①,故谓"主忠信以修身";知有教而不知读经,这是仅知"道"之当然而未知"理"之所以然,不读经就不能达至孟子所说的"直养而无害"的境地,智、仁、勇、信也会受到遮蔽,因此,纵不能遍读十三经,《论语》、《孟子》、《孝经》不可不读,"一切教育,皆以是为大本"②,故谓"讲经训以善世";忠孝本于天性,法律出于人意,一为永久不移之达道,一为一时便宜之制度,因此,舍忠孝而言法律,法不能自行,舍忠孝而言道德,则善为伪善,德为凶德。有忠孝就有真伦理,有忠孝就有真人道,二者并用,可以"远不仁而靖乱萌"③,故谓"崇忠孝以靖乱";真文明在礼,真和平在让,礼之用和为贵,让之实恕为本,治国不以礼让而专求法律,是动天下之兵也,复礼兴让则民族之争自息,社会之争自平,故谓"明礼让以弭兵"。

"以三纲五常为基本内容的伦理观念占据汉文化的中心位置,并构成选择异质文化的'过滤器'……高度重视伦理道德学说,

---

① 《亚洲学术研究会简章》,《亚洲学术杂志》第 1 期,1921 年 8 月。

② 《亚洲学术研究会简章》,《亚洲学术杂志》第 1 期,1921 年 8 月。

③ 《亚洲学术研究会简章》,《亚洲学术杂志》第 1 期,1921 年 8 月。

不只是某一学派的信念，而是整个中国汉文化系统的共同特征。"①
《亚洲学理浅识》明显地是从这一层面来理解和解释研究会章程
的。"人文主义四个字，可以概括出中国文化的本质特点。"②

作为中国传统文化精神的核心，虽然人文主义有多种表现形
式，但它们总离不开天人关系、中庸观念、伦理思想和民本主义等
主体性内容。中国特殊的经济生活环境，使得中华民族文化在社会
组织血缘纽带的解体过程中很不充分，从而导致中国社会宗法制度
根深蒂固，形成了中华文化伦理型范式，从这个意义上说，对伦理
观念的维护是维护传统文化精神的重要体现。

但是，杂志不纯粹从伦理层面看待中国文化，而是利用时论介
绍，更多从中西文化对比层面展开，凸显中国文化精神的存在价
值。1920—1921 年间，英国哲学家伯特兰·罗素（Bertrand Rus-
sell）到中国讲学，他对中国问题进行了细致考察与分析，与中国
的知识分子和各界人士进行了广泛接触，在华的 9 个月间，罗素在
各地巡回走动，进行了近 20 个主题的演讲，成为当时报刊、政界、
学界名人以及青年知识分子纷纷追逐的对象。罗素告诫"深慕西
方文化"的中国学生们，目前最切要的问题"不在西方文化吸收，
反在东方旧有文明之复兴……中国学术若加以整理，使之复兴，即
影响世界，极为伟大，最后中国将为世界文化之中心"③。

西本省三在《德意志青年与中国文化》中批评中国当时青年
学子之大多数"一则曰西洋，再则曰西洋，只知求他人而不知求
自己，抛却自家无尽藏，沿门持钵效贫儿"，对"其道发觉人本然
天良之心性，近人伦日用之道，达天理之极"④ 的孔子学精粹视而

---

① 冯天瑜《中华元典精神》，上海：上海人民出版社 1994 年 5 月，第
258～260 页。

② 庞朴《中国传统文化与现代化断想》，庞朴《文化的民族性与时代
性》，北京：中国和平出版社 1988 年 8 月，第 21 页。

③ 《罗素之中国文化观》，《亚洲学术杂志》第 2 期丛录，1921 年 11
月。

④ ［日］西本省三《德意志青年与中国文化》，《亚洲学术杂志》第 4
期，1922 年 8 月。

不见，殊不知，其时美国有吓巴尔德大学（即哈佛大学）宝璧德
（即白璧德）博士提倡人文教育，英国剑桥大学对不知晓孟子的日
本人松方侯之孙投考学校不予录取，法国班乐卫在巴黎大学拟设研
究中国古典的特别科，德国则有尉礼贤翻译书籍、设坛演讲，极力
鼓吹中国文化，上述欧西各国及大贤的所作所为，都是建立在对
"精神文明，其要在于古典，西方之古典，出于希腊、罗马，东方
之古典，出于《论语》、《孟子》"① 这种"古典"崇拜的基础上做
出的决定。西本省三在阅读《申报》和《新报》文章后又指出，
德国有"国际青年团"组织，专属孔子派，其首领哥廷根大学哲
学教授纳尔送博士指出，康德之哲学与孔教有诸多吻合的地方；又
有"自由德意志青年团"和"游鸟团"（Wan dervogel），专属老子
派，是当今德国过重物质主义思想反动的结果。此外，像录自
《申报》的《德国人之研究东方文化热》（第一期）等将德国宣传、
学习中国文化的有关信息及时传播出来。总之，西本省三及部分报
纸站在中西文化对比的层面，从第三者的立场上，较为客观地评说
了中国文化存在的价值及对西方文化产生的影响。

（二）对西方物质文明的批判，由此导引出对东方精神文明的
称颂

胡思敬从狭隘的中国观念出发批评《亚洲学术杂志》"亚洲"
二字用语不当，显示了他观念上的局限性，但从杂志文章的发行实
际看，四期文章的"论说"和"专著"中确实没有一篇是专门论
述除中国文化之外的其他东方文化精神的文章，只有敬庵的《台
戒儿自我扩大与赫尔褒兹自然征服论争辩书后》和"丛录"中关
于世界时事的介绍部分有所涉及。《亚洲学术杂志》出现这种题旨
和实际不符的情况不知是胡思敬书信的影响还是有其他原因，不得

---

① ［日］西本省三《德意志青年与中国文化》，《亚洲学术杂志》第 4
期，1922 年 8 月。

而知。① 但是，透过"丛录"的介绍可以明显地看出杂志对东方文化的赞扬与歌颂之情。注意力较多地放在宣传、颂扬东方文化的泰戈尔身上。

泰戈尔在访日、美、英、瑞典等国后，1921 年访问德国，《亚洲学术杂志》摘录时论报道及时反馈了这一信息，并以大量的篇幅介绍泰戈尔在德国的活动及演讲。泰戈尔的演讲在柏林、打模时塔（Darmstadt）、佛兰克（即法兰克福）等地进行。作为德国东方文化运动中心的打模时塔城，活跃着一群倾心东方文化的学者，智慧学院的创办者、哲学家凯色林就是其中的一位佼佼者，他不断批评西方文化，颂扬东方文化尤其是中国文化，他旅行世界的记录——《哲学家旅行日记》——1919 年在德国出版，文中指出"中国将来的文化决不是把欧美文化搬了来就成功，中国旧文化中实有伟大优美的万不可消灭"②。泰戈尔演讲的翻译任务是由凯色林担任的，其时亦有宗白华、魏时珍两位中国青年在聆听演说。泰戈尔在演说中指出，欧洲人是一种有系统、有组织的自私民族，他们只强调外部的物质生活而忽视内部的精神生活，因而妄自尊大，他们欲以自己的物质思想征服东方的精神生活，致使中国、印度最高之文化皆受西方物质武力之压迫，欲使东西文化差异消灭，统一于西方的物质文明之下，其实，这是欧洲人共同所造成的一种罪恶，因此，他希望青年人要将从前种种错误的认识去掉，努力去创

---

① 从胡思敬给谢石钦的书信中流露出的抱怨话语看，沈曾植等并没有接受胡思敬的批评及建议，"曾贻书净之，而久不见答，想厌闻矣"。（胡思敬《致谢汉川石钦书》，胡思敬《退庐全书》，沈云龙《近代中国史料丛刊》第 45 辑，台北：文海出版社，第 699 页）但这种情形与沈曾植 20 世纪 10 年代的学术路向是合拍的："归田以后，世变日亟，乃潜究东西方各国学术，而深斥夫欧罗巴非常可怪之论。默欲以孔子之教与耶、释诸教提携，以共进于大同之域，故尤称大同之说。"（王蘧常《嘉兴沈乙庵先生学案小识》，卞孝萱、唐文权《民国人物碑传集》，北京：团结出版社 1995 年 2 月，第 445 页。

② 李孝迁、邬国义《斯宾格勒〈西方的没落〉在中国的传播》，瞿林东《史学理论与史学史学刊》（2004—2005 年卷），北京：社会科学文献出版社 2005 年 11 月，第 244 页。

造新的世界。此后,泰戈尔又在黑森大公爵的行宫中进行自由演讲,进一步表达了对欧洲文化的悲观情绪。

放眼当时的世界,第一次世界大战的硝烟刚刚散去,上百万生灵涂炭使得人们不断思考西方精神缺失下高度发达的物质文明带给世人的消极后果,这种反思和反省催发了一股强劲的批判西方文化、颂扬东方文化的思潮,罗素、泰戈尔、杜威等人的访华就是在这种背景中进行的,而斯宾格勒的《西方的没落》、梁启超的《欧游心影录》、梁漱溟的《东西文化及其哲学》等著作也恰好是在这种国际背景中出版的,正是这种"扬东抑西"及东方文化复兴思潮的鼓张,使得东方文化获得了良好的世界反响与呼应。适逢其时的《亚洲学术杂志》因办刊者的学术视域和情感倾向自然就成了东方文化的又一有力称颂者和助势者。

(三) 对社会主义新思潮的不满和对新文化的批判

杂志对当时流行的社会主义学说表现出明显的不满,从批评列宁进而转到对当时中国学界"过激化"的担忧。第二期转录英国牛津大学图书公司文章,痛骂李宁(注:即列宁,下同)"为过激主义之创造人,为拥护过激主义之勇士,而其声名远播,为全世界所瞩目者,即在于卖祖国、仇文化……李宁主义,即为恐怖主义之代名词"①。1922 年 7 月,苏俄政府外交特使越飞来华,8 月到达北京,与北京政府进行谈判并与孙中山商谈双方的合作问题,8 月 18 日,北京大学校长蔡元培,教授李大钊、胡适等人宴请越飞,蔡元培对苏俄客人表示热烈欢迎,并在讲话中肯定了俄国革命对中国革命的影响,他说:"中国之革命,已由政治方面,渐进于社会方面,俄国革命,亦系起自政治而后及于社会者,当有可供华人取法之处,学界对于越君现以诚意表示欢迎。"② 面对学术界关注"社会主义"的情形,杂志"丛录"摘录《新闻报》的报道,认

① 《过激主义之梦想与事实》,《亚洲学术杂志》第 2 期,1921 年 11 月。

② 《西报论吾国学界之过激化》,《亚洲学术杂志》第 4 期,1922 年 8 月。

为代表民主制度之精神的"社会主义"是导致现在社会"革命之失着"、"督军之跋扈"、"议会之不臧"困境的罪魁祸首，因此，真实无妄之人是不会受"诛锄异己唯我独尊之乌托邦"思想影响的，只有那些不动脑筋之人才会"受过激派之愚弄，而奉李宁如神明，视为解放人类之救主"①。杂志对社会主义的仇视与攻击溢于言表。

围于杂志的办刊宗旨和办刊人员的学术背景，杂志也明显地表现出对五四新文化的不满，其中，以对陈独秀的攻击为最。

1920 年，孙中山在广州重建民国政府，陈炯明担任省长，11 月陈炯明写信给陈独秀，聘请他担任广东省教育委员会委员长，1921 年 1 月，宣传新文化的重要刊物《新青年》杂志社由上海迁到广州，在陈独秀担任教育委员会委员长时期，多次进行讲演，"以破坏旧道德，废弃文学为主旨"②，并积极宣传新文化和社会主义新思想，因此，不到四个月，即引起粤人中保守势力的反感，从而引发了驱逐陈"毒兽"（即"独秀"）的风波。旅沪广东同乡组织——上海广肇公所——在其电文中说："上海各报记载广东教育行政委员陈独秀，四处演说，主张'百行以淫为首，万恶以孝为先'，陈独秀身为教育行政委员，敢倡此等邪说，流毒社会，贻害青年，非率人类为禽兽不止。"③ 与此同时，以广中学生岑公燧为首的广东学生团设立国学会，针对新文化人物的新文化宣传，"发愤提倡国学，结立团体，一时入会学生，风起云涌，甚为踊跃"④。广东省议员黄佩荃、伍瑶光等提出《正学术以遏乱萌》议案，上书省主席，咨请省长维持学术。议案指出：近世欧洲学者，

① 《西报论吾国学界之过激化》，《亚洲学术杂志》第 4 期，1922 年 8 月。

② 《国民对于新文化之心理》，《亚洲学术杂志》第 1 期丛录，1921 年 8 月。

③ 《国民对于新文化之心理》，《亚洲学术杂志》第 1 期丛录，1921 年 8 月。

④ 《国民对于新文化之心理》，《亚洲学术杂志》第 1 期丛录，1921 年 8 月。

脱离宗教迷信之束缚，言论得以自由，达尔文、斯宾塞尔创立的"物竞天择"之说使得强权之习兴起，伯伦知理的主张牺牲人民以为国家之论使得国际之界限严明，边沁的人生主观唯在利乐之言使得功利之学盛行，"其中于人心也，则道德之观念微，而权力之竞争烈；其中于国家也，则侵略之主义张，而铁血之防维甚"①。最终酿成欧洲战争的爆发，死伤至数千百万人，托尔斯泰等人以为是科学的祸害，其实不然，"欧洲之祸，权利学说祸之也"②。而中国自古以五伦观念为重，五伦之教影响遍布中国及南亚细亚，虽然当今国势不盛，但泰西一二学者提倡的共产主义、无政府主义、无父主义、公妻主义等学说不仅不是今天挽救国运颓微的良药，而且是使社会陷入各种弊病的催化剂，因为法国大革命的失败证明了这些学说不能行，目前苏联实行的劳农政府还只是在试验中，其前景尚不可估量。更何况，五伦之教如日月经天、江河纬地，无一可废，"古所谓君臣者，指上下尊卑言之耳，非指臣仆对于专制皇帝言也"③。因此，以"新文化"的名义将泰西学说取而代之我国数千年五伦之教的做法是完全错误的，尤其将五伦之教废除，代之以天性自由、共产共妻、无父无政府、万恶以孝为先、百行以淫为首之说是"人欲横流，天理灭绝"④。议案最后指出，为世道人心起见，请省长将主张此学之人，不可令其任职教育机关。接着，钟锡璜、关以镛、何炳堃、吴道镕、汪兆镛等130名广东省士绅联合签名，声援此议案，致函省议会，请省长勿以学术不端正之人，主持教育，煽惑青年，并敦请将上述决议付诸实行。虽然陈炯明曾专门发电为陈独秀之事辟谣，但9个月后，陈独秀还是辞

---

① 《西报论吾国学界之过激化》，《亚洲学术杂志》第4期，1922年8月。

② 《国民对于新文化之心理》，《亚洲学术杂志》第1期丛录，1921年8月。

③ 《国民对于新文化之心理》，《亚洲学术杂志》第1期丛录，1921年8月。

④ 《国民对于新文化之心理》，《亚洲学术杂志》第1期丛录，1921年8月。

职回沪了。

杂志的办刊宗旨有"只谈学术，不关涉政事"之说，但杂志也忘不了"于近今学说之背谬者，则辞而辟之"① 之旨，于是乎一旦发现新学对旧有思想、学术发起冲击时，杂志又自觉地、本能地回到旧的阵营里，希冀从旧有文化中挖掘有效的精神资源维护文化传统，显然可见，该杂志在办刊宗旨和实际行动中，态度是矛盾的，这一切正好凸显了刊物的文化保守主义倾向。

第四节 "文化遗民"群体与中国现代学术建立

刘梦溪先生以为，中国现代学术发端的时间为 19 世纪和 20 世纪之交，标志是承认学术具有独立之价值，并在研究中开始吸收西方现代的观念和方法，代表人物是严复、梁启超、王国维等，而尤以王国维扮演着现代学术开山祖的角色。形成这种判断是基于对现代学术奠立条件的理解，现代学术奠立应该具备三个起码的条件："第一，学者的思想自由；第二，以学术独立为目标；第三，在研究方法上尽量吸收新的观念，能够与二十世纪前后的世界学术文化对话交流。"② 嗣后，他在《中国现代学术要略》中进一步发挥和衍申为中国现代学术传统，它们包括：学术独立的传统，科学考据的传统，广为吸收外域经验而不忘其本民族历史地位的传统，重视学术分类的传统，注重通学、通识和学者情怀的传统等。③ 也有人纯粹从学术研究方法入手，将民国时期的学术方法归纳为：传统的考据方法与西方实证方法的融合而成科学实证方法，传统的义理方法与西方诠释学方法的融合而成义理阐释方法，传统的朴素辩证方法与马克思主义的唯物辩证方法的融合而成唯物辩证方法，传统的

---

① 《亚洲学术研究会简章》，《亚洲学术杂志》第 1 期，1921 年 8 月。

② 见《学术独立与中国现代学术传统》，刘梦溪《传统的误读》，石家庄：河北教育出版社 1996 年 2 月，第 78～85 页。

③ 刘梦溪主编《中国现代学术经典》总序，石家庄：河北教育出版社 2002 年 1 月，第 58 页。

直觉方法与西欧、印度的直觉方法的融合而成直觉方法。① 上述观点的出现，都是在概括民国时期各类学人学术研究成果的基础上总结出来的，从逻辑方法来讲，使用了归纳法。平心而论，归纳法确实存在着科学性、合理性和普遍性，但笔者以为，它们并不能完全囊括大千世界的零零总总，因为自然界是多变和丰富的，人类社会更加纷繁复杂，这种作为与人相对的客体社会都是众生万象的，还遑论呈现出明显的主观色彩、反映人类特异思维成果和高级精神活动的学术研究的普遍性？显然，学术研究的多样性和差异性更加能超出它的普遍性。② 对民初"文化遗民"对中国现代学术建立的影响虽然很难做出条分缕析的总结，但至少在以下三个方面给我们以启迪。

第一，在学术研究精神和态度取舍上，民初遗民将中国传统学术视为民族文化精神的重要组成部分加以钻研，既不因西学的冲击而盲目自大，也不因时代的新变而妄自菲薄。

第二，在学术研究方法上，民初遗民对中国历代学界前贤积淀起来的学术研究传统和方法如强调学术的教化和经世之责，注重通人之学，专注义理、考据、辞章等，既有继承，也在时风的影响中有相应的新变，王国维、罗振玉、沈曾植、张尔田、孙德谦等是其代表。

第三，在传统学术的师承上，近现代文、史学家的学术渊源有

---

① 薛其林《民国时期的学术研究方法及其研究现状》，《云梦学刊》，2003 年第 1 期。

② 我们强调学术研究的多样性和差异性，并不是否认学术研究的普遍性。从简单层面理解，学术研究一般包括研究对象和研究手段，也就是内容和方法两大块。方法（手段）可以是相同的，但内容（对象）却是特殊的，因其内容（对象）的特殊，学术研究的创新性才能体现出来，大体称之为原生创新；借鉴新的方法而形成的学术创新，大体可称之为形态创新，这两类的原创性是有高下之分的。文中所引述的二人的观点基本是从方法层面概括出中国现代学术的同一性，但大体忽略了内容层面的普遍性和特殊性。其次，我们强调学术研究的多样性和差异性，并不是否认学术研究的承继性，原生创新的承继性体现在内容（对象）的深层拓展，形态创新的承继性体现在研究方法（手段）的拓展。

很多是来自"文化遗民"们的教诲,如金毓黻为吴廷燮弟子,方壮猷为赵启霖弟子,姜亮夫等为王国维弟子,谢国桢入清华前曾师从吴闿生习古文辞,赵熙有郭沫若、吴玉章、孙炳文、向楚等弟子。又如龙榆生《苜蓿生涯过廿年》记:1928 年 9 月到上海,"先后见过了陈散原、郑苏戡、朱强村、王病山、程十发、李拔可、张菊生、高梦旦、蔡孑民、胡适之诸先生,我不管他们是新派、旧派,总是虚心去请教,所以大家对我的印象,都还不错。我最喜亲近的,要算散原、彊村二老"①。

中国现代学术的建立,非一朝一夕突变的结果,而是在漫长时间的浸淫、衍化过程中形成的,退一步而言,如果缺乏民初"文化遗民"自觉或不自觉的学术传导的话,至少现代学术的建立不会那么迅捷和顺当,这或许就是探讨民初"文化遗民"与中西学术关联的意义所在吧。

---

① 转引自桑兵《民国学界的老辈》,《历史研究》,2005 年第 6 期。

第四章　遗民与文学

　　遗民文学的出现与人们对遗民广义、狭义的概念理解密切相关，遗民情结作为一种抒发情感的对象渗入到文学中，就形成了遗民文学。中国古代早期的遗民文学是以揭示社会丧乱带给人们的精神苦痛为主题的，如《诗经·黍离》、《离骚》等，唐代的杜甫进一步继承并发扬了这种文学传统和精神；至宋代，由于民族矛盾的尖锐化，加之在注重气节、品行、操守的理学熏陶中，遗民文学逐渐楔入了民族意识和爱国观念等内容，使得宋元时期的遗民文学基本集中在抒发亡国之痛、故国之思和强烈的民族气节，如文天祥、刘辰翁、汪元量、谢翱、林景熙、郑思肖等，金代的元好问、杨宏道、李俊民等人的诗歌则更多地关注社会动荡后人民所受的苦难和诗人的悲怆情怀，它们形成了遗民文学史上的第一个高峰；待至明朝灭亡，满族入主中原，清初的遗民文学不仅有歌颂反抗异族统治的民族英雄如陈子龙、夏完淳、张煌言、郑成功之作品，而且流露出较为强烈的夷夏观念和文化鄙视气息，如退隐山间的张岱、归庄、顾炎武、黄宗羲、王夫之等，从而出现了遗民文学的又一高峰。但是，遗民文学作为一种文学现象并不像有些论者所言，"唯南北宋、金、明四朝有之"①，好像至明清易代就结束了，其实，清民之际一样存在着遗民文学，从某种意义上说，清民之际的遗民文学是历代遗民文学的再一次发展和反复，也是历代遗民文学的又一余波。

　　人们对民初的遗民文学视而不见，其原因大体有四：一是中华

---

　　①　《遗民文学概述》，王步高、丁帆《大学语文》，南京：南京大学出版社 1999 年 8 月，第 422 页。

民国代替清王朝，这是民主共和制对君主专制制的胜利，在社会进步与反动的二元对立中，遗民被视为历史的绊脚石，因其思想的陈腐与不趋时，人们往往以历史评判代替价值评判，以主观的善恶代替客观的功过。第二，因为缺乏"平情之评价"，导致人们忽视遗民们的实际存在，纵然有些论及，也是建立在"先入为主"的基础上和感觉上，模式化和概念化的成分居多。第三，民初遗民基本是与五四新文化运动并行于世的，高歌猛进的五四新文化以其启蒙理性和科学民主的追求，成为社会热烈讨论的对象，作为其批判对象的旧文化因其"理屈词穷"，或湮没不闻，或无地自容，与它同道的遗民则成为社会冷静的又一伴随者，强势的五四新文化吞没了本来就处于弱势的旧文化和遗民的微小的声音，使得强与弱、进步与反动的分野进一步加剧。第四，作为"背时"人物的民初遗民，其相关诗文集的存世，或为手稿，或因印行不多而流行不广，给后人的捡拾和研究带来了不便。

学术界专题研究民初遗民文学的著作缺失，大陆地区零散涉及民初遗民文学的成果时有所见，较早的属钱基博1917年动笔撰述的《现代中国文学史》和汪辟疆1919年草创的《光宣诗坛点将录》以及《近代诗派与地域》、《近代诗人小传稿》、《光宣以来诗坛旁记》等，上述著作撰述的初意不是研究遗民文学，却提及部分遗民诗人、文人，作者对他们的评价不受政治性因素影响，单就文学成就而言。

20世纪二三十年代，陈子展的《中国近代文学之变迁》、《最近三十年中国文学史》，吴文祺的《近百年来的中国文艺思潮》等关注近代文学，对归属于遗民派别的"同光体"诗人、晚清四大词家作了研究，相比而言，正面评价大于负面评价，此种以体裁为研究重点的模式基本延续到80年代末，其间涌现出大批的研究者，成果以著述和文学史教材为主，单篇论文以钱仲联的《论"同光体"》(1981年) 最有见地。

90年代后，关于民初遗民文学的整理研究，资料编纂方面出版了《中国近代文学大系》(上海书店1990—1996年)，中间收录了部分民初遗民诗文词作品，梁淑安的《中国文学家大辞典·近代卷》(中华书局 1997 年)、孙文光的《中国近代文学大辞典》(黄山书社 1995 年) 对民初遗民文学家的生平多有介绍。至于民初遗民文学研究逐渐细分到对具体作家和基本文学事实的描述,作家研究铺开到非主流人物,理论和方法上深化到文化研究层面,出现的通史性的文学著作有裴效维主编的《近代文学研究》(北京出版社 2001 年)、马亚中的《中国文学通览·近代卷·暮鼓晨钟》(中华书局 (香港) 有限公司 1997 年) 等。专题性的研究成果,或关注文学精神,如郭延礼、武润婷的《中国文学精神·近代卷》(山东教育出版社 2003 年);或关注文学变革研究,如袁进的《中国文学的近代变革》(广西师范大学出版社 2006 年)、郭延礼《中国文学的变革——由古典走向现代》(齐鲁书社 2007 年)、刘纳的《嬗变——辛亥革命时期至五四时期的中国文学》(中国社会科学出版社 1998 年);或关注文学思潮,如陈燕的《清末民初的文学思潮》(台北华正书局 1993 年);或关注词学思想,如杨柏岭的《晚清民初词学思想建构》(安徽大学出版社 2004 年);或从文学编年的角度对诗文做年代考证,如胡晓明的《近代上海文学系年初编》(上海教育出版社 2003 年),朱德慈《近代词人考录》(中国社会科学出版社 2004 年);或关注同光体诗人在民国初期的创作,如胡迎建的《民国旧体诗史稿》(江西人民出版社 2005 年),等等。

港台地区,台湾大学林志宏《民国乃敌国也:政治文化转型下的清遗民》(联经出版事业股份有限公司 2009 年) 是较早用民初遗民字样命名的研究成果,但它重思想史、文化史分析而较忽视文学内容,其他的研究者在各自确定的主题研究中涉及部分遗民人物,如胡平生的《民国初期的复辟派》(台湾学生书局 1985 年)、魏仲佑的《晚清诗研究》(台北文津出版社 1995 年)。

民初的遗民文学与历代的遗民文学一样,不是一个平面的构成,而是一个立体的世界,但是相对于历代遗民文学,民初的遗民文学更加呈现出了它们的丰富性、多样性与差异性:

第一,民初遗民文学就体裁而言,涉及诗歌、词、戏曲、骈文及碑传文学等多种形态。较有影响的诗人除"同光体"的沈曾植、陈三立、郑孝胥等外,还有陈曾寿、胡思敬、劳乃宣、章梫、沈瑜庆、汪兆镛等。词学除况周颐、王鹏运、朱祖谋、郑文焯等四大词人外，还有吴士鉴的清宫词。诗话有杨钟义的《雪桥诗话》、魏元旷的《蕉庵诗话》、赵炳麟的《柏严感旧诗话》、陈锐的《裛碧斋诗话》等。戏曲研究以王国维、王季烈为代表；骈文以"北王南李"的王式通、李详为代表，此外，张其淦的《松柏山房骈体文钞》，章梫的骈文也有一定的影响；遗民碑传文学中最显著的有汪兆镛的《碑传集》(三编)，该书收罗清代光（绪）、宣（统）以来官宦显要、名流学者的碑传、墓志铭等共 50 卷，是继钱仪吉《碑传集》、缪荃孙《续碑传集》、闵尔昌《碑传集补》之后又一重要碑传汇编。

第二，民初遗民文学社团也数量众多，较有影响的诗社、词社有淞滨吟社（淞社）、超社、逸社、希社、沤社、汐社、白雪词社等，其中淞社、超社、逸社、希社是人们最为熟悉的社团。与社团有紧密联系的是会社，如"九老会"、"六老图"、"甲乙消寒会"、"壬癸消寒会"等。

第三，文学的抒情表达方式有了新的趋势，最为明显的是"群咏"、"群颂"的运用。

"群咏"、"群颂"是指大家对某一个共同的话题、事件或吟咏意象，写诗抒发自己的情怀的活动，它们在民初遗民文学中广泛运用，如前文提到的刘幼云"潜楼读书图"、梁鼎芬的"崇陵种树"及馈赠崇陵祭品等。此外，著名的还有：

1. 重绘定林访碑图。光绪丙申（1896 年）安徽南陵人徐积余（乃昌）观察与友朋邀游南京定林，绘成《定林访碑图》，题咏的有沈曾植、郑孝胥、张謇、刘葱石（聚山）、况周颐、梁鼎芬、胡思敬等人。辛亥国变后，此图遭乱失去，徐积余又请汪洛年（字社耆，号鸥客）重绘，郑孝胥、瞿鸿機、沈曾植、陈三立、吴庆坻、王乃征、陈夔龙、梁鼎芬、叶昌炽等人再次题咏。

2. 南皮张氏二烈女故事。天津南皮从事贸易的张绍廷、金氏夫妇，家贫，赁人车辆维持生计。一日，张绍廷丢失所赁车辆，无力偿还，1913 年，绍廷卒，专门蓄妓的戴富有及其同党王宝山遂设计，假意以张氏二女张立、张春嫁与戴富有的儿子，名为其解困，实则欲将二女送与妓院，金氏得知实情后，极力反对，并决意解除婚约，戴、王遂讼之于地方法院及高等法院，两级法院不察实情，反而维持戴、王之请，二女坚决不从，吞火柴磷毒自尽，是为张氏二烈女故事。张氏二烈女死后，闻知其事的遗老劳乃宣、章梫、张小帆、张人骏、刘幼云、陈毅、胡思敬等，都将张氏二烈女的故事写进诗歌中，颂扬她们的贞节和坚强不屈。王国维1916年也答应张小帆的写诗请求，五年后的1920年，王国维终于完成了《张小帆中丞索咏南皮张氏二烈女诗》。此外，章梫撰有《南皮张氏二烈女传》，徐世昌撰有《南皮张氏两烈女碑》，同为南皮人且历任湖南永顺知府、浙江巡抚等职的张曾㧟（1852—1920，字小帆）撰有《南皮张氏二烈女碑记》。

3. 章梫应尊孔文社编辑之聘赴青岛诗。1913年德人卫礼贤在礼贤书院建立了尊孔文社藏书楼，次年，章梫应尊孔文社编辑之聘前往青岛，淞社同人缪荃孙、戴启文、沈焜、周庆云、喻长霖、潘飞声、李详、吴俊卿、刘承干、杨钟羲等均赋诗送别。

4. 陈曾寿苍虬阁、菊轩诗。陈曾寿好松和菊花，曾经命其庐舍为"苍虬阁"、"菊轩"等，郑孝胥、胡思敬、沈曾植等多次为其题诗。

总之，民初遗民文学的研究是一片还有待开垦的地方，全面研究它们在目前存在着一定困难，一是资料还不很周全，二是需要进行专题的研究。① 考虑到本章与本书题旨的吻合性，这里仅选择二个专题——以"晨风庐"为中心的遗民文学活动及民初的诗社和文社——作初步的分析。

第一节 "晨风庐"遗民文学活动

辛亥革命爆发后，各地革命党人运动风起云涌，11月5日杭州独立，19日，周庆云携全家迁往上海，寓居爱文义路道达里，

---

① 专题研究将在笔者承担的2008年国家社科基金研究课题《民初遗民文学研究》中进行，拟出专著。

取三国·魏桓范"托思晨风"典故，命其庐舍为"晨风庐"，周庆云以"晨风庐"为依托过起他的遗民生活。"晨风庐"在上海，但是，周庆云参与遗民文学的活动延展到杭州、苏州等地，故将这一时期的遗民文学笼统称之为"晨风庐"遗民文学活动。

将周庆云"晨风庐"的所有遗民活动材料全部囊括到手绝非易事，或许是天与人愿，笔者有幸获得部分资料，它们是：《淞滨吟社集》甲、乙两集（1915 年刊行），《甲乙消寒集》（部分）（1917 年 7 月刊行），《壬癸消寒集》（一卷）（1914 年刊行），《晨风庐唱和诗存》（七卷）（1914 年 9 月刊行），虽然它们不是资料的全部，但至少为研究"晨风庐"遗民文学提供了宝贵的帮助，因此本节的论述及分析基本上建立在这四个材料的基础上。

"晨风庐"遗民文学活动大体包括：淞社，"晨风庐"唱和，"消寒会"，题画、联诗、祝寿等内容。形成这一规模巨大的民初遗民文学群体，与近代民族实业家周庆云有着密切的关联。

一、周庆云与遗民文学

周庆云（1864—1933）字景星、逢吉，号湘舲、梦坡，浙江吴兴（乌程）人。其父周昌炽经营丝业，为上海丝业公会董事，其叔叔周昌大在南浔及上海设立申泰丝行，周家为湖州南浔大富商、近代实业家家族。周庆云于光绪七年（1881）考中秀才，初以附贡授永康县学教谕，后授直隶知州，但不仕，一生大部分时间从事实业建设、浙江等省盐务的经营与管理、社会福利、学校教育和文化事业。光绪九年倡设新塍育婴堂，闵行、太湖救生所，光绪十七年（1891）赴杭州为张颂贤（竹斋）襄理盐务，光绪十八年在杭办理余姚、岱山两场收盐事宜，光绪三十一年（1905）他积极参与汤寿潜与刘锦藻发起创办的浙江铁路公司，建造苏杭甬铁路，次年，设立浙西盐务初、高等小学堂，1907 年他赞助并投资创设浙江兴业银行，民国二年在杭州开办天章丝织厂，后合设虎林丝织公司，在嘉兴办秀纶和厚生丝织厂，1918 年，他投资由张静江和虞洽卿等发起创办的上海物品证券交易所，民国 9 年在湖州创办模范丝厂，发起和投资开采长兴煤矿和铁矿、由南浔与震泽合办的浔震电灯公司，民国 14 年（1925），在上海浦东开设了五和精盐公司，1927 年在莫干山创办肺病疗养院。

此页背面有
"梦坡室藏版"字样

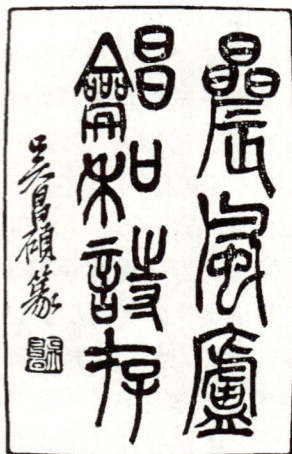

此页背面有
"甲寅九月锓版"字样
（甲寅：1914 年）

他精通诗、书、画、金石等，著述颇丰，有《中国盐业通志》、《盐法通志》(100 卷)、《岱盐记略》(1 卷)、《节本泰西新史揽要》(8 卷)、《浔雅》(18 卷)、《浔溪诗征》(40 卷)、《浔溪诗征补遗》(1 卷)、《浔溪词征》(2 卷)、《浔溪文征》(16 卷)、《两浙词人小传》(16 卷)、《梦坡室获古丛编》(12 卷)、《金玉印痕拓本》(7卷)、《梦坡室藏砚拓本》、《董夫人经塔石刻拓本》、《琴史》、《补琴史》、《琴书存目》、《乐书存目》、《琴操存目》等著作。周的著作后被汇集成《梦坡室丛书》，共 45 种，469 卷。同时，他也纂修地方史志，如《西湖灵峰寺志》(4 卷)、《莫干山志》(13 卷)、《西溪秋雪庵志》(4 卷)、《南浔志》(60 卷) 及附《南林缬秀录》(1卷)，等等。

作为一位遗民，周庆云积极参与遗民文学活动，以"晨风庐"

为中心、以周庆云为主倡的遗民文学活动有四类：①

1. 建立诗社、词社

《礼记·祭法》中有"社"的记载，其本意是指土地神，但《月令》篇引申为祀社神的节日，《白虎通·社稷》解释为祀社神之所。瞿兑之在聊及"茶棚"时对"社"的衍变有较为详细的解释："凡进香之地有茶棚善会，乃古代社之遗意也。社本为民间公有之信仰，为饮食宴乐以娱与祭之人，既有饮食宴乐，则不能不有团体之组织。《春秋》'公如齐观社'，《鲁语》说此事云：'齐弃太公之法而观民于社，'盖已近于后世赛会之举。《汉书·陈平传》云：'里中社，平为宰。'《御览》引《董卓别传》云'时遇二月社，民在社下饮食。'皆可见古人以社为公众娱乐之机会。魏、晋间社之组织有所谓社老、社正、社史、社民，由此渐变为公众集会之团体，近今社会一词，初意如是也。"② 这大概等同于顾炎武《日知录》对"社"含义衍变的解释："后人聚徒结会亦谓之社，万历末，诗人相会课文，各立名号，亦名曰某社某社。"③

作为公众集会之团体的"社"在文人们的生活中有着特殊的变化，它们充当着文人趣缘联络的基础和平台，因此，它受到历代文人的青睐，从中唐时期幕府诗人高骈等人的吟社开始，基本出现了有一定组织形式和活动方式的诗社，文人间的"尚齿之会"是

---

① 与这些活动相类似的还有"诗钟"，一般认为，诗钟是清朝嘉庆年间福建人所创，初名折枝，在光绪年间较为流行。诗钟二字是取击钵催诗之意。清人徐兆丰《风月谈余录》中载："构思时以寸香系缕上，缀以钱，下承盂。火焚缕断，钱落盂响，虽佳卷亦不录，故名诗钟云。"格式分为合咏格、分咏格、笼纱格、嵌字格四类，嵌字格又有多种形式。著名的有孙玉声、王均卿等在上海创办的"萍社诗钟"等，主要人物有谢不敏、蒋山佣、王毓生、陆澹庵、徐行素等王虎将。（江更生《中华谜海》，上海：学林出版社 2000 年 11 月，第 570～571 页）本书因主题的原因，关于"晨风庐"遗民的"诗钟"活动将在以后的文中论及。

② 瞿兑之《茶棚》，瞿兑之《杶庐所闻录·养和室随笔》，沈阳：辽宁教育出版社 1997 年 3 月，第 89 页。

③ 顾炎武《日知录》（卷 22），长沙：岳麓书社 1994 年 5 月，第 787～788 页。

它的又一表现形态。① 自此以后，宋、元、明、清诗、文、词社相继为盛，辛亥革命以后，流寓津、沪等地的文人／士人，在自我预设的对社会疏离中，再一次捡拾起这种团聚方式，所以，民国初年也是诗社大盛的时期，其中，尤以遗民诗、文社为明显。

1912 年 7 月 15 日（上元），高翀（太痴）在上海豫园寿晖堂创办以"文酒之会"为主旨的希社，参与者有姚文栋、潘飞声、邹弢（明经）、周庆云等人，每月一举；1913 年上巳日，淞社同人22 人修禊徐园，这是淞社社集之始，1915 年，周庆云辑刻《淞滨吟社甲乙集》；1915 年，周庆云创春音词社，推朱古微为社长，入社人士有徐珂（仲可）、庞檗子、白也诗、夏剑丞、袁伯夔、叶楚伧、吴瞿安（梅）等；1929 年设海上诗钟社，入社的有曾重伯（广钧）、金甸丞、朱古微、袁伯夔等 24 人，9 月又作息园社；1930 年 9 月，夏剑丞、黄公渚倡词会于海上，名曰沤社，入社人员达 29 人，至 1933 年，周庆云参与沤社社集活动前后达 20 余次。

淞社，即淞滨吟社，它是周庆云、刘承干等人模仿吴渭等人月泉吟社②的遗风，在上海创办的一个遗民诗社，比起上海同时的其他遗民诗社，淞社的影响最大，人数最多。

淞社自 1913 年上巳日徐园修禊之始至 1925 年花朝日，周庆云与刘承干借学圃为淞社第五十七次雅集活动结束，共存留时间 13年，与会社员人数众多，杨钟羲在《雪桥自订年谱》中载录有 35

---

① 郭英德《中国古代文人集团与文学风貌》，北京：北京师范大学出版社 1998 年 11 月，第 149 页。

② "月泉吟社"，宋元易代后遗民所立诗社名。发起人为浦江吴渭（字清翁，号潜斋），吴宋时为义乌县令，入元后退居吴溪，立月泉吟社，延请乡里遗老方凤、谢翱、吴思齐等人主持社事。元世祖至元二十三年（1286）春，以"春日田园杂兴"为题，征五言、七言律诗，次年正月得诗 2735 首，选中280 名，并将前 60 名、74 首诗汇为一卷刊行，附摘句 33 联，命名为《月泉吟社诗》。社友姓名均为假托，并寓真名于其下，如第一名连文凤改称罗公福。集中诗皆以田园隐逸生活为题材，多隐含故国之思，借以表现作者寄情田园、不与统治者合作的心理，同时，也借此广泛联络遗民，结交社友。此后，"月泉吟社"是文人雅士社集的代称，也是遗民诗社常用的一个模仿、礼拜对象。

人：刘承干、周湘舲、艺风（缪荃孙）、子颂、鞠裳、息存、梅庵（李瑞清）、叔问（郑文焯）、李橘农、元素（唐晏）、聚卿（刘世珩）、（徐）积余、金粟香、钱德邠、吴昌硕、刘谦甫、王旭庄、刘语石（炳照）、汪渊若、戴子开、金匋臣、恽孟乐、（恽）季申、（恽）瑾叔、崔盘石、宗子戴、潘兰史、王静安（国维）、洪鹭汀、陶拙存、朱念陶、褚礼堂、夏剑丞、张孟劬（尔田）、姚东木等①，但周庆云《淞宾吟社集》甲集姓氏录载有 28 人，乙集载有 21 人，共 49 人，与胡怀琛的《上海的学艺团体》所指人数相同，而周延礽编辑的《吴兴周梦坡（庆云）先生年谱》载录 86 人姓名，并且周庆云辑有《淞社同人小传》文稿，寄李详订正，后因李详逝世，文稿遗佚。比较而言，周庆云儿子周延礽的辑录应该是完整与可靠的。

　　2. 建立"消寒会"等会社

　　"消寒会"是中国自唐以来流传至现代的一种民俗。五代王仁裕《开元天宝遗事》记载，旧历进入冬至节后，北方地区贵族豪富、高人雅士，每逢大雪，扫径延宾，为暖寒，故名之为消寒会。方浚颐《梦园丛说》说："又有花局，四时送花，以供王公贵人之玩赏。冬则唐花尤盛。每当毡帘窣地，兽炭炽炉，暖室如春，浓香四溢，招三五良朋，作'消寒会'。煮卫河银鱼，烧膳房鹿尾，佐以涌金楼之佳酿，南烹北炙，杂然前陈，战拇飞花，觞筹交错，致足乐也。"与"消寒会"相关的有"九九消寒图"，它有两种表现形式：

　　（1）画梅，成书于明朝末年的《帝京景物略》载："日冬至，画素梅一枝，为瓣八十有一，日染一瓣，瓣尽而九九出，则深春矣，曰九九消寒图。"②

　　（2）由画梅演变为涂字、画画。徐珂《清稗类钞·时令类》

---

　　①　杨钟羲《雪樵自订年谱》，沈云龙《近代中国史料丛刊（续编）》第 22 辑《雪桥诗话初集》附录，台北：文海出版社，第 62 页。

　　②　刘侗、于奕正《帝京景物略》（卷 2），北京：北京古籍出版社 1980 年 10 月，第 70 页。

载：“宣宗御制词，有‘亭前垂柳珍重待春风’二句，各句九言，言各九画，其后双钩之，装潢成幅，曰《九九消寒图》。题‘管城春色’四字于其端。南书房翰林日以阴晴风雪注之，自冬至始，日填一画，凡八十一日而毕事。”① 李岳瑞《春冰室野乘》的描述基本相似，只是增加了朱古微的《齐天乐》一首咏词，但吴士鉴的记载与其略有不同：“宣庙常作《九九消寒图》，凡九字，每字皆九画，曰‘庭前垂柳珍重待春风’，懋勤殿双钩成幅，题‘管城春满’四字。南斋翰林按日填廓，细注阴晴风雪，皆以空白成字，工致绝伦。每岁相沿，遂成习俗。”② 清佚名氏的《燕京杂记》说：“冬月，士大夫约同人围炉饮酒，迭为宾主，谓之‘消寒’。好事者联以九人，定以九日，取九九消寒之义。余寓都，冬月亦结同志十余人饮酒赋诗，继以射，继以书画，于十余人，事亦韵矣。主人备纸数十帧，预日约至某所，至期各携笔砚，或山水，或花卉，或翎毛，或草虫，随意所适。其画即署主人款。写毕张于四壁，群饮以赏之。如腊月砚冻不能画，留春暖再举。时为东道者多邀集陶然亭，游人环座观之，至有先藏纸以求者。”③

1912 年长至节（即冬至节），周庆云与刘语石（炳照）在双清别墅举行壬子消寒会第一次聚会，与会的有许子颂、钱堂、冷云帆、张弁群、施琴南等 27 人，癸丑年（1913）与吴士鉴、戴子开、吕幼舲、汪符生等人第二次设宴，1914 年与章椫、恽季申、恽瑾叔、洪鹭汀等第三次设宴，同年，周庆云辑录壬子、癸丑两集为《壬癸消寒集》（一卷）；1916 年周庆云约同人为贞元会，取《周易·乾卦·象传》“元、亨、利、贞”代表春、夏、秋、冬，“贞下启元”意味着严冬即将过去，春天就会到来之意，以一人轮值，周而复始，入会者有恽季申、恽瑾叔、徐积余、林贻书（开

① 徐珂《清稗类钞·时令类》，北京：中华书局 1986 年 3 月，第 36 页。

② 吴士鉴《蕉廊脞录》，北京：中华书局 1990 年 3 月，第 3 页。

③ 史玄《旧京遗事》·夏仁虎《旧京所闻》·阙名《燕京杂记》，北京：北京古籍出版社 1986 年 7 月，第 119 页。

暮）、程定夷等 13 人；1917 年辑成《甲乙消寒集》；1926 年在华安八楼设登高会，该会前后历时 5 年，先后入会者有王雪澄、余石、金甸丞、潘飞声、陈三立等 57 人。

目前所见以"晨风庐"为中心的消寒会相关材料有《壬癸消寒集》及《甲乙消寒集》，壬癸指壬子、癸丑，即 1912 年、1913 年，两年消寒会的入会人员有刘语石、许子颂、吴绚斋（士鉴）等 35 人；甲乙指甲寅、乙卯，即 1914 年、1915 年，两年消寒会的入会人员有缪荃孙、潘飞声等 22 人。

3. 修禊

修禊是指古代人们到水边游嬉，以消除不祥的一种民俗，一般夏历三月上旬的巳日（后固定为三月三日）为"春禊"，王羲之《兰亭集序》"暮春之初，会于会稽山阴之兰亭，修禊事也"即是指此；在夏历七月十四日临水祓祭，称为"秋禊"。太平时日，修禊是文人们悠游山林、悠闲赋诗的聚集，但是到改朝换代之后，遗民们往往借此形式作为自己隐逸山水的一种表达，以示不与新朝同流合污。①

1913 年淞社的修禊是该活动之始，1916 年在愚园修禊，与会者有许狷叟、缪荃孙、孙德谦等 18 人；1917 年在下斜街畿辅先贤祠遥集楼修禊，到会者有吴眉孙、陈匪石等人，是年，辑成《晨风庐唱和诗存》（十卷）出版；1918 年姚文栋在双清别墅修禊，与会者 200 余人，1919 年在灵峰修禊，1920 年在淞滨天韵楼，1925 年花朝日，与刘承干在学圃进行淞社第五十七次雅集，到会者 20 余人，前后延续 13 年的淞社活动至此结束，1928 年，周庆云再次辑成《晨风庐唱和续》（12 卷）。

---

① 非"晨风庐"遗民的梁启超也有类似的情怀。癸丑、甲寅之际梁氏的诗、文、词可以为证。如《癸丑三日邀群贤修禊万牲园拈〈兰亭序〉分韵得"激"字》中有："群贤各有出尘想，好我翩然履綦集……自我去国为僇人，屡辜佳辰堕绝域。哀时每续梁五噫，忤俗空传傅七激。秋虫声繁亦自厌，春明梦碎何当觅。褐来京国俨在眼，起视山川翻沾臆。"此外如《甲寅上巳抱存修禊南海子分韵得"带"字》等，（详见梁启超《饮冰室合集·饮冰室文集四十五（下）》，北京：中华书局 1989 年 3 月，第 70～71 页）

目前所见材料有《晨风庐唱和诗存》7卷，收录了刘语石、秦国璋、高翀、郑孝胥、丁善之等77人的诗歌，第一卷前有赵汤、潘蜚、秦国璋、王蕴章等人的题辞，卷首有刘语石所作的序言。

非常有趣的是，北京、上海、日本东京在癸丑（1913）年上巳日（三月三）当天同时出现了四场修禊，除周庆云等淞滨吟社成员在上海徐园双清别墅修禊外，京沪另两场修禊是：梁启超等在北京万牲园修禊、樊增祥等超社成员在上海樊园修禊。①

《双清别墅修禊图》

梁启超万牲园修禊。万牲园即前清三贝子花园。据梁启超给女儿梁令娴的书信记载："今年太岁在癸丑，与兰亭修禊之年同甲子，人生只能一遇耳。吾昨日在百忙中忽起逸兴，召集一时名士于

---

① 京沪三场修禊的详情及文学主题的探讨，见罗惠缙《主题选择与文学表达的差异——京、沪1913年上巳日三场修禊诗比较研究》，《吉首大学学报》（人文社会科学版）2009年第6期。

万牲园续禊赋诗，到者 40 余人，老宿咸集矣。"①《庸言》杂志第一卷第 10 号诗录《癸丑禊集诗》收录了 27 人的唱和诗共 30 余首，他们是顾印愚、易顺鼎、顾瑗、郑沅、徐仁镜、梁鸿志、王式通、李盛铎、陈士廉、郭则沄、姚华、杨度、姜筠（字颖生，别号大雄山民）、罗惇曧、夏寿田、黄濬、关赓麟、袁思亮、杨增荦、朱联沅、唐恩溥、陈庆佑、姜诰、林志钧、袁励準、饶孟任、陈懋鼎等。姜颖生、林琴南各绘图一幅，琵琶擅绝一时且为梁启超所厚爱的唐采芝抚琴。

樊增祥超社樊园修禊。参与者有沈曾植、樊增祥、瞿鸿禨、沈瑜庆、王仁东、吴士鉴、吴庆坻、陈三立等 12 人。

另有日本东京修禊，参与者有王国维等人，王国维有《癸丑三月三日京都兰亭会诗》，全诗近 600 字。其他详情待考。

4. 题画、联诗、祝寿

1913 年农历十一月初五，为周庆云 50 寿辰，周赋《自述诗》，和者有缪荃孙、吴子修等 18 人；1914 年，为常熟庞鸿书（郦亭）题《消夏八咏》、为徐珂题《纯飞馆填词图》；1915 年题易实甫《北雅楼闲居著书图》，为李梅庵、叶莶渔作《龙虎砚歌》，题朱念陶《天山归猎图》；1916 年《题徐积余观察小檀乐室勘词图》，为缪荃孙题《双红豆图》；1918 年，约朱古微、潘兰史、徐珂等漫游南湖，当时南湖烟雨楼刚刚落成，周庆云请汪鸥客绘成《南湖秋禊图》；1921 年题《宗湘文观察爱山图》，为严载如题《三世耄耋图》，为刘葱石题《枕雷图》等。

团聚在周庆云身边的遗民文学活动之所以能够形成气候，一是因为周庆云有强大的财力作为支撑，二是周庆云虽然在民国时期仍旧经营着自己的盐业，但是在政治上却保留着对民国的不满情绪，周庆云为《淞滨吟社集》所作的序言以及喻志韶为《浔溪诗征》所作的序言可见一斑。1916 年 40 卷的《浔溪诗征》出版后，姚文栋、宗子戴、李详（审言）、孙益庵（德谦）、喻志韶、吴昌硕、

① 丁文江、赵丰田《梁启超年谱长编》，上海：上海人民出版社 1983 年 8 月，第 665～666 页。

刘澄如（锦藻）等纷纷为其作序，喻志韶序云："国变后，荐绅南下，超社、希社诸名不一，不久旋灭，惟（由周庆云、刘承干主席的）淞社至今岿然犹存，固由同人多节慨之士，不随时变为转移，亦由梦坡二三君子，维持雅意，足以贯注于永久也。"① 三是周庆云与寓沪的遗民有着共同的兴趣和爱好，这为他成为"文化遗民"、有能力参与遗民的各项活动提供了业缘和趣缘基础。

二、"晨风庐"遗民诗歌倾向

《淞滨吟社集》刊行时，有杨钟羲、周庆云的序言。杨钟羲在序言中指出，围绕淞社祭酒周庆云而成的社集《淞滨吟社集》，从其存在的历史背景中看，既不同于韩李断金之集，宋代的汝阴唱和之编，属于生当承平、交联黻佩之作，也不属于乾嘉之际的津门（天津）水西庄、邗上（扬州）的小玲珑山馆、杭州东轩、南屏的风流标映，为治世之音，淞社同仁所处的环境是"歇浦一隅，为游子盛商之所道，无山水之观、园林之盛"。其内容是"变雅之音，因寄所托，或歌劳者之事，或伤年岁之晚，譬之周秦诗人，忧懑不识于物。彼黍离离，反以为稷"②。

周庆云的序言，从历史的感慨中落笔："古君子遭际时艰，往往遁迹山林，不求闻达以终其生，后之人读隐逸传，则心向慕之而不能已。今者萑苻不靖，蔓草盈前，虽欲求晏处山林而不可得，其为不幸为何如也？"接着，他叙述淞社结成的情景："当辛壬之际，东南人士胥避地淞滨，余于暇日，仿月泉吟社之例，招引朋旧，月必一集，集必以诗。选胜携尊，命俦啸侣，或怀古咏物，或拈题分韵，各极其至。每酒酣耳热，亦有悲黍离麦秀之歌，生去国怀乡之感者。"最后他抒怀说："嗟乎，诸君子之才皆匡济，学究天人，

① 周延礽《吴兴周梦坡（庆云）先生年谱》，沈云龙《近代中国史料丛刊》第816辑，台北：文海出版社，第65页。
② 杨钟羲《淞滨吟社集序》，《淞滨吟社集》，1914年12月刊行，第4～5页。

今乃仅托诸吟咏，抒其怀抱，其合于乐天知命之旨欤？"① 周庆云的这种感触在《甲乙消寒集序》中亦同样流露出来："吾生不幸，运罹阳九，沧江卧晚，睇望低垂，犹幸海上寓公，多识贤达，缟纻投赠，尊俎流连，藉以排其岁末不乐之感慨。"②

在《晨风庐唱和诗存》卷首刘炳照的序言中，刘氏也作了同样的交代："自辛亥国变以来，淞南两经兵火，淞北侨民托庇外人宇下，偷安食息，逋臣穷士，咸集于斯。"③

综合以上序言可以看出，"晨风庐"诗歌是在辛亥革命背景中出现的、以寓居上海的遗民为主体人物的遗民诗歌，其总体倾向是"孤露遗臣"之情怀在文学领域中的反映，具体细分，大体有四类情形：（一）借朝代鼎革抒发家国兴亡之慨；（二）借助吟咏历史人物、事件，抒发对大清故国的留恋和忠贞；（三）借对历代隐逸人士的吟咏，抒写其遁迹江湖之志；（四）借诗酒唱和，表现其消闲作乐、怡情逸性的情趣。

（一）借朝代鼎革抒发家国兴亡之慨

"改正朔，易服色，殊徽号……此其所得与民变革者也。"④辛亥鼎革，在革命志士看来，属于除旧布新的伟大事业，因为它推翻了在中国延续了二千多年的君主帝制，从此华夏进入到民主共和时代，但是，在民初遗民眼中，它不啻为一场"改正朔，易服色"的革命，所以，正朔的改换牵动了他们的家国兴亡之慨，既比较明显地表现出对新旧易代的不满，也搜罗"义熙"、"阳九"、癸丑等术语、年号，抒写他们对清朝故国的留恋之情。

1913 年癸丑上巳日、三月十三日、四月八日浴佛日，遗民诗

① 周庆云《淞滨吟社集序》，《淞滨吟社集》，1914 年 12 月刊行，第 8 页。

② 周庆云《甲乙消寒集序》，《甲乙消寒集》，1917 年 7 月刊行，第 4 页。

③ 刘炳照《晨风庐唱和诗序》，周庆云《晨风庐唱和诗存》，1914 年 9 月刊行，第 4～6 页。

④ 《礼记·大传第十六》，阮元校刻《十三经注疏》，北京：中华书局影印本，1980 年 10 月，第 1506 页。

歌唱和中，潘飞声有诗句"武陵桃花知避秦，可儿纷纷去作幕中宾"。"独怜苍生久翘待，扰扰弱晋胡尘昏。君尚东山恋棋局，我愧古都迎桃根，莫作杜陵江头哭，有人只手撑中原。"一则赞颂尚知避秦的武陵桃花，一则讥讽那些去做民国"幕中宾"的"可儿"，三则钦敬"只手撑中原"的义士们。周庆云既有"义熙甲子私家编，脉脉江山空自怜"的诗句，表示对前贤的愧疚，也有"良辰行乐古所同，聊借词翰抒怀抱。今也据乱多感伤，临风每对春光恼"的不满。通过浴佛日分得"佛"字的章梫诗歌，我们分明能感觉出释迦牟尼对民国也有愤慨：

> 土室留残生，入社惊时物。
> 天气尚清和，荆南称浴佛。
> 中原势如焚，劫余尘披拂。
> 神武挂朝冠，彭泽辞章绂。
> 说法与洪储，山河犹仿佛。

此外，如甲寅正月廿日白居易太傅生日联诗活动中，吴俊卿的诗歌有："如今是何世，满目疮痍多。风雅已坠地，旧学谁扶持？欲续秦中吟，苦调胜五噫。"以白居易的讽喻诗《秦中吟》、汉代梁鸿的《五噫歌》作比，反衬当今朝政的昏暗和动荡。

古代阴阳家、方士以4617岁为一元，初入一元为106岁，有旱灾九年，称为阳九。道家称3300年为小阳九（阳九即天厄），小百六（百六即地亏）；9900年为大阳九，大百六。洪迈《容斋随笔》卷六有"百六阳九为厄会"之说，"阳九"在人们的心目中是灾祸、厄运的代名词，它也常成为社会动荡变迁、时代鼎革的象征。王国维于1912年3月下旬撰成的"于觉罗氏一姓末路之事略具"的《颐和园词》，起首就有"汉家七叶钟阳九，鸿洞风埃昏九有"之句，喻指清王朝的命途多舛。与王国维同调，"晨风庐"遗民诗歌中，也借"阳九"之语攻击中华民国的建立。刘炳照有咏陶渊明诗："今日复何日，碌碌虚此生。所以达贤士，汲汲身后名。运会丁阳九，台垣星不明。海滨聚逋客，鸟鸣求友声。"前引周庆云《甲乙消寒集序》也有"吾生不幸，运罹阳九"之语。钱溯耆在《壬癸消寒》第七卷中有"阳九丁厄运，海滨多隐逸"之句。恽毓柯在《甲乙消寒集》中有"吾曹身世际阳九，一树冬青望燕北"之句。

"义熙"为东晋安帝司马德宗年号，义熙元年（405），41岁的陶渊明出为彭泽县令，义熙末年，朝廷征他为官，陶守节不仕，义熙十四年（418），刘裕弑安帝立琅邪王德文为晋恭帝，元熙二年（420），刘裕又逼恭帝禅位，自立为宋武帝。东晋灭亡后，陶渊明对晋代故主难以忘怀，在其诗歌中，将非常爱慕的菊花改称为义熙花，以示不忘故主之意。王夫之《读通鉴论》也记载，武都王杨盛"于晋之亡不改义熙年号"，临卒时，诫其子玄说："吾老矣，当终为晋臣，汝善事宋。"① "义熙"典故的出现，也给民初的遗民增加了一个抒情意象，他们借陶渊明以及"义熙"一词表明自己对清王朝的眷恋，如沈瑜庆将其1914年以后的诗集命名为《义熙集》。刘承干有诗句"桃源正避秦，熏袯元巳日"。金祥武有诗句"那堪新旧历参差，义熙岁月迷晦朔。兰亭已矣感新亭，举目河山当哭歌"。其他如恽毓柯、胡念修、沈焜、刘炳照等也常在诗歌中运用"义熙"一典。远在杭州、没有参与"晨风庐"诗歌唱和的陈曾寿同样存留对"义熙"的关心，他的诗歌《以旧京菊种移至海上寄养邻圃》：

> 下斜街口坦秋霞，崇福山腰老圃家。
> 海上羁魂断乡国，一畦寒守义熙花。②

及《以旧京菊种寄养苏堪园中托之以诗》：

---

① 王夫之《读通鉴论》（卷15），北京：中华书局1975年7月，第417页。

② 陈曾寿《苍虬阁诗》，沈云龙《近代中国史料丛刊（续编）》第45辑，台北：文海出版社，第73页。

> 辛苦微根北海移,春深无地插新枝。
> 何缘庭下依高密,为爱诗中有义熙。
> 托命孤芳能几许,招魂终古与为期。
> 使君不惜阶盈尺,傥待秋来一展眉。①

故国的花儿犹在,而莳花之人已成为失去乡国的流落之人,只有一束义熙花(菊花)既保住他对故国的联系,也能与欣赏义熙花的高密(即郑孝胥)保持着同病相怜的情怀。

本来,六十甲子之一的"癸丑"是一个寻常的纪年,但是1913年这个癸丑年却被民初遗民们视作一个特殊的时段,因为它已经归属于中华民国的门下,与大清王朝几乎再也没有关联了。"癸丑"的联想在《淞滨吟社集》中也多次出现,许湘祥和癸丑上巳的诗歌有:"走也今岁七十三,六十年前忍回首。今之视昔果何如,隐痛于心敢宣口。所望甲子再一周,世界承平戴元后。"斥责六十年前的"洪杨之乱"为今之世道变更的祸始和根源。收录于《晨风庐唱和诗存》(卷四)中的刘炳照的180字的五律《分得第字》及其注释,将对甲寅、癸丑两年号变更的痛恨与惆怅之情表现得更加真切:

> 我闻长老言,每逢甲寅岁。倭指数前朝,多乱皆生厉。唐尧洪水灾,周幽褒姒嬖。政立嬴族亡,莽篡汉祀替。近稽康熙朝,变起吴三桂,历历信有征。癸丑若同例,溯自辛亥秋。兵端岁相继,革命至再三。今又当此际,厌乱起天心。四方消氛沴……②

他对"癸丑若同例"的注释,将康熙癸丑的三藩之变、乾隆癸丑的"教匪之乱"(指乾隆晚期白莲教起义)、咸丰癸丑的"洪

① 陈曾寿《苍虬阁诗》,沈云龙《近代中国史料丛刊(续编)》第45辑,台北:文海出版社,第85页。
② 周庆云《晨风庐唱和诗存》(卷四),1914年9月刊行。

杨窃踞金陵"（指 1853 年太平军攻陷南京）与去岁癸丑（指 1913 年）又遭奇变联系起来，并半信半疑地说："岂谶纬家言果信而有征耶？"

与序言旨趣相同的，是更多的诗歌表达对朝代更替的慨叹和对中华民国建国的不满。癸丑（1913）七夕立秋时节，周庆云招饮晨风庐，汪昌焘的和诗中此种情感的流露就比较直白，他将革命党人比作跳舞的天魔"罗刹"、自己则比作无言的"宣尼"和"弥勒"，并希望"挽天河"的壮士们出现，来拯救这本应是海市蜃楼却偏遭兵火、锋镝侵袭的世界。

> ……
>
> 共道此会须尽欢，漫论世事来日艰。海市连宵兵火警，蜃楼几处锋镝残。天公造劫生民苦，蝼蚁虫沙等尘土。宣尼默尔弥勒寂，天魔罗刹恣跳舞。不须更乞天孙巧，天下几人长乐老。惜无壮士挽天河，奈此连天兵气何？①

沈焜的和诗也有类似情感的表现："吁嗟乎！安得左手挽天河，银涛尽洗兵甲戈。右手射天狼，弓鸣霹雳消欃枪。"② 将中华民国比作蚀天的彗星，这与胡思敬将中华民国比作"蟾蜍"是同样的态度。

（二）借助吟咏历史人物、事件，抒发对大清故国的留恋和忠贞

通常而言，人们寻找精神的庇护有两条途径：一是在现实世界中不断构建新的信仰，在新变中求新，一是在古代的世界中寻找激发新信仰的灵感，在历史变迁中寻找可供支撑和借鉴的经验。新民和遗民正是这两条途径的对应者。

作为遗民，记忆历史恐怕是他们生活的一个重要组成部分，因之记忆历史，也使得他们对历史人物、历史事件有着特别的敏感和

---

① 汪昌焘《七夕立秋罗坡招饮晨风庐即事赋此》，周庆云《晨风庐唱和诗存》（卷三），1914 年 9 月刊行。

② 彗星的别称，亦作"欃枪"，指天欃和天枪。《尔雅·释天》："彗星为欃枪。"

关注①。有论者指出："明人好说'宋';明清易代之际,更以说宋为自我表述。这也是遗民史通常的叙事策略。明清之际是宋遗民发现时期……此后则有民初对明遗民的再度'发现'。"②

民初遗民对前代历史的发现是多方位的,在他们的诗文中,我们能明显感觉到结社、修禊、消寒等朋辈之乐;一首诗、一幅画、一份文物、一方古迹引发的思古之幽情;历史上的刀光剑影和血肉拼搏;可歌可泣的贞节之士及其情怀。③

---

①　清末民初时期确实对明遗民有"发现","发现"的主体有三类:一是辛亥革命前期的章太炎、黄节、刘师培等国粹学派,他们从反满的政治需要出发,宣传民族主义,对明末清初顾、黄、王三大家及明末遗民的著作、思想作了较多的阐述和申发,但是,他们身上几乎没有遗民气息,只是借用明遗民高彰的"夷夏观念"为斗争的旗号。二是以柳亚子、陈去病、高天梅等为代表的南社,也利用民族主义的口号进行反满活动。相比前一类,南社人物有着一定的明遗民气息,尤其关心遗民气节在民族革命斗争中的运用,其中,以陈去病为最。(参见孙之梅《南社研究》,人民文学出版社 2003 年 9月。)三是本书涉及的民初遗民,他们依然注意明末清初遗民,但更多的是关注明代历史,尤其是南明王朝的历史,其趣味及意图与上述二类有较多的不同,主要表现为他们是借南明王朝正邪力量的较量来影射清王朝与中华民国之间的关系,其倾向性是十分明显的。20 世纪 30 年代的周作人,在"九一八"事变后面临亡国危机的时候也流露出一种遗民情结,约 5 年的时间中,他写了不少谈遗民与遗民著作的文章,《风雨谈》、《夜读抄》等是主要代表。关于几类人物的详细比较研究需另撰专文探讨。

②　赵园《明清之际士大夫研究》,北京:北京大学出版社 1999 年 1 月,第 274 ~ 278 页。

③　民初遗民对前代遗民的发现也不单局限于文学领域,他们更多地立足于宏阔的历史领域,如胡思敬辛亥后在南昌建新昌三君子祠、明季六忠祠,并拟编《明季遗老传》(胡思敬《与黄子雅书》,胡思敬《退庐全书》,沈云龙《近代中国史料丛刊》第 45 辑,台北:文海出版社,第 494 页)。章梫"纂明遗民传数十卷",且在纂修历史时,尤其将宋元之际的海宁遗老舒阆风、刘樗园、胡梅衲的事迹一一勾出(章梫《一山文存》,王舟瑶(玫伯)序,沈云龙《近代中国史料丛刊》第 33 辑,台北:文海出版社,第 8 ~ 9 页)。陈伯陶纂辑有《胜朝粤东遗民录》四卷、《明季东莞五忠传》二卷;1919 年罗振玉完成《徐俟斋先生年谱》,3 月,王国维校阅该谱等。但《徐州二遗民集》(十卷)为冯煦 1893 年辑录而成,不属此范围。

徐绿沧有遗稿，他女儿嫁与乌程张石铭，亦有《韫玉楼遗稿》存世，刘炳照等人获得后，就以父女遗稿为题材题词，周庆云、缪荃孙、许溎祥、章梫、刘世珩、潘飞声、吴俊卿、刘承干、孙德谦等纷纷应咏，如吴俊卿诗："东海有奇士，气高凌碧云。沧桑经浩劫，冰雪胜遗文。邈矣世难接，卓然才不群。继声雏凤在，奕叶诵清芬。"既颂徐氏女儿才气，又暗伤悼其不幸之命运。

刘承干嘉业堂藏有翁方纲（覃溪）学士手纂的《四库全书提要稿本》240册，遗民们以此为诗源题咏，章梫、刘世珩、吕景瑞、褚德彝、费寅、戴启文、吴俊卿、白曾燨、胡念修、戴振声、刘炳照等13人应诗。章梫的题诗，先述修纂《四库全书》的功绩，次颂扬刘承干藏书的伟业，接着为光绪三十三年增辑《四库全书》提议被搁置而痛惜，最后为《四库全书》的命途多舛及刘承干的孤忠而慨叹：

> ……挂笏南来江水寒，朝衣在箧泪痕干。鸾鸟失巢群鸦噪，三阁宝笈忍回看。求恕斋中邺侯富，学士之书宜永寿。主人精鉴抱孤忠，酱瓿应用太元覆。①

刘世珩（聚卿）藏有大、小两忽雷古琴，这是他1906年左右任职于京师度支部获得的孔尚任的遗物，据黄浚《花随人圣庵摭忆》载，两忽雷系唐代著名画家韩滉所制，献与南唐小朝廷的宫廷贡物，它与阮咸、箜篌并称中国古代三大古琴。唐朝李训、郑注等人发动"甘露之变"后，两忽雷落入民间，康熙辛未（1691）年间，曲阜孔尚任得之于市，与顾彩合作完成了他的第一部传奇《小忽雷》。刘世珩又收藏有一部宋版、一部元版《玉海》，故命其室名为双忽雷阁、玉海堂，并题门联为："古今双玉海，大小两忽雷。"林纾为其作《枕雷图》，人称他为"枕雷道士"、枕雷阁主人、玉海堂主人。两忽雷一样成为聚居沪上"晨风庐"遗民周庆

① 章梫《题刘君翰怡所藏翁覃溪学士手纂〈四库全书提要〉稿本都二百四十册》，《淞滨吟社集》，1914年12月刊行。

云、刘炳照及非淞社成员胡思敬等人的吟咏对象。

此外，像戴启文家藏的《春帆入蜀图》、汪煦家藏的《精忠古柏图》、钱砚堂出示其父味青先生的《怀归词》、庞鸿书的《灵峰探梅补梅图》、周庆云《题任邱边袖石先生诗稿墨迹》等都成了他们借古籍、古物抒发幽情的对象。

作为一个有近千年历史的古镇——上海，她存留着许多见证历史变迁的陈迹，如静安寺前有号称天下第六泉的应天泉、太平兴国二年（977）吴越王修造的龙华塔、晋代吴郡太守袁山松所筑的防孙恩之乱的沪渎垒、元代至正年间（1341—1368）江阴人王梧溪卜居的最闲园、明代顾名儒修建的露香园、明代顾从义得宣和紫玉泓砚命其庐舍而得名的玉泓馆等。"晨风庐"遗民刘炳照、刘世珩、缪荃孙、朱焜、张钧衡、恽毓龄、潘蟱、胡念修、周庆云、刘承干、沈焜、吴俊卿等在每一处古迹前都会有一首诗歌，或怀念其历史上的风采，或感慨时代的沧桑，或抒写个人的离落之情。举沈焜的一组诗为例：

行行静安寺，泉品号第六。
湛然玉一泓，涌出珠万斛。
洗不尽豪华，悲哉沪江俗。

——应天泉

龙华忆胜游，十里桃花送。
佛塔高崔嵬，古迹谈前宋。
铃语一声声，唤醒繁华梦。

——龙华塔

缅昔袁山松，防寇筑坚垒。
残甓莽秋烟，何处寻遗址。
江潮日夜流，幻出蜃楼市。

——沪渎垒

梧溪老遗民，遁迹林泉间。
看尽出山云，其闲乃真闲。

名园有薇蕨，且耐余生坚。

——最闲园

客游露香园，门榜证松雪。
为谁题清池，掘地得残碣。
顾绣动三吴，香名今未决。

——露香园

宣和一片石，即以颜其居。
宝砚今安在，旧馆亦已芜。
剩有淳化帖，流传满江湖。

——玉泓馆①

此外，如江苏海虞（常熟市北）监生周鹤朣（同谷）撰有记载明代野史的《霜猿集》、胡林翼之孙胡定臣出示家藏的曾外公陶澍嫁女奁妆——印心石室（瓷器）、周庆云为其生母董夫人修建的经塔等，都成为他们感叹历史的对象。

比较而言，最集中的历史记忆当属咏明季历史的一组诗词，它们是汪洵的《明季小乐府》（包括《东莞恨》、《宫娥愤》、《平西檄》、《南北党》、《秦淮梦》等曲），吴俊卿的《慈禧殿》、《马家口》、《驴人言》、《议防淮》、《太子真》、《封四镇》、《一条命》，缪荃孙的《迎福王》、《黔驴相》、《四镇》、《石巢园》、《作顺案》、《复社》、《悲童妃》、《太子来》、《梅花岭》、《九江哀》、《锦树林》、《桃花扇》，刘炳照的《三诸生》、《三布衣》、《白头老子》、《农家子》、《卖饼叟》、《摇船客》、《金陵乞儿》、《盲虫先生》、《吴先生》、《二和尚》，施赞唐的《国本争》、《妖书谳》、《三案略》、《阉党祸》、《逆案定》、《流寇祸》、《思陵痛》，朱焜的《宏光帝》、《四藩镇》、《左宁南》、《史阁部》，张钧衡的《宏光立》、《四镇设》、《史阁部》、《审太子》，周庆云的《井中行》、《当垆曲》、《裁驿卒》、《选淑女》，恽毓龄的《杂咏宏光朝野事》39 首，等等。单从篇名可以看出，它们都是以南明王朝的史实、人物及事

---

① 《淞滨吟社集》，1914 年 12 月刊行。

件为中心的。

从诗词内容看，主要体现在五个方面：

一是对宏光帝的骄奢淫逸和以马士英、阮大铖等为代表的贪功、腐朽官僚集团的愤慨与嘲讽。

宏光王朝建立后，挑选淑女进献的佞臣络绎于苏、杭等地，当地百姓为逃避之，家女嫁娶一空，周庆云的《选淑女》痛斥了这种置家国命运于不顾、仅为一己之淫乐的无耻行为：

> 少年天子风流耳，兴亡何与他人事。玉树初开上苑花，降幡已下石头水。吁嗟乎！淑女之选选多少，南人痛苦北人笑。何须半壁图偏安，此亦无心陈叔宝。

宏光朝的大臣马士英，不顾当时南明的内外交困，汲汲营造自己的功名和财富，起用阉党余孽阮大铖，对内排挤史可法，对外议和清政权，江南人士视之如秦桧。缪荃孙的《黔驴相》即是对其的嘲讽：

> 闯用牛，明用马，两畜生，乱天下。马非马，实黔驴，技止此耳。忘崎岖，驴弟能敌马兄乎？主谋何人，阮胡子，听其穿鼻受驱使，乞生畏死仍雁凶。何不蹈刃沙场终，慷慨独有杨文骢。

将李自成农民起义大将牛金星与南明的马士英比作乱天下的两畜生，又将马士英视为技穷的黔驴，既甘愿为别人驱使，又贪生怕死，毫无志节。

又如吴俊卿的《马家口》：

> 填塞马家口，扫尽江南钱。人言卖马即得官。画题冯玉瑛，世疑作女子。不如使其复姓李。闯贼无门国已亡，何事贵阳来凤阳，哀哉明历无弘光。

诗以马士英卖官鬻爵为起首，《明季南略》载有民谣："金刀莫试割，长弓早上弦。求田方得禄，买马即为官。"① 工画的马士英曾经以"冯玉瑛"名字署款，世人都以为女子所作。马士英本姓李，5 岁时，被贵阳一个姓马的槟榔贩子收为养子，从此就改为马姓。作者恶其为人品行，故意以姓名作点画，并讥讽其见风使舵。汪洵的《复社》也是相似主题的延伸，它对曾经加入复社、"手里一串香珠、口里一声天如"的假名士阮大铖进行了辛辣的嘲讽。

二是对弘光王朝诸臣的不团结而义愤填膺，如汪洵的《南北党》：

> 监纪多如羊，职方贱如狗。衣冠禽兽党派分，扫尽金钱漫填口。北有牛，南有马，豕交兽畜满天下。磨牙吮血骨肉糜，猿鹤虫沙劫同化。噫嘻！羊跪乳，马汗血，虎不再交，尚称节畜类。有心愧，不如哀今之人为虺蜴。

吴俊卿的《封四镇》对四镇总兵黄得功、刘泽清、高杰、刘良佐等人为一己之封侯而坐视国家长城不顾的做法表示愤慨，为他们终于落得兔死狗烹的下场而击掌，为史可法苦心经营困局最后却功败垂成而叹息：

> 封四镇杀戮，封侯名岂顺。得功只封侯，刘高亦封伯。我言调停为下策，高殒私仇黄殉国，泽清良佐同为贼。可怜阁部费调停，调停岂足安反侧。

此外，像缪荃孙的《四镇》，朱焜的《四藩镇》、《四镇设》都表达了相同的内容和情感。

三是对大明王朝统治阶级内部的党争表示关注。发生在明朝中后期的"争国本"、"梃击案"、"红丸案"、"移宫案"是影响明代

---

① 《时语》，计六奇《明季南略》，北京：中华书局 1984 年 12 月，第112 页。

政治生活的大事，它们反映了皇帝和官僚集团之间的矛盾，对"国本"和"三案"的态度向背，也加剧了官僚集团间的党派斗争，深层次地影响了明祚的存留。

施赞唐的《国本争》诗：

> 太子国之本，本摇枝叶损。神宗御宇号承平，建储不早仗马鸣。王锡阐，申时行，秣棱老手吴之伧，小臣疏事累十百，重则累囚轻则斥。艳妻煽处热可炙，外廷争道多人子。太后亦自都人始。太后之忧悬焉，外廷之议骚然。苦心调护者，三十有八年。讵意泰昌一月遽上仙。

既有对"争国本"中诸臣的称颂，也为苦心调护 38 年、登基却一月而卒的"一月天子"泰昌皇帝的短命而叹息，这种情感在《思陵痛》中更为直白：

> 天启七宏光，一明祚中自。崇祯毕宏光，天启皆昏庸。理或享国无令终，思皇宵旰十七载。修德禳灾心胆碎，天意茫茫未可知。槐枪猝指帝星移，御袍手裂书遗诏。九庙仓皇一恸辞，同日三宫皆毕命。乾坤否塞纲常正。君不见，南庙之辱井，北道之青衣。安乐封功能几时，瞻望煤山高崔嵬兮，噫！

这种与明祚相关的诗词还有朱焜的《宏光帝》，施赞唐的《奄党祸》、《逆案定》，张钧衡的《审太子》，缪荃孙的《九江哀》等。

四是对以史可法等为代表的忠贞、节义之士的赞颂。缪荃孙的《梅花岭》诗：

> 欲保江南半壁，须防大江南北。区区保淮已无识，何况扬州近胸臆。阁部品望宜治国，仓卒治军无羽翼。况乎群小萃君侧，梁苑先闻高杰亡。皖江又听宁南逼，仓皇四顾天无色。一死报君亦何益，梅花岭上拜忠魂。冷香零落游磷碧。

张钧衡的《史阁部》诗：

> 誓师勤王，未闻发兵。拥立福藩，出自士英。归罪可法，春秋义明。忠奸不并立，督师请北行。愤马阮而远避，制高刘而未能。未申讨贼义，因守扬州城。城亡与亡继之死，梅花岭上吊公灵。

都是对史可法壮烈事迹的钦颂和对他壮志未酬的惋惜。

恽毓龄的《杂咏宏光朝野事》第 29 首是歌颂固守江阴城的阎应元典史：

> 一寸江山守大明，合围万马蹴孤城。黑云不压中秋月，哽咽歌声转五更。

但是，面对大明王朝的风雨飘摇，尚有更多的不知名之士保留着这种忠贞和节义，刘炳照的吟咏诗作就是代表。

江苏兴化王哲士有三子：王缵（号伯绵）、王绩（号亚绵）、王续（号次绵），均为铮铮称名诸生，甲申国变，父子四人奉福王宗室新昌王为主，后死于清兵的攻掠中。刘炳照的《三诸生》即以此为诗材：

> 三诸生，兴化人。名父子，有义声。报君恩，扶残明。佐戎幕，起义兵。父子兄弟同日死，为国捐躯死犹荣。吁嗟乎，同怀三诸生。

清军进入江南后，高复卿与同乡何云臣等张白旗首倡为国报仇，集众数万，因道阻不如愿，后据海岛拒命，兵败不肯降，对投降者说："吾非有异于汝也，但生时未向阎罗老子乞得两副面孔耳。"自缢不死，遂自经。刘炳照的《农家子》称：

> 高复卿，农家子。国亡集兵报国仇，践土食毛誓以死。两

副面孔未乞得，败不肯降取禄仕。农家子，乃有此。

江苏长洲（今苏州）顾所受在国变后留下遗诗、遗书，前往学宫自缢，为学役所救，后又投水而死。刘炳照《吴先生》一诗：

吴先生，长洲人。顾所受，乃其名。生是明朝布衣身，死作明朝学宫魂。彼诸臣之投顺迎降者，宁不愧吴先生？

就是对他不降清的称赞，而那些“投顺迎降者”不纯只有一些愧疚吧。

其他如《三布衣》中，通过对张印、陈景、邹元樾三人事迹的介绍①，指出他们“虽三子志趣不同，其不忘故君之心则侔，彼入二臣之传者，视三布衣而颜羞”。在《白头老子》中，歌颂了“忽闻君亡大声哭，伤心一夜黑变白，问年仅有二十八”的兴化人李沛修因对明王朝的思念使得一夜之间头发尽白，大有过昭关的伍子胥之遗风。在《卖饼叟》中，歌颂“九十九岁尚告存”的江阴卖饼叟，“世受朝廷水土恩，国亡家破敢偷生。扬子江中葬此身，愧彼腼颜二姓臣”。在《摇船客》中，歌颂了国变后常诵《离骚》、《天问》，射石、饮酒，寒山寺壁题诗，最后投水而死的不知真名的摇船客：“南云望断，掷身清波。寒山寺壁留三绝，历亿万劫字不磨。”

退一步而言，上述三布衣、白头老子、卖饼叟、摇船客等都是大明盛世的臣民，虽然他们或失姓名、或名气不响，但为大明守丧、效忠也许是其分内的事情，可是，还有一部分挣扎于社会底层、在大明受过无数苦楚的人物以及一些寺僧，他们沐浴大明的恩

---

① 甲申，李自成进北京，崇祯皇帝煤山自缢而死，张印闻之痛哭，即成癫疾，狂走于市，悲歌于道，世人称为“张癫”。李自成农民起义后，陈景变家产募壮士五百人，与官军合力破起义军，获得某首领八斗糟，斩之，漆其头为酒器，豪饮七昼夜而通，不知所终。邹元樾闻国变，弃室而逃，结茅东瓯（温州）五云峰下，后有富儿构屋数间于其左，邹氏对其徒说：“吾辈可与此等俗人居耶？”遂挈走。

泽是那么的有限，然而，明朝的灭亡并没有让其兴高采烈，他们也依然能保持着对明祚的依恋。

命苦如虫、盲无所见的江阴石樟先生刘蓼雪在惨遭国变后，弃妻、子往来吴越间，求一伸展其志的机会都没有，经过钟山，哭诉于明太祖享殿七日，以致疯狂，常以头颅击柱，狂呼："老天杀我，老天杀我！"刘炳照颂之以诗：

> 过钟山，哭孝陵，泪尽继之以血，痛饮悲填膺，题诗龙泉，聊当挽歌。老天杀我可奈何。

南京行乞的金陵乞儿，在福王建都南京时，乞儿以酒买醉，坐于钟山之巅放声长号，并叹说"孝陵麋鹿游矣"。清军南下，马士英挟福王逃遁后，百姓开门迎降，乞儿题诗桥柱后掷笔投水而死。刘炳照又颂之以诗《金陵乞儿》："北都陷，南都建。忍见孝陵麋鹿游，醉坐钟山泪如线。国亡文武尽皆逃，乞儿余生何足恋。题诗掷笔赴秦淮，纲常留在卑田院。"吴俊卿的《一条命》同样歌颂"金陵乞儿"："国亡剩有乞儿死，三百年来羞养士。一条命欲留纲常，可惜不知其姓氏。"接后，将"金陵乞儿"与投秦淮河而死的冯小珰相提并论，同样是一条命，"金陵乞儿"与冯小珰之死"足愧朝士无肝肠"。

不知其俗家之名的嚣嚣和尚，曾补博士弟子员，决意进取，国变后，与世受国恩的某相国结缳于屋梁，相国妻、相国、嚣嚣和尚先后缢死，家人葬他们于天阙山，后人称之为"三义冢"。呱呱和尚在明朝灭亡后，携百斤铁锤往来江浙富豪家，教少年搏击，更姓易字，常挈觞坐高峰顶，痛饮放歌，醉则大哭。刘炳照在《二和尚》诗中，称赞他们"或杀身以成仁兮，或弃家而旅迹"。

周庆云的《井中行》却选择了一个反面的典型，那就是讥讽贪生怕死、虚情假意的龚鼎孳。周庆云诗：

> 君已死，臣安归。石可转，心不移。妾心静同古井波，君心早逐东流水。人世艰难惟一死。吁嗟乎！人世艰难惟一死，

一钱不值吴季子。

龚鼎孳（1616—1673）字孝升，号芝麓，江西临川（今抚州）人，明崇祯甲戌进士，官给事中。先降李自成，后又降清，官至礼部尚书。与吴梅村、钱谦益为"江左三大家"，也是有名的三位"二臣"。横波夫人即顾横波（1619—1664），本名顾媚，字眉生，号横波，人称"横波夫人"，上元（今南京）人，"秦淮八艳"之一。《板桥杂记》说她"庄妍靓雅，风度超群。鬓发如云，桃花满面。弓弯纤小，腰支轻亚"。① 她通晓文史，善于辞令。后嫁与龚鼎孳，曾偕鼎孳泛舟于河，劝其尽节，鼎孳亦有感慨，欲行投水，接着，他用手试探水温，说："寒甚，奈何？"遂不死。

五是对离乱社会的女子，尤其是身份低贱的宫女、妓女大加赞颂。

明朝养士三百年，大敌当前，众多的素称"两肩担道义"的士大夫们却纷纷俯首称臣、投节屈身，沦为"贰臣"。身心备受凌辱的一些宫女、妓女最后却坚守着忠义、志节，引发了人们对明代学风和士风的多重质疑和反省，陈寅恪先生的皇皇巨著《柳如是别传》就是欲从断丛残笺中"窥见其孤怀遗恨，有可以令人感泣不能自已者焉，夫三户亡秦之志，九章哀郢之辞，即发自当日之士大夫，尤应珍惜引申，以表彰我民族独立之精神，自由之思想。何况出于婉娈倚门之少女，绸缪鼓瑟之小妇，而又为当时迂腐者所深诋，后世轻薄者所厚诬之人哉！"② 虽然《柳如是别传》撰写的意旨是"晨风庐"遗民无法比拟的，但是《柳如是别传》中的"孤怀遗恨"、对这些"小妇"精神境界的称颂，"晨风庐"遗民与陈寅恪先生却是相通的。

汪洵的《宫娥愤》歌颂了一位假冒帝女、只身报国仇的宫女：

---

① 余怀《板桥杂记》，启智书局民国 22 年（1933），第 13 页。
② 陈寅恪《柳如是别传·缘起》，北京：生活·读书·新知三联书店 2001 年 1 月，第 4 页。

　　九门开，敌后殉，一剑挥，公主殒。靓妆诡称帝女花，甘言饵贼誓同命。擒贼未擒王，刺虎如刺豕。衔血呼天愤莫伸，伏尸二人贼魄褫。报国乃出一宫女，多少须眉愧欲死。铁血横飞奚足论，教死女子当如此。

恽毓龄的《杂咏宏光朝野事》第 31 首对柳如是（即玉京道人）、顾媚（即横波夫人）的赞颂：

　　鸾凤知音柳如是，鸳鸯宜福顾横波。玉京独抱河山恨，掩抑琴声感慨多。

而缪荃孙的《桃花扇》是称颂秦淮名妓李香君，吴俊卿的《悲童妃》则以南明南渡三大案之一的"童妃案"主角童妃为诗材。在某种意义上，正是这些宫女和风尘女子护持着大明朝廷的精神家园，也延续着人世间的正气和忠义。

　　上述五个方面简略概述了"晨风庐"遗民对明季历史的吟咏，通过这些诗词，我们能够感觉到，民初遗民以诗歌为手段，伸张正义、抨击邪恶、褒扬忠节、反省历史，为后人深入研究和了解晚明历史提供了一些有益的帮助，但是，我们不能以此忽视其诗歌中表现出的消极倾向，那就是：一方面，他们希冀借大明或南明王朝中正义、忠节等永恒性的内容，陶塑人们对清王朝的情感，鼓动人们在清民交汇、新旧易代之际，依然运用这种精神对抗他们认为属于"邪恶"的中华民国；另一方面，由于民初遗民对清王朝立场的倾向性，因此，他们不自觉地站在清统治者的阵营里，对李自成等农民起义军有诸多的诬蔑、谩骂之辞。总之，诗歌中的反动性是显而易见的。

　　（三）借对历代隐逸人士的吟咏，抒写其遁迹江湖之志

　　作为遗民世界的晚辈，民初遗民与前代的遗民一样，既将从上一朝代借鉴得来的经验付诸现实践履中，又将历代遗民的生存方式作为其学习的典型与模仿的榜样，因而民初遗民的表现方式多有异彩。与历史学家、思想史家借史寄托兴亡之慨不同，文学类遗民经

常利用诗、词、歌赋来表达他们对历代隐逸人士的向往。

"晨风庐"遗民文学对历代隐逸人士的歌颂，也成为他们诗歌题材的一个组成部分，其中较多地集中在陶渊明、苏轼身上。

自钟嵘《诗品》对陶渊明有"古今隐逸诗人之宗也"的称呼之后，历代隐逸人士莫不以陶渊明为典范。苏轼虽然不是典型的隐逸文学家，但他罢官后的超然旷达、飘逸洒脱的气度，也吸引了部分失意文人的眼光，成为很多人刻意模仿的对象，因而陶渊明、苏轼成为古代文学接受史研究中的一个重要内容。

陶渊明有《九日闲居》诗，其小序云："余闲爱重九之名，秋菊盈园，而持醪靡由，空服九华，寄怀于言。"其诗歌的最后一句为："栖迟固多娱，淹留岂无成？"意为：盘桓休憩本有很多快乐，难道隐居乡里就会一事无成？1839 年，龚自珍辞官南归，在离镇江去江阴的船中读陶诗后，也慷慨悲歌，写有两首借咏侠士以伤时世的诗歌，与陶渊明的豪宕慷慨之音相接续：

> 陶潜诗喜说荆轲，想见停云发浩歌。吟到恩仇心事涌，江湖侠骨恐无多。
>
> 陶潜酷似卧龙豪，万古浔阳松菊高。莫信诗人竟平淡，二分梁甫一分骚。①

1914 年重九，恽毓龄倡以该诗原韵联句，恽毓龄作有序言，涉及陶渊明恩亲仇恶、寄寓自己感于世变而康济之心未绝的二首诗：《咏荆轲》、《停云》。恽毓龄读完陶、龚的诗歌后感慨颇多，申发其感说："平居故国，容易重阳，以彼例此，如泥斯印。爰拟《九日闲居》一首，固知浑不似。特以古意，用伸今情。"他的意思是，在这种故国变迁之际，像印泥模仿刻印一样，学习陶、龚的诗歌，化用古人的意蕴，用以抒发当今的情怀。汪煦、沈焜、恽毓柯、刘炳照、戴启文、缪荃孙、吴俊卿、潘飞声、喻长霖、许湁

---

① 夏田蓝编《龚定庵（自珍）全集类编》，沈云龙《近代中国史料丛刊》第 713 辑，台北：文海出版社，第 376 页。

祥、费寅等纷纷应答。而恽毓柯的诗序更进一层："渊明仕于晋室，遭义熙之变，隐居栗里，以诗酒自娱，缅想高风，心焉向往。数千载下，虽未敢抗希前哲，而自顾身世出处、进退，与渊明略同。海上栖迟，忽忽数易寒暑矣，容易西风，又逢重九，读渊明《九日闲居》诗序……而异之，俯仰绅绎，别有所怀。"又如恽毓龄的诗：

> 情长日苦短，愁随草乱生。当前一杯酒，何如千载名。
> 我无腾化术，风雨晦不明。秋气入板屋，落叶多凄声。
> 黄华采盈握，亦足乐余龄。酕醄①东篱下，颓然玉山倾。
> 神虞入我梦，夷齐与有荣。泡影一轮转，醒眼不胜情。
> 坐视陆沉运，百谋无一成。②

诗歌既用"风雨晦不明"、"落叶凄声"、"陆沉"暗指对中华民国的不满，又有对醉酒的陶渊明、耻食周食的夷齐及挽救陆沉的神虞的向往，多重历史的沧桑使得他们幻想唯有延续寿龄、遁迹世事，方能有所作为。

"晨风庐"遗民文学对苏轼亲近，与周庆云的名号有一定的关系，周庆云《年谱》载：光绪二十二年（1896）农历十月十五日夜，周庆云"忽梦及苏文忠公（即苏轼）与十年前所得蕉叶白砚背镌之像面目正同，晤对间似曾相识，叩以'山水何处最胜？'，答曰'金、焦雄浑'。醒而识之，遂署梦坡"③。这是周庆云取号"梦坡"的来由。因这两重渊源，以周庆云为中心的"晨风庐"遗民活动，也喜欢以苏轼作为诗题的材料，当然，他们的真实意图是借苏轼表现其遗民情怀。

农历十二月十九日为东坡生日，壬癸消寒会第五集假大观书画

---

① 酕醄：大醉的样子。

② 《淞滨吟社集》，1915 年刻本。

③ 周延礽《吴兴周梦坡（庆云）先生年谱》，沈云龙《近代中国史料丛刊》第 816 辑，台北：文海出版社，第 28 页。

社进行，以替坡公祝生日为主题，消寒第六集以和东坡《岐山岁末诗三首》为主题。两集如会的有钱溯耆、刘炳照、缪荃孙、朱锟、陆树藩、王伯恭、周庆云、诸以仁、吴庆坻、汪洵、沈焜、赵汤、钱绥盘、吴俊卿、许淮祥等人。

从应咏的诗歌来看，大体为两类：一是对苏轼诗文才气及生日的颂扬。钱溯耆诗：

> 坡老一去八百年，至今诗卷长流传。生前磨蝎婴谤毁，殁后崇拜如神仙。历代名臣不胜数，寂寂青山一抔土。胡公独有此千古？①

刘炳照诗中有相似的颂扬：公之诗文若元气，响遗后人资沾溉。公之书画至今传，笔飞墨舞仙乎仙。我才不及公万一，今朝为公作生日。

二是颂扬苏轼屡受挫折却保持洒脱、旷达心境的诗词，占有较大的比例，其中，多集中在与苏轼相关的两个用典：其一是《东坡笠屐图》。宋哲宗绍圣四年丁丑（1097），苏轼从惠州再贬儋州（今海南儋县），与当地父老友善，某日访友黎子云，归途遇雨，就近向农民求借斗笠和木屐，此为《东坡笠屐图》之原始，到了南宋，周少隐根据此事创作了一幅风俗画——《东坡笠屐图》，并题诗曰：

> 持节休夸海上苏，前身便是牧羊奴。应嫌朱绶当年梦，故作黄冠一笑娱。
> 遗迹与公归海外，清风为我袭庭隅。凭谁唤起王摩诘，画作东坡戴笠图。

接后，元人吴澄、郑元佑、张昱、钱舜举，明人王鏊、唐寅，清人黄慎、费以耕等都有题画及诗。此画也成为"晨风庐"遗民的吟

---

① 《壬癸消寒集》，1914 年刻本。

咏对象。如钱溯耆有诗句："笠屐图展山斗仰，酹酒江流通肸乡。"
刘炳照有诗句："笠屐图传公遗像，前钱后沈遥相仿。"朱锟有诗
句："昔读公遗文，瞻拜笠屐像"。王伯恭有诗句："就中笠屐最放
颠，意态雄杰神光全。"此外《淞滨吟社集》也收录有程颂万的
《题东坡笠屐图》诗。

　　其二用典是"岐下岁末诗"。宋仁宗嘉祐七年壬寅（1062）冬
十一月，苏轼官陕西凤翔，凤翔不远处就是著名的岐山，《国语·
周语》（上）记载，周朝兴起之时，有凤凰一类的鸟在陕西岐山上
鸣叫。《诗经·大雅·卷阿》也有"凤凰于飞，亦傅于天……凤凰
鸣矣，于彼高岗"的诗句，"凤鸣岐山"是周人兴盛的标志。此时
其弟苏辙（子由）正好患病，除夕临近，家人不能团聚，愁肠渐
生，寓叙于题的一段话将苏轼的惆怅之情揭示出来："岁晚，相与
馈问，为馈岁；酒食邀饮，呼为别岁；至除夜，达旦不眠，为守
岁。蜀之风俗如是。余官于岐下，岁暮思归而不可得，故为此三诗
（即《馈岁》、《别岁》、《守岁》三诗），以寄子由。"①此前《病
中闻子由得告不赴商州三首》也有"唯有王城最堪隐，万人如海
一身藏"诗句②。"凤鸣岐山"这种易于联系家国兴亡之慨的历
史变迁感，合上辞旧迎新、全家团聚的年头岁尾，"晨风庐"遗
民不自觉地联想起自己也是在社会鼎革之际寓居于沪渎海滨、诗
酒度日，情感、场景的相通，同病相怜使得他们把苏轼的诗歌当
作寄托情感的对象，遗民们分别以"馈岁"、"别岁"、"守岁"
为题，将苏轼的怀人主题放大到去国怀乡的主题，以朱锟的三首
诗歌为例：

　　　　治世重仁义，缓急以时佐。乱世竞权利，颠越人于货。
　　　　巧宦畏网罗，财多患尤大。避地聚一寓，闭户乐恬卧。
　　　　富者绝交游，连月虚宝座；贫者鲜盖藏，禽言续锻磨。

---

　　①　详见曾枣庄、舒大刚《三苏全书》（第六册），北京：语文出版社
2001 年 1 月，第 416～418 页。
　　②　此即郑孝胥命其室名为"海藏楼"之出典。

投赠各称情，博施谨谢过。坡老乡思同，千载遥赓和。

——馈岁

弱冠早从戎，吾行敢迟迟。椿荫从此失，百身悔何追。
壮岁改外秩，蜷伏淞之涯。忽闻沧桑改，我生不逢时。
民气日嚣张，官贫国不肥。吾家宗汉腊，遥望松楸悲。
新历随人改，旧腊与我辞。搔头予发短，未老壮心衰。

——别岁

皇天忍将祸，泽国生龙蛇。浸淫及大陆，堤溃无蔽遮。
既往不可追，未来将奈何。海滨逢乐岁，比邻笑语哗。
妇子粢盆供，儿童羯鼓挝。双燃烛光灿，长明灯影斜。
新春入旧腊，何以补蹉跎。实业勖勿坠，浮名安足夸。

——守岁①

第一首诗基本限于赓和的意蕴。但第二首"椿荫"句，以喻指父母恩泽的椿树象征浩荡皇恩，"沧桑"和"旧腊"一改，使得这种皇恩也与他长辞而别了。第三首更是将一些揭竿而起的人物视为泽国中的"龙蛇"，因他们的"浸淫"使得千里大清江山的大堤溃于一夕，其对大清的眷念可见一斑。类似的诗句在他人的和诗中也有很多，如钱绶盘有："夏时用夷变，汉腊易代悲。桃符不再换，椒盏从此辞。"许湘祥有"嗟我来避兵，浮家海之涯"等。

面对此情此景，遗民们虽愤愤难平，但因"比邻笑语哗"，他们只好压抑住自己的牢骚，将这种眷念之情化作"一年复一年，无计惟蹉跎"（缪荃孙）的嗟叹和"鲁阳戈挥频，吾生当有涯。万类共大梦，醉饱中兴时"（周庆云）的希冀了。

陶渊明、苏轼的人生不得意，成为"晨风庐"遗民的吟咏对象，借陶、苏的隐逸情结，表现自己遁迹江湖之志，这是民初遗民文学的又一个明显的特征，但是，我们也要注意，"晨风庐"遗民

---

① 《壬癸消寒集》，1914 年刻本。

的遗民情结虽然与陶渊明有一定的共性，但与苏轼的退隐毕竟有一定的区别。

（四）借诗酒唱和，表现其消闲作乐、怡情逸性的情趣

"晨风庐"遗民诗歌更多的是表现他们诗酒唱和、消闲作乐、怡情逸性的，其表现大体集中在三个方面：一是"九老会"情结，二是"兰亭"情结，三是遗民之间的祝寿、题画。

如前所述，"九老会"是白居易等人的趣缘联结，历代"九老会"遗绪不断，是因为它常成为人生进取不如意过程中精神生活的一种补充、一种情感的抒发。民初遗民文学则有点变神奇为腐朽的味道，将它视为遗民生活的体现，故在他们的诗歌吟咏中大量出现"九老会"的内容。

唐大历七年正月二十日（公元772年2月28日），白居易诞生于河南新郑。甲寅年（1914）正月二十日，淞滨吟社遗民聚于"晨风庐"为白太傅祝寿。82岁的吴苏隐，74岁的许子颂，71岁的缪荃孙、钱德邠、吴昌硕、戴启文，69岁的汪渊若，68岁的刘炳照与67岁的吴子修结成"九老会"，而潘飞声、白曾燡、朱锟、吴俊卿、周庆云等13人也有诗和咏，刘炳照、朱锟为东道主。如吴俊卿的诗：

> 正月二十日，白傅生此时。重开九老会，江梅初放枝。
> 相去千余载，遐想神仙姿。风流并儒雅，吾辈私淑师。
> 当在长庆年，唐风几衰颓。赖公一挺出，有如凤鸣岐。
> 上疏请惩叛，防水为筑堤。胸怀富经济，不独工吟诗。
> 良辰聚同志，果酒摆尊彝。再拜祝公寿，魂魄如在兹。
> 湖山眺风景，蛮俗仍侍姬。如今是何世，满目疮痍多。
> 风雅已坠地，旧学谁扶持。欲续秦中吟，苦调胜五噫。
> 不如共沉醉，梦见古须眉。明年到此时，再尽花前杯。①

"晨风庐"遗民外的"九老会"，在《民初遗民概述·人物构

---

① 《淞滨吟社集》，1915年刻本。

成·群体关系》里有相应的介绍。

"兰亭"情结是他们模仿晋代文人王羲之的兰亭雅集而成,与会咏诗的有沈守廉、潘飞声、钱溯耆、刘炳照、许澂祥、周庆云、吴俊卿、刘承干、沈焜、李瑞清、金武祥、刘世珩、陶葆廉、朱锟等人。

至于祝寿、题画,则活动更多,如《甲乙消寒集》载有:《题梦坡室所藏董文敏手书字册十四种》(第一集)、《题艺风堂所藏汤贞愍夫妇子女合作画册》(第二集)、《观嘉业堂所藏宋刻两汉书》(第三集)、《咏丹徒李氏三女殉母诗》(第四集)、《会于德邻寄庐即席赋得望雪,以谢惠连〈雪赋〉值物赋象,任地班形,素因遇立,污随染成分韵》(第五集),《壬癸消寒集》中有《观朱子念陶白镜屏作歌记之》(第九集)、《以李峤诗"三阳偏胜节,七日最灵辰"为韵》(第四集)、《咏刀鱼》(第七集)、《分咏十春词》(第八集)、《分咏后十春词》(第九集)等。《淞滨吟社集》(甲乙集)载有:《重阳日双清别墅分咏故事》、《贺李艺渊先生重谐花烛》等,《晨风庐唱和诗存》载有:《壬子重阳感怀呈同社诸子》、《壬子除夕癸丑元旦两律呈同社诸子》、《荷花生日集晨风庐小饮仍借前韵为花介寿约同社诸子同作》、《七夕梦坡招饮晨风庐宾主九人即席赋呈》、《消夏杂咏》、《乙卯元旦书怀写呈梦坡》,等等。

以上所述,基本是"晨风庐"遗民诗酒唱和的主体对象,其内容多半是表现他们在流连度日中的闲情逸致,也间有对改朝换代的牢骚和不满。

第二节　其他社群与社团

除淞社之外,当时的遗民社团也较多,著名的有超社、逸社、希社、冰社、沤社、汐社、赓社、正声吟社、白雪词社等。

1. 超社

又名"超然吟社",癸丑年(1913)二月十二日小花朝日成立于静安寺路樊增祥的樊园,到1914年9月9日惠中旅馆登高第十九集和樊山韵,即大体结束。入社者有樊增祥、瞿鸿机、陈三立、缪荃孙、吴庆坻、吴士鉴、王仁东、沈瑜庆、林开暮、梁鼎芬、周树模、沈曾植等 12 人。樊增祥为发起人。

樊增祥有文记其缘起："孙卿氏曰：'其为人也多暇日者，其出入不远矣。'吾侪海上寓公，殷墟黎老。因蹉跎而得寿，求自在以偷闲。本乏出人头地之思，而惟废我啸歌是惧。此超然吟社之所由立也。先是止庵相公致政归田，筑超览楼于长沙。今者公为晋公，客皆刘白，超然之义，取诸超览，人生多事则思闲暇，无事又苦岑寥。闭户著书者，少朋簪之乐；征逐酒食者，罕风雅之致。惟兹吟社，略仿月泉。友有十人，月凡再举。昼夜兼卜，宾主尽欢。或纵清谈，或观书画，或作打钟之戏，或为击钵之吟。"[①] 他在《三月三日樊园修禊序》中，将"超然吟社"与历史上著名的"兰亭集会"进行了比较，它有"同之者三，异之者四，胜之者一"。

一同在于服饰：东晋人物，标映江左，群幅白练，动墨成花；超社诸子则衣皆鹤氅，帽尽高檐，致兼风雅，堪入龙眠之图，地远尘嚣，有似乌衣之巷。二同在于场景：兰亭图中，殊形异态，或整衣冠，或俯玩游鹅，或扫石题诗，或酩酊大醉；超社诸子则线装在手，锦赙随身，写经则道德五千，小说亦虞初九百，开帘放燕，临水观鱼，高斋击钵，小径穿花。三同在于时日：东晋逸少禊游之日，天朗气清，惠风和畅；今则宿雨新霁，春荫甚薄，更年月日时无异。

一异在于山水争胜："右军不如我在金粉楼台，我不如右军在青绿之山水。"二异在于人数：兰亭之会有 42 人，超社联吟仅得12 人。三异在于人间时序：永和癸丑，年号昭然；今则伊耆揖让，周召共和，义熙甲子纪年，仅出私家，诗歌断自前朝宣统之初，不落炎汉文景以后。四异在于安宁：兰亭时节，王敦苏俊，世难已夷；今则声喉之警，有甚于淝水，安上门外，尚挂流民之图，太史书中，将添刺客之传。

一胜在于人物超群、诗歌内容超盛：兰亭诗歌，仅杀青 37 首，

---

① 樊增祥《超然吟社第一集致同人启》，转见《沈曾植集校注》，北京：中华书局 2001 年 12 月，第 552 页。

四言同于《茉苡》，五字异于《河梁》，嚼蜡寡味；超社则最多尊宿，相国（瞿鸿禨）英绝领袖；乙庵（沈曾植）体包汉唐、义兼经子；艺风（缪荃孙）抗声于白傅；散原（陈三立）振彩于西江；琅琊弟兄（王仁东），慭遗一个；延陵父子（吴庆坻、吴士鉴），奕绝重光；京兆翰林（林开暮、沈瑜庆）标八闽之隽；中丞给谏（周树模、梁鼎芬），翘三楚之英；仆（樊增祥）竖义常丰，述情必显。①

其结束缘由，乙卯年（1915）春，章梫在《答金雪孙（即金兆丰）前辈同年》信中有所揭示：信函开头引秦幼衡提学使对海上诸遗老的批评，他们"流连诗酒，太不雅驯"，接着他回顾明末遗民结社的盛况，相比现今"海上寥寥一二社，偶尔酬倡，愧明末甚矣"，再者，也有腰缠十万金，终日以酬倡、消遣为度日的，也有腰缠十万金，至老仍喜做官的。故王子展观察打趣他们说，"超"字形义，本属闻召即走，此社随散，顷间，腰金而能作诗者，寥寥矣。尚能作诗与借救国为前提，牺牲名誉之说，出赶热闹，其实去"救国"两字甚远。② 章梫的上述话语，恐怕主要是影射"楚中三老"（即樊增祥、周树模、左绍佐）中的二老：周树模和樊增祥。周树模1916年任北洋政府平政院院长，兼高等文官惩戒委员会委员长；樊增祥1914年接受袁世凯的邀请赴北京任参议员、参政。沈曾植也填词《鹧鸪天》一阙嘲讽，得"从此萧郎是路人"一句。③

2. 逸社

因发起人樊增祥的"变节"，超社基本处于解散状态，第二年，瞿鸿禨重新召集成立逸社。

逸社的成立约可视为对超社的一种总结和新变，超社对遗老们

---

① 樊增祥《三月三日樊园修禊序》，吴芹《近代名人文选》，上海：大达图书供应社1935年，第40～41页。

② 章梫《答金雪孙前辈同年》，章梫《一山文存》，沈云龙《近代中国史料丛刊》第33辑，台北：文海出版社，第483～485页。

③ 王蘧常《沈寐叟年谱》，台湾"商务印书馆"1977年2月，第61页。

产生的负面影响，对遗老们冲击很大，吴士鉴在给缪荃孙的书信中说："超社更名逸社，大约不至再有受命令之人。"① 逸社的精神领袖为瞿鸿禨，沈曾植、陈夔龙为核心人物，前期以瞿鸿禨、沈曾植为主，到了1920年左右，则集中到陈夔龙周围。

据杨钟羲《雪樵自订年谱》载，乙卯年（1915）正月二十五日，瞿鸿机举逸社，入社的有蒿庵（冯煦）、艺风（缪荃孙）、乙庵（沈曾植）、伯严（陈三立）、修丈（吴子修）、（王）旭庄（仁东）、彊村（朱祖谋）、（林）贻书、沈涛园（瑜庆）、陈庸庵（夔龙）、王聘三（乃征）、张黄楼（彬）、杨钟羲等14人。② 第二集由蒿庵（冯煦）尚书招饮于花朝日（二月十二日）；七月七日第五集招饮于完巢（王仁东）新居；第七集会于庸庵（陈夔龙）寓所，分咏"京师胜迹，得陶然亭"；八月二十四日在沈曾植斋补作逸社第六集，以稻槁生日为题；③ 逸社第八集的主题为"哈园登高"。④ 其他的社集主要集中在沈曾植寓所、陈夔龙花近楼等地。

1918—1920年，逸社的主要人物相继去世，导致了逸社的凋零，1918年4月瞿鸿禨病逝，6月左右，王仁东去世，10月沈瑜庆去世，1919年缪荃孙去世，1920年梁鼎芬去世。

众多人物的去世，加之，沈曾植因张勋复辟事情不济，年老心情落寞，使得逸社的社集活动不多，于是，庚申年（1920）陈夔龙重开逸社，地点基本在花近楼，杨钟羲载入社的有余尧衢、章梫等，⑤ 从陈夔龙《花近楼诗存》收集的诗歌《重开逸社，先期束梦华、雪程、乙庵、紫东、病山、古微、留坨、补松、散原,并约尧衢、一山、家少石兄入社,得诗一章,聊得喤引,用蒿庵〈除夕见寄〉韵》标题可以看出,入社的有 13 人,此诗亦可视为逸社小史:

> 逸社始乙卯,品流集厨顾。时平各专城,乱离乃相遇。善化执牛耳,诸老韶弦屡。同保岁寒身,宁以淄易素?大国有附庸,走也聊备数。三载翰墨缘,岁月骎骎去。长歌且当哭,险韵不辞步。但适我辈适,罔忌纤儿怒。相公谢宾客,夜游先治具。隐侯挥鲁戈,心苦势失据。吴陈归旧庐,缪沈罢琴御。梁鸿独完人,丰碑炳龟趺。嵩叟滞淮表,书来眼揩雾。其余二三友,零星棋难布。我如失群雁,皇皇安所附?吟坛许再筑,纸堆仍钻故。三湘起义军,兰芷凤工赋。岂藉旧史氏,宫锦不受汙。吾家老盂公,联床共宵寤。花时共主盟,为欢慰迟暮。念逝感生存,幸各朱颜驻。谁欤称健者,探骊先得句?①

1922 年后,逸社基本以余肇康的倦知庐为主要活动地点,参与者为吴子修、陈三立等。

《沈曾植集校注》收录有超社唱和的诗歌约 100 首、逸社唱和的诗歌约 200 首。300 首诗歌,从吟咏的主题可以看出,与"晨风庐"遗民的诗歌唱和内容大体相似:如超社第二集癸丑修禊樊园,用杜甫诗《丽人行》韵,第十三集以《西岩老人招集桃源饮酒楼,楼主胡鼎臣参议,文忠公子,陶文毅公外孙也,席间盘盂皆有"印心书屋"款识》为题,东坡生日第十七集会于樊园,以苏斋所摹朱完者本"东坡幅巾像"为题;逸社第二集为蒿庵中丞(冯煦)招饮,以杜少陵《闻官军收河南河北》"白日放歌须纵酒,青春作伴好还乡"为韵,第七集会于庸庵制军(陈夔龙)寓所,以京师胜迹陶然亭、天宁寺塔灯、金台夕照、碧云

---

① 陈夔龙《花近楼诗存》(五编卷一),王伟勇《民国诗集丛编》第一编(第36辑),台中:文听阁图书有限公司 2009 年 9 月,第 701 ~ 702 页。

寺魏阉葬衣冠处、静业湖李文正故宅、龙树寺古槐、斜街花市等
为韵，等等。

3. 希社

1912 年农历七月十五日（中元节），高翀（太痴）假上海豫
园寿晖堂发起成立希社，入社的有潘兰史（飞声）、周庆云、姚文
栋（东木）、邹翰飞（弢）等，① 关于希社社旨，高翀在《希社小
启》中有明白的表述，因文段不长，全文移录如下：

> 文社之由尚旧矣，而莫盛于明季，东林诸贤之仆，而继起
> 也。张西铭立复社，陈卧子立几社，几复云者，盖惧正学之将
> 绝，而冀其复兴也。时则南北响应，建社如林，贤士大夫，连
> 镳接轸，虽讲学卒无裨益于事，然其文章气节，固卓卓传矣。
> 今者昊天不吊，厄我斯文，神州大地，将及陆沉之祸，中原文
> 献，亦同板荡之忧，而或者犹以黜孔教为奇功，废国学为快
> 事。呜呼！吾道若亡，人心孰挽？埋遗经于古壁，虽尚未隙其
> 时，肩道统于尼山，要当共矢厥志。支一木而大厦或可幸存，
> 援天下而匹夫亦尝负责，此同人之所以有希社之创也。希之云
> 者，风雅久衰，声气难广，仰鲁殿之仅遗，叹秋星之可数，则
> 与此有寥落之感焉，又幸之之词也，是希也者，亦犹有几复之
> 遗志焉。粤惟壬子之秋，七月望日，社乃成立。其盟书则据复
> 社之原。文曰：学不殖将落，毋蹈匪彝，毋读非圣书，毋违老
> 成人，毋矜厥长，毋以辩言乱政，毋干进丧乃身。嗣今以往，
> 犯者小用谏，大者摈，社友签曰诺。爰疏其缘起，布告远近各
> 同志，沧海横流之日，非正本何以清源。国家多难之秋，必修
> 文乃能偃武。先民之典型足式，古圣之教泽难忘。吾知山深林
> 密，或有隐逸之士，云端木末，岂无怀美之人？招松桂以竞

---

① 周延礽《吴兴周梦坡（庆云）先生年谱》，沈云龙《近代中国史料丛刊》第 816 辑，台北·文海出版社，第 50 页。

赏，聆笙声而求和，幸结霞契，毋闷玉音！①

姚文栋在《希社丛编序》中，一方面训释了"希"字的涵义：大抵唐虞三代以至春秋战国，皆训"希"为"罕"，自汉以后，乃有训为"求"、为"慕"、为"冀望"者；另一方面解释了为何取名为"希"的原因：高子命名之始，社未成立，即"自言兼此二义，盖其意欲溯既往，策将来"。接着，姚文栋进一步引申说，天生四民，唯士为尊，在乎救时而已。今天下之变亟为数千年所未有，"其始虑其亡国，今则惧其种灭教绝"，由于社稿日多，"或诗以言志，有杜陵每饭之忧；或因文见道，有韩子起衰之望。见深见浅，虽所诣不同，而能维持于绝续之交"。② 正是基于这样的理解，故有《希社丛编》社稿的裵然成集。此外，邹弢的《希社记》、唐咏裳的《希社序》等文都表达了对高翀、"希社"社旨、希社成立的赞赏和认可。

但从希社实际活动看，希社社员关注的重点是孔子，他们用思想家的思维和眼光品评孔子，尤其离不开对孔教的宗教想象。《希社丛编》收录了一些讨论尊孔的文章，如高翀的《尊孔会之宣言》，姚文栋的《孔子为中华四千年文明之代表》，阮崇德的《尊孔意见书》、《答童子问》，陈作霖的《尊孔会宣言书》，蔡云万的《论新旧学不可偏废》等，他们从对孔子的认识、如何尊孔、尊孔的目的三个层面展开了阐释。③

他们的文学活动，集中在三方面：

（1）抒发对孔子、孔教的景仰之情

希社成立时，高翀有诗《希社成立赋五言古诗三十四韵，乞远近各同志和作》，以诗化语言交代了希社成立的缘起、目的，并

①　高翀《希社小启》，吴芹《近代名人文选》，上海：大达图书供应社1935年，第70～71页。

②　姚文栋《希社丛编序》，吴芹《近代名人文选》，上海：大达图书供应社1935年，第86～87页。

③　详细内容参见罗惠缙《希社遗民关于孔子的宗教想象与文学表达》，《孔子研究》2011年第4期。

表达了自己的呼吁。全诗以颂扬东林党人气节及张（溥）陈（子龙）杨（廷枢）夏（允彝）等为继往圣绝学而"结社罗英俊"的苏松名流而起首，面对西学风行下"圣哲貌虫沙，经书委土粪，尼山百世师，乃亦遭颠顿"等旧学难以为继的局面，作者"欲以蚍蜉力，撼使乔柯震。大声呼尊孔，窃效铎之振"，故"壬子七月望，希社遂发轫"①。作者使出蚍蜉撼树之力，结社振铎，其一是为了振兴正学、挽回世运，其二是希望将"尼山百世师"作为正学的代表加以尊崇。

此诗一出，潘飞声、姚文栋、周庆云、施琴南等接续唱和，和作甚多，和者之一的孙雄在其《诗史阁诗话》中讲到，唯有施琴南（名赞唐，一字槁蟫）一作尤胜，施诗 340 字，起首用鲁仲连义不帝秦和张良在博浪沙刺秦始皇、为韩国报仇之典故，表达了对达观之士和名教之人的敬佩，中间以中国历史上为名节、为学术续命而兢兢不惜的孔颜、濂洛关闽、尤袤、陈（亮）杨（万里）、高（攀龙）顾（宪成）等人的事迹入诗，也对复社因门户太宽、薰莸相混，以致阮大铖、周之夔等为人反复、偏激而猾、末路反戈之流出现而痛加叹息。最后以鼓励与告诫结尾："希圣进希天，天必遗不憖。相期见道心，勿效清谈晋。"② 也就是期望希社同仁切勿效法魏晋人士的只尚清谈，而应踏实努力，将决心化为行动。

（2）借曲阜大会主题表达对孔林、孔庙的膜拜与虔诚

1913 年 8 月下旬至 9 月初，孔教会第一次全国代表大会在山东曲阜召开，孔教会各省代表、港澳地区代表及全国各界人士均前来参加，若干外国记者也到会观礼，会议的内容是祭孔与讲经，遇此盛会，希社也派出社员顾薰（字娅琴，号遁庵）、姜循理（字怡云，号鹤心）等人参加，顾薰撰写了六万余字的《代希社赴曲阜大会记》，将曲阜六日考古及与会盛典的情形记录下来，编者在

---

①　高翀：《希社成立赋五言古诗三十四韵，乞远近各同志和作》，《希社丛编》第一册，民国 2 年（1913）10 月刊本，第 9 页。

②　施赞唐：《希社成立和太痴原韵》，《希社丛编》第一册，民国 2 年（1913）10 月刊本，第 67 页。

《希社丛编》第二、三册以专著栏目刊印出来。阮崇德（字仲明，别字南望山人）等人却用诗文唱和来送别友人，如《送姜怡云赴曲阜大会谒林襄礼录呈梦坡先生正和》：

> 羡君壮往气如虹，文物沧桑百感中。东鲁庙堂瞻象服，征尘车马指龟蒙。置身泰岱群山小，多士鼓钟天下同。此日遥知邹氏邑，趋跄齐拜圣人宫。①

梦坡即周庆云。首联写作者忧伤中的艳羡，在时局面临沧桑巨变、让人百感交集时，非常羡慕朋友能气壮如虹、亲自参加曲阜孔教大会。第二联用《诗经》"象服是宜"、"奄有龟蒙"等典故，以"象服"指代孔子，以龟山和蒙山指代孔子故里，全国各地的滚滚车马都奔向曲阜，为的是瞻仰东鲁庙堂的圣人。第三联是呼吁，孔子登泰山而小天下，但成为岱宗的泰山是不让土壤、包含万物、博大虚怀才成其大的，零散的士人虽微不足道，但群聚一起击鼓敲钟，天地间也会发出相同的声音，作者呼吁各路士人同心一气，共同张大祭孔、祀孔的声势。第四联，我们这些不能亲自赴会的人，只好遥对圣诞地邹氏邑，拜谒于各地的孔庙，以表达自己对孔子的敬重之情。

周庆云有次韵奉和，刘炳照也有和作，刘诗用"长虹贯日"、五陵王气不保、"天宝遗音"等典故，既有对中华民国的咒骂，也有孔学式微后的迷惘和困惑：

> 蔽日浮云贯日虹，默观星象午宵中。滔滔江汉商飙起，莽莽关河毒雾蒙。西域久经滋族异，东邦漫许考文同。五陵佳气今销尽，天宝凄凉说故宫。②

---

① 阮崇德《送姜怡云赴曲阜大会谒林襄礼录呈梦坡先生正和》，《晨风庐唱和诗存》卷三，晨风庐甲寅年（1914）刻本。

② 周庆云《仲明以送姜怡云赴曲阜谒林襄礼诗见示次韵奉和》，《晨风庐唱和诗存》卷三，晨风庐甲寅年（1914）刻本。

此外，钱学坤的《谒孔林》、孙乃延的《孔庙》、项襄的《私祀先师礼成感赋》共同抒发了对作为中华文明代表的孔子的敬仰、膜拜与虔诚。

（3）借章梫赴青岛尊孔文社编辑之约，表达他们在学术寝衰之时，希冀振兴孔教、振兴学术的文化担当与文化续命之努力①。

4. 沤社

1930 年 9 月成立于上海，发起人为夏敬观（剑丞）、黄公渚二人。据周庆云《年谱》载，入社的有朱孝臧（彊村）、潘飞声（兰史）、程颂万（子大）、洪泽丞、林铁尊、谢榆生、林子有、杨铁夫、姚景之、许季纯、冒广生（鹤亭）、刘廉生、高潜子、袁伯夔、叶玉虎、郭啸麓、梁众异、王纯农（蕴章）、徐绍周、陈君任、吴湖帆、陈方恪（彦通）、彭醇士、赵叔雍、龙沐勋（榆生）、袁帅南、周庆云等 29 人。② 胡怀琛在《上海的学艺团体》中有专门对沤社的介绍：沤社为文人临时雅集的性质，自 1930 年至 1933 年，共集二十次，得词 284 首，刻为《沤社词钞》一册，作者为朱孝臧（古微）等 29 人，《词钞》后附录汪兆镛（伯序）、赵尧生（熙）等人的和作十六首。③

5. 冰社

1927 年夏—1930 年成立于天津，其大体情况可参见袁伯夔的《冰社词选序》。他说，变异之世，士大夫所学于古却无所用，因州郡、乡里害兵旅、盗贼，故他们群居大都名城为流人，穷愁无憀之际，只有相濡以文酒，其所闻见，感于心而发于言，言不可以遂，乃托于声。"天津之有冰社，上海之有沤社，胥此志也，而冰社为之先。社友都二十人，皆工倚声，月三集，限调与题。久之，社外闻声相和者甚众，陈弢庵太傅、夏闰枝翰林，其尤著也……社

① 详见下编第三章《章梫》相关部分。
② 周延礽《吴兴周梦坡（庆云）先生年谱》，沈云龙《近代中国史料丛刊》第 816 辑，台北：文海出版社，第 117 页。
③ 胡怀琛《上海的学艺团体》，《上海通志馆期刊》（第二卷第三期，1934 年 12 月），沈云龙《近代中国史料丛刊（续编）》第 39 辑，台北：文海出版社，第 911 页。

友颇有以事散之四方，沤社遂起。"至于词集内容，他说："夫一二知者，玩其辞，悲伤其意，吾曹之遇可谓穷矣，虽然水深火热，嚬呻满国中，吾曹犹获从容觞咏，以自适其志，世每况而愈下后之人，读斯集者，或且穆然想象其流风，而欣羡慨慕以为不可复得。"① 国内哀鸿遍野，满目疮痍，遗老们却从容觞咏，希冀后人欣羡慨慕，其避世情结，可见一斑。

6. 正声吟社

1931 年，居香港的遗民谭荔垣（汝俭）、黄棣华（伟伯）、陈廷泰（履谐）、胡少蘧（景瑷）、邓晃云（绍光）等，在荷理活道某义学社址组织"正声吟社"，假乐陶陶酒家、中华酒家举行，月集两次，参加者有朱汝珍、温肃、赖际熙、区大原、陈庆保等二三十人，刻有《正声吟社诗钟集》，该社存留约一年半时间。②

7. 白雪词社

据刘声木《苌楚斋随笔》载，白雪词社是徐致章创办。徐致章字焕其，光绪戊子（1888）举人，官瑞安县知县，撰有《拙庐诗稿》、《词稿》等。该社的参加者有五人，他们是蒋兆兰字香谷，诸生，撰有《青葑庵文集》、《诗集》等；程适字肖琴，号蛰庵，光绪丁丑（1877）拔贡，官某县知县，撰有《蛰庵类稿》等；储风瀛字映波，光绪癸卯（1903）举人，官浙江运副，撰有《萝月轩诗稿》、《词稿》等；徐德辉字倩仲，光绪壬寅（1902）举人，官法部主事，撰有《寄庐诗稿》、《词稿》等；李丙荣字树人，丹徒人，诸生，官安徽按察司照磨，撰有《秀春馆词钞》、《大观亭志》。徐致章壬戌（1922）年所著的《乐府补题后记》中有段序语：神州陆沉，寰瀛荡潏，是何等世界也。狞鬼沙蜮，封豕长鲸，

---

① 袁荣法《湘潭袁氏家集》，沈云龙《近代中国史料丛刊（续编）》第202 辑，台北：文海出版社，第49～50 页。

② 伯子《辛亥革命前后前清遗老在香港的活动》，中国人民政治协商会议全国委员会文史资料研究委员会《文史资料选辑》第44 辑，中国文史出版社 2001 年，第225 页。

是何等景象也。铁血浼地，铜臭熏天，是何等观念也。集泽鸿嗷，泣途虎猛，是何等惨痛也。刘声木阅是序后，称赞他们为"伤心人，诚别有怀抱也……其志嘉，其行卓，迥非末流所能企及。"称赞其词社"隐寓黍离麦秀之感"①。

除上述主要社团外，当时的遗民诗社还有：晚晴簃诗社，它是徐世昌1922年下野后与一班遗老，于从政之暇，评量风月，饮酒赋诗的背景下结成的。一些自命风雅之流者，如樊樊山、易实甫、严范孙、赵湘帆等遗老经常参加。每逢星期，开会一次，分题拈韵，摇头摆脑，丑态毕呈。其舞文弄墨、粉饰太平之举，诚堪笑也。② 汐社，它是左笏卿（绍佐）与人结成的，其墓碑载：辛亥鼎革，避居沪滨，与诸巨公结汐社，每篇一出，翕然传颂，友朋会聚，若将终焉。③ 刘豪卿等人的"南园赓社"，④ 因资料缺少，目前无法知道详情。

第三节　关于民初遗民文学的认识

一、民初遗民文学认识的起点

民初遗民文学由于其存在的特殊背景，加之中国文学史的编写习惯，近代文学研究者多关注辛亥以前的主流文学，而现代文学大多起于1919年，较为著名的通史性质的文学史著作、教材，如张炯、邓绍基、樊骏主编的《中华文学通史》（第五卷·近现代文学编）（华艺出版社，1997年9月），周扬、钱仲联、王瑶、周振甫等编的《中国大百科全书·中国文学》卷的《近代文学》部分，

① 《徐致章等遗民词社》，刘声木《苌楚斋随笔、续笔、三笔、四笔、五笔》，北京：中华书局1998年3月，第211页。

② 竞智图书馆等编《北洋人物史料三种·徐世昌全传》，沈云龙《近代中国史料丛刊》第67辑，台北：文海出版社，第34～35页。

③ 傅岳芬《应山左笏卿先生墓碑》，卞孝萱、唐文权《民国人物碑传集》，北京：团结出版社1995年2月，第612页。

④ 周庆云《晨风庐唱和诗存》（卷二），晨风庐甲寅年（1914）刻本。

断代性质的文学史著作、教材，如郭延礼的《中国近代文学发展史》（高等教育出版社 2001 年 6 月），管林、钟贤培的《中国近代文学发展史》（中国文联出版社 1991 年 6 月），陈伯海的《近四百年中国文学思潮史》（东方出版中心 1997 年 10 月），牛仰山主编的《中国近代文学论文集》（1919—1949）（中国社会科学出版社 1988 年 9 月）及陈子展的《中国近代文学之变迁》、《最近三十年中国文学史》（上海古籍出版社 2000 年 12 月），吴文祺的《近百年来的中国文艺思潮》（香港龙门书局 1969 年 10 月）等，多注意"同光体"（或宋诗派）诗人、晚清四大词家的研究，故存在于民国前 30 年左右的遗民文学因人为的时空割裂而出现了研究空位，民初遗民文学的整体存在几乎被漠视了。

事实上，民初遗民文学是中国近/现代文学丰富性、多样性中的一个重要组成部分，民初遗民文学广涉众多文学领域，如诗词、诗话、清宫词、戏曲、骈文、碑传等文学形态，它们在某种意义上是一个整体的存在，因此，有人曾经评价说："辛亥革命后，同光体诗人都以遗老自居，诗也充满遗老情调，与革命派的南社诗歌形成显明的对抗。"① 也不尽准确，单以诗词而论，民初遗民文学固然有与中华民国对抗的成分，也有对传统诗词精华的继承成分，这种承继与开拓是同时并存的，更何况他们在其他文体上也做出了一定的贡献。

因此，民初遗民文学一方面是与中国近代文学紧密关联在一起的，尤其是后期的同光体、中晚唐诗派、四大词人等横跨近代后期和民初；另一方面，民初遗民文学家虽然其外在身份是遗民，但更准确地看，他们属于"文化遗民"，因其如此，他们尤能关注文学的本质属性，而较少注视文学的功利性目的和政治性作用，其作品的文学性并没有因文学的时代性影响而湮没。另外，民初遗民在近代文学向现代文学转变的过程中充当了一个文学接续者的作用，使得现代文学的发生有了较为坚实的历史基础。这一切都构成了对民

---

① 周扬、钱仲联、王瑶、周振甫等编《中国文学史通览》，上海：东方出版中心 2005 年 3 月，第 392 页。

初遗民文学认识的起点。

二、从钱著和汪著看民初遗民文学的成就

至于民初遗民文学的成就，目前所见，还没有较为完整和全面的阐述。笔者以为，用与民初遗民生存时代接近的人物如汪辟疆、钱基博的著作解读民初遗民的文学成就，是一个很好的借鉴，这种想法体现在三个方面。

第一，钱基博的《现代中国文学史》被认为是以"现代中国文学史"命名的开山之作，也是唯一的一部以近代文学为内容的学术名著。"现代"所涉的时段指19世纪末20世纪初至30年代的30年左右的时间。该书的出版得到柳诒征、胡先骕、郑桐荪、陈灜一、刘麟生、陈毅寿、潘式、王利器、郭斌佳等人的称赏，尤其是胡先骕称该书为"可读而有个性之作"、"为今日著述界有价值之作"①。以研究近代诗学享誉学坛的汪辟疆虽没有大部头论述近代诗学的著作，但他的一些中短篇论文颇有见地，常常成为研究近代文学征引的书目，如《近代诗派与地域》、《光宣诗坛点将录》、《近代诗人小传稿》、《光宣以来诗坛旁记》等。

品味钱著的《绪论》，能给我们了解民初遗民文学以很好的启发：钱氏解释此书为何用"现代"而不用"民国"时说："维我民国，肇造日浅，而一时所推文学家者，皆早崭然露头角于让清之末年；甚者遗老自居，不愿奉民国之正朔；宁可以民国概之？而别张一军，翘然特起于民国纪元之后，独章士钊之逻辑文，胡适之白话文学史耳。然则生今之世，言文学必限于民国，斯亦廑矣。"② 因为，一则他要写的文学传主露头于清末，二则遗老们不奉民国为正朔，故用"现代"二字代替"民国"，显然可以看出他对遗老们

① 胡先骕《评钱基博〈现代中国文学史〉》，张大为、胡德熙、胡德焜编《胡先骕文存》(上)，南昌：江西高校出版社1995年8月，第327～328页。

② 钱基博《现代中国文学史·绪论》，北京：中国人民大学出版社2004年10月，第9页。

（广义的遗老，当然也包括本书探讨的遗老）的重视，因此，从这层意思上看，一部 30 年时间的《现代中国文学史》也是一部反映刚好与其同步的民初遗民文学史。所以，当中国人民大学出版社 2004 年再版此书时，做了如下的介绍："（该书）广泛涉及民国开元以来的学术文化和政治民俗，是一部广义性质的文学史。作者不局限于以文论文，以诗论诗，而是笔涉文学，意寄兴亡，从宽广的历史背景中，寻求和探索这一时期'文章得失升降之故'，抒发深沉的历史感慨。"

第二，从钱氏对文学的理解看，"所谓文者，盖复杂而有组织，美丽而适娱悦者也"。"'文学'者，述作之总称，用以会通众心，互纳群想，而表诸文章，兼发智情：其中有偏于发智者，如论辩、序跋、传记是也。有偏于抒情者，如诗歌、戏曲、小说等是也。大抵知在启悟，情主感兴。""盖文学史者，文学作业之记载也；所重者，在综贯百家，博通古今文学之嬗变，洞流索源，而不在姝姝一先生之说，在记载文学作业，而不在铺叙文学家之履历……而文学史者，则所以见历代文学之动，而通其变，观其会通者也。"① 上引关于"文"、"文学"、"文学史"的解释，至少可以看出，（一）钱基博使用的"文学"概念大大超出现在所用的"文学"涵义，其范围基本等同于孔门四科（德行、言语、政事、文学）之一的"文学"概念，即文献；（二）钱基博是用动态、发展、全面、会通的观点看待现代文学的，这种现代文学与民初遗民文学的存在形态基本吻合；（三）此书谈到"现代"的作家的创作时，十分注意他们与古典文学的传承关系，以及对后辈学术师承的影响。因此，一部《现代中国文学史》客观反映了民初遗民文学的状况和成绩。

第三，汪辟疆在回顾了清代诗坛尤其是道咸至同光间诗歌的发展历史后指出："有清二百五十年间，使无近代诗家成就卓卓如

---

① 钱基博《现代中国文学史·绪论》，北京：中国人民大学出版社 2004 年 10 月，第 3~7 页。

此，诗坛之寥寂可知。诵晚清百年内之诗，此又应知之一义也。"①他的《光宣诗坛点将录》名限"光宣"，实际延及民初，部分遗民的诗歌兼有论及。《光宣诗坛点将录》初本与定本有别，1945 年的合校本收录光宣诗坛的诗人 180 余人，其中的遗民就有王闿运、陈三立、郑孝胥、陈宝琛、李瑞清、樊增祥、陈曾寿、曾习经、沈曾植、周树模、左绍佐、赵熙、梁鼎芬、沈瑜庆、杨增荦、俞明震、柯劭忞、王树楠、夏敬观、李宣龚、林纾、杨钟羲、唐晏、李详、易顺鼎、曾广钧、程颂万、曹元忠、李岳瑞、王梦湘、宋育仁、朱祖谋、郑文焯、况周颐、吴庆坻、吴士鉴、瞿鸿机、袁思亮、胡思敬、赵炳麟、吴俊卿、王乃征、陈夔龙、余肇康、徐世昌、孙雄等46 人，已达四分之一。从他甲申年（1944）定本跋语看，《光宣诗坛点将录》为己未年（1919）南昌草创，1925 年过南京时，柳诒征、杨杏佛见之，杨杏佛拟刊诸《学衡》杂志，为作者所拒绝，后被章士钊刊载在《甲寅》周刊上。"不谓此书甫刊，旧京及津沪老辈名流，大为激赏，且有资为谈助者。而陈散原、康南海、陈苍虬、王病山、李拔可、周梅泉、袁伯揆诸公，辄举此以为笑乐。惟陈石遗以天罡自命，而余位以地煞首座，大为不乐。康南海但以'伤模拟'三字致憾。夏剑丞自负其诗，而不得与天罡之列，意亦未嫌。"② 汪辟疆对光宣诗人的评价只是就其成就和诗学水平的高低立论，并没有新民与遗民的区别，它客观上反映了民初遗民在诗坛上的影响。

此外，到 30 年代，陈灨一等人本着"学术兴衰之变迁，诚国家存亡之关键"的理解，在上海创办"新旧相参"③ 的文艺刊物《青鹤》杂志，该杂志取名于《世说新语》"青鹤鸣，时太平"之句，他们希冀在"国之骚乱逾廿年，人们望太平久矣，而竟不可

---

① 汪辟疆《近代诗派与地域》，汪辟疆《汪辟疆说近代诗》，上海：上海古籍出版社 2001 年 12 月，第 14 页。

② 汪辟疆《光宣诗坛点将录》，汪辟疆《汪辟疆说近代诗》，上海：上海古籍出版社 2001 年 12 月，第 120～121 页。

③ 陈灨一《本志出世之微旨》，《青鹤》，1932 年 1 卷第 1 期。

睹"之时,以此杂志"鸣于太平之秋"①。王蕴章、柯劭忞、孙雄、杨昀谷、吴廷燮、潘飞声、刘承干、李拔可、黄节、袁伯夔、程颂万、王树楠、叶尔恺、孙德谦等遗民与丁福保、汪旭初、胡玉缙等几十位民国学人同时成为该杂志的特约撰述人,说明《青鹤》杂志对民初(文化)遗民并不心存芥蒂,也足见民初(文化)遗民在当时人们心目中的地位和影响。

　　总之,中国文化从古代到现代的转型是西方文化背景与中国文化自身的内发性因子即元典精神激发的结果,作为"文化遗民"学术中一翼的遗民文学,也自觉或不自觉地担当中国文学、文化薪火递传的角色,肩负着文学、文化从承继到拓新的重任,民初遗民文学研究的突破,是全面、综合了解民初"文化遗民"成就的基础,也是深入把握民初"文化遗民"身份的前提。

---

① 甘簃(陈灨一)《青鹤之命名》,《青鹤》,1932 年 1 卷第 1 期。

第五章 遗民的史学及文化业绩

"文化遗民"是以从事学术研究、赓续学术思想或从事文化典籍的考镜、整理、出版等为职志的，除文学与他们走得较近外，史学、文化出版、学校教育等也是他们难以忘怀的一个领域。前引王夫之的话："所贵乎史者，述往以为来者师也。为史者记载徒繁，而经世之大略不著，后人欲得其得失之枢机以效法之无由也，则恶用史为!"① 刘承干的话："文献征存，人皆有责。""与其过而废也，毋宁过而存之。则虽鳞爪不全，自珍敝帚，或犹可后贤证古之一助也。"② 足以证明，史学、文化事业等是"文化遗民"生命的一部分，是他们鉴古通今、经世济人、文献证古的有力手段。

第一节 从《清史稿》到地方史志之编纂

民初"文化遗民"与史学的结缘，最显要的莫过于对《清史稿》的修纂。事实上，除与《清史稿》的关系外，民初遗民在续修、影印《四库全书》，地方史志、乡邦文献的修纂、辑录方面，也做出了应有的贡献。

一、从《清史稿》的修纂看民初遗民的文化倾向

（一）民初遗民与《清史稿》

《清史稿》是民国三年（1914）至 1927 年秋清史馆为中国最

---

① 王夫之《读通鉴论》卷六"后汉光武帝"，《船山全书》，长沙：岳麓书社 1996 年 2 月，第 225 页。

② 《嘉业堂藏书志自序》，缪荃孙等《嘉业堂藏书志》，上海：复旦大学出版社 1997 年 12 月，第 1~2 页。

后一个专制王朝——清朝——纂修的一部反映清代历史的纪传体正史，因其为未定稿，故名。全书共 536 卷，800 余万字。所记之事，上起 1616 年清太祖努尔哈赤在赫图阿拉建国称汗，下至 1911 年清朝灭亡，共 296 年的历史。

1914 年春，北洋政府国务院呈请设立清史馆，纂修清史。其呈文说："在昔丘明受经，伯厴司籍，春秋而降，凡所陈之递嬗，每纪录而成编，是以武德开基，颜师古聿修《隋史》，元祐继统，欧阳修乃撰《唐书》。盖时有盛衰，制多兴革，不有鸿篇巨制，将奚以窥前代之盛，备后世考镜之资？况大清开国以来，文物灿然，治具咸饬……惟是先朝纪载，尚付阙如，后世追思，无从观感。及兹典籍具在，文献未湮，尤宜广召耆儒，宏开史馆，萃一代人文之美，为千秋信史之征。兹经国务会议议决，应请特设清史馆，由大总统延聘专员，分任编纂，总期元丰史院，肇启宏规，贞观遗风，备登实录，以与往代二十四史，同昭垂鉴于无穷。"① 3 月 9 日，大总统袁世凯下令设置清史馆，延聘赵尔巽为馆长，柯劭忞为总纂，随即各地荐举人选，1914 年 7 月的《申报》载，除安徽荐有陈清震、吉林荐有孙雄、山西荐有郭象升外，江西巡按使戚扬荐举陈三立、李瑞清、胡思敬、朱益藩、喻兆蕃等五人。② 8 月，袁世凯派秘书王璟（号康伯）赴青岛，聘前清东三省总督赵尔巽为清史馆馆长，清史馆遂正式成立于故宫东华门内。1927 年赵尔巽辞世后，柯劭忞代理清史馆馆长职务。

关于《清史稿》的修纂，民初遗民有两种态度：一是拒修，二是与修。

赵尔巽任馆长后，曾经向一些遗老发出邀请，参与修纂《清史稿》，但是，或遭到到他们的戏谑，或遭到他们的拒绝。据《申报》载："闻梁鼎芬致函清史馆长赵总裁略谓'清室未亡，何以修

---

① 转引自朱师辙《讨论体例第一》，朱师辙《清史述闻》，北京：生活·读书·新知三联书店 1957 年，第 2 页。

② 《申报·自由谈话》，1914 年 7 月 7 日。

清史'等语……此老之顽固，可谓达于极点矣。"① 溥仪《我的前半生》中也有陈宝琛等人对赵尔巽的嘲讽，认为他是二臣，赵也只好辩解："我是清朝官，我编清朝史，我吃清朝饭，我做清朝事。"拒修派的主要人物有：郑孝胥、梁鼎芬、李瑞清、胡思敬、章梫、于式枚、沈曾植、劳乃宣、杨钟羲等。

在癸丑年（1913）被袁世凯罗致为国史馆馆长的王闿运也有同趣，对修纂清史也以戏谑的态度对待。汪辟疆之父为王闿运掌教成都尊经书院所得之士顾印伯的学生，于王闿运为再传弟子，癸丑年王充任国史馆馆长后，"先君起居之，因叩以史事，翁笑曰：'民既无国，何史之有？惟有馆也。贤契无事可常来坐坐。'"。②

1914 年 8 月 21 日，郑孝胥却赵尔巽聘修清史的信说："不愿以委质之名，再见于行政之地。公必哀我，宥其狂痴。人涉卬否，伸于知己。"③

李瑞清以"（瑞清）有清之罪臣也，偶漏天纲，苟全首领，偷处海隅，鬻书作业"和"久已黄冠为道士，不复愿闻人间事"④为理由加以拒绝。

癸丑年（1913）章梫《上陆太保》建议二事：一为辅导圣德，一为速修国史，但对开清史馆持异议，认为"名义未协"⑤，1914年，前浙江巡按使寄书给他，他以"辛亥一病至今，从前所学，都不记忆，顷惟杜门养息，以终余年"⑥作辞。但是，他对修纂清

---

①　《申报·自由谈话》，1914 年 7 月 15 日。

②　《光宣以来诗坛旁记·记王湘绮》，汪辟疆《汪辟疆说近代诗》，上海：上海古籍出版社 2001 年 12 月，第 157 页。

③　劳祖德整理《郑孝胥日记》（三），北京：中华书局 1993 年 10 月，第 1527 页。

④　李瑞清《与赵次珊却聘书》，李瑞清《清道人遗集二卷》，沈云龙《近代中国史料丛刊》第 42 辑，台北：文海出版社，第 66～67 页。

⑤　章梫《上陆太保》，章梫《一山文存》，沈云龙《近代中国史料丛刊》第 33 辑，台北：文海出版社，第 440 页。

⑥　章梫《答政事堂》，章梫《一山文存》，沈云龙《近代中国史料丛刊》第 33 辑，台北：文海出版社，第 451 页。

史也表示了一定的关注和看法，章梫曾撰有《明史义例汇编》一书，乙卯（1915）年作《明史义例汇编序》，其中就谈到纂修清史时元和相国（徐世昌）取《汇编》并加按语，意欲为本朝史义例之所资，后赵馆长也致信章梫请他参与清史馆，但章梫回答说："身为史臣，对修德宗实录，未可谓史实茫无所知者。特亭林、梨洲皆史才，谙习明事，而皆不受明史馆之聘。今愿法顾、黄，深以为然。"① 章梫看来，清朝遗民应该模仿亭林、梨洲的做法，不与修《清史》，方为得当。

沈曾植对民国也采取不合作的态度，对纂修清史也不感兴趣，据《年谱》载："民国初元，即有以司法、教育两长属公者，至于再三，先之以邮电，申之以专使，公皆咲（笑）谢。""项城聘问不绝，公不应。对使者曰：'得之于天，还之于天不召自至。'本年，项城又有史馆总纂之招，谢之。"并赋诗歌《偕笏卿赴雪塍招中途坠车伤足诸公枉存以诗报谢》。②

于式枚（字晦若）的却聘显得更有趣味，据文史资料记载：清史馆成立后，拟以赵为馆长，于式枚、刘廷琛（字幼云）为副馆长，三人同寓于青岛，王瑽晤赵尔巽（字次山、次珊），赵故作姿态说；"康伯晤晦若、幼云乎？伊二人若就，余亦就。"瑽晤式枚，式枚亦云："次老、幼云若就，余亦就。"往返数次，不得要领。一日，尔巽同瑽共到式枚处，赵即说："项城（即袁世凯）现设清史馆，聘余与君及幼云为正、副馆长，目下青年学子，私家记载，对于列祖列宗，肆意讥诋，以假乱真。我辈旧臣，秉笔其间，成一代之信史，未为不可也。"式枚作色曰："次老视袁世凯已成太祖高皇帝乎？自来修史，皆前朝已完，后朝方为之纂修，今次老忍说，仆尚不肯听也。"并连呼荒谬者再。③ 尽管于式枚拒修清史，

① 章梫《明史义例汇编序》，章梫《一山文存》，沈云龙《近代中国史料丛刊》第 33 辑，台北：文海出版社，第 486~487 页。

② 王蘧常《沈寐叟年谱》，台北：台湾"商务印书馆"1977 年 2 月，第 61 页。

③ 《记于式枚却国史馆聘事》，魏华龄主编《桂林文史资料第 27 辑》，桂林：漓江出版社 1995 年 1 月，第 207 页。

但是对清史的修纂体例颇为关心，他与缪荃孙、秦树声、吴士鉴、杨钟羲、陶葆廉五人合上的《谨拟开馆办法九条》，主张以《明史》体裁为蓝本，最后获得赵尔巽馆长及多数人的采纳。

尚有更多的遗民被名列纂修人员，却未到任，如：郭曾炘、樊增祥、劳乃宣、陶葆廉、温肃、杨钟羲、顾瑗、唐晏、安维峻等。个中缘由难以知晓，恐怕至少有对修纂清史不满意的成分吧。

与修《清史稿》的遗民，朱师辙的《清史述闻》有详细的记载，如柯劭忞、王树楠、吴廷燮、夏孙桐、缪荃孙、吴士鉴、王式通、袁金铠、金梁等，不一一列举。

（二）《清史稿》的遗民倾向

《清史稿》纂成后，世人对它的面貌有了较为真切的了解，很快，人们发现了它存在的严重不足。北伐胜利后，清史馆由故宫博物院接收，对于《清史稿》一书，"院中名流佥以此书谬误甚多，须委托专家，重加审定，乃得行世"。1929年12月，故宫博物院院长易培基呈国民政府，谓《清史稿》"系用亡清遗老主持其事……彼辈自诩忠于前朝，乃以诽谤民国为能事，并不顾其既食周粟之嫌，遂至乖谬百出，开千百年未有之奇……故其体例文字之错谬百出，尤属指不胜屈。此书若任其发行，实为民国之奇耻大辱"。并将审查结果，列举为十九项缺失：反革命，藐视先烈，不奉民国正朔，例书伪谥，称扬诸遗老、鼓励复辟，反对汉族，为满清讳，体例不合，体例不一致，人名先后不一致，一人两传，目录与书不合，纪志表传互相不合，有日无月，人名错误，事迹之年月不详载，泥古不化，浅陋，忽略，建议将《清史稿》一书"永远封存，禁其发行"①。前面七条是就《清史稿》的政治倾向而言，后十二条是从学术、体例、史实、文字上而言。正是前七条，透视出了民初遗民的思想倾向，而这种"成果"的出现是与他们修史的意图有密切关联的。如王舟瑶（玫伯）1918年在为章梫的《一山文存》作序时就说："昔元裕之修《金史》以报故国，而委蛇于

---

① 转引容庚《〈清史稿〉解禁议》，朱师辙《清史述闻》，北京：生活·读书·新知三联书店1957年，第424页。

异代之朝贵，君子惜其近于降志辱身，若危太朴之蒙面，异姓借国史以自脱，尤无耻不足道。"① 明显地表现出了借助修史"以报故国"的想法。

借用前文所述的民初"文化遗民"政治情结的表述，还是从"孤露遗臣"之情怀和"与民国敌对"两方面来概括。②

1. "孤露遗臣"之情怀

"孤露遗臣"情怀的形成，伏笔于于式枚等《谨拟开馆办法九条》，《九条》开笔即说："我大清定鼎二百余年，厚泽深仁，休养生息，上无失德之君，下无抗令之臣，固属前代所希有。而武功赫奕，拓土开疆，文教昌明，轶唐绍汉，急宜及时纪载，足以信今传后。"有人说，此段话是"《清史稿》修纂的总纲"③，诚然不假。正是这种遗民情怀导致了民国先进们的不满，1915 年冬，袁世凯帝制议起，政府欲网罗名士，特在议会中设硕学通儒一格，从清史馆中延聘朱希祖、张卿五、赵世骏、蓝钰、吴廷燮、秦树声、邓邦述、夏孙桐、顾瑗、金兆丰 10 人，朱希祖、张卿五首倡抗辞不就，赵世骏、蓝钰为示抵制，辞馆而去。朱希祖的信中说："史者，首以诛绝二臣为职，今若以赵孟頫、钱谦益辈任之，必颠倒是非，何足为伍。"④

"孤露遗臣"情怀具体表现在：

---

① 章梫《一山文存》王舟瑶（玫伯）序，沈云龙《近代中国史料丛刊》第 33 辑，台北：文海出版社，第 8～9 页。

② 相关内容的表述，较多参照下列材料：1. 王思治《赵尔巽与〈清史稿〉的编纂》（王思治《清史论稿》，巴蜀书社 1987 年）；2. 孟森《清国史馆列传编序》（孟森《明清史论着集刊》，北京：中华书局 1959 年 11 月）；3. 傅振伦《〈清史稿〉评论》（朱师辙《清史述闻》，北京：生活·读书·新知三联书店 1957 年）；4. 戴逸《〈清史稿〉的编纂及其缺陷》（《清史研究》2002 年第 1 期）；5. 邹爱莲、韩永福、卢经《〈清史稿〉的编纂纂修始末研究》（《清史研究·史苑》2004 年 10 月第 2 期）等。

③ 王思治《赵尔巽与〈清史稿〉的编纂》，王思治《清史论稿》，巴蜀书社 1987 年，第 399 页。

④ 朱元曙《关于清史馆及〈清史稿〉审查委员会二三事》，《万象》第 8 卷第 5 期，沈阳：辽宁教育出版社 2006 年 8 月，第 89 页。

①对逊帝溥仪、清朝的历代皇帝倍有褒扬

1912年，溥仪逊位，《宣统本纪》即以此年为断，其后行事，如丁巳复辟、宫中失火、大婚、出宫等事实均未记载，称赞他"大变既起，遽谢政权，天下为公，永存优待，遂开千古未有之奇。虞宾在位，文物犹新。是非定论，修史者每难之"①。对于清朝的历代统治者褒扬之辞，比比皆是，如《遗逸传序》："清初，代明平贼，顺天应人，得天下之正，古未有也。"② 称赞太祖努尔哈赤"天锡挚勇，神武绝伦"③。称颂康熙皇帝"勤政爱民……几暇格物，豁贯天人，尤为古今所未觏"。④ 其他如"至勤"、"至明"、"至仁"等辞遍布全书。

②对清朝统治者的弊政和暴行多加袒护

清初的三大弊政——圈地、逃人法、剃发令，给人民带来了深重的灾难，造成了社会的巨大动荡，但是，《清史稿》却有意淡化它们，对"圈地"一事，只记"谕户部清查无主荒地给八旗军士……甲寅，免近畿圈地今年额赋三分之二"⑤，忽略大规模强占有主田户及圈地范围扩大到河北、山东、江苏、山西、陕西、宁夏等地的事实。天命十一年（1626）颁布的"逃人法"是清统治者为严禁八旗奴仆逃亡和其他八旗人员逃旗的法令，它加重了旗民及农民的地租、劳役负担，但是对于这种天下大事，《清史稿》竟然不书一字。对于"剃发令"导致的"扬州三屠"、"嘉定十日"等民族屠杀的惨烈状况，《清史稿》也略而不书，意图是为了隐瞒清

① 赵尔巽等《清史稿》(卷17)，北京：中华书局1976年7月，第1006页。

② 赵尔巽等《清史稿》(卷500)，北京：中华书局1976年7月，第13815页。

③ 赵尔巽等《清史稿》(卷1)，北京：中华书局1976年7月，第17页。

④ 赵尔巽等《清史稿》(卷8)，北京：中华书局1976年7月，第305页。

⑤ 赵尔巽等《清史稿》(卷4)，北京：中华书局1976年7月，第92~96页。

统治者的罪行。

③对反抗革命、为清殉节者大加颂扬

清王朝的被推翻,一大批对抗革命,忠于清王朝的官吏被杀,如恩铭、端方、松寿、赵尔丰、冯汝骙、陆钟琦等,相关的传记中或有"骂不绝口",或有"不屈遇害",或有"忠孝、节义萃于一门"等叙述,如传记结尾有作者的议论:"或慷慨捐躯,或从容就义,示天下以大节,垂绝纲常,庶几恃以复振焉。"① 又,在《忠义传》中,《清史稿》对民国建立已经十余年投湖而死的梁济及追随他而死的理藩院原外郎吴宝训、王国维等也有作传。前引金梁的《瓜园述异》:王国维死后,金梁为其撰传,"原拟补入'文苑',及刻史稿,乃改归'忠义'。盖出史馆公意云"②。王国维入"文苑"或入"忠义"传,都有合理的成分,但最终入了"忠义"传,显然能够看出民初遗民对王国维忠义的称赏。刘成禺在《〈清史稿〉之纂修与刊印》中也说:"(《清史稿》)初议《列传》法例,凡殁于辛亥年后者,皆不入传;后乃放宽条例,虽死在辛亥年后,与清史相终者,得列。而对于洪秀全无法安排,乃列于诸叛臣吴三桂后,此修印《清史稿》所持凡例也。"③ 足见此凡例的政治倾向。

④对遗老、复辟者、民国后卒逝者有意维护

《清史稿》对清季遗老的赞赏主要在为遗老们立传,涉及沈曾植、劳乃宣、梁鼎芬、张勋、林纾、辜鸿铭等二十多人,传后议论,或称赞他们"鞠躬尽瘁,始终如一,亦为人所难者。乃宣、曾植皆硕学有远识,惓惓不忘,卒忧伤憔悴以死"④。或曰:"乃朝局变迁,挂冠神武,虽皆侨居海滨,而平居故国之思,无时敢或

① 赵尔巽等《清史稿》(卷469),北京:中华书局1976年7月,第12790页。

② 金梁《瓜园述异》,沈云龙《近代中国史料丛刊(续编)》第24辑,台北:文海出版社,第36页。

③ 刘成禺《〈清史稿〉之纂修与刊印》,刘成禺《世载堂杂忆》,沈阳:辽宁教育出版社1997年3月,第220~221页。

④ 赵尔巽等《清史稿》(卷473),北京:中华书局1976年7月,第12826页。

忘者。卒至憔悴忧伤，赍志以没。悲夫！"① 其他，如《劳乃宣传》有"丁巳复辟，授法部尚书"，《沈曾植传》有"丁巳复辟，授学部尚书，壬戌冬卒"，《世续传》有"辛酉年卒"，《伊克坦传》有"癸亥年卒"，《周馥传》有"移都两汉，（光绪）三十三年，请告归。越十四年卒"，《冯煦传》有"国变痛哭失声，越十又五年卒"。②

民国建立后，逊帝溥仪已无再加封谥号的特权，但是，《清史稿》中却将死于民匡时期的陆润庠、世续、伊克坦、梁鼎芬、周馥、王国维等人的谥号列于传中。此外，像《张勋传》中，将张勋复辟时任命的大臣名字及其职位一一列举，并称赞他在讨逆声中，"尽纳家属妻妾子女别室，不听避，皆自愬负国，誓骨肉俱殉"③。

⑤违背历来修史'详近略远"、"先内后外"的规则

《荀子·非相》云："传者久则论略，近则论详。"章学诚亦说："史部之书，详近略远，诸家类然。良以当代各事，皆从最近历史递嬗而来。其关系尤为密切也。"吴廷燮在《上清史商例》"求详"条说："今修清史，公私文字，幸未残蚀，正当详列，以成完史。就今日论，凡关政典，多有专书，然大臣表，已称损失，新学方盛，竞趋简易，百年之后，正不可知，补表补志，后代作者，皆至勤苦，以视当代。难易详略，相去霄壤。"④ 但是，《清史稿》却有时反其道而行之，将《宣统皇帝本纪》断自逊位之时，《天文志》断自乾隆六十年，等等。这就违背了修史的原则，虽然可能有认识上的不足，佢恐怕更多的是对新朝的不满而致。

---

①　赵尔巽等《清史稿》（卷473），北京：中华书局1976年7月，第12834页。

②　傅振伦《〈清史稿〉严论》，朱师辙《清史述闻》，北京：生活·读书·新知三联书店1957年，第307页。

③　赵尔巽等《清史稿》（卷473），北京：中华书局1976年7月，第12830页。

④　吴廷燮《上清史商例》，朱师辙《清史述闻》，北京：生活·读书·新知三联书店1957年，第169页。

总之，历代修史，皆以新朝为内，旧朝为外，但《清史稿》以清室为内、以民国为外，站在清朝的立场上抨击创立民国政权的革命志士，秉笔者的立场，昭示明显。

2. 与民国敌对

①不奉民国正朔

《清史稿》本是民国政府出钱聘修的，但是修史者却不奉民国正朔，称述民国以后的事情只用干支，称民国元年为壬子，民国二年为癸丑等。对亡于民初的清朝遗臣卒年，只云"未几卒"、"旋卒"，不书民国年号。

②诋骂民国肇造者及革命先烈

清史的纂修者，因为不满意朝代的更替，因此，不愿意写清王朝的灭亡，故将与清朝灭亡的有关史实写得很少，全书中很少涉及兴中会、同盟会、《民报》及孙中山等人的革命活动，对于民国肇造者孙文，全书仅有一次提名，而且是在慈禧太后赦免戊戌党人时，指名不赦康、梁、孙时才提到。①

③对汉族人民的反清斗争意加贬斥

一部清代史其实是一部汉族人民不断反抗清王朝统治的历史，但是，《清史稿》却站在清统治者的立场上，以"我大清"的口吻对汉族人民的反抗口诛笔伐，对革命党人的活动多以"谋逆"、"作乱"等称呼，对革命党人的牺牲多以"伏诛"、"毙"等字眼概括，对太平天国、白莲教起义、李自成农民起义等主要人物的称呼，非"贼"即"匪"则"寇"，等等。

此外，《清史稿》版本的混乱，如"关外一次本"、"关外二次本"的列传、校刻记、公主表序、时宪志、艺文志序等内容有较大的改动或抽换，固然非遗民群体的整体态度表现，而是袁金铠、金梁等少数遗民的所作所为，但毕竟从某个侧面反映了纂修清史的民初遗民的心态。

梁启超、鲁迅等曾经批评中国的二十四史都是历代帝王将相的家谱，造成这种结果，主要的原因恐怕与纪传体史书的体例有一定

---

① 戴逸《〈清史稿〉的编纂及其缺陷》，《清史研究》，2002年第1期。

的关系，因为，本纪多为帝王事迹的传记，世家多为记载诸国王侯功臣的事迹，列传是记一般人臣、古今特殊的人物的事迹，这些内容一经一纬，决定了纪传体正史中本纪和列传的主体性地位。因隔代修史者基本是"先内后外"的立场，故一般的史书是站在新王朝的基础上，尽可能客观地反映前代之历史变迁，其中不排斥有对本朝历史的回护成分。《清史稿》的修纂，有它的成功之处，但相比于它的思想倾向而言，其局限也是明显的。这种明显的偏差，除部分属于修史者的认识局限，没有跳出纪传体正史的体裁窠臼外，更多的陈述是有意为之。从这个层面上说，《清史稿》正是民初遗民借修史以寄托其遗民情结的反映和体现，这种情结在遗民们纂修的地方志中也有类似的表露。

二、民初遗民与续修《四库全书》

乾隆年间（1772—1778）编纂的《四库全书》是中国历史上最大的一部丛书，它对中国传统文化的保存与发展起着重要的作用。由于四库馆臣在采编时摒弃、禁毁了大量明末清初史实典籍，加之贬斥与儒学正统抵触的"异端"之书，使得《四库全书》也存在一定的不足，因此，续修《四库全书》被众多的学者所关心。光绪十五年（1889）翰林院编修王懿荣上疏奏请续修《四库全书》，光绪三十四年（1908）翰林院检讨章梫再次提出增辑《四库全书》，其《拟请增辑四库全书折》指出增辑的目的为："东西强国，皆富图书，诚以图书为学问之根源，而学问为政治所自出……我国图籍，固有之国粹也，东西国之图籍所以羽翼我文明之治者也……宜亟乘此时，荟萃中外典册，续编《四库全书》，以昌宪治之文明。"续编《四库全书》有四大好处："网罗群书足以促成圣学"，"校核诸籍使异端邪说不得混乱人心"，"使各国知我实行宪政，以收罗藏书为开通民智之急务"， "为各省建设藏书楼之倡"。① 翰林喻长霖也主张续修《四库全书》，认为"今海宇大通，

---

① 章梫《拟请增辑四库全书折》，章梫《一山文存》，沈云龙《近代中国史料丛刊》第33辑，台北：文海出版社1966—1987年，第378～380页。

群言庞乱，后生小子，震于泰西富强之说，厄言日出，大道将歧，非续编书目，明定宗旨，排斥邪说，不足以靖群议之嚣，而齐一天下之耳目"①。此后，邵瑞彭、黄文弼、伦明等亦主张续修《四库全书》，1919 年，金梁奉命编纂文华、武英二殿陈列的古物目录时亦建议续修《四库全书》，因当时时局动荡而作罢。1924 年，商务印书馆提出以影印《四库全书》的赢利作为续修《四库全书》的经费，后亦因故流产。

此外，金梁也曾撰有《四库全书纂修考》，大体成书于 20 年代，1924 年他又撰写成《四库全书纂修考跋》，并且首次提出影印《四库全书》。②

真正实施续修《四库全书》的是，1925 年在美国等国退回庚子赔款用于所谓的文化事业建设的背景下，日本与段祺瑞政府成立了东方文化事业委员会，该会下设北平人文科学研究所和上海自然科学研究所。1972 年王云五先生主持的《续修四库全书提要》出版，王氏的序言对此过程、人员有一定的介绍：1925 年成立之初，即确定了选纂提要之图书的三项原则，人员由中方和日方两国人员担任，日人有京都大学狩堂直喜博士、东京大学教授服部宇之吉博士、人泽达吉博士等 7 人，桥川时雄博士为日方主办人；中方人员基本限于前清遗老，共 11 人，他们是柯劭忞、熊希龄、江庸、王式通、贾恩绂、汤中、王照、胡敦复、邓萃英、邓贞文、王树楠。③ 柯劭忞担任该会总委员长，1934 年改由桥川时雄博士主持，对人事方面进行了积极的调整，增聘当时在平津一带的若干

---

① 喻长霖《惺误斋存稿·敬陈管见呈》卷一，转见存萃学社《〈四库全书〉之纂修研究》《清史论丛》第 7 辑，香港：大东图书公司印行 1980 年 10 月，第 250 页。

② 另郭伯恭也撰有与金梁同书名的《四库全书纂修考》，金书先出，并未付梓，郭书后出，1937 年由商务印书馆出版。（李国庆《金梁〈四库全书纂修考跋〉及其相关内容考释》，《图书馆工作与研究》，2000 年第 6 期、2001 年第 1 期。）

③ 黄福庆《欧战后日本对庚款处理的政策分析——日本在华文教活动研究之二》，（台湾）"中央研究院"近代史研究所集刊第 6 期，1977 年。

学者为研究员，幷与华中华南及海外的若干学者联系，经访问过桥川时雄博士的中国友人何朋的介绍，共有85人，经部的人员为：柯劭忞、吴承仕、尚秉和、黄寿祺、江瀚、伦明、张寿林、胡玉缙、吴廷燮、杨钟羲、姜忠奎、孙海波、刘汝霖、高鸿逵、冯汝玠、刘泽民；史部的有：班书阁、谢兴尧、吴廷燮、奉宽、孙光圻、谢国桢、陈锹、伦明、吴燕诒、茅乃文、许道龄、刘节；子部有刘泽民、韩承铎、夏孙桐、谢国桢、高鸿逵、余绍宋、班书阁、孙作云、傅惜华、张寿祺、孙人和；集部有刘诗孙。①②

至于1925年所聘人员，从时人的研究中可以窥见大概，他们是：经学（包括汉学、宋学、小学、诸子学等类目）有王国维、江瀚、曹元弼、廖平、陈宝琛、罗振玉、汪荣宝、胡适、章炳麟门派、叶德辉门派等；史学有柯劭忞、董康、杨钟羲、胡适、陈毅、屠寄、陈垣等；金石学（附目录学）有罗振玉、张尔田、傅增湘、孙德谦等；考古学有罗振玉；文艺学（包括古典文学、俗文学）有郑孝胥、陈三立、陈衍、沈尹默、沈兼士、王国维、胡适等；宗教为杨文会门派；地理有熊会贞；本草（附古代化学）有日人杜聪明，等等。③

虽然民初遗民参与续修《四库全书》的详细资料还没有找到，但从上面所列名单至少可以说明，民初遗民既对续修《四库全书》

---

①　王云五《续修四库全书提要序》，王云五《续修四库全书提要》，台北：台湾"商务印书馆"股份有限公司1972年3月，第3～10页。

②　这些名单与桑兵《民国学界老前辈》（《历史研究》2005年第6期）转引的黄福庆《近代日本在华及社会事业之研究》（台北"中研院"近代史研究所1982年）、黄福庆《欧战后日本对庚款处理的政策分析——日本在华文教活动研究之二》（台北："中央研究院"近代史研究所集刊第6期，1977年）、黄爱平《四库全书纂修研究》附录《〈四库全书〉续修与影印简述》（中国人民大学出版社1989年1月，第394～395页）所列名单不符，且有很大的差异，个中原因还不知晓。

③　桑兵《民国学界老前辈》，《历史研究》，2005年第6期。

有一定的贡献,而且也有借续修《四库全书》表达他们遗民情怀的成分,故王云五也说:"然观其初期所聘我国人士为研究员者,仅限于前清遗老,其初意固不难推测。"①

三、民初遗民与地方史志

民初遗民除参与《清史稿》的修纂外,在民国时期地方史志的整理过程中,遗民们利用自己在乡邦中的声誉及影响,也积极参与地方文献的修纂和整理。当然,他们的意图是不难猜测的,如胡思敬1913年至1914年告成的江西新昌县地方志《盐乘》,既不用"新昌县志"等名,以别于官修,而且不使用中华民国政府使用的"宜丰"新名,以示不苟同民国,而且,他在《盐乘例言》中对"十一志、五表、八略、七十七传"的修纂意图作了详细的说明,如传类中的李希周系于宋而不系于元,至清康熙年间犹存的张澄、漆调祚、刘穗、刘钦等人系于明而不系于清,是因为"以其心不忘宋也"、"以其心不亡明也"②,对沈曾植、冯煦、章梫等与修各省通志也不甚满意,"冯梦老亦被苏局牵率而出,委蛇处乱,道固宜然,非独为一邦文献计也",尤其是地处上海的遗老们"多耽吟咏,偏好辞章",胡思敬认为这"终非来复之象",他们应该学一学前明遗老,如徐俟斋(徐枋)、李厓园(李确)之坚贞,③ 不为利禄所诱。在给章梫的信中指出:"论谋食之道,通志为一省私修,尚非不义之粟,若别有生计,不须仰给如此,则辞之为高。"④

---

① 王云五《续修四库全书提要序》,王云五《续修四库全书提要》,台北:台湾"商务印书馆"股份有限公司,1972年3月,第3页。

② 胡思敬《盐乘例言》,胡思敬《退庐全书》,沈云龙《近代中国史料丛刊》第45辑,台北:文海出版社,第2626~2627页。

③ 胡思敬《致沈乙庵书》,胡思敬《退庐全书》,沈云龙《近代中国史料丛刊》第45辑,台北:文海出版社,第552~553页。

④ 胡思敬《答章一山书》,胡思敬《退庐全书》,沈云龙《近代中国史料丛刊》第45辑,台北:文海出版社,第606~607页。

陈伯陶的《东莞县志》有序云："辛亥国变，余窜伏海滨之九龙，谢绝人事。乙卯（1915）春，邑人叶湘南觉迈援月桥①例，复申前请。谓款从沙田公产出，无应县尹聘，受粟肉之嫌。且任征同志，迁局九龙，俾省应酬而专著述。余辞不获。"显然，陈伯陶等修志是不愿受民国官员之聘的一种自觉行为，正是这样，刘声木作按语，称赞他为"我朝末造之完人矣"②。陈伯陶的《胜朝粤东遗民录》、《明季五忠传》等更是将这种遗民意识贯穿其中，其修纂《胜朝粤东遗民录》凡例有12条，除第一、二条涉及修史的史料状况和现状外，余下九条基本是从遗民的节义、修史的目的出发的，如第六条："国朝表彰忠义，不遗余力，除殉节诸臣，录外郡县志，亦皆记载靡遗。然间有殉节未明者，兹仍作为遗逸，辑入录内，以阐幽光。"第九条："降附诸臣，后不复出者……兹录甚为抉择。凡入为卿相，出任封圻及倾心国朝，与诸忠义相贼害者，概不录入。"第十条："是录以不仕、不试为断，其不得已出而与当道周旋者，仍为采录。盖本降志辱身，不失为逸之义也。"③

他们的成果散见于各地的史志中，现根据中国科学院北京天文台主编的《中国地方志联合目录》（中华书局1985年1月版）、朱士嘉的《中国地方志综录》（增订本）（商务印书馆1958年1月版）二书作简单的归纳：

---

① 月桥即陈月桥，宋朝进士，入元不仕。据《东莞县志》序言载：陈月桥惧旧闻散失，乃因县尹郭居仁应木之请，而创为之。故《东莞县志》的两次修纂，皆出于前代遗民之手，刘声木亦称其为奇事。（《遗民修东莞县志》，刘声木《苌楚斋随笔、续笔、三笔、四笔、五笔》，北京：中华书局1998年3月，第639页。）

② 《遗民修东莞县志》，刘声木《苌楚斋随笔、续笔、三笔、四笔、五笔》，北京：中华书局1998年3月，第639页。

③ 陈伯陶《胜朝粤东遗民录》凡例，周骏富《清代传记丛刊·遗逸类⑤》，台北：台湾明文书局1986年，第17～20页。

省份	方志名称	与修遗民	成书时间	备注
浙江	《续修浙江通志》	沈曾植、朱祖谋、吴庆坻、张尔田、陶葆廉、金蓉镜、章梫、叶尔恺、王国维、刘承干、孙德谦等	1924年	稿本共247册
	《南浔志》60卷	周庆云	1923年	
	《台州府志》140卷	喻长霖、柯华威	1926年	
	《台州府志》100卷	王舟瑶	1926年	稿本
	《杭州府志》178卷	吴庆坻	1922年	
	《秀水县志》校补本10卷、《重修秀水县志》	金蓉镜	1925年	
江苏	《续江苏通志》稿本352卷	缪荃孙、冯煦、李详等	创修于1918年	未完成
	（民国）《重修金坛县志》12卷	冯煦	1926年	
	（民国）《宝应县志》32卷	冯煦	1932年	
	《宿迁县志》20卷	冯煦	1935年	
	《江阴县续志》30卷	缪荃孙	1920年	
	《阜宁县志》	李详	1921年	
	《盐城县志》	李详	1921年	
河北	（民国）《河北通志》47卷	王树枏	1935年	
	《冀县志》20卷	王树枏	1929年	
	《新城县志》	王树枏	1935年	
	《昌平州志》18卷	缪荃孙		

续表

省份	方志名称	与修遗民	成书时间	备注
东北	《黑龙江通志纂要》2 卷	金梁	1925 年	
	《奉天通志》260 卷	王树枏、吴廷燮、杨钟羲、金梁等	1934 年	
山东	《阳信县志》8 卷	劳乃宣	1926 年出版	
新疆	《新疆国界志》等	王树枏		
安徽	《安徽通志》	徐乃昌	1930 年	
	《南陵县志》	徐乃昌	1924 年	
江西	《盐乘》16 卷	胡思敬	1917 年	
	《临川通志》	李瑞清		
	《庐陵志》	王泽寰		
福建	《福建通志》51 卷	沈瑜庆、陈衍等	1938 年	
广东	《续修广东通志》19 册	梁鼎芬	1916 年	
	《增城县志》31 卷	赖际熙	1921 年	
	《清远县志》21 卷	朱汝珍	1937 年	
	《阳山县志》18 卷	朱汝珍	1938 年	
	《东莞县志》102 卷	陈伯陶	1921 年	
	《赤溪县志》8 卷	赖际熙	1920 年	
	《恩平县志》25 卷	桂坫	1934 年	
	《西宁县志》34 卷	桂坫	1934 年	
	《龙山乡志》15 卷	温肃	1930 年	
四川	《四川通志》	宋育仁		
	《富顺县志》	宋育仁		
	《大邑县志》14 卷	宋育仁	1929 年	
	《容县志》17 篇	赵熙	1929 年	
	《双流县志》4 卷	刘咸荣	1921 年	

第二节 从"嘉业堂"到民初丛书

藏书与刻书是民初遗民实践文化整理工作的又一手段，也是民初遗民文化实绩的体现。邓邦述有一段关于藏书和刻书心境的自白："新学大昌，典籍渐废，秘本旧书不惟读者日稀，且恐知者复罕。不为表彰，则秦火虽熄，仍同灭亡。此一惧也。中学西渐，欧美之人虽不辨之无，而独喜搜讨。酾宋遗籍，转入东瀛；敦煌坠简，复非吾有。后之学者，虽欲抱残守缺，亦云难矣。此二惧也。家本清寒，世袭清德，虽为民牧，时念山林。然而买山无资，楼如虚构，债台累筑，贫无所归。昔者借债以买书，今且鬻书以偿债，及身而散，恐遂不逮子孙。此三惧也。"① 面对"三惧"，民国初期的许多遗民以无限的热情从事文献的刊刻工作，出现了刘承干、徐乃昌、刘聚卿、胡思敬等一大批著名的藏刊书家和《豫章丛书》、《雪堂丛刻》等一大批丛书，现检其要者作简略的介绍。

一、遗民藏书家简介

1. 刘承干

> 铜山非富富琅函，两过门间未许探。黄白无成书就佚，颇闻宾客散淮南。②

这是伦明综述刘承干藏书递嬗的一首诗。刘承干（1882—1963）字贞一，号翰怡，浙江南浔人。他的祖父刘镛出身贫寒，后经营蚕丝业而发迹，成为南浔首富之一。刘墉有子四人：刘安澜（字观伯，号紫回）、刘安江（字澄如，号橙墅，以锦藻名行于

---

① 邓邦述《群碧楼书目初编·序》，民国 19 年影印本，转见项文惠《嘉业堂主——刘承干传》，杭州：浙江人民出版社 2005 年 7 月，第 120 页。

② 伦明著、雷梦水校补《辛亥以来藏书纪事诗》，上海：上海古籍出版社 1990 年 9 月，第 45 页。

世）、刘安泩（字渊叔，号梯青）、刘安溥（字和庵，号湖涵），刘承干为刘锦藻儿子，后过继给刘安澜。光绪三十一年（1905）举贡生，曾任候补内务府卿，在赈灾中因捐银较多，获得郎中、三品卿衔、四品京堂等官衔。1914 年以输金资助崇陵种树得"钦若嘉业"匾额，1917 年与章梫合纂《纶旅金鉴》，获"抗心希古"匾额。在辑补生父刘锦藻《清续文献通考》、嗣父刘安澜的"表彰遗逸之诗"① 《国朝诗萃》的过程中，萌发购书、藏书的想法，自 1910 年始，收购甬东卢氏抱经楼、独山莫氏影山草堂、仁和朱氏结一庐、丰顺丁氏持静斋、太仓缪氏东仓书库等散出之书达 60 万卷，成为与蒋汝藻、张钧衡在上海并立的三大藏书家。1920—1924 年，刘承干在家乡南浔建占地 30 亩之广的"嘉业堂"藏书楼，经过几十年的积聚，嘉业堂藏书以明刻本 2000 种和地方志 1200 种名扬于世，其中不乏宋、元善本秘籍，刘承干重金聘请缪荃孙、叶昌炽、王玓伯、陈毅、孙德谦、杨钟羲、况夔生、董康等人校刻书籍，后刊刻《嘉业堂丛书》等书籍 178 种、1900 余册，为我国文化事业的保存和整理作出了巨大的贡献。

2. 徐乃昌

　　刊成闺秀百家词，好事南陵合绣丝。堪笑痴儿保孤本，至今还是宋元时。②

　　这是伦明综述徐乃昌藏书递嬗的一首诗，徐乃昌（1868—1943）字积馀，号随庵，又号众丝。安徽南陵人。清末外交家刘瑞芬的长婿，大出版家刘世珩的姐夫。光绪十九年中举，官至江南盐法道兼金陵关监督，江苏高等学堂总办。1903 年，率团赴日本考察学务。辛亥后隐居上海成为遗老，并经营工商业，与旧友缪荃

---

　　① 章梫《刘紫回虞衡别传》，章梫《一山文存》，沈云龙《近代中国史料丛刊》第 33 辑，台北：文海出版社，第 531 页。

　　② 伦明著、雷梦水校补《辛亥以来藏书纪事诗》，上海：上海古籍出版社 1990 年 9 月，第 45 页。

孙、叶昌炽、刘承干及刘世珩等往来密切，切磋收藏、校刊古籍。以藏金石书画、刻书、访碑闻名。以鄱斋、积学斋、镜影楼、小檀栾室作藏书斋、刻书斋名，在辛亥以前刊刻有《积学斋丛书》20种63卷（1893年）；《小檀栾室汇刻闺秀词》120种133卷（1896年）；《鄱斋丛书》21种46卷（1900年）；《随庵徐氏丛书》10种52卷（1908年），1916年又续印20种97卷。辛亥以后刊刻有《南陵先哲遗书》5种23卷（1934年），主纂《南陵县志》，总纂《安徽通志》，亲撰《安徽通志稿·金石古物考》，参与安徽学者在上海发起影印出版《安徽丛书》(1932—1936年) 30种360卷。个人著述有：《续方言又补二卷》、《南陵县建制沿革》、《皖词纪胜》、《积学斋书目》、《徐乃昌日记》等。①

3. 刘世珩

> 贵池刻书爱仿宋，成就武昌陶子麟。本来未见中郎貌，究竟中郎是虎贲。②

这是伦明《辛亥以来藏书纪事诗》对刘世珩藏书善行的称颂，刘世珩（1875—1926），小名奎元，字聚卿，又字葱石，号（继）庵，别号楚园，安徽贵池人。光绪二十年（1894）中举人，1903年任江楚编译官书局总办，派缪荃孙、柳诒征等随徐乃昌赴日考察学务，归国后筹建劝业工艺局、商品陈列所、江宁商会、设商业中学、高等学堂，同时兼理南洋官报局、裕宁官银局、江宁马路工程局、两江师范学堂、江宁实业学堂等事务，1906年，被任命为湖北造币厂总办兼天津造币厂监督，1908年任直隶财政监理，1911年升为度支部左参议，辛亥革命后，迁居上海，筑楚园，藏书十余万卷，收购金石、古器物，其中以南唐乐器大、小忽雷最为著名，

---

① 徐学林《试论清末至民国前期的安徽出版业的历史地位》(四)，《出版发行研究》，1999年第6期。

② 伦明著、雷梦水校补《辛亥以来藏书纪事诗》，上海：上海古籍出版社1990年9月，第45页。

全力校刊古籍。先后刻有《聚学轩丛书》、《一印一砚庐金石五种》、《七石经》、《圣顾丛书》、《玉海堂景宋元本丛书》、《宜春堂影宋巾箱本丛书》、《贵池刘氏所刻书》、《赐书台汇刻曲谱》、《暖红室汇刻传奇》、《贵池先哲遗书》等 10 种丛书，子目超过 250 种，加上丛书中的小丛书、单行本，总卷数超过 2000 卷。其中以《聚学轩丛书》、《贵池先哲遗书》、《暖红室汇刻传奇》三种，聘请陶子麟等高手刻板，字大悦目，纸白如玉，精美绝伦，受到时人冯煦、缪荃孙等人的称赏。主要著述有：《吴应其年谱》、《刘伯宗先生（城）年谱》、《贵池县沿革表》、《银价驳议》、《圆法刍议》、《聚学轩词集》、《南朝寺考》等。①

4. 胡思敬

胡思敬（1869—1922 年）字漱唐，江西南昌新昌人，1893 年中举，次年成进士，后选取翰林院庶吉士，任吏部考功司主事，宣统元年（1909）补辽沈道监察御史，转掌广东道监察御史，辛亥（1911）三月，挂冠南下隐居，将在京期间的 20 万卷藏书携归南昌，在东湖边创建图书馆。他的《退庐留书记》、《留书后记》有详细的记载。民国初年，江西学术界公推他为江西省教育会会长，他坚辞不就。他隐退后，致力于著书、刻书，编著地方志书《盐乘》，修于 1913 年，刊印于 1917 年。校刻《问影楼丛刻初编》共 9 种 36 卷；《豫章丛书》共 103 种 694 卷 266 册。主要著述有《退庐文集》、《退庐诗集》、《退庐笺牍》、《国闻备乘》、《戊戌履霜录》、《王船山〈读通鉴论〉辨正》等。

除上述著名的藏书、刻书家外，还有更多的民初遗民参与藏书、刻书事业。伦明的《辛亥以来藏书纪事诗》、苏精的《近代藏书三十家》所载录的，除下文刊刻丛书的部分人物外，还有：徐梧生、陈宝琛、杨钟羲、张勋、沈曾桐、夏孙桐、杨守敬、曾习经、黄节、樊增祥、袁思亮、吴道镕、金梁、陈田（松山）等。

① 徐学林《试论清末至民国前期的安徽出版业的历史地位》（四），《出版发行研究》，1999 年第 6 期；徐学林《精于理财，拼命存古——近代出版家刘世珩传略》，《出版史料》，2003 年第 1 期。

二、民初丛书

民国时期纂刻的丛书很多，有一部分属于学人、藏书家刊刻，有些是属于遗民刊刻，这里仅选取后者作粗略的归类，而且成果基本限定于民国时期。

人物	刊刻的书籍
刘承干	《嘉业堂丛书》57 种、750 卷、200 册，《吴兴丛书》65 种、850 卷，《求恕斋丛书》33 种、241 卷，《留余草堂丛书》10 种、62 卷，《嘉业堂金石丛书》5 种、50 卷，其他单行本 14 种、共 880 余卷；《辽东三家诗抄》3 种
徐乃昌	《随庵所著书》、《烟画东堂小品》、《宋元科举三录》、《永嘉四灵诗》、《南陵先哲遗书》5 种 23 卷、《安徽丛书》30 种 360 多卷、《隋庵丛书续编》10 种
刘世珩	《贵池先哲遗书》12 种 263 卷、《暖红室汇刻传剧》42 种 107 卷、① 《玉海堂影宋元本丛书》22 种 686 卷、《宜春堂影宋巾箱本丛书》10 种、《暖红室汇刻传剧》37 种
胡思敬	《豫章丛书》103 种 694 卷
叶昌炽	《击淡庐丛稿》19 种
陈伯陶	《聚德堂丛书》12 种、《陈聚德堂丛书》14 种
梁鼎芬	《经学文钞》15 卷
刘体信	《直介堂丛刻》19 种 249 卷
蒋汝藻	《密韵楼景宋本七种》
汪兆镛	《微尚斋丛刻》6 种
况周颐	《蕙风丛书》8 种 37 卷、《词话丛钞》10 种
叶德辉	《观古堂所著书》2 集 20 种、《郋园小学四种》23 卷、《唐开元小说》6 种 28 卷

---

① 况周颐与《暖红室汇刻传剧》刊刻有密切的关系。详见吴树荫《况周颐和暖红室〈汇刻传剧〉》,《文献》季刊，2005 年第 1 期。

人物	刊刻的书籍
缪荃孙	《三唐人集》3 种
沈曾植	《西江诗派韩绕二集》
孙德谦	《金源七家文集补遗》7 种、《鸳音集》2 种
王先谦	《国朝十家四六文钞》10 种
董康	《诵芬室丛刊》及二编共 91 种、《广川词录》10 种、《读曲丛刊》8 种
罗振玉	《鸣沙石室佚书》三编共 23 种、《永慕园丛书》6 种、《云窗丛刻》10 种、《雪堂丛刻》52 种、《吉石庵丛书》四集 27 种、《嘉草轩丛书》11 种、《六经堪丛书》三集 20 种、《东方学会丛书初集》18 种、《殷礼在斯堂丛书》20 种、《百爵斋丛刊》14 种、《贞松堂藏西陲秘籍丛残》三集 34 种、《高邮王氏丛书》7 种、《明季辽事丛刊》4 种、《皇料丛刊初编》22 种、《楚雨楼丛书初集》8 种、《敦煌石室遗书 3 种》3 卷、《元人选元诗 5 种》、《明季三孝廉集》5 种、《悉云三书》
朱祖谋	《强邨丛书》180 种
钱溯耆	《沧江乐府》7 种
宋育仁	《问琴阁丛书》7 种

资料来源：（1）上海图书馆编《中国丛书综录》，上海古籍出版社 1982 年 12 月版。

（2）施廷镛《中国丛书综录续编》，北京图书馆出版社 2003 年 3 月版。

（3）项文惠《嘉业堂主——刘承干传》，浙江人民出版社 2005 年 7 月版。

藏书、刻书客观上为古籍的保存和整理做出了贡献，但是，他们藏书、刻书中体现的遗民意识也不应该忽视，胡思敬的刊刻丛书可见一斑。陈剑潭为胡的同乡，打算刊刻一些书籍，驰书征询胡思敬的意见，胡的回信表明了几点建议和自己的想法：

1. 刻书以"经世致用"为归，"持论尚通，似尚未离乎包慎伯（包世臣）、冯林一（冯桂芬）、魏默深（魏源）一流人见解"，他们的述说在今日已成敝帚，无济于天下。

2. 天下之乱由人心，人心之坏由学术，处今世的我辈，应守拙安贫，检括身心，才能求自立。

3. 刻书求多无益，文章发于忠爱，"其人既重，文亦与之俱传"。

4. 做学问的门道虽多，但是切要的门径是由博返约、沿流溯源、修己治人，而修己之道，大者在彝伦，小者在出处。

正是基于这些想法，胡思敬在信中明确指出："鄙人编刻《豫章丛书》即本斯旨，凡人品不为众论所许者，即四库已收，如陈彭年《江夏别录》、夏竦《文庄集》、程钜夫《雪楼集》，一概不收，专以表扬潜德为主，庶为善者知所劝，为恶者有所惩。身虽坐废斗室，编摩于风教，不无小补。"因此，他对陈剑潭的著书，仅"取《江表忠烈》，余皆不甚注意"①。在《答上海商务印书馆书》中也强调"历来操选政者，或以诗存人，或以人存诗，要必人品与诗品相称，方不至远负甘泉作序之讥"②。显然，胡思敬既注重载道之文，也注意诗品人品相符，编书也是顺从此旨，尤其强调忠义、气节。

第三节　文化教育事业

民初遗民对固有学术文化的继承除史学、出版等方面外，他们在学校教育、故宫博物院等文化事业上也有一定的实践，虽然他们的真实意图在今人看来有些悖谬，但是，其客观带来的成绩不容忽视。

一、学校教育

中国近代史上早期启蒙思想家郑观应在其著作《盛世危言》

---

① 胡思敬《答陈剑潭书》，胡思敬《退庐全书》，沈云龙《近代中国史料丛刊》第45辑，台北：文海出版社，第565~569页。

② 胡思敬《答上海商务印书馆书》，胡思敬《退庐全书》，沈云龙《近代中国史料丛刊》第45辑，台北：文海出版社，第599页。

中说："学校者，造就人才之地，治天下之大本也。"① 京师大学堂的倡立者李端棻也指出："国于天地，必有与立，言人才之多寡，系国势之强弱也。"② 郑、李二人是从学校教育能够造就人才、强盛国势等方面的积极作用立言的。浸淫于传统教育的民初"文化遗民"对于学校教育的重要性也有着清醒的认识，而且他们在清王朝尚未灭亡时期，以自己的实际行动或参与学校的教育与管理工作，或发表一些探讨学校教育改革的文章。前者如梁鼎芬，张之洞督粤时，聘其主持惠州丰湖书院、肇庆端溪书院、广州广雅书院，张调任湖广总督后，梁鼎芬受聘担任两湖书院史学分教、监督等职，调署两江时，复聘主钟山书院。李瑞清曾任江宁提学使，主持两江师范学堂。瞿鸿机、吴庆坻分任清末浙江、湖南学政。王玫伯任教浙江东湖、九峰书院，广东两广优级示范学堂。宋育仁长成都尊经书院。创设同名为"东文学堂"的有沈曾植、罗振玉、金梁、陈宝琛四人。劳乃宣为近代音韵学家、汉语简字谱的创始人与推广人、教育家，曾经设立里塾，1901 年任浙江求是书院总理，后来求是书院在劳的主持下改为浙江求是大学堂，次年改为浙江大学堂，1911 年 11 月任京师大学堂总监督，后又兼任学部副大臣。后者如王国维的《论教育之宗旨》、《教育小言》等。客观上，他们为晚清中国教育的发展做出了积极的贡献。

到了中华民国时期，成为遗民的这一部分人也依然热心或关心教育，但是，他们的教育旨趣表现为两种倾向：

1. 以经、史为内容的传统文化教育

作为遗老，辜鸿铭执教于北京大学、王国维执教于清华国学研究院众所周知，事实上，除他们之外，还有很多遗老在民国时期寓身于教育界，如姚永朴入安徽大学，李详入东南大学，张尔田入燕京大学等，他们基本以传统的经、史、子、集为教学内容。

---

　　① 　郑观应《盛世危言·学校》，陈景盘、陈学恂《清代后期教育论著选》(上)，北京：人民教育出版社 1997 年 8 月，第 509 页。

　　② 　李端棻《请推广学校折》，陈景盘、陈学恂《清代后期教育论著选》(上)，北京：人民教育出版社 1997 年 8 月，第 338 页。

高觐昌在辛亥革命后归隐回乡，发觉很多旗民子弟因家境困难的缘故而失学，当时，宝应的刘朴（钟琳）来丹徒旅历，悯之，遂就城内旗营创立"培东义学"，高觐昌也每年资助金银，自戊午（1918）至逝不绝。① 王季寅丁巳年（1917）与世裕合资创设小学堂于烟台旺源村。②

被张学良枪决的杨麟阁（宇霆）于 1927 年左右曾在奉天萃草书院旧址设立专习中国古学的奉天书院，聘王树枬为山长，吴廷燮、吴闿生为教习，商定王树枬讲经学，吴廷燮讲史学，吴闿生讲词章，作为山长的王树枬为学生指示读书的门径时说："古人言读书必先识字，字不外形声、训诂两端，惟《说文》、《尔雅》为最要。"接着他从识字、读经、校勘、功课等方面指点学习的基本技巧。③

偏安于香港地区的遗老们较多地参与教育活动，④ 1911 年，香港英国殖民政府建立香港大学，1913 年港大正式开课，初聘吴道镕、次请丁仁长任中国文学教习，吴、丁不就，后由赖际熙任香港大学汉文总教习，讲授史学，区大典教经学，1932 年间，赖际熙又推荐温肃、朱汝珍等任港大汉文教习，他们教授的内容，经学注重《四书》，史学采用《通鉴辑览》，旁及多家史论。香港皇仁中学为 1911 年前香港地区唯一最高学府，经人介绍，陈庆保于1912 年至 1916 年间担任该校汉文教习，1913 年起，皇仁中学、底理罗士女书院、汉文中学等校分设汉文男、女师范夜校，男、女师范日学堂，区大典、桂垍教经学，陈子褒、陈达明教文学，区大典

---

① 高觐昌《葵园通叟自订年谱》，周和平《北京图书馆藏珍本年谱》（184 册），北京：图书馆出版社 1998 年影印版，第 527～528 页。

② 《福山石坞王君年谱》，周和平《北京图书馆藏珍本年谱》（180 册），北京：图书馆出版社 1998 年影印版，第 409 页。

③ 王树枬《陶庐老人随年录》，章伯锋、顾亚《近代稗海》第 12 辑，成都：四川人民出版社 1988 年 4 月，第 409～413 页。

④ 该项内容主要参考伯子《辛亥革命前后前清遗老在香港的活动》，中国人民政治协商会议全国委员会文史资料研究委员会《文史资料选辑》第 44辑，北京：中国文史出版社 2001 年，第 215～232 页。

极力以四书经义课学员，各学员受其熏陶，亦以四书经义教其所教之学生，一时香港汉文学生读经之风甚炽。辛亥革命后，卢湘父及兄卢衮裳、侄等在香港设立湘父男学塾、湘父女学塾，以朱九江"惇行孝弟（悌），崇尚名节，变化气质，检摄威仪"做校训，提倡读经，尊崇孔教。陈庆保在接办友人陈某的私塾后改名为庆保中学，聘前清秀才陈教端为教席，以"孝悌忠信"为校训。1930 年陈焕章与卢湘父及其父兄在般含道组织孔教学院，陈焕章于每周日讲述《论语》、《孟子》等，每次讲经开始，由卢衮裳说明每周讲经的意义，结束时，由陈焕章带头诵读《中庸》"唯天下之圣"一章，取末句"故曰配天"作为诵圣。陈焕章的讲经，根据董仲舒的《春秋繁露》来阐明孔子为我国救世的大教主，并谓孔子可与释迦牟尼、耶稣鼎足而三，倡议每家设圣像，每朝烧香礼拜，诵读《孝经》开宗明义首章、《中庸》颂圣章。

此外，还有俞鼎（字叔文）、刘树庄、陈伯陶 1915 年在忌连忌利道合办扶轮学塾，陈子褒 1918 年将其在澳门主办的子褒学校迁到香港循道会旧址，1919 年陈子褒在般含道创办子褒女校，1922 年赖际熙独资创办粤学书塾，朱汝珍 1931 年在云咸街设立隘园学校，等等。

2. 培植复辟人才，陶砺人心和士人气节

辛亥革命后，胡思敬两辞江西教育会会长之职，其理由一是对教育颇觉痛心，因为 1911 年作为监察御史的胡思敬曾有上疏《奏学堂十弊六害折》，对张之洞等人改科举为学堂之举表示不满，那么，作为教育会长等类的学堂监督不过是"上守部章，下承院司命令"而已，而真实的意图是因为"教育会"是"假新学名词"，他不愿意担当民国政府的职位，故力辞。① 胡思敬虽然对教育会长不在意，但对教育并不是完全灰心，给章梫的一封信中说道："论一人之私，则祝宗祈死，正在此时；论天下之重，则宜先保厥躬，

① 胡思敬《再答教育会辞会长笺》，胡思敬《退庐全书》，沈云龙《近代中国史料丛刊》第 45 辑，台北：文海出版社，第 472 页。

次则留意人才。"① 在致巢歧村的信中表示"于邑中公事一切悉屏谢不问，独与振贫、课士两端，区区尚不能忘情"②。其实，"留意人才"、"课士"是他们为延续人才的一种权宜之计，胡思敬在给刘廷琛的信中将这种意思表露得比较明显，信开头说，"海内同志无多，沈（曾植）、劳（乃宣）老迈龙钟，梁（鼎芬）、王（注：具体指谁不详）亦日见衰态，唯晴初（胡嗣瑗）及仁先（陈曾寿）年最强、才最美，而境况最艰苦，若听其潦倒穷途，为外物牵引而去"，"恐吾道益孤，将来有唱无和，虽有机缘，则亦无从措手矣"③。在给章梫的信中表达得更为露骨："故今日之患，不患海内之志士无惓怀故国之思，而患重见天日之后，无安民、定国之才，重为革党所窃笑耳。"④ "机缘"、"重见天日"就是遗民们幻想的溥仪"复辟"，故他认为教育的一个重要宗旨是培植为"复辟"服务的才俊。

鉴于此情，胡思敬在对刘廷琛的信中说："弟在乡间设一义学，选少年纯朴子弟十二人，课以经、史、宋五子书，虽聘有本邑山长，而自身不能不略为讲学，以此牵掣。"⑤ 此"义学"即"盐步书院"，山长为熊孝廉，所学内容为小学及《近思录》等，旨趣与高觐昌创办的"义学"略有区别。

二、图书馆、博物馆事业

中国的古籍汗牛充栋，在漫长的历史年代中都有官、私图书的

---

① 胡思敬《致章一山书》，胡思敬《退庐全书》，沈云龙《近代中国史料丛刊》第45辑，台北：文海出版社，第685页。

② 胡思敬《与巢观察歧村书》，胡思敬《退庐全书》，沈云龙《近代中国史料丛刊》第45辑，台北：文海出版社，第553页。

③ 胡思敬《致潜楼书》，胡思敬《退庐全书》，沈云龙《近代中国史料丛刊》第45辑，台北：文海出版社，第574页。

④ 胡思敬《答章一山书》，胡思敬《退庐全书》，沈云龙《近代中国史料丛刊》第45辑，台北：文海出版社，第606页。

⑤ 胡思敬《致潜楼书》，胡思敬《退庐全书》，沈云龙《近代中国史料丛刊》第45辑，台北：文海出版社，第574页。

收藏，石室、金匮、天禄阁、兰台等藏书馆网罗了历代的典籍，到近代，随着资本主义文化思想的传入，具有近代公益性事业的图书馆、博物馆等相继出现，它们为文化事业的延续做出了不可磨灭的贡献。

1909年，学部奏请设立京师图书馆，年底，《京师及各省图书馆通行章程》颁发，以"保存国粹，造就通才，以备硕学专家研究学艺、学生士人检阅考证之用，以广征博采供人浏览"① 为宗旨，它的出现标志着近代图书馆事业初具规模，至1914年，全国共有省级图书馆14所。

1905年，张謇建成的南通博物馆是我国近代博物馆建设的起步，此后，如1915年的江苏古物保存所、北京农商部地质调查所陈列馆、保定教育博物馆、天津博物馆、江西教育厅博物馆、山西省教育图书博物馆等相继成立，至1921年全国已有博物馆13座。

辛亥革命以后，成为遗民的部分学人，对图书馆、博物馆事业也较为热心，他们也参与了部分图书馆、博物馆的建设。

1. 图书馆建设

1913年赖际熙主持香港大学中国文学科时，认为中国学生研究中国学术，必须参考中国古籍，便主张建立中文藏书楼，经得港大董事局同意，按照张之洞《书目答问》及广雅书院的藏书目录，选购经、史、子、集、丛五类必备古书，购得二三万册，其中多数是丛书，如《武英殿丛书》、《粤雅堂丛书》、《广雅丛书》、《图书集成》等，此为香港有中文藏书楼之始。1922年赖际熙创办的粤学书塾结束，赖不愿将塾址交还业主，遂与冯香泉、洪兴锦、李海东、陈庆保等成立读书会，聘何藻翔主持。赖氏秉着"宏振斯文，宜聚书讲学"，以实现存古、卫道、顺人心、拯世道的心志，在向绅商何东、郭春秧、利希慎们募捐到款项后，"仿广州学海堂之

---

① 转引自来新夏《中国近代图书事业史》，上海：人民出版社2000年12月，第213页。

例，创立学海书楼"，求"征存载籍"，欲传"邹鲁"于"海滨"。①购买《十三经注疏》、《通志堂经解》、《全唐文》、《太平御览》等书。此为香港私立藏书楼之始，待它颇具规模，推陈伯陶、何藻翔、区大典、赖际熙为学长，以赖际熙为义务司理，俞萧辅之，李海东为义务司库。②"学海书楼"的创办对香港地区文化的贡献是不可否认的。

劳乃宣除1914年在青岛设立的"尊孔文社"藏书楼外，在曲阜也有创立藏书楼的举动。曲阜孔庙有奎文阁，始建于宋天禧二年（1018），初名"藏书楼"，金明昌二年（1191）重修时改为"奎文阁"，明弘治十三年（1500）扩建为三层，它至此成为历代官府典藏书籍的一个重要场所，经过上百年的时代变化，至20世纪初，奎文阁藏书已所剩无几。1914年间，退隐青岛的劳乃宣移家曲阜，当他看到"阁犹岿然"而"书则无一卷之遗"的奎文阁后，萌发了在此设立"奎文阁藏书楼"的想法，他在《奎文阁藏书议》中对藏书楼做了细致的规划：设馆的目的是"存古今图籍，以备四方人士观览稽求，诚为我国唯一之盛举也"。接着，他提议将藏书楼命名为"阙里图书馆"；房间的上、中两层为典藏书籍之处，下层为祭祀、习仪之所；书籍的来源，一是将京师板存的官书、各省官刻的书籍，解送一部到此，二是登报广告来书；选取编目、杂役数人从事目录的编排和日常的管理；服务对象为本邑及诸方人士；地方政府筹资进行馆舍的维护等。③

胡思敬退隐定居南昌后，筑室东湖湖滨，将其从京师带回来的

---

① 区志坚《民间团体成为传统学问南移与知识普及文化的桥梁》，唐力行《国家·地方·民众的互动与社会变迁》，北京：商务印书馆2004年6月，第615页。

② 伯子《辛亥革命前后前清遗老在香港的活动》，中国人民政治协商会议全国委员会文史资料研究委员会《文史资料选辑》第44辑，北京：中国文史出版社2001年，第224页。

③ 劳乃宣《奎文阁藏书议附章程》，桐乡卢氏校刻《桐乡劳先生（乃宣）遗稿》，沈云龙《近代中国史料丛刊》第36辑，台北：文海出版社，第399～404页。

20 万卷藏书以及从书店购回的约 20 万卷书籍尽行纳入藏书楼，楼上称"问影楼"，楼下命名"江西私立胡氏退庐图书馆"。

2. 金梁与（沈阳）皇宫博物馆

也许是满族第一望族瓜尔佳氏之后裔的缘故，金梁对满族的历史、古迹有着一定的兴趣，其与博物院的结缘约始于光绪末年。1907 年东三省改制，徐世昌充任东三省总督兼管三省将军事务，次年盛京内务府改为"盛京内务府办事处"，为解决旗人的生计问题，亦成立了"奉天旗务司"，在人员的任免上，徐世昌荐举金梁充任奉天旗务总办兼管盛京内务府事务。1909 年 2 月，锡良被授为钦差大臣，总督东三省的事务，此段时期的金梁做了几件有意义的事情：1910 年锡良接受金梁的建议，奏请在盛京设立"皇宫博物馆"，拟将大内飞龙、翔凤二阁的瓷玉珍异、文溯阁《四库全书》等国宝保藏起来，因摄政王载沣所阻，之后，金梁自请进行清理，详编目录，经过约 4 年的努力，终于在癸丑年（1913）完成，罗振玉题署，徐世昌作序，金梁自序，编成《盛京故宫书画录》、《盛京故宫书画记》等。1909 年曾任埃及元帅的英国名将西吉纳访华，特旨谕许选赠二件佳瓷予他，金梁事先将绘有万里江山一统图的康熙窑大花缸等大件重宝百余件藏匿起来，西吉纳最后只取得几小件宝物遗憾而返。①

到了民国时期，金梁对古迹、文物的维护也较为尽心，有影响的事情有两件：一是整理《满文老档》，二是筹划故宫博物院。

《满文老档》记载了努尔哈赤、皇太极时期 30 年的历史，是了解满族从奴隶社会向封建社会过渡的一份重要原始记录。但是它长期湮没不闻，光绪末年任奉天旗务总办兼管盛京内务府事务的金梁曾经接触过它，当金梁等正要对它进行翻译时，清王朝已经灭亡，按照《优待条件》的规定，盛京皇宫属皇室的私产，金梁利用他在奉天供职的方便，着意进行翻译。从 1918 年起，在金梁的总管下，有十余人参与翻译，费时二载方完稿，徐世昌、赵尔巽等

① 金梁《光宣小记》，章伯锋、顾亚《近代稗海》第 11 辑，成都：四川人民出版社 1988 年 6 月，第 320～321 页。

曾索稿刊刻,未有结果。1928 年金梁被省长翟文选聘为"东三省博物馆"委员长后又重理此书,几经波折,于 1929 年将择要摘录的部分以《满文老档秘录》名称发表。

在总办奉天旗务兼管盛京内务府事务的时候,金梁设立博物馆的建议得到各方的称赞,"中外闻者,咸乐观成"①。1926 年"东三省博物馆"筹建,二年后金梁任委员长,全面筹划此事,他从点查、修理、陈列、开放、编审、调查等六项入手,1929 年 4 月,东三省博物馆正式开放,此后,金梁着手编制《东三省博物馆简章》10 条、《东三省博物馆器物部搜集、保存、阅览办法》6 条、《东三省博物馆器物部搜集、保存、阅览办法》10 条、《东三省博物馆展览规则》、《东三省博物馆职员办事规则》12 条等。② 金梁的上述所作所为,客观上为中国博物馆事业的发展立下了汗马功劳,也为文化事业的保存和整理积累了宝贵的经验,其贡献和成绩不容否定。但是,我们也应看到,金梁跟民初的其他"文化遗民"一样,一首诗、一幅画、一件文物、一方古迹都能引发他的思古之幽情,更何况是天天触摸、浸淫在见证清王朝辉煌功勋的古物、古迹堆中?睹其物,思其人,时间的流逝和皇室命运的多舛,使得他对大清王朝的流连和想望更加坚韧和长久,也更能激发起他对消逝的大清王朝的同情,因此,整理古物、筹建皇宫博物院就是报效大清的一种方式,一种希冀。

3. 王国维与(北京)皇室博物馆

与金梁筹建皇宫博物院意图相似,王国维也有倡议筹办(北京)皇室博物馆的举措。

1923—1924 年是溥仪在洋师傅庄士敦的协助下做出国准备的时期,1924 年 5 月 18 日,王国维向溥仪呈递《筹建皇室博物馆奏折》,劝阻溥仪出国,为皇室着想,建议皇上开放紫禁城的一部分

---

① 转见王国华《金梁传略》,中国政协沈阳文史资料研究委员会《沈阳文史资料第 17 辑·满族史料专辑》,1990 年,第 135 页。

② 以上详见王国华《金梁传略》,中国政协沈阳文史资料研究委员会《沈阳文史资料第 17 辑·满族史料专辑》,1990 年,第 123~139 页。

为皇室博物馆，请外国人出面保护。他说：

> 窃自辛亥以后，人民涂炭，邦域分崩，救民之望非皇上莫属，而非置宫廷于万全之地无以安圣躬，非置圣躬于万全之地无以救天下，此不独臣子之于君父必首计此，即为天下苍生计，亦不能不先图其本也。近者颇有人主张游历之说，臣深知其不妥……且皇上一出国门，则宗庙宫室，民国不待占而自占，位号不待削而自削，宫中重器拱手让之民国，未有所得而全（部）尽失，是使皇上有去之日而无归之年也……今有一策，有保安皇室之利而无其害者，臣愚以为莫若开放禁城离宫之一部为皇室博物馆，而以内府所藏之古器、书画陈列其中，使中外人民皆得观览……是禁城一隅实为全国古今文化之所萃，即与世界文化有至大之关系，一旦京师有事，万国皆有保卫之责……皇上如以事为可行，可遣人先与英、日二使接洽，如得其赞助，即下明诏以建立皇室博物馆事宣告中外……如此则京师虽有事变，而皇室有磐石之固，无比邑之惊。皇上自此益崇圣德，务广圣学，稍安睿虑以俟天心，实为天下苍生之福。[1]

作为一份奏折，王国维筹办皇室博物馆的设想可谓一箭三雕：一是以开放为手段，以保护为目的；二是以禁城一隅与世界文化有极大之关系为借口，将中国文化纳入万国皆有保卫之责的范围；三是名为保护中国文化，实则是保卫皇室。由此看来，被金梁评价为"其迂而不苟"的王国维确实在此事上是花费了一定心思的，王国维的用心不可谓不良，筹划不可谓不周到，虽然他的建议最终没有被溥仪采纳，但从中可以看出，皇室博物馆的筹建是一个三全之策，其核心的主旨既是保护皇室，也是保护中国文化，这正好印证了作为"文化遗民"的王国维的本质特征。

---

[1]　王国维《筹建皇室博物馆奏折》，转见袁英光、刘寅生《王国维年谱长编1877—1927》，天津：天津人民出版社1996年10月，第416～417页。

总之，民初遗民涉及的文化事业是多方面的，上述内容主要是就其大体而言，其实，他们在新闻出版（如郑孝胥与商务印书馆）、医药卫生（如李惺园癸丑年［1913］寓居青岛后，在与诸寓公诗歌唱和的过程中，"重理医业，订正《医述》二十种"；① 朱益藩1915—1924 年担任逊帝溥仪的帝师，十余年的毓庆宫岁月，朱益藩不仅给溥仪讲《大学衍义》及写仿、对对联，而且担任溥仪的保健医生，因此被溥仪称为"儒医"。溥仪一旦身体不适，即请朱益藩"请脉"。② 此外，像陆润庠［字凤石］受精通医术的父亲陆懋修［字九芝］的影响，陆润庠对医学有一定的涉猎，今清宫医案尚有凤石治西后肝旺胃实、脾虚湿滞脉案的处方。《清史稿》陆润庠本传载：庚子西狩，凤石间关千里奔赴行在，为两宫所赏，擢左都御史，典顺天乡试，实授吏部尚书，曾兼管理医局事）等领域也有一定的作为，这些留待以后做深入的研究和探讨。

整体而言，民初遗民与史学、地方志、教育、图书馆、博物馆等活动的结缘，尽管带有较为强烈的遗民倾向，这是后继者应该细细加以甄别和区分的，但是他们客观上为我国传统文化事业的保存和延续做出了不可磨灭的贡献，正是他们的功绩，给后人的学术研究带来了便利。退一步说，如果民初遗民在上述领域出现缺位，那么，后继者的研究至少会增加一些困难，从这个意义上讲，民初遗民的准确身份是"文化遗民"！

---

① 李思敬《复叟七十年谱》，周和平《北京图书馆藏珍本年谱》（180册），北京：图书馆出版社 1998 年影印版，第 777 页。

② 王庆祥《溥仪交往录》，东方出版社 1999 年 1 月，第 162～169 页

下　编

本书的上编立足于民初"文化遗民"群体，其政治情结与中西学术的关联，文学思想及文学成就，《清史稿》及地方史志、丛书的编纂、辑录，学校教育及图书馆、博物馆等文化事业等都是群体性的显现，共同的政治及情感倾向孕育着他们共同的文化实绩，这种实绩或是群体的激励、感染和督促的结果，或是他们自觉的追求和实践体认的结果，它们存在着普遍的共性。

群体毕竟只是一个外在的集合符号，共性的追求并没有消解个性的存在，而且因为自身的学养、阅历、认识和精神寄托等原因，每个个体都会呈现出比较明显的特殊性，本书的下编拟选择几位极具个性的民初文化遗民作为叙述的对象。平心而言，遴选他们并非易事，如何把握遴选的标准、内涵、独特性？踌躇良久。

基于三点理由，下编选择了王国维、刘声木、章梫三人作为个案研究的对象。

一是他们的文化遗民特色较为鲜明。王国维学殖范围广，哲学、史学、文学、考古、音韵等均有成就，足可视为民初文化遗民的经典性人物，他也是中国近现代学术文化转换过程中的代表，既保留了传统学术的特点，又对中国现代新学术的开启做出了不可磨灭的贡献，王国维是常研常新的话题。刘声木其学殖也十分广博，终身以著述为业，尤喜在撰述中蕴含微言大义。章梫基本以史学家身份出现，但他的诗文创作成果颇丰，遗民态度也十分坚决。

二是为避免重复论述。学术界关于民初文化遗民的研究成果极多，除王国维外，大多集中在罗振玉、郑孝胥、刘承干、汪兆铭、沈曾植、陈三立、辜鸿铭、林琴南等，选择刘声木、章梫等作为研究的对象，有助于丰富民初文化遗民的特征内涵。

三是有史料支撑。研究均需立足于史料，更多的二三线遗民人物因为史料的阙如，无法知其详情，相比而言，刘声木、章梫的史料发掘和汇集，有助于研究的进行。

第一章　王国维

　　仰观 20 世纪的学术星空，人们会很容易发现王国维这颗集哲学、经学、史学、戏曲、甲骨、敦煌学等研究为一体的学坛"恒星"。作为从旧王朝中走出的"新民"，在经历了辛亥的烽火洗礼后戏剧性地成了新民国里的"遗民"，其转变带给了我们无穷的思索与启迪，从中国文化精神的守望与学术思想的承继角度分析，准确地说，王国维是一位经典的"文化遗民"。

第一节　旧时代的"新民"

　　借用上文关于"新民"的界定，17 岁至 34 岁的王国维当属一位十足的"新民"。

　　王国维能够成为"新民"是与中国特定的时代背景联系在一起的。19 世纪中国最后的十年恐怕是最为诡谲多变的时期，集梦想与进取、屈辱与愤懑、抗争与慨叹的甲午战争、戊戌变法、庚子事变等次第发生，"数千年未有之变局"给中国社会带来了强悍的冲击，面对"老大帝国"在崛起的东洋小国及西方列强前的日暮穷途以及由此带来的巨大的心理反差，众多的仁人志士为救国救民而奔波呼号，而这种急剧的社会变化往往使适逢其时的人物命运波澜起伏。

　　一、"顺民"

　　参照梁氏的"新民"称呼，18 岁以前的王国维当属"顺民"时期。虚龄 7 岁的王国维就读家乡海宁城的塾师潘绥昌（紫贵）的私塾，初为《三字经》、《千字文》、《幼学琼林》等蒙学读物，进而学习"四书"、"五经"。在"里居不出,以课子自娱。发行箧书,口授指划,每深夜不辍"的父亲王乃誉(字与言,号纯斋)的督促下,11岁的王国维已经是"诗文时艺,早洛洛成诵"①了。结束了潘塾师的蒙教,王国维进入庠生陈寿田的私塾,这位在总理衙门同文馆李善兰门下读过书的同乡,授给王国维的依然是骚、赋、骈文、唐诗等古典性内容。待至16岁,王国维除不喜《十三经注疏》外,"见友人读《汉书》而悦之,乃以幼时所储蓄之岁朝钱万,购'前四史'于杭州,是为平生读书之始"②。"治举子业"的王国维16岁顺利地中了秀才,与同乡褚嘉猷、叶宜春、陈守谦等被誉为"海宁四才子",依照常态,顺此路入闱登科是情理中的事情,然而,五年中连续二次乡试未售彻底破灭了他走帖括成名的梦想。"顺民"前程的不顺,加之生活的逼迫与个人兴趣所致,1898年2月来到上海《时务报》馆代替同学许同蔺任书记,同时以半工半读的形式进入罗振玉创办的东文学社,王国维逐渐由"顺民"转变为"新民"。

二、"新民"

"未几而有甲午之役,始知世尚有所谓'新学'者。家贫不能以赀供游学,恒居怏怏。"③ 17岁的王国维始知有"新学",加之,"摩挲书画古物"的父亲王乃誉"自光绪之初,睹世变日亟,亦喜谈经世之学,顾往往为时人所诟病,闻者辄掩耳去,故独与儿辈言之。今日所行之各新政,皆藐孤等二十年前膝下所习闻也"④。可见,当时的王国维在父亲的渐染之下对西学已有相当程度的认识,只是因为家贫而游学无缘,惆怅之心溢于言表。21岁供职于维新

---

① 《王国维遗书》(第一册)王哲安序,上海:上海古籍书店1983年9月。
② 王国维《自序》,干春松、孟彦弘《王国维学术经典集》,南昌:江西人民出版社1997年5月,第2页。
③ 王国维《自序》,干春松、孟彦弘《王国维学术经典集》,南昌:江西人民出版社1997年5月,第2~3页。
④ 王国维《先太学君行状》,转见陈鸿祥《王国维传》,北京:人民出版社2004年11月,第24~25页。

变法舆论中心的《时务报》，耳濡目染，熏陶于中西言论及时事的前沿，对西学的理解有了进一步的认识，此时更多地流露出对中西时局的关心：在 1898 年 2 月至秋冬间给同乡好友许同蔺的 21 封通信中，除一部分论及报馆事务和个人生活外，较多地流露出对时局的希望、忧虑与愤怒以及无可奈何的矛盾心态。如，1895 年《马关条约》签订后，1897 年 11 月德国占领胶州湾，次年 2 月沙俄强筑旅顺、大连铁路，英俄加紧对清政府实施政治借款换取筑路特权，王氏看来，"政府拟兼借两国之债，或可稍纾目前之祸，总之，如圈牢羊豕，任其随时宰割而已"；在转述蒋黻（伯斧）谈到西人欲禁止日本翻译西书时又担忧："若禁中国译西书，则生命已绝，将万世为奴矣。此等无理之事，西人颇有之，如前年某西报言欲禁止机器入中国是也，如此行为可惧之至。"在面对列强的瓜分，国内维新运动蓬勃高涨的时候，1898 年 5 月，光绪皇帝电诏"言新者领袖"张之洞（号香涛）入都辅佐新政，王国维及各色人等或猜其入军机处，或猜其为迁都事而来，无形之中，对张之洞寄予了一种挽危救困的厚望。6 月中旬，连日阅读了皇帝的上谕后，既对皇上"均有怵惕振厉之意"、"常熟（注：指翁同龢）罢相"表现出兴奋，也对"去翁而招王（注：指王文韶）"表现出失望；在谭嗣同遇害的当天（1898 年 9 月 26 日），他愤怒地抨击、诅咒并诘问那些"论时事者蒐罪亡人不遗余力"的人："实堪气杀，危亡在旦夕，尚不知病，并仇视医者，欲不死得乎？"更有趣的是，对断绝了他"顺民"前程的科举，王国维并不觉得很气愤，在光绪皇帝颁布了"明定国是"的诏书约十天后，王给许的信中就说："诏废八股，实为数百年来一大举动，唯易以策论亦终无济，非学校与贡举合而为一，终不能得人才而用之也。"① 反而认为这种措施欠激进与科学。这些足以表征王国维在言谈、思想倾向上俨然是一位"新民"，以致后人邓之诚也称王国维"趋时"，其在为张尔田作传时曾说："（张尔田）居上海时，与海宁王国维、吴孙德谦齐名交好，时人目为海上三君。国维颇有创见，然好趋时，德谦只

---

① 吴泽《王国维全集·书信》，北京：中华书局 1984 年 3 月，第 2～10 页。

辞碎义，篇幅自窘。二子者，博雅皆不如君。"① 蓬勃的时代气氛激发了王国维的豪情壮志，1895 年左右撰写的诗句"千秋壮观君知否，黑海东头望大秦"就是他志向的诗意化表述。

也许是父亲王乃誉从所处的环境、家计角度劝王国维以"忍"相待，也许是他"体素羸弱，性复忧郁"② 性格的影响，王国维几乎没有洒脱地将上述看法付诸行动与实践，但是王国维对西学的关注并没有因此而停止。

自 1900 年东文学社结业后至 1905 年之间，王国维有任罗振玉兼总监的武昌农校日籍教员翻译，通州（今南通）师范学堂任心理学、哲学、伦理学教员，江苏师范学堂"执事"等职位的丰富经历，对欧西历史、伦理学，叔本华、康德、尼采哲学，中国先秦诸子及教育思想，在"独学"时期有了精深的钻研和深刻的体会，王国维昔日热心的"师夷长技"兴趣逐渐转入到对中西学术内涵的探讨，1906 年撰写的《奏定经学科大学文学科大学章程书后》则对他 8 年之前寄予厚望的张之洞提出了批评，因为由黄陂陈毅草创、南皮张尚书实成的《奏定学堂章程》中的大学分科项目中，没有设立哲学一科，王国维猜测张尚书弃置哲学的缘由，或以为哲学为有害之学，或以为哲学为无用之学，或以为外国之哲学与中国古来之学术不相容。但是王国维认为，尽管张尚书能"公忠体国，以扶翼世道为己任"，但"所以图国家学术之发达者，则固有所未尽焉"③。显然，王国维不仅超脱了前人站在器物层面对西学的认识，更主要的是站在形而上的层面来看待西学的，是从学术科学性的层面立论的，学术科学性不纯粹局限于中学，也不纯粹限于西学，而是中西的化合。因此，从某种意义上讲，王国维的这种认识，是对 8 年前风行一时的"中体西用"思想的一次有力颠覆，

---

① 邓之诚《张孟劬别传》，卞孝萱、唐文权《民国人物碑传集》，北京：团结出版社 1995 年 2 月，第 451 页。

② 王国维《自序》，干春松、孟彦弘《王国维学术经典集》，南昌：江西人民出版社 1997 年 5 月，第 3 页。

③ 《奏定经学科大学文学科大学章程书后》，干春松、孟彦弘《王国维学术经典集》，江西人民出版社 1997 年 5 月，第 155 页。

也是 5 年之后两个《〈国学丛刊〉序》思想的伏笔。

第二节 新时代的遗民

社会的变迁与发展恐怕不以人的意志为转移，当湖北汉口工程第八营新军的"一呼夜呼"将王国维的"新民"梦付诸实现并响彻了 14 个省的时候，"新民"王国维已与"挂冠神武"的罗振玉飘洋过海在日本成了新民国的"遗民"！

辞书对"遗民"的解释虽有不同，但基本围绕"改朝换代后仍效忠于前一代"这个核心内容展述，"效忠"是立足于政治态度、思想观念、日常行为方式及社会交往等方面而言的。如果以这些标准衡量王国维，其"遗民"身份自然不假。

1923 年，王国维给罗振玉的书信中有这样一段话："我辈此次立言，须泯去痕迹，方为有效，故鄙意论人故不可，论事亦着形迹，故以论心为要。"① 事实上，"论心"是王氏一向的习惯，他的心迹很少表露于文字，从与王国维往来的 1200 多封信中，只有在给他非常熟稔的罗振玉、蒋汝藻、许同蔺等私人信件中才真实地表露过自己的看法，但是对政治倾向的表露则不同。1904 年他接手译编《教育世界》，第一期公布了《本报改章广告》，断然排斥"浅薄之政论，一家之私言"② 的文章，仅见的一篇政论文章是他1924 年写成但又未发表出来的《论政学疏》，因此，要通过第一手材料直接论证王国维的政治表白是十分艰难的，好在王与罗振玉及他人的往来书信已经刊行，这对了解王国维的内心世界提供了一定的帮助。

作为"遗民"，王国维的外在身份就是大家熟知的一根伴随他二十几年的辫子。民国后依然留辫的也不少，如吴庆坻（字子修）、左孝同（字子异）、辜鸿铭等，辫子招来一些麻烦，但王国

---

① 王庆祥《罗振玉王国维往来书信》，上海：东方出版社 2000 年 7 月，第 597 页。

② 转见陈鸿祥《王国维传》，北京：人民出版社 2004 年，第 178 页。

维对人们用辫子说事表现出了自己的愤慨:"吴子修、左子异皆有辫发而束之于顶,此又何为者耶?"①

从本质上讲,王国维的政治态度和思想观念里有较强的遗民特征:1912年逃到日本后,朋友铃木虎雄欲在刊物上发表王国维《送日本狩野博士游欧洲》的赠诗,王国维劝阻他不要发表,其理由有二:一是诗中语意,与日本社会政治前途颇有隐虑……君子居是邦,不非其大夫;二是"国维以亡国之民为此言乎,贵国人观之,或恐不喜"②。可见,王氏清醒地意识到身份已经发生了变化,对角色的转换是不糊涂的。成书于1912年3月中下旬③"于觉罗氏一姓末路之事略具"的《颐和园词》,王氏的自我认可度是十分高的,给铃木虎雄的信中,他表白说:"虽不敢上希白傅,庶几追步梅村,盖白傅能不使事,梅村则专以使事为工。然梅村自有雄气骏骨,遇白描处尤有深味,非如陈云伯辈,但以秀缛见长,有肉无骨也。"④ 王国维以白居易、吴伟业、学吴的清代诗人陈文述(字退庵,号云伯)相比,认为此词合白居易的"使事(注:即用典)"、吴梅村的"白描"、陈文述的"秀缛"为一体,因而他颇有信心地向铃木推荐,"拙词,尊意拟转载贵邦杂志,毫无不可"⑤。通篇中抒发了对清代兴亡的感慨,遗民情结历历可见。

其次,从罗振玉、王国维1916年、1917年密集的往来书信中可以看到,以复辟为主旨的社会动态及与海上遗老们交往的情况汇报、学问的切磋、家庭情况的沟通构成了罗、王信函的三大主题。在第一类主题中,对张勋的复辟表示了无限的关心,如1917年复辟失败后,他说:"北行诸公只有一死谢国,曲江之哀,猿鹤虫沙

---

① 王庆祥《罗振玉王国维往来书信》,上海:东方出版社2000年7月,第126页。

② 吴泽《王国维全集·书信》,北京:中华书局1984年3月,第32页。

③ 陈鸿祥《王国维传》,北京:人民出版社2004年,第394页。

④ 王国维《致铃木虎雄》,吴泽《王国维全集·书信》,北京:中华书局1984年3月,第26页。

⑤ 王国维《致铃木虎雄》,吴泽《王国维全集·书信》,北京:中华书局1984年3月,第27页。

之痛，伤哉！"① 借质穆王南征将士魂化为鹤的典故、杨贵妃和唐玄宗的爱情悲剧表达了自己对张勋等出师未捷的惋惜之情，进而又痛斥首鼠两端的瞿鸿玑"乃无心肝，竟有电辨明心迹，甘与犬羊为伍"②。再如，1923 年 4 月，当溥仪诏其"在南书房行走"、赏五品衔、着在紫禁城内骑马时，昔日翰林科甲垄断的职位突然荣膺于一个诸生身份的人，其惊悚、惶恐与荣宠心理无以言喻，心迹的表白在与罗振玉的信中真实毕现："维于初二日与杨（注：即杨钟羲）、景（注：即景方昶）同拜朝马之赏。此事在康熙间乃时有之……辛亥以后，此恩稍滥。若以承平时制度言之，在杨、景已为特恩，若维则特之又特矣。"③ 此外，像处心积虑地以开辟皇室博物馆来达到保护皇宫的目的、以北京大学考古学会《保存大宫山古迹宣言》"指斥御名至于再三"的理由辞去北京大学国学所国学门通讯导师，足以说明王国维对前朝的依恋。

或许说，恋旧是一个人的本性，但曾经作为"新民"的王国维，对新兴事物表现出了与顽固遗民同样的愤恨心理。俄国革命取得成功蔓延至欧西各国，王国维则担心这一潮流影响中国，主动致书柯绍忞并为之出谋划策："请其说当局，于欧洲和会提出以国际联盟为剿灭过激党之神圣同盟，合世界之力以扑灭之。并谓变鲁之道，此为第一着……如此派得志，则世界末日至矣，遑论其它？"写完之后，好像心有不甘，又补充说："细思此事关系至大，拟致函于十余年不通只字之陆宗舆，以利害言之。"④ 陆宗舆亦为王国维的海宁同乡，长王一岁，当王国维 1901 年第一次去东京留学时，曾为王乃誉代找并传书告诉王国维在东京的情况，陆在背弃宣统的

---

① 王庆祥《罗振玉王国维往来书信》，上海：东方出版社 2000 年 7 月，第 268 页。

② 王庆祥《罗振玉三国维往来书信》，上海：东方出版社 2000 年 7 月，第 271 页。

③ 王庆祥《罗振玉王国维往来书信》，上海：东方出版社 2000 年 7 月，第 603 页。

④ 王庆祥《罗振玉王国维往来书信》，上海：东方出版社 2000 年 7 月，第 437 页。

袁世凯手中做了高官,自此王、陆形同路人。① 1919 年 2 月,北洋军阀政府与广州军政府举行南北议和,孙中山等人因担心国会权力被当成交易的筹码极力反对,面对此境,王国维说:"闻会宗(即孙中山)一派或有反动,然彼此皆庸奴,又安有幸耶!"② 10月 1 日,在给罗振玉的信中,针对全国汹涌的学生运动,他表示:"京津学潮见于报纸者甚烈,实在如何? 此等事似与教会有关,其运动之根据地,北则京沽,南则上海也。此风气一开,以后行政如何措手?"③ 选此几例,可见王国维仇视共产主义、孙中山、五四运动等是不可否认的,作为个人通信,其中表达的情感是绝对真实和明白的。

第三节 保守与新变:文化遗民

依照前文对于"文化遗民"的界定,王国维当属典型的"文化遗民",因为从其政治态度、情感倾向到他的学术研究,无一不符合"文化遗民"的特征。

一、敦守君臣纲纪

王国维自沉后,陈寅恪先生《王观堂先生挽词并序》中有一段名言,他认为,中国文化之定义具于白虎通三纲六纪之说,其意义为抽象理想最高之境;王的殉道与成仁,追求的是抽象理想之通性而非具体的一人一事;道光以后,赤县神州面临数千年未有之巨劫奇变,经济制度的新变,使得纲纪已无所依凭,劫尽变穷,"则此文化精神所凝聚之人,安得不与之共命而同尽,此观堂先生所以不得不死"④。王国维的殉道与成仁为的是维护纲纪,死是"文化

---

① 陈鸿祥《王国维传》,北京:人民出版社 2004 年,第 112 页。

② 王庆祥《罗振玉王国维往来书信》,上海:东方出版社 2000 年 7 月,第 447 页。

③ 王庆祥《罗振玉王国维往来书信》,上海:东方出版社 2000 年 7 月,第 474 页。

④ 陈寅恪《王观堂先生挽词并序》,《学衡》第 64 期,1928 年 7 月。

托命"的表现。

其实，君臣纲纪思想一直影响着王国维。据蒋息岑先生的回忆，1904 年左右在苏州江苏师范学堂任教的王国维，"讲授修身、伦理，出入于封建名教纲常之领域，然王能沟通不同之中外礼俗"①。1912 年避亡到日本的王国维有《送日本狩野博士游欧洲》诗，中有"庙堂已见纲纪弛，城阙还看士风变"、"汉土由来贵忠节，而今文谢安在哉"之句，王对纲纪、忠节的呼唤和现实状况的不满历历可见。1923 年，张勋病卒，王国维替溥仪起草碑文，他从忠武、节义的角度感慨地指出："此运之移既莫之至而至，忠义之至乃无所为而为，虽质文有殊尚之时，而名节无或刊之日。"②成书于 1924 年的《论政学疏》是王氏少有的一篇政论文章，其主题是从中西学术的发展、影响上阐明自己的见解，意图则在扬中抑西："原西学之所以风靡一世者，以其国家之富强也。然自欧战以后，欧洲诸强国情见势绌，道德堕落……而中国此十年中，纲纪扫地，争夺频仍，财政穷蹙，国几不国者，其源亦半出于此……盖与民休息之术，莫尚于黄、老；而长治久安之道，莫备于周、孔。"③

而且，王国维的君臣纲纪思想有别于常人，宋元之际的遗民诗人、南宋宫廷琴师汪元量，时人及明初遗民都把他当作遗民，可王国维戊午年（1918）八月在《书〈宋旧宫人诗词〉〈湖山类稿〉〈水云集〉后》一文中对汪元量人品表示了不同的看法：

> 汪水云（注：水云为汪元量的号）以宋室小臣，国亡北徙，侍三宫于燕邸，从幼主于龙荒。其时大臣如留梦炎辈，当为愧死。后世多以完人目之。然中间亦为元官，且供奉翰林，其诗俱在，不必讳也……水云在元颇为显贵，故得橐留官俸，

① 钱剑平《一代学人王国维》，上海：人民出版社 2002 年，第 76 页。
② 雪林《王国维及其〈谕张勋碑文〉》，《文教资料》1999 年第 3 期。
③ 转引自钱基博《现代中国文学史》，北京：中国人民大学出版社 2004 年，第 280～282 页。

衣带御香，即黄官之请，亦非羁旅小臣所能，后世乃以宋遗民
称之，与谢翱、方凤①等同列，殊为失实。然水云本以琴师出
入宫禁，乃倡优卜祝之流，与委质为臣者有别。其仕元亦别有
用意，与方、谢诸贤迹异心同，有宋近臣，一人而已。②

理由有二：一是汪元量仕元期间，"橐留官俸，衣带御香"，优裕
的生活并不像"羁旅小臣"；二是他出入宫禁，并非出于逼迫，
"与委质为臣者有别"。因此，王国维认为汪元量的仕元是"别有
用意"，尽管王氏没有明言，但我们大体可以猜测，汪基本上考虑
的是个人的生活舒适和性命安全，谈不上敦守君臣节义，因其不能
尽君臣之礼，何能称得上遗民？③

虽然说敦守君臣纲纪不是遗民的专利，但是借它以表情抒怀、
寄托理想则是遗民常用的手段，上述几个阶段的记载表明，王国维
对中国古代的君臣纲纪等思想，不仅流露出向往与坚守之情，而且
有以它振衰救弊的决心，并呈现出一贯连续性特征，因为，作为
"文化遗民"，王国维看中的是"道"、"节义"、"纲纪"等文化观
念体现出的精神价值、社会责任和道义担当。

二、肯认传统文化道德

在君臣纲纪思想的浸淫下，与罗振玉、沈曾植的谈道论学以及
与遗老们的密切交往中，王国维对传统的道德文化有了更深一层的
体悟和理解，此时他对国际、国内时局也由以前的隔膜转为关注，
以至罗振玉曾赞叹："公热心时局，甚佩甚佩。弟则转为吟诗，如

① 孔凡礼《增订湖山类稿》载为龚圣予（即龚开），非方凤。（北京：
中华书局 1984 年 6 月，第 196 页）

② 《书〈宋旧宫人诗词〉〈湖山类稿〉〈水云集〉后》，《观堂集林》（外
二种），石家庄：河北教育出版社 2001 年 11 月，第 657 ~ 658 页。

③ 虽然王国维对汪元量的人品评价不高，但并不否定他在诗词上的造
诣，写于 1913 年、1914 年间的《东山杂记》、《二牖轩随录》就认为汪元量
的有些词"远在梦窗（即吴文英）之上"。（王国维著、赵利栋辑校《王国维
学术随笔》，北京：社会科学文献出版社 2002 年 2 月，第 178 页）

公之前两年矣。"① 环顾当时国际、国内的情形，第一次世界大战刚刚结束，俄国的社会主义运动如火如荼，北洋军阀的混战荼毒苍生，南（广州军政府）北（北洋军阀政府）军事对峙与政治议和一波未平一波又起，面对这种世界性的社会鼎革与时代动荡，王国维忧心忡忡，在给罗振玉的信中说："世无神禹，岂能抑洪水之祸耶！智虑短浅，人才乏绝，恐各国皆然。"他进而分析道："时局如此，乃西人数百年讲求富强之结果，恐我辈之言将验。若世界人民将来尚有孑遗，则非采用东方之道德及政治不可也。"② 第二年，在给友人狩野直喜的信中亦指出："世界新潮颎洞澎湃，恐遂至天倾地折。然西方数百年功利之弊非是不足一扫荡，东方道德政治或将大行于天下，此不足为浅见者道也。"③

王国维对以中国为主体的东方文化道德的体认，一方面是受当时世界范围内的文化守成主义思潮的影响，一方面是建立在对中国道德优越性、文化自主性认识的基础上。故从此层面看，王国维无疑是中国早期文化保守主义者中的一员。

三、借学术以经世，以赓续学术思想为职志

中国古代的文化精神里有一个优良的传统，即经世致用，从孔子、孟子到顾炎武、黄宗羲以至近代一直沿袭着，这种精神深入到学术领域，形成了对治学目的的认识，宋代哲学家张载的名言"为天地立心，为生民立命，为往圣继绝学，为万世开太平"④ 就是它最精髓的表述。王国维是这一传统的认同者，也是这一传统的践履者，可以说，借学术探寻真理，借学术赓续思想，是王国维一生不渝的追求，也是王国维"文化遗民"身份的标志性特征。

王国维以学术为安身立命的根本，这既是他对学术本身价值认

---

① 王庆祥《罗振玉王国维往来书信》，上海：东方出版社 2000 年 7 月，第 351 页。

② 王庆祥《罗振玉王国维往来书信》，上海：东方出版社 2000 年 7 月，第 447 页。

③ 吴泽《王国维全集·书信》，北京：中华书局 1984 年 3 月，第 311 页。

④ 《张子语录》，《张载集》，北京：中华书局 1978 年，第 320 页。

识不断深化的结果，也是国内外学术同仁的殷勤嘱托所致。

1911 年至 1914 年间，王国维先后撰写了两个《〈国学丛刊〉序》，后一个是为罗振玉代笔的。

在第一个序中，王国维开笔指出："学之义不明于天下久矣。今之言学者，有新旧之争，有中西之争，有有用之学与无用之学之争。余正告天下曰：学无新旧也，无中西也，无有用无用也。"①接着，王国维对"学"的内涵及范围作了界定，古人的"学""兼知行言之"，现在"专以知言"。"学"的范围有三大类：科学、史学、文学，科学求真，史学求理，文学求情，"古今东西之为学，均不能出此三者"。

为何学无新旧之别？王国维认为，天下的事物，从科学上和史学上观察，其立论是各不相同的，科学要求"事物必尽其真而道理必求其是"，凡吾智之不能通而吾心不能安者，虽圣贤之言有所不信，圣贤之行有所不慊，因为，圣贤只是能别真伪、明是非，而真伪非由圣贤别、是非非由圣贤立；史学则不独求"事理之真与是"，即使是不真之学说、不是之制度风俗，也有其成立之由和适时之故，其材料亦可供后人研究，所以，物理学之历史，谬说居其半；哲学之历史空想居其半；制度风俗之历史，弁髦居其半。是故，治科学者要有史学上之材料，治史学者要有科学上之知识。今之君子，非一切蔑古即一切尚古的做法是错误的，蔑古者只有科学之见地而不知有史学，尚古者只有史学之见地而不知有科学，即使是调停古今者，也未能知取舍之所以然。因此，学不存在古今、新旧之别。

为何学无中西之别？王国维认为，世界学问，不出科学、史学、文学三类，中国之学，西国皆有；西国之学，中国皆有，若说二者有区别的话，只是广狭、疏密的区别，姑且从时俗说有中学、西学之名，人们忧虑的西学之盛则防中学，中学之盛则防西学，均是无根之谈，今日的中国，不是西学、中学偏重之患，而是无学之患。更且，中、西二学，盛则俱盛，衰则俱衰，二者互为推动，没

---

① 《〈国学丛刊〉序》，王国维《观堂集林》（外二种），石家庄：河北教育出版社 2001 年 11 月，第 875 页。

有中学不兴而西学能兴或西学不兴而中学能兴的道理。所以，学无中西之别。

为何学无有用无用之别？世界上万事万物是互为一体的，探讨自然的物理、化学、机械、天文等科学与人类社会密切相关，那么，探讨宇宙、人生、艺术的史学、文学更不用说，仔细深究每一事物，都会有裨于人类之生存福祉，今之不用，后世当能用之。生民之先觉、政治教育之指导、利用厚生之渊源，均由此出。

建立在对中西学术"三无"认识的基础上，1914 年代替罗振玉撰写的《〈国学丛刊〉序》，一方面表达出了对辛亥鼎革可能造成学术命脉中断的担忧，是故，他发出了"注坡之马，造父不能制其势；建瓴之水，神禹不能回其流"的感慨；但另一方面，也表达出"思欲标艺林以寸草，助学海以涓流"，① 欲为学术贡献出自己一份力量的雄心。

王国维《沈乙庵先生七十寿序》是又一篇概述清代学术的宏文，序言从清代学术变迁的大势与特征等方面着眼，指出了沈曾植在清代学术时空中的相对位置。王国维首先指出，国初诸老、乾嘉诸先生、道咸以降等前哲各自在学术上开拓了一区域，沈曾植在少年时期已通国初及乾嘉诸家之说，中年治辽、金、元以及四裔地理，这是对前贤学术的继承；其次，道出沈曾植对后来学者学术视域的开拓之功，"综览百家，旁及二氏，一以治经史之法治之，则又为自来学者所未及"；王国维接下来发挥说：国家与学术为存亡，天而未厌中国也，必不亡其学术；天不欲亡中国之学术，则于学术所寄之人，必因而笃之，并盛称沈曾植为"学术所寄"、"邦家之基"、"邦家之光"；文章最后期望，"康强寿考，永永无疆者，固可由天之不亡中国学术卜之"②，暗示着沈曾植的学问仍然有着继承人，这既是对他衰寿的祝福，也充满对学问接续的期望。时年42 岁、且以亭林、梨洲自期的王国维正当生命和学术壮年，"康强

---

① 《〈国学丛刊〉序》，王国维《观堂集林》（外二种），石家庄：河北教育出版社 2001 年 11 月，第 710 页。

② 《沈乙庵先生七十寿序》，干春松、孟彦弘《王国维学术经典集》，南昌：江西人民出版社 1997 年 5 月，第 483～484 页。

寿耈，永永无疆者" 自然也有王国维的一份，正因为如此，此文被众人认为，名为为沈曾植祝寿，实为王国维的 "夫子自道"。

有的论者称赞王国维有一种 "学术自觉（Selfconsciousness）" 的精神，① 此话不假，从本质上讲，这应该是王国维对学术本身价值认识不断深化的结果。但是，不可否认，王国维的 "学术自觉" 也与学术同仁的鼓励有密切的联系，罗振玉的敦促作用尤不可忽视。

1916 年 2 月 19 日罗振玉给王国维的信中就说道："抑弟尚有厚望于先生者，则在国朝三百年之学术不绝如线，环顾海内外，能继往哲开来学者，舍公而谁？此不但弟以此望公，亦先生所当以此自任者，若能如前此海外四年余，则再十年后，公之成就必逾于亭林、戴、段。"② 次年 10 月，致刘承干的信中谈及王国维，推荐说，"王静安征君者，今之亭林、梨洲也，其文章学行，举世无俦"，希望刘承干能够提供纂辑、校雠之类的机会，使王国维渡过生活的难关，"异日大成其学，且与亭林、梨洲同不朽，而我辈望之"③。

《殷周制度论》是王国维 1917 年撰写成的一篇探索中国古代制度文化的学术大作，曾被新旧史学家奉为 "圭臬"，文章指出，表面上看，殷、周的变革，不过一姓一家之兴亡与都邑之转移，与后世帝王的取、守天下无异，但从本质看，实为旧制度废而新制度兴、旧文化废而新文化兴，立制的本意出于万世治安之大计。文章最后说："周之制度、典礼，实皆为道德而设。而制度、典礼之专及大夫、士以上者，亦未始不为民而设也。周之制度、典礼，乃道德之器械，而尊尊、亲亲、贤贤、男女有别四者之结体也，此之谓民彝，其有不由此者，谓之非彝……是殷、周之兴亡，乃有德与无德之兴亡。"④ 可见，王氏将周代的政治兴亡与道德联系在一起，探讨制度文化立制的本意在于寻找 "万世治安之大计"，此意在给

① 陈鸿祥《王国维传》，北京：人民出版社 2004 年 11 月，第 416 页。

② 王庆祥《罗振玉王国维往来书信》，上海：东方出版社 2000 年 7 月，第 33 页。

③ 王庆祥《罗振玉王国维往来书信》，上海：东方出版社 2000 年 7 月，第 308 页。

④ 王国维《观堂集林》（外二种），石家庄：河北教育出版社 2001 年，第 301 ~ 303 页。

罗振玉的信中昭示明显："此文于考据之中，寓经世之意，可几亭林先生。"① 学术上的自信与成功的喜悦毫无遮掩。

四、追求学术独立

学术独立是乾嘉以来形成的、在近现代得以发扬光大的一种优良学术传统，"其发端的时间为 19 世纪和 20 世纪之交，标志是承认学术具有独立之价值，并在研究中开始吸收西方现代的观念和方法"②。学术独立的含义"包括学者个人的学术独立，也包括一国学术的独立"③。所谓"一国学术的独立"，大体是指学术及学术研究应单列使其成为一门独立的职业，既不能沦为本国政治的附属品，也不能在国际学术地位中丧失了代表本民族精神和身份的特性；所谓"个人的学术独立"，大体是指个体在学术研究中，保持自己的研究特色和研究独立性，不掺和党见。这一优良传统，王国维承乾嘉诸老之余绪，梁启超、陈寅恪、冯友兰、萧公权、朱光潜等扬其波。

1905 年前后的王国维敏锐地觉察到，自严复的《天演论》出，西洋学术逐渐进入中国，由于严、康、谭等人没有从形而上的层面上真正理解西方学术的价值，只是以学术为政治上之手段，王国维认为，"故欲学术之发达，必视学术为目的，而不视为手段而后可"④。他进而指出："学术之所争，只有是非真伪之别也。于是非真伪之别外，而以国家、人种、宗教之见杂之，则以学术为一手段，而非以为一目的也……学术之发达，存于其独立而已。"⑤

① 王庆祥《罗振玉王国维往来书信》，上海：东方出版社 2000 年 7 月，第 290 页。

② 刘梦溪《学术独立与中国现代学术传统》，刘梦溪《传统的误读》，石家庄：河北教育出版社 1996 年 2 月，第 78 页。

③ 刘梦溪《中国现代学术要略》，刘梦溪主编《中国现代学术经典·陈寅恪卷》总序，石家庄：河北教育出版社 2002 年 1 月，第 61 页。

④ 王国维《论近年之学术界》，干春松、孟彦弘《王国维学术经典集》，南昌：江西人民出版社 1997 年 5 月，第 98 页。

⑤ 王国维《论近年之学术界》，干春松、孟彦弘《王国维学术经典集》，南昌：江西人民出版社 1997 年 5 月，第 100 页。

1907 年在《教育小言十三则》中针对今之士人热衷于求官、求学的价值取向，进一步申发，当今政府应该采取积极之法，"使道德、学问、实业等有独立之价值，然后足以旋转社会之趋势"①。显然，王国维比较注意学术在政治生活中的独立地位。

至于"个人的学术独立"，王国维身体力行着。辛亥后，尽管王氏成为遗民，与溥仪小朝廷有着较为密切的联系，但事实上王国维却受到像金梁等"合格"遗民的排斥②，他绝大部分时间和精

---

① 《教育小言十三则》，干春松、孟彦弘《王国维学术经典集》，南昌：江西人民出版社 1997 年 5 月，第 170 页。

② 金梁与王国维早就相识，据金梁的《瓜园述异》载："王静安，余少识于湖上，貌寝而口呐，了不异人，而与余意气颇相得，早订交。" 1923 年 4 月 16 日，王国维受命为溥仪"南书房行走"，初无住处，金梁曾约王住其寓所，王也基本同意寓居金梁处。两年中，王国维、罗振玉的通信不时谈到金梁，二人没有对金梁有任何不满，且金梁常接济困窘的王国维，罗振玉 1924 年 1 月 24 日给王国维的信中，夹有金梁致王的几句话，金告诉王不要"典质应急"，并宽慰他说，"缓急人所时有，正不必拘拘也"。1924 年 1 月 17 日，王国维致蒋汝藻的信中，王拟将《观堂集林》赠送友人，王择其"最要者赠送"名单共 19 人，金梁就是其一。在王国维投水前三日，金梁曾访之校舍，二人还有谈话。这说明王国维和金梁之间没有个人矛盾。

1924 年 11 月，溥仪被冯玉祥"逼宫"后赶出紫禁城，王国维随驾前后，并有"艰难困辱，仅而不死"之言，1925 年清华筹办研究院，聘王国维为导师，是在请示溥仪后就任的，这说明王国维并没有在宫廷中受到排挤。

1925 年 8 月，北京政府清室善后委员会清查养心殿时，发现 1924 年春、夏间清室密谋复辟文件，中间有内务府大臣金梁的奏折——《奏为列举贤才事》，推荐人才：有可用其心者升允等 4 人，可用其人者柯劭忞等 18 人，可用其名者赵尔巽等 8 人，但当中没有王国维的名字。作为内务府大臣的金梁没有列举王为贤才，是有原因的，具体缘由不得而知，但至少能够说明王国维不是金梁眼中密谋复辟的理想人物或合适人选。

王国维对金梁唯一不满的表示是 1923 年 5 月 7 日致罗振玉的信中说，"此公根柢不同我辈"，则大体是从学术角度立言的；而金梁对王国维的评价是"其迂而不苟"。（见《甲子清室密谋复辟文证》，沈云龙《近代中国史料丛刊（续编）》第 83 辑，台北：文海出版社 1966—1987 年；孙敦恒《王国维年谱新编》，北京：中国文史出版社 1991 年；王庆祥：《罗振玉王国维往来书信》，上海：东方出版社 2000 年 7 月；吴泽《王国维全集·书信》，北京：中华书局 1984 年 3 月；金梁《瓜园述异》，沈云龙《近代中国史料丛刊（续编）》第 24 辑，台北：文海出版社 1966—1987 年，等等。）

力是用在学术研究上，也并没有因这一身份羁绊了他的研究兴致，丰厚的学术成果是极好的证明；其次，聘、辞北京大学一职也值得体味，从 1917 年起的六年中，四却马衡、一却张嘉甫，终于答应成为北京大学的通讯导师，两年后的 1924 年又挂冠而去，个中原因，表白在给好友蒋汝藻的信中："东人所办文化事业，彼邦友人……推荐弟为此间研究所主任。但弟以绝无党派之人，与此事则可不愿有所濡染，故一切置诸不问……观北大与研究系均有包揽之意，亦互相恶，弟不欲与任何方面有所接近。"① 看来，王国维是徜徉于学术独立而有意识地与政治保持一定距离的。

事实上，王国维的学术独立思想还包含着对学科自身独立地位的追求，其中以对美学和哲学的认识最清醒。形成这一自觉认识，可以追溯到 1905 年撰写的《论哲学家与美术家之天职》一文，王国维认为，哲学家和美术家"所志者，真理也。真理者，天下万世之真理，而非一时之真理也"。"唯其为天下万世之真理，故不能尽与一时一国之利益合，且有时不能容，此其神圣之所存也。"但是，通观中国古代，无纯粹的哲学，唯有道德哲学与政治哲学；无纯粹的文学，唯有忠贞爱国、劝善惩恶之文学；无纯粹的美术，唯有写自然之美一方面的美术。总之，哲学家、文学家、美术家都陷入了"有用"的藩篱而忘却了"其神圣之地位与独立之价值"，因此，王最后大声疾呼："愿今后哲学家美术家，毋忘其天职，而失其独立之位置，则幸矣！"② 次年，在《奏定经学科大学文学科大学章程书后》及《大学及优级师范学校之削除哲学科》等文章中，针对张之洞对经学科大学和文学科大学的课程设置提出的改革方案——《奏定学校章程》，王国维提出尖锐的批评，说："其根本之误何在？曰在缺哲学一科而已。"他主张把经学科大学与文学科大学合并，然后分为五科，包括经学科、理学科、史学科、中国

① 吴泽《王国维全集·书信》，北京：中华书局 1984 年 3 月，第 394 页。

② 王国维《论哲学家与美术家之天职》，干春松、孟彦弘《王国维学术经典集》，南昌：江西人民出版社 1997 年 5 月，第 105～107 页。

文学科、外国文学科，每一科中均设置哲学课程，形成了较为清晰的学科分类方案，这一方案是对中国自西汉刘向、刘歆以来的《七略》分法和《隋书·经籍志》的经、史、子、集四分法的突破，也是对传统学科分类的一次分解。它的出现与王国维对哲学学科的认识以及哲学在人类生活中的作用有着必然的联系。

王国维对于美术、美育或艺术情感教育的重视，是建立在对文学功能的理解基础上的，他指出，"生百政治家，不如生一大文学家"，因为"政治家与国民以物质上之利益，而文学家与以精神上之利益"，但是，我国无希腊之鄂谟尔（即：荷马）、英之狭斯丕尔（即：莎士比亚）、德之格代（即：歌德）之类代表全国民精神的代表，说明我国或不重视文学，或无实际相当之人；因此，国民非吸鸦片或即赌博，是有"必然的心理"，所以，"不培养国民之趣味而禁鸦片，必不可得之数也"①。在 1906 年的《去毒篇》（鸦片烟之根本治疗方法及将来教育上之注意）中，王国维究其原因说："此事虽非与知识道德绝不相关系，然其最终之原因，则由于国民之无希望，无慰藉。一言以蔽之：其原因存在于感情上而已。""感情上之疾病，非以感情治之不可。必使其闲暇之时心有所寄，而后能得以自遣。夫人之心力，不寄于此则寄于彼，不寄于高尚之嗜好，则卑劣之嗜好所不能免矣。"王国维的意思是要用高尚的嗜好抵御、置换卑劣的嗜好，而高尚的嗜好要用美育来陶塑，美育是赎救灵魂的有效手段。"故禁鸦片之根本之道，除修明政治，大兴教育，以养成国民之知识及道德外，尤不可不于国民之感情加之意焉。其道安在？则宗教与美术二者是。前者适于下流社会，后者适于上等社会；前者所以鼓国民之希望，后者所以供国民之慰藉。兹二者，尤为我国今日所最缺乏，亦其所需要者也。"②

---

① 王国维《教育小言四则·文学与教育》，干春松、孟彦弘《王国维学术经典集》，南昌：江西人民出版社 1997 年 5 月，第 112～113 页。

② 王国维《去毒篇》（鸦片烟之根本治疗方法及将来教育上之注意），干春松、孟彦弘《王国维学术经典集》，南昌：江西人民出版社 1997 年 5 月，第 162～164 页。

这一说，为后来的蔡元培先生提出的"以美育代宗教"说埋下了伏笔。

五、学术理路的开拓

作为一位"文化遗民"，王国维在中国学术史上的又一实绩是在学术方法上的开拓。有学者曾经将王国维在中国现代学术的奠基作用概括为五个方面：介绍外来思想的先行者；用西方的哲学、美学思想诠释中国古典文学的躬行者；立于传统的学术根基，旧学新知完美结合；追求学术独立；注重学术分类。① 其实，作为中国现代学术的开创人，上述五个方面并没有完全概括出王国维的贡献，至少忽略了王在学术方法和学术区域上的首创之功，前者就是陈寅恪先生在《王静安先生遗书序》中提到的"三目"，也即后人常说的"二重证据法"：一曰取地下之实物和纸上之遗文互相释证；二曰取异族之故书与吾国之旧籍互相补正；三曰取外来之观念，与固有之材料互相参证。至于后者，主要表现在两个方面：一是以宋元戏曲史为代表的戏曲学研究，1912 年完成的《宋元戏曲史》被认为是近代以来第一部完整的、科学的戏曲史研究专著，有了它的开山之功，接着才有 1925 年吴梅的《中国戏曲概论》以及其他相关戏曲研究著作，所以，梁启超在《中国近三百年学术史》中说："王静安国维治曲学，最有条贯，著有《戏曲考原》、《曲录》、《宋元戏曲史》等书。曲学将来能成为专门之学，静安当为不祧祖矣。"② 郭沫若以为，"王国维的《宋元戏曲史》和鲁迅的《中国小说史略》，毫无疑问，是中国文艺史研究上的双璧。不仅是拓荒的工作，前无古人，而且是权威的成就，一直领导着百万的后学。"③ 二是以殷墟卜辞、殷周金文、汉晋竹简和封泥等为代表的

---

① 刘梦溪《王国维、陈寅恪与中国现代学术》，《文艺研究》，2002 年第 3 期。

② 梁启超《中国近三百年学术史》，《饮冰室合集·饮冰室专集》(75)，北京：中华书局 1989 年 3 月，第 364 页。

③ 郭沫若《鲁迅与王国维》，干春松、孟彦弘《王国维学术经典集》附录，南昌：江西人民出版社 1997 年 5 月，第 506 页。

古器物、制度、文字研究，相关的研究成果都受到后人的高度赞誉，如罗、王二人在英国考古学家斯坦因、法国汉学家沙畹获得的"敦煌汉简"（即"流沙坠简"）基础上考释而成的《流沙坠简》，对西域屯戍士卒的簿记、汉代西域军事组织的情况、玉门关的位置等研究作出了突出的成就，连王国维自己在给缪荃孙的信中也说："考释虽草草具稿，自谓于地理上裨益最多，其余关乎制度名物者亦颇有创获，使竹汀（注：钱大昕）先生辈操觚，亦恐不过如是。"① 1922 年，鲁迅先生在其文章中说："中国有一部《流沙坠简》，印了将有十年了。要谈国学，那才可以算一种研究国学的书。"② 又如，王国维在王懿荣、刘鹗、罗振玉等对甲骨文研究的基础上形成的《殷卜辞中所见先公先王考》、《续考》，第一次排列出殷王世系表，并进而形成他考察西周制度史的《殷周制度论》等系列文章，奠定了他在甲骨文研究中的地位，所以文字学家唐兰说："卜学研究，自雪堂（罗振玉）导夫先路，观堂（王国维）继以考史，彦堂（董作宾）区其时代，鼎堂（郭沫若）发其辞例，固已极一时之盛。"③ 今人也评价说："1917 年是王国维甲骨文研究的丰收年，《殷卜辞中所见先公先王考》、《续考》和《殷周制度论》是我国甲骨学发展成为一门成熟学科的标志，也为王国维本人奠定了在这个学科中的领先地位。"④ 再如，王国维在清人吴荣光、刘喜海、吴式芬、陈介祺及刘鹗、罗振玉等人对封泥收集、整理的基础上，以之研究、考释汉朝的官制和地理，发前人所未见，并拾遗补阙，使得零星的珍珠镶嵌到恰当的位置，呈现出流光异彩。所以，有人感叹："同是手中的封泥，到了王国维手里却做出

---

① 吴泽《王国维全集·书信》，北京：中华书局 1984 年 3 月，第 40 页。

② 鲁迅《不懂的音译》，《鲁迅全集》（一），北京：人民文学出版社 1981 年，第 466 页。

③ 唐兰《天壤阁甲骨文存》自序，转见刘烜《王国维评传》，南昌：百花洲文艺出版社 1996 年 12 月，第 280 页。

④ 刘烜《王国维评传》，南昌：百花洲文艺出版社 1996 年 12 月，第 283 页。

了学问，且一鸣惊人。"①

总之，无论是早期的西学与哲学研究，中期的文学、戏曲探索，还是晚期的史地、甲骨、敦煌学，王国维都试图从学术问题入手揭示出人生的目的与意义，将学习与有意识的学术追求结合起来，将传统的学术研究与科学的考据方法结合起来。"学无新旧"、"二重证据法"、"中西化合"等方法对构建中国现代的学术思想乃至推动民族文化的发达，起着举足轻重的作用，"以学术为性命，而又以性命殉了学术"②是精当之论。

梁漱溟曾将别人挽其父梁济的联语"忠于清，所以忠于世；惜吾道，不敢惜吾身"移用到王国维身上，陈寅恪用"一死从容殉大伦，千秋怅望悲遗志"来概括王国维的死，从表面上看，作为文化保守主义者（或具有此倾向）的梁、陈对王国维有惺惺相惜的情结，但从深层改看，则是他们透过王国维个人悲剧命运的表象，揭示出近代社会变迁导致文化价值丧失后产生的深层精神之创痛，而集人文追求和道德崇信为一体的王国维及其同道者既承载着纲纪、道德、传统学术的社会责任担当之精魂，又开启了近代学术研究的新境界，这大概就是探寻"文化遗民"王国维的真谛所在！

---

① 钱剑平《一代学人王国维》，上海：上海人民出版社 2002 年 10 月，第 302 页。

② 陈鸿祥《王国维传》，北京：人民出版社 2004 年，第 640 页。

第二章　刘声木

　　刘体信（1878—1959）字述之，后改声木。安徽庐江人，清四川总督刘秉璋第三子，光绪末年，分省补用知府，签分山东，每遇实授，辄辞不就。入民国后，一意著述。1950年任上海文史馆馆员。刘氏勤于笔耕，撰有《桐城文学渊源考》、《桐城文学撰述考》、《续补汇刻书目》、《续补寰宇访碑录》、《苌楚斋随笔、续笔、三笔、四笔、五笔》等著作。

　　"苌楚斋随笔系列"① 刊刻于己巳年（1929）五月，据《续笔》等序载，18岁起，他开始抄录、著述，题曰《十友轩所著书》，除《随笔》部分内容撰作于光绪末年外，大部分完成或修订于民国时期。五笔广泛涉及目录版本、金石、学术源流、著述体例、诗文词评、时政及宦途内幕等方面的内容，是一本文史杂谈性的史料笔记，从思想内容来看，"苌楚斋随笔系列"蕴含有明显的遗民情结，相比于民初众多遗民选择的复辟、留辫、易服、归隐、变名、筑室、殉节、崇陵情结、拒用民国年号、诅咒民国和民国肇造者及临难变节者等生活处置形式或生存方式，刘声木选择的主要表达方式有变名、筑室，称颂遗民、称颂纲常节义，对遗民学术源流、著述体例的探讨等，它们足能凸显刘声木"文化遗民"的特征。

第一节　变名、筑室

　　顾炎武有亡国、亡天下之论，辛亥鼎革，使得刘声木也有类似

------

　　① 为了便于表述，将《苌楚斋随笔、续笔、三笔、四笔、五笔》称为"苌楚斋随笔系列"。

的模仿。

辛亥国变后，刘体信改名声木，字十枝，取汉代郭宪《汉武东冥记》事典：东方朔从西那国回来，得风声木十枝，实如细珠，风吹枝如玉声，有武事则如金革之响，有文事则如琴瑟之响，此木五千载一湿，万年一枯。① 他慕谢翱《天地间集》，自号为"天地间人"。②

与变名相关，辛亥革命后刘声木多次改换室名，据《声木自取斋名》、《自比南宋张炎》等材料记载，他总共更换斋名 7 次："苌楚斋"取《诗经·隰有苌楚》诗三章之义，叹生逢乱世，不如草木苌楚（即猕猴桃）无知无累、无室无家之忧；他慕南宋郑思肖、明代徐俟斋（枋）或画兰、或画芝，命其室为"兰芝室"，他又慕南宋真山民、邓牧、汪元量（字大有，号水云）等遗民的志节，取其室名为"真山堂"、"水云庵道士"，此外，还有"乐笑"是仿南宋遗民张炎的名号，"蒙人"取自《尔雅》"大蒙之人信"典故，"台臣"取自《左传》典故。③

上述改名、筑室行为不是其一时的冲动，他曾经说："久有黄裳衣冠之志，深悔宣统辛亥十月，奉上谕自由剪发。不然，将追踪邓牧、汪元量，放浪山水间，作世外人，不复与闻人间事矣。"④

第二节 称颂遗民

也许是同病相怜，刘声木十分关注历代的遗民，"苌楚斋随笔系列"中有大量的关于遗民事迹的记载。

---

① 刘声木《苌楚斋随笔、续笔、三笔、四笔、五笔》，北京：中华书局1998 年 3 月，第 546 页。

② 《声木自取斋名》，刘声木《苌楚斋随笔、续笔、三笔、四笔、五笔》，北京：中华书局 1998 年 3 月，第 547 页。

③ 《声木自取斋名》，刘声木《苌楚斋随笔、续笔、三笔、四笔、五笔》，北京：中华书局 1998 年 3 月，第 547 页。

④ 《声木自取斋名》，刘声木《苌楚斋随笔、续笔、三笔、四笔、五笔》，北京：中华书局 1998 年 3 月，第 546 页。

刘声木直接称颂的遗民有杨盛、真山民、顾炎武、李俭、戴礼、黄锡鹏等,谢枋得、谢翱、王夫之、张其淦等在撰述介绍中亦有涉及。

杨盛(363—425)在东晋拜为镇南将军、仇池公,永初三年(422)封武都王,元嘉二年(425)卒,据史书载:盛闻晋亡,不改义熙年号,临卒时,诫其子玄说:"吾老矣,当终为晋臣,汝善事宋。"王夫之在《读通鉴论》中亦提及此人,"宋之篡晋,义熙以后以甲子纪,而不奉宋之元朔,千古推陶公之高节。而武都王杨盛于晋之亡不改义熙年号……子之从违可与己而为变计哉?盛过矣。虽然,此非可以诮盛也。盛远在荒裔,虽受晋爵而不纯乎其为臣,进则不必为晋争存亡,退自有其不可亡之世守,则孤立而撄宋之怒,力不能敌,且以覆先人之宗社,固不可也。是以告其子以事宋而无贻危亡于后世,是亦一道也。"① 王夫之后半截话语对杨亦褒亦贬,认为杨的"不改义熙年号"无法与陶渊明的高节匹配,主旨是从夷夏之辨层面立言的,但还是对他的节义有所肯定。到刘声木笔下则基本转为赞扬:"而不知同时有杨盛事,劲节高风,与靖节堪称一时瑜亮。其生平视依附草木之辈,真如蝼蚁之处于溷中,何其伟欤!"②

宋遗民真山民事迹业已不详,刘声木也对其生平资料作了相应的爬梳和整理,《蒲城县志》有载:"真山民,(真)德秀从孙,生宋季,入元不仕,埋名肥遁有箕颖风,所著《诗集》四卷……名字不传,仅以'山民'为称。"接着他从清代吴之振《宋诗钞》、明代徐𤊹的《笔精》、《四库全书提要》等史料,对真山民的情况做了相应的补充与提示。③

明遗民顾炎武的遗民气节众所周知,刘声木在"苌楚斋随笔

---

① 王夫之《读通鉴论》(卷15)北京:中华书局1975年7月,第1095页。

② 《晋杨盛与陶潜同节》,刘声木《苌楚斋随笔、续笔、三笔、四笔、五笔》,北京:中华书局1998年3月,第1057页。

③ 《真山民考证》,刘声木《苌楚斋随笔、续笔、三笔、四笔、五笔》,北京:中华书局1998年3月,第646~645页。

系列"中有 8 则涉及顾炎武，如《顾亭林母王氏殉明难》、《亭林遗书未尽刊》、《顾炎武异性》、《顾炎武勖甥语》、《顾炎武七家年谱》、《顾炎武遗佚撰述》、《顾炎武欲人同作遗民》、《顾炎武等谒陵》等文，其中《顾炎武等谒陵》将拜谒明陵的顾炎武、李天生、王山史与民初的梁节庵、林琴南、毓清臣等置放一起。从结尾处的长长案语可见刘声木对谒陵的态度：

> 历代以来，每当国家阳九百六之时，必至风俗颓坏，人心变幻，莫可救药。始至生民涂炭，流离颠沛，困苦备尝，无所控诉。乃天为众示之警罚，非仅降祸福于一人一家已也，必至人心厌乱，天心始厌乱也。然礼义廉耻，必有人为之拨乱反正，上契天心，始克久安长治，然吾谓亭林先生等，即其人矣。①

虽然顾、李、王、梁、林、毓等人谒陵的虔诚和动机各异，但刘声木认为顾炎武等人的谒陵不仅是以人心挽救天心，而且是拨乱反正之举，足见刘声木对于谒陵的赞赏。

刘声木对于明代遗民奇女——史可法妾李儇——的描述颇为详细：李儇号空云，金陵人，父官都司，母则广陵名妓也。儇才貌双绝，年 16，为史阁部道邻簉室。年 25 而遭国变，史忠正公殉难，儇誓不再适，出家为女道士。居扬州缑笙道院，自名其室曰空云主静轩。后入王屋山，不知所终。

与李儇史籍记载相关的材料是周同谷的《霜猿集》，丁祖荫的虞山丛刻本收有周同谷的《霜猿集》，附录有李儇的序言、野史氏跋等。李儇序言后亦附有碧簪子撰的《李空云女冠小传》，专门介绍李儇的生平事迹。1936 年出版的《越风》半月刊第 17 期有金石寿的《记奇才李儇》短文，刘文、金文的内容与碧簪子作的小传基本吻合。

---

① 《顾炎武等谒陵》，刘声木《苌楚斋随笔、续笔、三笔、四笔、五笔》，北京：中华书局 1998 年 3 月，第 733 页。

李愫的《霜猿集骈文序》共有四百余言，起首用《诗经》的《麦秀》、《黍离》，《楚辞》"游兮不归" 的王孙，嵇中散（康）的《广陵散》，采菊东篱的陶渊明等因 "故都之倾覆" 而悲鸣不已的历代遗民典故，表达了她及周同谷明亡后的麦秀、黍离之悲悯，接着述其读《霜猿集》的感受，最后抒发其贞烈女子性情：

> 愫深闺弱质，相府小星。际此天倾地陷，赤符无再验之期；遽尔家破人离，素镜绝重圆之照。楼名燕子，与燕俱栖；院锁梨花，比花还悴。

对于李愫的文学才情，刘声木有较高的评价："（愫）工文学，其三十五岁时，撰《霜猿集骈文序》四百余言。虽篇幅稍狭，而吐属雅洁，颇有《樊南甲乙集》之遗，在妇人诚属难能可贵。"[①] 刘声木将李愫的《霜猿集骈文序》比作李商隐自编稿《樊南甲乙集》，不仅是因其贴切、好对切事，更主要的是它有 "屈、宋之遗响"，有忠君爱国之情。

明末的女性遗民李愫进入了刘声木的视野，同样，民初的女遗民戴礼亦受到刘声木的关注。

赵炳麟的《柏岩感旧诗话》有段关于戴礼情况的记载："湘阴郭复初编修立山……清退政后，守志不仕。有浙江戴玉环女士礼，亦感世道之日非，尝为诗云：'何处容身女仲连。'慕复初之为人，因章编修棪为媒介，嫁之。女士自撰联云：'北阙挂冠，愿结丝萝钦令节；西山偕隐，终餐薇蕨相孤忠。'士林传为佳话。"[②] 戴礼以遗民身份出现在人们视野中。除《柏岩感旧诗话》外，记载最全的是陈衍，因戴礼为其弟子，陈衍曾为其母、兄分别撰有《戴母王孺人墓志铭》、《戴扬家传》，间涉戴礼情况。

---

① 《明史可法妾李愫》，刘声木《苌楚斋随笔、续笔、三笔、四笔、五笔》，北京：中华书局 1998 年 3 月，第 78 页。

② 赵炳麟《柏岩感旧诗话》，张寅彭《民国诗话丛编》（二），上海：上海古籍出版社 2002 年，第 539 页。

戴礼（1880—1935）字圣仪，远游京师问学，先后受业于章一山（梫）太史、沈替经史，著述颇丰，有仿刘向《列女传》体例而成的《清列女传》七卷、《大戴礼记集注》十三卷、《礼记通释》八十卷及《女小兑》、杂文等。

戴、郭的婚姻以失败告终，陈衍批评说："惜故见自封，不知公天下之理，拘于《白虎通》三纲之旧学，而不知其非圣人之言。年三十尚未适人，值前清革命，遂自命亡国遗民，必欲得一旧官僚而不事民国者而后嫁之，于是误适非人，终为所弃，亦大可悯矣。"①

刘声木在"女士戴礼撰述"条目中却反陈衍之意而表述："女士生当光绪末造，尚知以女德为重，笃守三纲之说，明君臣之大意（义），以殷顽自居，编辑女学各书，欲藉以挽回颓风败俗，立志固若凤凰之翔于千仞，而锦心绣口，亦属高莫与京，洵属有功名教，为巾帼中之完人。"并特意申辩"《石遗室诗话》所云，非所以毁之，实所以誉之也。义理须求千载之是非，不在一时之犬吠厖鸣"②。

黄锡鹏（字百我），西藏昌都人，光绪癸巳（1893）举人，官度支部主事，辛亥后，弃假南归，著有《凰山樵隐诗钞》、《蜇庐文钞》，"诗集三卷以下，多黍离麦秀之音，文集中《重修宗谱序》，自言有采薇之志"。尤其是黄锡鹏在其撰述中自称"作故国遗民以没世，则至荣之幸也"，声言其"备员外郎署已逾八年，必无改操易节之理"。在其复友人信中，表示愿"以漆室女自处，誓不再嫁"，因而斥"三湘绮鬓年改嫁，易哭庵徇利屈身。二公声名，俱一落千丈"③，表示对易节的王闿运、易顺鼎不满和愤慨。

也许是爱屋及乌，刘声木因遗民之思联想到了中国皇帝及欧洲

① 陈衍《石遗室诗话》，张寅彭《民国诗话丛编》（一），上海：上海古籍出版社2002年，第38页。

② 刘声木《女士戴礼撰述》，刘声木《苌楚斋随笔、续笔、三笔、四笔、五笔》，北京：中华书局1998年3月，第845页。

③ 《黄锡鹏遗民》，刘声木《苌楚斋随笔、续笔、三笔、四笔、五笔》，北京：中华书局1998年3月，第253页。

各国皇帝、国王的命运,《五洲帝室多故》即是一例。宣统三年溥仪让帝之后的 10 年左右时间,欧洲各国同时多事,无数的皇帝下台流浪,如德意志皇帝、普鲁士国王威廉二世,失国后侨居荷兰;俄罗斯帝国皇帝尼古拉斯第二,失国后流至西伯利亚荒原,被鲍尔希维克(即布尔什维克)所杀;奥匈帝国加尔第一,失国后两次谋复辟失败,流于马德里抑郁而卒;希腊帝国国王康斯坦丁与其子乔治第四,均被逐而失位,康斯坦丁居瑞士;土耳其帝国国王、回教教主阿白杜尔米杰德阿芬地被国民押解出境,寓居瑞士。作者最后感慨说:"诚五大洲亘古之变局也。"① 惋惜之中多有同情。

第三节 称颂纲常节义

刘声木在"苌楚斋随笔系列"中对于纲常节义多有称颂,纲常节义或许是作为遗民应具备的一种品行。

遗民劳乃宣京卿 1920 年撰写有《韧叟自订年谱》一卷,中间谈论到青岛建立尊孔文社的事宜,也论及了日本朝日新闻社社员一宫房次郎,笃志孔孟之学,辛亥革命后,他曾经游历中国,访求遗老,传述于故国,以维纲常的事情。刘声木读罢劳氏《年谱》后有案语:"'夷狄之有君,不如诸夏之无',孔子早已言之于千百年以前。京卿所处之时,较之诗人身逢周室之衰者,又不可同年而语,宜其悲天悯人,若有不胜其情词者矣。"② 显然,刘声木对劳乃宣、一宫房次郎为维持纲常而体现出的尊君尊孔倾向颇为称颂。正是基于对纲常节义的固守,"苌楚斋随笔系列"中有很多场合为坚守纲常节义或者为清殉节的遗民树碑立传。

无锡人张曾畴(字望屺,号潜园),曾官湖北候补知府,"辛亥之变,为乱军所拘,勒出巨赀。义不受辱,愤而投江,死之"。

---

① 《五洲帝室多故》,刘声木《苌楚斋随笔、续笔、三笔、四笔、五笔》,北京:中华书局 1998 年 3 月,第 263 页。

② 《劳乃宣言日本人尊君尊孔》,刘声木《苌楚斋随笔、续笔、三笔、四笔、五笔》,北京:中华书局 1998 年 3 月,第 658~659 页。

刘声木认为，在当今世衰道微、廉耻日丧的时期，能保持完人志节品行的，实不可多见，因此，他特意辑录此则材料，目的就是"冀后来者有所采辑焉"①。

因节义而被刘声木极力赞颂的人是江阴人赵彝鼎，上文已有详细的分析，在此不赘述。

刘声木在《四学吏名节》中，对在晚清曾经担任提学使的四人一并赞颂，他们是山东提学使湘潭人罗顺循（正钧）、湖南提学使钱塘人吴子修（庆坻）、安徽提学使东莞人张豫泉（其淦）、江宁提学使东莞人陈子励（伯陶），其中，对罗顺循、吴子修介绍最详，两人关联在于都有以"辛亥殉难"命名的资料汇集。

陈三立在《清故山东提学使罗君墓志铭》一文中对罗顺循的情况有介绍，此墓志铭被胡思敬誉为《散原精舍文集》中的压卷之作。罗顺循名正钧，举光绪乙酉（1885）科乡试，授天津府、保定府知府、山东提学使等职。有《船山师友记》、《左文襄年谱》、《王壮武年谱》、《官书拾遗》、《辛亥殉节录》著作及文稿、诗稿六卷。辛亥国变后"湖湘连岁大乱，伏一室坚却罗致，撰述自遣"②。罗顺循的'坚却罗致"是指不应袁世凯之招。"袁世凯为临时大总统，起正钧为经界局会办，再电不应，而使之，亦不见。"③ 杨度之弟杨钧（1881—1940，字重子，号白心，晚号怕翁）《草堂之灵》的介绍与陈三立同调："辛亥以后，伏居陋巷，不与世事，袁项城招之，不顾也。其为人慷慨悲歌之士，与陈同甫一流人物。"刘声木看完《草堂之灵》之后以案语感慨：虽然当时极被赏识，荐牍中甚至有"曾胡而后，再有斯人"之语，推挽可谓达到极致，但他"卒不为势利所诱惑，愿为朝臣，不愿为家臣，

---

① 刘声木《苌楚斋随笔、续笔、三笔、四笔、五笔》，北京：中华书局1998年3月，第173~174页。

② 陈三立《清故山东提学使罗君墓志铭》，汪兆镛《碑传集三编》，沈云龙《近代中国史料丛刊（续编）》第73辑，台北：文海出版社1970年，第1204页。

③ 钱基博《近百年湖南学风》，长沙：岳麓书社2010年1月，第69页。

暾然不污泥滓，明君臣之义，立人道之防，较之同升诸公，依附草木者，可谓薰莸异气，鸾枭异性，杨氏仅以陈同甫一流许之，未免轻视之矣"①。刘声木甚或认为杨钧的推评过于低下。

罗顺循的《辛亥殉节录》未能付印，吴子修的《辛亥殉难记》却出版了，刘声木认为两书基本相垺，由书及人，作者又对吴子修有番夸奖："吴学使于宣统三年见国事日非，慨然引去，亦可云高举远识，急流勇退……每言及国事，辄悲天悯人，慨叹无已。古云视国事如家事者，吾于吴学使见之矣。"至此，刘声木联系到四人的提学使身份，最后纳闷而惊叹说："我朝末造，忠义文学之士，尽在提学使一职乎，亦天地正气所钟也。"②

对于节义的表彰，有时使得刘声木不分是非曲直，如《美国华尔等殉节》，此华尔就是被中国人视作泼皮、无赖、流氓的洋枪队队长，他帮助清政府镇压太平天国运动，1862 年 9 月在浙江慈溪被太平军击毙。李鸿章督令从优议恤，并于宁波、松江两地设立专祠祭祀。接着，刘声木有案语："华尔副戎，以外臣效命戎行，叠受重伤，终复殉难，洵属忠勇性成，难能可贵，无怪美国人，每年三月间，必大众往祭华尔墓。而中国官场，未闻派一人前往致祭，以致敬悯之意，可谓轻重倒置。"③"难能可贵"、"轻重倒置"等辞足见刘氏的态度和倾向。

与上述主题类似的章目，"苌楚斋随笔系列"中还有众多，单标题可见一斑，如：《李国英殉夫大节》、《秦良玉一门忠义》、《百孝图说等书》等。

与纲常节义的推颂相表里，刘声木对于有违节义的事也毫不含糊地批评。

缪荃孙劬学嗜古，学术宏富，在晚清属难得之学人，多被世人

---

① 《四学使名节》，刘声木《苌楚斋随笔、续笔、三笔、四笔、五笔》，北京：中华书局 1998 年 3 月，第 793 页。

② 《四学使名节》，刘声木《苌楚斋随笔、续笔、三笔、四笔、五笔》，北京：中华书局 1998 年 3 月，第 793 ~ 794 页。

③ 《美国华尔等殉节》，刘声木《苌楚斋随笔、续笔、三笔、四笔、五笔》，北京：中华书局 1998 年 3 月，第 635 ~ 636 页。

景仰，但他在民国五年（1916）洪宪帝制时做出了一件为世人所不齿的事情，个中情形，张一麐的《古红梅阁笔记》记录最详：袁世凯筹划称帝，需要各省名流连名"劝进"，缪荃孙列在江苏名单的首位，"闻当时伪造国民公意者，以江苏文物之邦，须求一老儒为弁冕，乃由省当袖饵缪以白镪二万，先致五千以寿，俟登极后补赠如约。不料西南起义，代表取消，一万五千之契约遂成泡影，艺风不容于公论，抑郁而终……吾悲艺风，吾思牧翁（即钱谦益）后之君之当阳九、百六之交，其亦知所自择夫"①。一失足成千古恨，张一麐将缪与降清的钱谦益归为一谈。

刘声木既景仰缪荃孙，但对他做出此等玷污大节的事情，毫不留情地批评："太史（即缪荃孙）虽为人利用，自甘为景延广、李业、阎晋卿、聂文进等而不悔，真西江之水，不能洗此耻辱。陆放翁以作《南园记》、《阅古泉记》蒙羞，太史较之，加千百倍也。"② 中间化用五代后晋助石重贵登基的大将景延广，助后汉隐帝刘承佑巩固政权、某杀顾命大臣杨玢等，最后又相继被杀的皇城使李业、内客省使阎晋卿、枢密都承旨聂文进，陆游晚年为韩侂胄撰《南园记》、《阅古泉记》，见讥清议等三个历史典故，讥讽缪荃孙失了名节又失财。一事三典，褒贬之辞，荣于华衮，严于斧钺。

又如《论名字僭妄》，发此感慨的起因是唐朝人李习之撰有述其祖父事状一书，名曰《皇祖实录》。

一般认为，实录是中国编年体史书的一种，是由承继皇位的儿子命史官根据已故皇帝在位期间重要史实编纂的史册，它是已故皇帝在位时所留下的诏令、奏议、起居注等有关政治活动的文书档案，以皇帝的谥号或庙号为书名，基本属于帝王、皇家专用。事实上，唐以前旧籍及私人记述中有称其祖父为皇祖、称其事迹为实录的，如南朝梁沈约《郊居赋》："伊皇祖之弱辰，逢时艰之孔棘。"

---

① 《缪荃孙劝进》，张一麐《古红梅阁笔记》，上海：上海书店出版社，1998 年 3 月，第 4 页。

② 《缪荃孙撰述》，刘声木《苌楚斋随笔、续笔、三笔、四笔、五笔》，北京：中华书局 1998 年 3 月，第 635～636 页。

韩愈《祭十二兄文》有"惟我皇祖，有孙八人。惟兄与我，后死孤存。"清代梁章钜《称谓录·亡祖》有载："李习之述其大父事状题曰《皇祖实录》。当时不以为怪；若施之近代，则犯大不韪矣。故古时称有不可通于今者，此类是也。"① 因有时段运用的差异，故《四库全书提要》有斥其妄谬，以为"实录"二字，历代天府所用，岂私家所能拟例之语。

由李习之的《皇祖实录》名字僭妄，刘声木牵连记录了多例名字僭妄现象，其中特别显眼的是"圣"字。

江西南昌人，清代大臣、学者彭元瑞（1731—1803，字掌仍，号芸楣）以"知圣道"三字名其斋。河北省巨鹿人，顺治进士杨犹龙（号雪樵）名思圣。收复台湾的决定性人物、福建总督姚启圣字熙止，号忧庵。江苏金坛于廷机妻室、著有《瑶草集》的太原女士张古诚，名学圣。苏州人，近代文学家、学者长洲朱孔彰（字仲武、仲我）晚号圣和老人，又在《咸丰以来功臣别传》中以"圣相"称曾文正公。晚清杨钟羲原名钟广，字子勤，号留垞、雪桥、圣遗，又命其诗集为《圣遗诗集》（四卷）。上述六人名、字或号中都有"圣"字，这与"士君子作文行事，宁卑无尊，宁谦无妄"的正理相违背，因为"圣人之'圣'字，非孔子及四配，不足以当之，十哲不敢僭也"。故刘声木批评他们"皆以圣自期，又妄以许人……失礼僭分"②。因类联趣，刘声木大力赞颂的戴礼女士亦因此受到指责："惟字'圣仪'，于义实有未安，'圣'字为宣统御名，理应敬避……'圣'字不可轻用，虽训诂有数解，生于三代之后，亦理应敬避。孔子尚圣不自圣，况他人乎？"理由集中在两条：一是应该避宣统讳，二是要避圣讳。

刘声木对纲常节义的坚守，一方面是因夷夏观念的影响，更主要的是将夷夏观念融入君臣之伦，使得君臣之伦原有的属性局限消

---

① 梁章钜《称谓录》，《续修四库全书》（1253 册），上海：上海古籍出版社 2002 年 4 月，第 246 页。

② 《论名字僭妄》，刘声木《苌楚斋随笔、续笔、三笔、四笔、五笔》，北京：中华书局 1998 年 3 月，第 135～136 页。

失，再将君臣之伦扩大到忠信层面，虽然其间呈现出一定的陈腐气息，但是从人类品性的追求角度，不能不说无存在的合理性。

第四节　存文和撰述

作为文化遗民，用文献征存的方式记录文史典籍，是顺理成章的事情。

刘声木一生勤于笔耕。"予自幼即好目录之学，后以费记忆力过甚，时辍而弗为，然生平结习总觉难忘，见之不已记之，记之不已，晨抄暝写，积稿尺许，乃删其繁芜及已见前人著录者，仍有一千五百八十余种，编为三十卷，竭三十余年所抄止此。"①

至于如何存文和撰述，刘氏有自己独到的理解，《论撰述体裁》有详细的归纳，共十二条：善别择、明体例、戒盗窃、戒陈腐、辨雅俗、崇礼仪、泯恩怨、戒夸诞、权轻重、戒芜杂、戒妄谬、戒游戏尖刻。在"崇礼仪"中认为，《管子》的"礼义廉耻，国之四维，四维不张，国乃灭亡"是撰述必须遵守尊崇的礼仪标准，因此，"是无论在朝在野，皆以此为依归……凡离经叛道之词，不能阑入，即齐谐志怪，亦必以献县纪文达公昀《阅微草堂笔记》为法，有关劝惩，专辟淫邪"②。

从"苌楚斋随笔系列"看，刘声木的存文和撰述有两大特征：一是收录关于遗民身世和遗民撰述的内容，以表达他对遗民的钦敬；二是通过对学术源流的梳理、著述体例的陈述、轶闻典故的记载，以达到追步前贤的目的。

遗民身世的介绍中，像《顾炎武等谒陵》、《顾炎武欲人同作遗民》、《顾亭林母王氏殉明难》、《顾炎武异性》等都涉及顾炎武的气节和身世情况介绍。关于历代遗民的著述，主要集中在谢翱、

① 刘声木《续补汇刻书目·序》，丛书集成三编（第 1 册），台北：新文丰出版公司 1997 年，第 181 页。

② 《论撰述体裁》，刘声木《苌楚斋随笔、续笔、三笔、四笔、五笔》，北京：中华书局 1998 年 3 月，第 915～918 页。

真山民、元好问、顾炎武、王夫之等人，如《南宋遗民谢翱撰述》、《顾炎武遗佚撰述》、《王夫之未刊撰述》等的介绍就颇为详尽，对真山民、元好问、顾炎武的诗句多有集句、集联，如《真山民诗集联》、《亭林佚诗未尽刊》、《金元好问诗句》、《元遗山诗集注》、《金元好问复句》等。

"苌楚斋随笔系列"中，收录当世遗民著述的有关于张其淦的《张其淦撰述》、杨钟羲的《雪桥诗话》、劳乃宣的《正续共和解》、林琴南的《林纾撰述》、缪荃孙的《缪荃孙撰述》以及陈伯陶的撰述等。

关于学术源流的疏理、著述体例的陈述、轶闻典故的记载，"苌楚斋随笔系列"比比皆是，且纠补了前人之失。

李商隐自编《樊南甲乙集》，流传之本甚罕，《四库全书提要》称其久佚。据刘声木考订，四库提要说法有误，湘潭叶德辉《观古堂汇刻书目》中有《绛云楼书目补遗》一卷，中有李商隐《樊南甲乙稿》20卷，由此推断，清初时仍有流传之本，只是顺治七年农历十月绛云楼失火，藏书为之一炬，流行不多，故四库采择之臣称其遗佚。

关于"唐宋八大家"之名，自明代茅坤的《唐宋八大家文钞》164卷行世后，均以为自茅坤始，殊不知元末明初的朱右已基本确定。朱右（1314—1376）字伯贤，浙江临海人，元末官至员外郎，洪武初与修《元史》、《大明日历》、《皇明宝训》等书，其《唐宋六先生集》以"三苏"合为一家，故称"六先生"。刘声木进而上溯，认为八家之名，虽定于朱右，实萌芽于南宋。吕祖谦编《古文关键》2卷，录文62篇，八家文多至60篇。谢枋得编《文章轨范》7卷，录文69篇，八家之文多至59篇，"虽当时无八家之名，即隐有八家之实"①。对八家名称的形成有了详细的梳理。

又如《学史不始于黄宗羲》条，康有为、梁启超等认为，泰西以学为史，我国的学术史始于明末黄宗羲，如梁启超《中国近

---

① 《论唐宋八家文》，刘声木《苌楚斋随笔、续笔、三笔、四笔、五笔》，北京：中华书局1998年3月，第8页。

三百年学术史》就说："中国有完善的学术史，自梨洲之著学案始。"① 刘声木考溯：我国以学为史者，始于南宋，实代有其人，代有其书。朱子撰《伊洛渊源录》14 卷，记周子以下及程子交游门弟子言行。明冯从吾撰《元儒考略》4 卷，叙述元代诸儒学派，各为小传。刘元卿汇集宋元明 27 家，为《诸儒学案》8 卷。三书皆叙述诸儒学派，虽元学史之名，实即泰西所谓学史，且远在黄梨洲宗羲之前。丰富和补充了学案体的发展历史。

　　总之，作为一位遗民，刘声木以自己的撰述，记录了古今学术的流变、考镜了文化风尚的播迁，在一定程度上为文化、学术的挖掘、传承和开拓做出了巨大的贡献，其在勾勒学术的缝隙中，对遗民的情感、气节、撰述等方面的研究，也反映了他对道统担当、学统承续与文化整理等内容的自觉追求，这正好印证了刘声木首先是一位遗民，其次是一位"文化遗民"的个性特征。

---

　　① 　梁启超《中国近三百年学术史》，北京：东方出版社 1996 年 3 月，第 55 页。

第三章　章　梫

　　章梫（1861—1949）名正耀，字立光，号一山，浙江三门海游人。著名学者、教育家、书法家。清光绪三十年进士，历任京师大学堂译学馆提调、监督，翰林院国史馆协修、纂修、功臣馆总纂，德宗实录馆纂修（主编），北京女子师范学校校长，邮传部、交通部传习所监督等职。著述有《康熙政要》24 卷，《德宗实录》，《旅纶金鉴》6 卷，《一山文存》12 卷，《一山息吟诗集》，《王（舟瑶）章（一山）诗存合刻》17 卷；译日文《教授学管理法纲要》；校订辑刊《逊志斋集》等。著述未刊的有《庆民礼遗说考》、《光绪新政》、《方正学祠志诗存》、《明遗民传》等。

　　作为文化遗民，章梫行事主要体现在史籍编纂、应劳乃宣青岛尊孔文社编辑之聘和诗文创作等方面。

第一节　作为清国史臣的史籍编纂

　　章梫作为文化遗民的史籍编纂是与他作为清国史臣的史籍编纂一脉相通的。

　　借用上文王国维"顺民"的称呼，辛亥革命以前章梫的"顺民"时期，集中在学校教育和撰述史籍等。辛丑年八月清末实业家叶澄衷（1840—1899）在上海创办的新式私立学校——上海澄衷蒙学堂，光绪二十七年（1901），叶氏聘阳湖刘树屏（1857—1917，字葆良）为校长，蔡元培为总教习（即教导主任），章梫为副教习。章梫在主教澄衷学堂期间，翻译了日本人田口的《小学校教授学管理法纲要》，推介西方的教育模式。光绪二十九年（1903）春又倡导创办海游学堂，后代理校长。

　　章梫的史籍撰述主要体现在《国史传稿》中徐用仪、许景澄、袁昶、王文韶等人的传记撰写、《康熙政要》的编纂及提议增辑《四库全书》等方面。

　　《康熙政要》是章梫在光宣两朝任实录馆纂修、国史馆协修和翰林院检讨等职时撰写的一部反映康熙皇帝为政处事的训诫和言谈的著作，涉及康熙君道、任贤、宽仁、俭约、谦让等诸多方面。因章梫少治儒书，好研帝学，"观历代兴衰之故，考列朝因革之源"，又以为"百王之治"无有过于康熙皇帝者，于是有效仿唐朝吴兢《贞观政要》而作《康熙政要》的想法。为达这一夙愿，章梫广泛搜集正史材料，细加甄别，秉着对稗野之说"不敢杂厕"的态度，又主动与同馆诸臣"朝夕讨论"，几易寒暑，终于完成了《康熙政要》24卷合42篇。关于该书，沈曾植有高度的评价："章一山左丞所为《康熙政要》，余昔尝称为三十年来著述家第一有用书。"①

　　1922年，逸社的陈夔龙亦做诗歌《〈康熙政要〉题词赠一山太史》赞颂该书及章梫：

　　　　我生之后厄阳九，倏忽白衣幻苍狗。道揆驰尽彝伦亡，茫茫中原豺虎吼。圣清二百七十年，二祖七宗皆仁贤。同光已是太平世，隆盛况溯雍乾前。太史东观读书早，一朝典制富搜讨。才识突过唐吴兢，政要贞观奚足道。目想神游斗室中，如见开国之仁风。侧身衰白今何世，剪鹑一醉天梦梦。②

将《康熙政要》与吴兢的《贞观政要》作比，盛赞270年的清王朝。

　　上文业已指出，续修《四库全书》起于光绪十五年（1889）翰林院编修王懿荣续修《四库全书》的疏奏，1908年，时任翰林

---

　　① 沈曾植《章一山文集后序》，钱仲联《沈曾植海日楼佚序》（中），《文献》1991年第3期，第179页。
　　② 陈夔龙《花近楼诗存》（六编卷一），王伟勇《民国诗集丛编》（第一编37册），台中：文听阁图书有限公司2009年9月，第970页。

院检讨的章梫再次提出增辑《四库全书》,其《拟请增辑四库全书折》指出增辑的目的是"以昌宪治而端学术",他认为:"东西强国,皆富图书,诚以图书为学问之根源,而学问为政治所自出……我国图籍,固有之国粹也,东西国之图籍所以羽翼我文明之治者也……宜亟乘此时,荟萃中外典册,续编《四库全书》,以昌宪治之文明。"续编《四库全书》有四大好处:"网罗群书足以促成圣学"、"校核诸籍使异端邪说不得混乱人心"、"使各国知我实行宪政,以收罗藏书为开通民智之急务"、"为各省建设藏书楼之倡",他对最后一点阐述得更详尽,他认为,"朝廷续增《四库全书》以振起之,各省闻风争相慕效,庋藏之室,偏于遐乡,其所以补助教育普及者尤易为功也"①。此后,喻长霖、邵瑞彭、黄文弼、伦明、金梁等亦主张续修《四库全书》。虽然上述诸人的建议在当时未见采纳,毕竟对后来续修《四库全书》的工作提供了帮助。

尽管章梫的史籍撰述等行为是他作为一个史臣分内的事情,但是,从另一角度看,也是他借史籍撰述以实践其史臣的职责,这正好与章学诚的"史志之书"须"传述忠孝节义",强调史学"必求当代典章,以切于人伦日用;必求官司掌故,而通于经术精微;则学为实事,而文非空言,所谓有体必有用也。不知当代而言好古,不通掌故而言经术,则鞶帨之文,射覆之学,虽极精能,其无当于实用也审矣",反对"舍器而求道,舍今而求古,舍人伦日用而求学问精微"② 的史学主张相吻合。

第二节　作为遗民的史籍撰述

作为遗民,章梫的史籍撰述主要集中在通过乡邦文献的叙序以表彰忠义,通过辞却《清史稿》等史书的编纂以实践其遗民志向。

1. 乡邦文献的编辑及叙序

---

① 《拟请增辑四库全书折》,章梫《一山文存》,沈云龙《近代中国史料丛刊》第 33 辑,台北:文海出版社,第 378~381 页。

② 章学诚《文史通义校注》,北京:中华书局 1985 年 5 月,第 231 页。

章梫撰写乡邦文献的叙序有《续修章氏族谱序》、《重刻阆风集序》、《章氏续修会谱序》等。

《续修章氏族谱序》首先对章氏家族的历代名臣、硕儒、纯行、奇节之人进行梳理，感慨他们"世守家法"，因家法而联系到批评当代俗子"偶习东西各国之浅说，谓吾国之弊在知家族而不知国家，煽惑人心，数年而成此大乱，三纲毁废，人道灭绝"。在章梫看来，正是因为提倡国家主义，忽略家族主义，才导致三纲、人道的灭绝。辛亥之变，使得清王朝亡国了，作为一位亡国大夫，应该模拟、仿效《礼记·射义》"孔子射于矍相之圃……贲军之将，亡国之大夫，与为人后者不入"一话，于是，他决定"今国虽未亡，窃滋疚矣，宁流离转徙，孤露颠危以老，不敢安居故里，与宗人衣冠入庙，月朔读谱，讲一姓团聚、数代同堂之乐事……冀以上质祖宗，下告来者"①。他不以"亡国大夫"身份与列祖并配，既是其遗民志节的体现，也是他借家族主义鼓张三纲、五伦的一种努力。

也许因为章氏族祖、明代的章原质公朴因藏有被世人称做"正学先生"的方孝孺的《方逊志文集》而罹难，故章梫对方孝孺也钦敬有加，著作中多处提及方孝孺及其著作，戊申年（1908），章梫有《拟请先儒方克勤从祀崇圣祠折》，提议将方孝孺的父亲方克勤从祀崇圣祠。《一山文存》中提到的另一位宁海人是宋遗民舒岳祥（1219—1298），字景薛，一字舜侯，世称阆风先生。宋亡后，舒岳祥隐匿乡里执教，与奉化戴表元、鄞县袁桷等交往密切。全祖望将其与胡三省、刘庄孙称为"天台三宿儒"。虽颠沛流离，仍笔耕不辍，诗文与王应麟齐名，著有《史述》、《汉砭》、《补史家录》等220卷，统称《阆风集》。

光绪甲午年（1894）以前，作为史臣的章梫从《四库全书》中见到舒岳祥《阆风集》12卷，"时海宇无事，从容文学，意以乡贤遗著录之"。此时的舒岳祥及《阆风集》在章梫眼中并无遗民层

---

① 章梫《续修章氏族谱序》，章梫《一山文存》，沈云龙《近代中国史料丛刊》第33辑，台北：文海出版社，第465~466页。

面的思考意义,殊不知,十余年之后,自己竟也成为一位遗民。然自辛亥武昌变作,腊月溥仪下诏逊位,继以兵变后,自壬子以迄甲寅三年之间,"避地天津、上海、青岛,嗣返故里,复寓上海,或以兵灾,或以匪警,或以荒灾,无所得食而去。流离琐尾,困苦万状,与阆风遭宋末元初变,入鄞、入剡,寄居棠溪,逃匿荒山,穷途冻饿,无一不同。而其集中书事、即事、避地贷食、罪言、杂言、咏物、托兴、赠友、感旧诸作,拳拳故国之思,仳离惨恻之状,又无一不为予写照"。章梫与600年前的宋遗民舒岳祥情景何其相似,遗民身份超越了600年的时间界限,相同的历史遭遇派生出章梫惺惺相惜之情,正是秉着"千古伤心人大都共此怀抱"①的感触,章梫等拟重刻《阆风集》,正巧从好友刘承干处得到另一抄本《阆风集》,黄岩王舟瑶(1858—1925)又寄来《四库全书》本没有收录的舒岳祥诗文与吴子良《阆风集叙》诸篇,加上《光绪宁海县志》的阆风行状,别为补遗、附录,附诸卷末,刘承干嘉业堂丛书重新刻印刊行。章梫乙卯年(1915)《重刊阆风集叙》一文足可看出表彰乡贤、追步先贤的诚心。

2. 史书编纂

作为遗民的章梫,其史书撰述带有强烈的资治意蕴。

《康熙政要》是辛亥国变以前辑成的,最终进陈给了溥仪,却是几经周折而达到的,从章梫给朱益藩的书信中可见其细节。丙辰年(1916)章梫《上朱师座》的书信再一次表达了他对此书的自信,建议作为帝师的朱益藩在讲学过程中,应引导溥仪"亟读"《康熙政要》及《孝经衍义》、《大学衍义》、《衍义补》、《君鉴》、《臣鉴》、《党鉴》等书,目的是"以坚定其中正之心,方能别白乎是非之实。现今之变,皆生于是非淆乱,辨别真是真非,为拨乱反正第一义"②。《康熙政要》将"资治"意义再一表明,这与续修

---

① 章梫《重刻〈阆风集〉叙》,章梫《一山文存》,沈云龙《近代中国史料丛刊》第33辑,台北:文海出版社,第475~477页。

② 章梫《上朱师座》,章梫《一山文存》,沈云龙《近代中国史料丛刊》第33辑,台北:文海出版社,第529~530页。

《四库全书》的目的也不谋而合。续修《四库全书》的建议没有被采纳，壬子年（1912）正月章梫《上陆相国》信还是再一次强调，续修《四库全书》是"冀振起晦塞，通于学而达于治"。故"奉懿旨改行共和"之后，他不顾"海内鼎沸，京师骚然，南中亲友多有劝梫速归"的呼声，还是忍辱负重，继续纂修尚欠四十余卷的《德宗实录》，他认为完成实录史稿是史官的重要性和责任心的体现，也是对乡贤的效方："翰林一官，今之所轻，列祖列宗之所重……义不可临危而去，且梫生于胡三省、方孝孺二先生之乡，平生服膺二先生之书。"纂修完成《德宗实录》是他的追求与目标，故他挣扎于殉难和存身的矛盾中，"暂在京修竣，始行。人臣最痛心之事，无过于效忠无地，尊贱不同，致身则一"①。否则，也会追随先帝而去。

章梫1917年编纂了一部"辑古史述前事"的著作《纶旅金鉴》。"纶"本是青丝书，《礼记·淄衣》有："王言如纶，其出如綍。"后称皇帝的诏令为"纶綍"，与其类似的有纶音、纶旨、纶命、纶书、纶章等。以"纶"命书名，作者是想通过汇集历朝历代败后重振的故事，激励逊位的溥仪及清王朝再次中兴。

章梫在《〈纶旅金鉴〉后序》中将这一编辑缘由阐述得十分清晰。《国语》载叔向有"一姓不再兴"之语，汉代以知书通经而闻名的国士隗嚣也有"三者受命，一姓之衰不再兴"之语。《〈纶旅金鉴〉后序》首先批驳此语无据，他从少康时代一直历数到宋高宗时期，夏有少康再兴，商有高宗再兴，周有宣王再兴，汉有光武再兴，晋有元帝、唐有肃宗、宋有高宗再兴，甚至蜀有一姓而三兴。他认为，国家兴亡与天人感应之理、势、道、所归之人心相关联，清朝取代明朝是以武戡乱、以文致治的结果。晚清的反满志士攻击清王朝的理由仅"种族不同"、"亲贵用事"两条，并没有涉及清朝列祖列宗的"一言一行之失"，况且共和实行了六载后，"变故迭起，纲纪荡然，征税繁苛，闾阎愁叹"。眼前情景的破败，

---

① 章梫《上陆相国》，章梫《一山文存》，沈云龙《近代中国史料丛刊》第33辑，台北：文海出版社，第427～429页。

萌发了章梫等人的中兴信心,"臣等伏处海隅,澄览时变。或游中原,观民俗以下群情之向背;或走盛京,谒先帝陵庙以觇王气之盛衰"。结合邻邦观国之士的议论,章梫认为"民心固结气脉,绵长天命,仍眷顾于我圣清"。正是基于这种人心视归的大气候,章梫编纂了《纶旅金鉴》六卷,其目的是"备我君臣考览……恢复开国之规模,光大祖宗之谟烈,乃为古今不世出之"。尤其希望当今的皇上"效法少康,尤宜法光武"①。

《纶旅金鉴》名谈中兴,为鼓张溥仪等人的中兴信念服务,但客观上为 1916 年以来海内遗老策划的复辟提供了历史故实的支撑,为丁巳年(1917)张勋等遗老的复辟之举起到推波助澜的作用。

刘承干手抄《纶旅金鉴》一部,与章梫共同署名,进呈溥仪,刘承干得"抗心希古"匾,这就是其藏书楼名为"希古楼"的缘起,章梫被赏"视履考详"条幅。

上文业有提及,民初遗民对《清史稿》的纂修有两种态度:一是拒修,一是与修,章梫是拒修派的主要人物。

甲寅年(1914)浙江巡按使屈映光(1883—1973)寄信给章梫,希望其参与《清史稿》的纂修事宜,他回书政事堂:"少习经史,长官京朝,颇亦历练当世之务,特辛亥一病至今,从前所学都不记忆,顷惟杜门养息,以终余年,敦聘之礼,万不敢承。"② 以患病、失忆等理由辞谢。1915 年 4 月,徐世昌、陆润庠、赵次珊、于式枚等或直接致书或间接征询章梫与修清史等事,并寄来名誉纂修聘束,章氏均辞却掉,他说:"史为万世之公言,清代故事尤为史臣所应习。"③

虽然拒修,但是章梫对修纂清史也表示了一定的关注和看法,他在检录各家明史稿本的基础上撰有《明史义例汇编》一书,乙

① 章梫《〈纶旅金鉴〉后序》,章梫《一山文存》,沈云龙《近代中国史料丛刊》第 33 辑,台北:文海出版社,第 558~561 页。

② 章梫《答政事堂》,章梫《一山文存》,沈云龙《近代中国史料丛刊》第 33 辑,台北:文海出版社,第 451 页。

③ 章梫《答呈徐太保》,章梫《一山文存》,沈云龙《近代中国史料丛刊》第 33 辑,台北:文海出版社,第 489 页。

卯年（1915）作《明史义例汇编序》，其中就谈到纂修清史时元和相国（即徐世昌）取《汇编》并加按语，意欲为本朝史义例之所资。赵馆长也致信章梫请他参与清史馆，但章梫回答说："身为史臣，与修德宗实录，未可谓史实茫无所知者。特亭林、梨洲皆史才，谙习明事，而皆不受明史馆之聘。今愿法顾、黄，深以为然。"① 章梫看来，清朝遗民应该模仿亭林、梨洲的做法，不与修《清史》，方为得当。如果馆中有事，备当咨询，因为亭林、黎洲有前例可鉴。

民国 3 年（1914）《续修浙江通志》创修，沈曾植任总纂，朱祖谋、吴庆坻、张尔田、陶葆廉、金蓉镜、章梫、章广轩、叶尔恺、王国维、刘承干、孙德谦等协同纂修，1924 年共形成稿本 346 册。

章梫关于浙江省志编纂的意见未载诸史籍，但他借县志的编纂，表达了对浙江省志编纂的看法。

杨子权（明经）曾致信章梫商讨县志重编问题，杨子权询问是否将光绪二十九年（1903）后的人物及事迹纳入其间，章梫认为，县志编纂的出发点有二：县志重在为县人法戒之资，地方有司据以治事，比较而言，前者是最重要的，后者是第二位的。正因为如此，杨子权等人将光绪二十九年（1903）后的人物及事迹汇为一编附于志后，是出于君子爱乡的厚意，附录于后于名不当，应改为续编，否则就与责怪《汉书》不详光武以后事迹相类似。至于其下限断在何时，他没有明确指出，但其意图非常明显："梫为大清朝官，今不反对所谓民国，亦必无附和所谓民国之理，此天经地义。"至于县人以为然或以为不然，均不需考虑。接着他指出："浙江现开通志局，批续前志，自乾隆元年（1736）起，至宣统三年（1912）止。萧山县志正在辑修，亦截至宣统三年止。"② 与其

① 章梫《明史义例汇编序》，章梫《一山文存》，沈云龙《近代中国史料丛刊》第 33 辑，台北：文海出版社，第 486～487 页。

② 章梫《答杨子权明经》，章梫《一山文存》，沈云龙《近代中国史料丛刊》第 33 辑，台北：文海出版社，第 490～491 页。

抱有类似想法的还有蔡晤琴。故县志是编辑续编，还是断于宣统三年，抑或是断于本年（1915），请杨子权等人自酌。

章梫的史籍撰述除上述之外，还有徐世昌年谱的编纂，章梫曾以"门下士"名义编辑15卷本《水竹邨人年谱》，年谱从徐世昌出生到民国23年（1934）结束。1939年6月，徐世昌去世后几天，徐十弟世章请郭则沄编辑《水竹邨人年谱稿》，郭则沄在章梫原谱稿基础上节录成为2卷本。

总之，不论是清国史臣的史籍纂述，还是作为遗民的史籍撰述，章梫都秉着"以史报国"的意图进行，尤其是作为遗民，他通过史籍撰述，以史籍资治作为追求，这是与他对史学的资治作用认识有关，也是他以史籍鼓舞人心的手段。

第三节　尊崇孔子，任尊孔文社编辑之聘

作为中国文化的代表性人物，孔子历来受到人们的尊崇。鲁哀公十六年（公元前479年）夏四月己丑孔丘卒后，哀公下令在曲阜孔子旧宅立庙，亲诔孔子："旻天不吊，不慭遗一老，俾屏余一人以在位，茕茕余在疚，呜呼哀哉！尼父无自律。"[1] 开诸侯祭孔先例。汉高祖十二年（前195），高祖以太牢祭祀孔子，开帝王祭孔先例。汉平帝元始元年（公元1年）褒"成宣尼公"，唐玄宗开元二十七年（739）谥文宣王，自此，历代祀孔完备而隆重。

癸丑（1913）年孔子圣诞日，又举行祀孔大典，章梫的骈文《圣诞日约往曲阜展谒庙林启》对谒孔林的目的及意义做了较为详细的阐述。起首从时代盛衰着笔："封禅七二，虫鸟识其兴亡；帝王三五，龟龙别其升降。盛衰递嬗，若循环焉。"接着叙说辛亥革命以后的时况："辛亥以来，国家多事，弟子荒于杂业，浅夫淆于异辞。诗书之文，或委诸陌路，俎豆之设，尝列于榛芜。"在叙说了历代祀孔的情形之后，章梫认为当今祀孔有二义：

---

[1] 《左传·哀公十六年》，阮元《十三经注疏》，北京：中华书局影印本1980年10月，第2177页。

其一追崇、景仰圣人是出于公心。"自汉武建元，黜百家而尊六艺。有唐贞观，罢周公而从圣师，一致百虑之同归，久而始定千圣百王之崇祀，公而非私。"正因为如此，故本次祀孔大会的同仁"既尊其教，宜致其诚，执烛追随。刘勰尝形诸梦想，登堂拜瞻；史迁不胜其低回"。

其二是践行。"空山寂寂，籀其手定之编；学子莘莘，率其躬行之度。望宫墙之万仞，患未得门仰。宰木之千章，息其余荫一室。既深其向往高山，敢失其景行蘋藻之虔？愿附诸生，习礼衣冠之会，犹觇先正遗风。"

在章梫看来，单纯的拜谒不是主要目的，将其精神发扬光大才是最终的追求，故最后强调说："同人被服儒者，咸撷六经之华；笃守一言，与闻一贯之旨。"①

因为对孔子精神的笃守，章梫也在实践中体现对孔子的尊崇。上文《孔教运动与孔教观》一则中提到，1913年秋，卫礼贤、周馥等人在青岛礼贤书院内创办尊孔文社，劳乃宣被邀主持社事，并写有《青岛尊孔文社建藏书楼记》一文。次年，章梫应尊孔文社编辑之聘前往青岛，章梫赴青岛尊孔文社前，希社和淞社同仁如缪荃孙、戴启文、沈焜、周庆云、喻长林、潘飞声、李详、吴昌硕、刘承干、吴士鉴、沈曾植等均写诗赠别。

淞社社员缪荃孙在立夏前二日特意撰诗二首，其一为：

> 月泉吟社久相亲，一曲难歌最怆神。东海空悲衔石鸟，西山共慕采薇人。
>
> 已成避地支离叟，谁识当年侍从臣。花外子规听不得，送君又值送残春。②

---

① 章梫《圣诞日约往曲阜展谒庙林启叙》，章梫《一山文存》，沈云龙《近代中国史料丛刊》第33辑，台北：文海出版社，第626~630页。

② 缪荃孙《章君一山之青岛应尊孔文社编辑之聘诗以送之》，《淞滨吟社集》（乙集），晨风庐1915年刻本。

诗歌首联、颔联用月泉吟社、精卫填海、伯夷叔齐西山采薇典故，以一种悲怆气氛起笔，颈联化用元代鲜于枢于废圃中得怪松一株，移植居所旁，名之曰"支离叟"的典故，暗指曾在光、宣两朝任实录馆纂修、国史馆协修和翰林院检讨等职的章梫，已经成为流寓沪上的一株苍松。在扬花落尽，子规啼鸣的残春时节，又要送别背负着行囊，"乘桴浮于海"前往青岛的朋友，尾联弥漫着残春送友的悲凉与壮志难酬的无奈。

潘飞声《送章一山赴青岛应尊孔学堂编辑之聘》共四首，第一首表达了一种理想，希望章梫在目前这样天地闭、贤人隐的时局中，保持作为史家兼士人的本色，"好拟春秋笔，勿忘旧史臣"。第二首表明了自己因不能像章梫一样"乘桴海外行"，用自己的满腹经纶去"声教传华夏"的愧叹。第四首，用左丘明弟子铎椒撰《铎氏微》、"箕子待访"等典故，表达了对朋友青岛之行在学术文化命脉上的期待，也有作为朋友的嘱咐，送别时的忧伤：

> 道在身为重，何须咏采薇。江湖行且远，家国事犹非。
> 待访明夷录，重编铎氏微。风尘劳怅望，挥手一嘘欷。①

作为回赠，章梫有《予将移居青岛留别淞社诸同志兼谢赠行之作》二首：

> 惊隐题名墨昨干，江风吹散碧波团。虫沙满眼飞尘暗，薇蕨一盘和露餐。失水鱼衔枯索易，覆巢鸟得稳枝难。坐中诸老同身世，漫说扁舟入海宽。

> 社局更番十数巡，乱离相见倍相亲。去年腥血翻江月，今日烟花送莫春。同命不生全盛代，偶居都是子遗民。赠言珍重

---

① 潘飞声《送章一山赴青岛应尊孔学堂编辑之聘》，《希社丛编》第三册，民国 2 年（1913）10 月刊本，第 5～6 页。

寒松约，敢负初心作美新。①

诗酒唱和、题吟作画的墨迹尚未风干，自己却要前赴青岛，面对送别友人的深情厚谊，就算碰到再大的困难也会克服，此行一去，也有点像衔索上的枯鱼和"覆巢之鸟"，前景难料，社局频变，乱离相见，去年的腥风血雨还记忆犹新，既然成为"孑遗民"，就要遵守前约，不辜负友人的期盼。

尽管章梫向朋友们有上述表白及承诺，但他的另一位好友——唐晏——则对他提出了更高、更明确的要求。

唐晏原名震钧，字在廷（亭），曾任江苏江都知县，与章梫共事于京师大学堂，辛亥革命后改名唐晏，避地沪上杜门纂述，著有《孔门学案》、《西汉三国学案》等。他在《送章一山至青岛序》中指出，士生斯世，追求的不是"列八驹、膺九命，位列三公而爵通侯"，不是"利尽铜山、田连绣陌、高车结驷、列鼎鸣钟"，不是"饫篇籍、富文章，达则珥东观之笔，出则陪西园之席"，而是如孟子《尽心上》所言，君子执政于天下，使四海的百姓安定，这些"小乐"能使君子乐，但君子所乐的本性在于"大行不加，居穷不损"，即仁、义、礼、智根于心的"大乐"。目前中国社会正处于"三纲沦、九法斁，戎马交侵，贼民四起，大道危于一发，苍生困于倒悬"之秋，因此，希望赴青岛的章一山要以"大乐"作为自己的真正追求，效仿孔子的"浮海而居九夷"的做法，伸张《春秋》之义。"夷狄进于中国，则中国之；中国即于夷狄，则夷狄之。"在此夷夏观念搏击之时，尊孔不能仅用千百年来的"名为尊孔，实则文章焉耳，利禄焉耳"的"敲门砖"做法，而是要利用此机会使孔教成为国教。"俾远方之人，知孔子之道非止于语言文字之间，而吾辈学之，亦非徒以树富贵利达之鹄，则孔子之道

---

① 章梫《予将移居青岛留别淞社诸同志兼谢赠行之作》，《淞滨吟社集》（乙集）。中华文史论丛增刊《艺风堂友朋书札》"敢负初心作美新"一句则为"肯使田横客笑人"（上海古籍出版社 1980 年，第 1036 页）。《王张诗存合刻·一山诗存》（浙江刘承干 1926 年刻本）与《淞滨吟社集》（乙集）同。

庶几乎尊矣，则于斯行也，亦可以无负。不然者，区区编辑之任，岂足以尽君之长也乎？"①

言下之意，纯任尊孔文社编辑并不是朋友们期待之所在，其根本任务就是要借此机会，使孔子之道隆尊，就是尊孔！否则就辜负了朋友们送别的真心。

唐晏的序，无朋友们诗酒送别的悲怆与忧伤，存留的全是激励与责任担当，这种与众不同的要求，也间接反映了唐晏对孔子、孔教的态度与思想倾向。

总之，民初遗民借章梫赴青岛尊孔文社编辑之约，通过诗文赠序等，既表达了希社遗民在社会鼎革下的遗民之思，又体现了他们在学术寝衰之时，希冀振兴孔教、振兴学术的文化担当与文化续命之努力。

第四节　诗文创作的文化遗民倾向

章梫诗文成果收录在《一山文存》和《王章诗存合刻》中，前者全为章梫的文集，后者是王舟瑶和章梫诗歌合集。

《一山文存》收录章梫的经、史、杂文、骈文等内容，史部、杂文中关涉史论的内容在上文多有论及，杂文部分还有更多是友朋的诗文叙序、跋语，间有部分墓志、书信、人物传记。

《一山文存》中被同辈遗民及后世研究者引用最多的是《答金雪苏前辈同年》，信中有一段描述上海的遗民诗社——超社——的话语："上海壬子以来，故有超社十人，轮流诗酒；甲寅一年，出山者半。王子展观察存善戏谓：'超'字形义，本属闻召即走，此社遂散。"嘲讽部分民初遗民在民国时，经不起功名利禄的诱惑，纷纷脱下遗民袍笏，出任民国官员。一般认为，王子展嘲讽的人是樊增祥、周树模，这一年，樊增祥入都供职，兼参议顾问两官，又兼清史馆。

---

① 唐晏《送章一山至青岛序》，《涉江先生文钞》，民国铅印本，第29～31页。

金兆丰（1870—1934）字瑞六、号雪荪，浙江金华人，光绪二十九年（1903）中进士，入翰林院，历任京师大学堂二品提调，京师督学局视学，国子监师范学堂监督，国史馆实录编修、武英殿校对等职。民国后，参与修纂《清史稿》。

同辈遗民征引此信的有唐元素、郑孝胥等，1915 年 8 月 6 日的《郑孝胥日记》全文摘录了此信，郑孝胥是从唐元素处得到的，"（元素）昨从一山处索得文稿，呈阅，或者足为解颐乎"。郑孝胥看完信后，也回复唐元素："一山所论极平允。惟名节久而后定，非标榜一时之事。律人宜恕，自律宜严。抱不屈之志者，岂必区区求谅于世耶！天下乱亢未定，似不可以易代论。"①

细品章梫书信，章氏似有为流连诗酒的上海遗老辩解的成分，事实上，章梫认为，遗老们流连诗酒并不是什么坏事，因为从陶渊明、宋代的月泉吟社到明代遗民顾亭林、黄宗羲、孙奇逢、祁六公子（即祁班孙）等无一不是如此，他认为"亡国之恨，有形诸外者，又蕴于中者"，只要能做到"稍知廉耻，不敢自欺欺人"则无可厚非了，不必以《春秋》责备贤者之笔责之。

章梫散文中能体现"文化遗民"意蕴的以《唐元素大令文集跋》、《吴莲溪秘书郎〈借浇集〉叙》、《钱德邠观察封松渍泪图叙》、《陈弢庵师傅七十双寿叙》等文章为代表。

《唐元素大令文集跋》是章梫为好友唐晏（震在廷）文集出版时而作的序言。

章梫首先肯定唐晏的著述有王伯厚（应麟）、顾炎武之遗风，以《困学纪闻》、《日知录》名世的王、顾二人在遭逢国变后，"抱亡国之恨，其于政学是非得失，剖析豪芒，无一卷不隐括当时情事，与夫万世人道之大防"。接着肯定唐晏著述的价值可与王伯厚、顾炎武媲美："鉴于历代儒学之得失，示后世以康庄之途者，伯厚、亭林之用意也……其手定文集，识议坚卓，又皆《困学纪闻》、《日知录》之尤精要者。"进而评述唐晏的学术精神，"大凡

---

① 劳祖德整理《郑孝胥日记》，北京：中华书局 1993 年 10 月，第 1572～1573 页。

贤人君子之用心，惟在经世，时无可为而又值非常之变，孤臣琐尾，困心横率，托文字以立教，其孤怀遐想，故非常人能测也”。文章最后总称唐晏为“北儒而兼南宗学者”①。

章梫跋对唐晏文集的高度评价，立足点就在于唐晏的创作带有明显的学术经世和学术续命的成分，唐晏这种“文化遗民”的特性也正好是章梫的夫子自道。此外，《吴莲溪秘书郎〈借浇集〉叙》也表达了相同的意蕴。

《一山诗存》中有大量的为遗民同人题诗、赋诗诗、唱和诗、赠答诗、寄别诗，也有一部分咏史诗，此处选择最著名的《明季杂事诗感赋十四首》和《咏雁》诗加以阐述。

上文在论及民初遗民文学时提到淞社遗民，他们的历史记忆集中在晚明，如汪洵的《明季小乐府》、恽毓龄的《杂咏宏光朝野事》(39 首)，此外，吴俊卿、缪荃孙、刘炳照、朱焜、施赞唐、周庆云等都撰有诗歌。章梫没有加入淞社，但一样将晚明历史融入到诗文中，如用淞社“明季杂咏”和“咏近事”二题合赋而成的《明季杂事感赋十四首》。

章梫寓居青岛期间，与刘廷琛、魏元旷、卢扶常（字兆蓉，民国时改字为黑庵，改名为耿，号草夫）等关系密切，遁迹上海后与友朋有诗歌往来，其诗也常被好友转引，魏元旷《蕉庵诗话》卷二载，草夫（卢扶常）将《明季杂事感赋十四首》及自注寄示给魏元旷，草夫亦有《次韵一山却聘青岛》诗歌：“浮生跼蹐人世间，犹羡鷦鹩转徙宽。”“避乱身全与乱亲。”② 以表达他们的颠沛流离和对时局的不满。

《明季杂事感赋十四首》涉及南宋遗民谢翱，郑思肖的“铁函心史”，李自成称帝，营葬明思陵（崇祯帝）的昌平州吏赵一桂和诸生王政行等，梁鼎芬营葬崇陵，民国新剧“燕子笺”、“鄂州血”等历史故事，洪承畴、张之洞、李世雄等历史人物。

---

① 章梫《元素先生文集跋》，见唐晏《涉江先生文钞》，民国铅印本。

② 魏元旷《蕉庵诗话》，张寅彭《民国诗话丛编》，上海：上海书店出版社 2002 年 12 月，第 11～12 页。

如，第一首：

> 平则门前驻习兵，内家潜语请行成。当时若亦循尧让，早以共和继大明。①

据《明史·李自成传》载，崇祯十七年（1644）三月十八日，"贼攻益急，自成驻彰义门外，遣降贼太监杜勋缒入见帝，求禅位。帝怒，叱之下，诏亲征"②。

第二首：

> 崧涝继序建行朝，雪满江南枝未凋，毕竟残棋留短局，胜于春腊可怜宵。

辛亥十月间，京、津起"大清有春无年"之谣，是岁十二月二十三日立春，二十五日下逊位之诏。

第三首：

> 武英殿上拜官家，异代衣冠礼有加。十二万金门额重，明清阅尽出中华。

李自成首次入宫，先上武英殿。袁世凯任正式大总统，亦先赴该殿演习礼节。壬子年（1912）八月，改大清门为中华门，取下大清门旧额时发现背面"大明门"三字犹存，系青晶石为之，西人欲以十二万金易去，不果，存内务府库中。中华门额改用铜版刻字。

第四首：

---

① 《王章诗存合存·一山诗存》，浙江刘承干民国 15 年（1926 年）刻本，下同。

② 张廷玉《明史·李自成传》（卷309），北京：中华书局 1974 年 4 月，第 7964～7965 页。

万孙遇顺运重更，群道青田数学精。岂意崇文与宣武，纪
元两代更分明。

据刘伯温的《烧饼歌》载，明太祖曾以国祚问刘伯温，刘答以
"万子万孙层叠层，祖宗山上贝衣行"，"树上挂曲尺，遇顺则止"。
万子万孙即万历子孙，祖宗山上贝衣行即崇祯，后人以"万子万
孙，遇顺而止"视为谶语，顺即崇祯十七年（1644）正月李自成
建立的"大顺"国，明朝国运遇顺（大顺政权）即结束了。崇文
门、宣武门是明北京城南东西两大门，崇祯、宣统正好又是明清两
位末代皇帝年号，它们又应验了崇、宣二字之谶。

第五首：

昌平王赵义声高，不减唐林与谢翱。景庙山陵今永奠，节
庵忠爱冠词曹。

王政行、赵一桂，都是营葬明思陵者。光绪崇陵工程久停，梁星海
（鼎芬）廉访每诣德宗殡宫前奠祭，号哭不去。当事感之，始复督
修。

第十一首：

娼优合队入梨园，舞罢更阑笑语喧。《燕子笺》和《鄂州
血》，兴亡都付白昆仑。

京师戏园，男女合对演戏始于壬子年春间。陆士谔撰的上海新剧
《鄂州血》又名《血泪黄花》，主要讲清帝逊位之事。

第十四首：

惨明社局萃东南，心史沉沉在铁函。今日吾曹聊复尔，眼
中沧海指弹三。

以郑思肖"铁函心史"作喻。

孔子编《春秋》，在记述历史时，暗含褒贬，以细节描写、修辞手法和材料的筛选等手段，委婉而微妙地表达作者主观看法的做法被人誉为"春秋笔法"。章梫的诗歌也蕴含明显的"春秋笔法"，上述诗歌合历史与现实为一体，熔褒贬善恶于一炉。

章梫乙卯年（1915）有《咏雁》诗：

> 文能作篆武能阵，经纬云端未易才。今日南来无北信，茫茫天意费人猜。

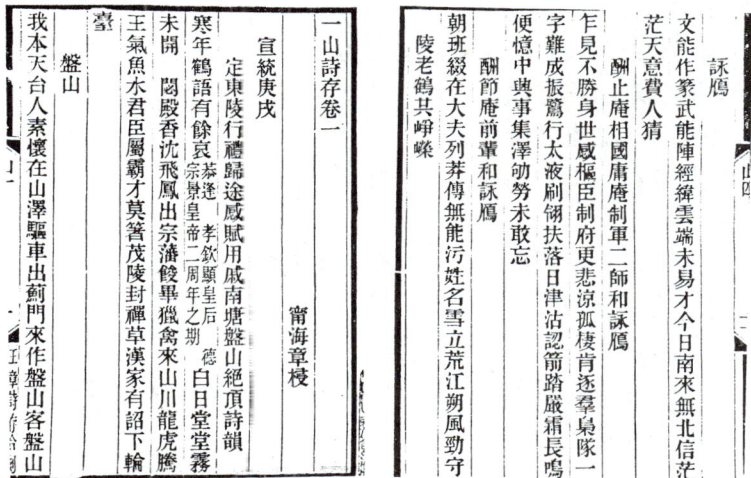

一山詩存卷一
甯海章梫

詠鴈
文能作篆武能陣經緯雲端未易才今日南來無北信茫茫天意費人猜

酬止庵相國庸庵制軍二師和詠鴈
乍見不勝身世感樞臣制府更悲涼孤陵肯逐羣梟啄一字難成振鷺行太液刷翎扶落日津沽認前路嚴霜長鳴便憶中輿事集澤勛勞未敢忘

酬節庵前董和詠鴈
朝班綴在大夫列莽傳無能污姓名雪立荒江朔風勁守陵老鶴其崢嶸

宣統庚戌
定東陵行禮歸途感賦用咸南塘盤山絕頂詩韻
寒年鶴語有餘哀　恭逢皇帝二周年後　德未開閟殿香沉飛鳳出宗藩餕畢獮禽來山川龍虎騰王氣魚水君臣屬霸才莫箸茂陵封禪草漢家有詔下輪臺

盤山
我本天台人素懷在山澤驅車出薊門來作盤山客盤山

章梫《一山诗存》，刘承干民国15年（1926）刻本

第一联赞雁，第二联企盼鸿雁传书。诗意本身平平，并无特别之处，但此诗却为众多的遗民朋友所传诵，以至唱和诗、赠答诗较多，如止庵（瞿鸿机）、庸庵（陈夔龙）、节庵（梁鼎芬）、乙庵（沈曾植）、刘翰怡、王病山、洪鹭汀、周庆云、曹东寅、杨钟羲、金蓉镜、宁愚（叶鹤集）、陈夔龙等均与其有诗往来。

细思其中缘由，约与寓居青岛的遗民谋划复辟有关，大雁成了他们寄托的道具和信使的象征。

《尔雅翼》载："雉，耿介之禽，应义气……士执雉，取其守介而死，不失节也。"① 雉、雁同为飞禽，性情相投，雉的耿介、不失节正好成为吟咏的对象，不与民国合作，偏处青岛的民初遗民不就像雉一样守节吗？再者，传书的大雁脚上的帛书将苏武尚存的信息传递给了大汉天子，导出了苏武最终返回汉朝的生机。

中华民国建立后，清朝孤臣孽子们伺机"恢复祖业"、"光复旧物"，以"宗社党"成员善耆、溥伟为代表的王公贵族势力，以劳乃宣、刘廷琛等为代表的逊清遗老以及张勋等人在癸丑年（1913）、丙辰年（1916）、丁巳年（1917）年一波接一波地进行复辟活动。上海、青岛各地的复辟势力奉恭亲王溥伟为领袖，青岛成为复辟大本营。

惟其如此，大雁成为复辟信息的传递者，章梫这首平平诗意的诗歌，恰切地将民初遗民翘首以盼复辟信息的心境表达出来，于是乎，唱和者、赠答者众多。

如沈曾植《和一山雁诗并呈陈诒重》（二首）：

> 野无青草关塞黑，奈此介禽不贰何？万古长空一潭影，从他兔乙几淆伪。

> 一卷书应到上林，孤臣海上不眠心。冰天莫讶寒如此，安静微阳养息深。②

第一首，起联化用《春秋左传》齐侯语："室如悬罄，野无青草，何恃而不恐？"赞叹在既穷又旱的困境中却忠贞不二的"此介禽"，比喻那些不背叛大清的遗民。第二联，用《南史》中的典故，"昔有鸿飞天首，积远难亮。越人以为凫，楚人以为乙，人自

---

① 罗愿《尔雅翼》（卷13），王云五《丛书集成初编》，上海：商务印书馆1935—1937年排印本，第144页。

② 钱仲联校注《沈曾植集校注》，北京：中华书局2001年12月，第955～956页。

楚、越，鸿常一耳。"① 嘲讽那些将鸿雁误作燕子和野鸭的人，是非不清。

第二首用苏武牧羊北海故事，以赞其在严寒、困苦中永葆孤臣之心。

作为回赠，章梫有《酬沈乙庵布政和咏雁兼柬刘翰怡京卿》诗：

> 老僧听鸡不闻雁，一诗白雪印青泥。严夜失群飞不起，尺寸霜坂仍孤栖。云年嗷嗷满大野，辗转沟壑颜色黧。昂首叫天天不语，隆准王孙苏遗黎。今岁麦禾嗟油秀，书来隐约无缄题。佛空诸有君子佩，汉官品服行跰躃。寒消春到毛羽长，故国关山途未迷。

前三联写严冬来临，失群的大雁孤栖在尺寸霜坂上，以致辗转沟壑颜色黧黑，它们喻指谋求复辟的各位同仁避居穷乡荒野。寒消春到，麦禾油秀，大雁的羽毛重新丰满，预示着新的希望到来，远看故国关山，深知自己责任重大，不能迷失前途。暗指着恢复清王朝的江山需要各位遗民的努力。

此种意境和决心，在《酬周梦坡学博和咏雁》中再一次呈现：

> 历尽三关与九边，抱贞不二与天然。琴心更有兴亡感，一曲平沙落夜弦。

另据魏元旷《蕉庵诗后》载，宁愚（叶鹤巢）也有《和一山咏雁》四首：

> 暮天荒影断江洲，铩羽芦中又几秋。辛苦风霜南北共，随阳犹说稻粱谋。

---

① 李延寿《南史》（卷75），北京：中华书局1975年6月，第1879页。

301

零落江湖尚主宾，湘弦矰缴那相因。生成孤介难为偶，不向冥冥怨弋人。

浮沉音羽印痕虚，嘹唳声嘶侣渐疏。一阵未成风转急，上林方阻北来书。

云霄目断羽毛丰，缈缈前途万里风。日影乱随鸦阵黑，问天欲借字书空。

"刘廷琛（幼云）避居青岛。诸旧人尝同事者，亦多遁荒穷野。宁愚、一山、商云汀辈辄相依岛上。'零落江湖尚主宾'，身世犹可少慰，未若云表孤冥，益增寂寞耳。"①

联系章梫诗歌、叶鹤巢和诗，可看出青岛遗民的矛盾状况，一方面是现实生活的困境，另一方面是对志向的坚守，导致他们对趋炎附势者的不满。

总之，作为一位遗民，章梫与刘声木一样用自己的史籍撰述、诗文唱和、赴青岛任尊孔文社编辑之聘等行为，表达了他作为一位文化遗民的道统担当、学统承续与文化整理等自觉追求，尽管其中含有对中华民国的不满，但他追求文化命运延续的精神和赤诚不应该否定。

---

① 魏元旷《蕉庵诗话》，张寅彭《民国诗话丛编》，上海：上海书店出版社 2002 年 12 月，第 23 页。

余论：民初"文化遗民"与
文化保守主义

按照艾恺的观点　自 18 世纪以来世界范围内的大变革——现代化——出现后，现代化逐渐成为一种国际文化现象/思潮而被人们广泛关注，与现代化伴生而来的是一种表面上排斥而实际上吸收西方近代文化的普遍价值，以回归、认同民族文化传统为旨归的文化守成主义思潮，德国、英国、法国、印度、俄国、中国等地都有典型的代表人物。①

由于有一个半世纪时间的酝酿和发展，中国文化保守主义从早期的启蒙思想家到现代新儒家，不仅队伍变得越来越庞大和复杂，而且其表现形态也呈现出多样化的倾向。作为特定时代的代表和接续人物，民初"文化遗民"是保守主义阵营的又一贡献者，但是，在现有的研究成果中，也许因为碍于政治因素的缘故，人们有意无意地忽视民初"文化遗民"作为文化保守主义者的存在，因而，研究成果并不多见。② 其实，借用梁启超"过渡时代"的论述，民初"文化遗民"的矛盾形态正是"过渡时代"的人们对传统文

---

① 　[美]艾恺《世界范围内的反现代化思潮——论文化守成主义》，贵阳：贵州人民出版社 199□ 年 4 月。

② 　研究文化保守主义的成果较多地集中在国粹派、梁漱溟、学衡派、东方文化派、现代新儒家等人物或派别，关联到民初遗民的成果是对梁济、王国维的研究，但是将他们作为整体观照的研究成果比较少见。专门论述文化保守主义的著作，如胡逢祥的《社会变革与文化传统——中国近代文化保守主义思潮研究》(上海人民出版社 2000 年 9 月)、喻大华的《晚清文化保守思潮研究》(人民出版社 2001 年 1 月) 等亦较少涉及讨论民初遗民的文化保守主义思想。

化态度的体现，因为他们一方面要保留文化的民族性成分，另一方面要增加文化的时代性因子。

第一节　中国近代的文化保守主义

一、中国近代文化保守主义的演变

19 世纪，伴随着西方的坚船重炮，中国在西方现代化思潮的影响下，进行着"内发次生型"的文化转型过程。由于认识和情感的原因，面对欧洲文明的冲击，拥有丰富的物质、精神资源的中国对其呈现出既排拒又吸收的矛盾态度，因为她不仅要完成文化的时代性转换，还要面对文化的民族性传承问题，冯桂芬的名言"以中国之伦常名教为原本，辅以诸国富强之术"可视为这种态度的精粹概括，因而它成为 19 世纪 60 年代中国文化保守思潮的发端，即近代文化保守主义发展的第一阶段。①

"中体西用"说是这一思潮的继续延伸，它构成了近代文化保守主义发展的第二阶段，代表人物有张之洞、孙家鼐等。孙家鼐在复议开办京师大学堂奏折中将"中体西用"学说阐发得十分明白："今中国创立大学堂，自应以中学为主，西学为辅，中学为体，西学为用；中学有未备者，以西学补之；中学有失传者，以西学还

---

① 关于近代中国文化保守主义思潮发端的时间，存在不同的看法：有的认为始于 19 世纪末康有为的今文经学及其建立孔教之说（欧阳哲生《中国近代文化流派之比较》，《中州学刊》1991 年第 6 期）；有的认为始于洋务派的"中体西用"（何晓明《近代中国文化保守主义述论》，《近代史研究》1996 年第 5 期）；有的认为始于近代中国早期的封建正统派直到"五四"以后的新儒家（罗福惠《概论近代以来我国文化传统主义的演化》，《华中师范大学学报》1987 年第 6 期）；有的认为中国最早具有近代意义的文化保守主义思潮应以辛亥革命时期的国粹主义为代表（胡逢祥《试论中国近代史上的文化保守主义》，《华东师范大学学报》哲学社会科学版 2000 年第 1 期）；还有人认为始于 19 世纪 60 年代的晚清社会，大体以冯桂芬的《校邠庐抗议》为滥觞（喻大华《晚清文化保守思潮研究》，人民出版社 2001 年 1 月）。

之；以中学包罗西学，不能以西学凌驾中学，引是立学宗旨。"①
张之洞在其《劝学篇·设学》中称："新旧兼学，四书五经，中国
史事、政书、地图为旧学；西政、西艺、西史为新学。旧学为体，
新学为用，不使偏废。"② 二人是从不同层面就中学、西学进行评
价和概括的，却基本站在"体"、"用"关系上立论，尽管后人对
这种观点有许多的评说，③ 但它毕竟是当时历史条件下应对西方文
化冲击的唯一方式，也代表了当时人们对中西学术关系的最高认识
和理解。

1905 年初，邓实、黄节等在上海成立国学保存会，以"研究
国学，保存国粹"为宗旨，2 月，发行其机关刊物《国粹学报》，
晚清国粹派正式登上中国的历史舞台。国粹派的文化观，简而言
之，就是"复兴古学"和"国粹无阻于欧化"。此为近代文化保守
主义发展的第三阶段。

与以《新青年》为代表的五四文化激进主义分庭抗礼的是坚
持东方文化本位的"东方文化派"，该阵营早期以《东方杂志》的
主编杜亚泉及其继任者钱智修、陈嘉异为代表；中期以《甲寅》
周刊的主编章士钊为代表；晚期以《欧洲心影录》的作者梁启超、
《东西文化及其哲学》的作者梁漱溟为代表。早期"东方文化派"
上承谷钟秀、张东荪、蓝公武等倡导的"道德救亡"思想的余
绪，④ 他们分析了东西文化各自的长短优劣后认为，东西文化乃是

---

① 孙家鼐《复议开办京师大学堂折》，陈景盘、陈学恂《清代后期教育论著选》(上)，北京：人民教育出版社 1997 年 8 月，第 223 页。

② 冯天瑜、肖川评注《劝学篇·劝学篇书后》，武汉：湖北人民出版社 2002 年 10 月，第 144 页。

③ 较有代表性的为何启、胡礼垣的《〈劝学篇〉书后》(详见冯天瑜、肖川评注《劝学篇·劝学篇书后》，武汉：湖北人民出版社 2002 年 10 月)，谭嗣同的《报贝元征书》(羊见蔡尚思、方行《谭嗣同全集》(增订本)，北京：中华书局 1981 年)，严复的《论世变之亟》、《与外交报主人书》(详见王栻主编《严复集》，北京：中华书局 1986 年 1 月)，丁伟志、陈崧《中西体用之间——晚清中西文化观述论》(北京：中国社会科学出版社 1995 年 1 月) 等。

④ 详见罗惠缙《1913 至 1914 年间的"道德救亡"思想解析》，《武汉理工大学学报》(社会科学版)，2006 年第 6 期。

性质上的差异，一为静的文明，一为动的文明，而非程度高下的不同，因此，解决东西文化的冲突应采取调和的立场：“取他人所长，以补吾人之所短。”① 初步跳出了洋务派“中体西用”的藩篱，克服了国粹学派“扬中抑西”的偏颇。中期的“甲寅派”，晚期的梁启超、梁漱溟等则站在世界文化背景中权衡东西文化的长处，尤其颂扬东方文化精神的优越感和救世性，有力地呼应了当时西方崛起的文化守成主义思潮，它构成了中国近代文化保守主义的第四阶段。

第五阶段是创始于 1922 年的学衡派，其代表人物有吴宓、梅光迪、胡先骕、缪凤林等，他们以“昌明国粹，融化新知”为办刊宗旨，用白璧德的新人文主义作为总体的理论架构，企图将中西文明的精魂——中国孔子、印度佛陀、希腊苏格拉底、犹太耶稣——进行中西合璧式的文化构建，相比于东方文化派的“调和论”，学衡派更多关注东西文化精魂的融合。② 诚然，他们的愿望是十分美好的，但过分理想主义的想法，很快就陷入了“二马裂尸”③ 的困境。

以十教授宣言为发轫的“中国文化本位派”基于“中国在文化的领域中是消失了……从文化的领域去展望，现代世界里面固然已经没有了中国，中国的领土里面也几乎已经没有了中国人”的

---

① 田建业等编《杜亚泉文选》，上海：华东师范大学出版社 1993 年 10 月，第 81 页。

② 详见拙文《昌明国粹，融化新知——学衡派文化观析》，《江淮论坛》，2003 年第 5 期。

③ 吴宓有一精妙的比方，他说，处世之道有对立二端：一为不从理想，但计功利，入世积极活动，以图事功；一为怀抱理想，则目睹世事之艰难，恬然退隐，寄情文章艺术，以自娱悦，可他却“欲二者兼之，心爱中国旧日礼教道德之理想，而又思以西方积极活动之新方法，维持并发展此理想，遂不得不重效率，不得不计成绩，不得不谋事功。此二者常互背驰而相冲突，强欲以己之力量兼顾之，则譬如二马奔驰，宓以左右二足分踏马背而絷之，又以手紧握二马之缰绳于一处，强二马比肩同进”。其结果力量不济，握缰不紧，二马分道奔驰，则踏背之人必受车裂之刑。（吴学昭《吴宓与陈寅恪》，北京：清华大学出版社 1992 年 3 月，第 47 页）

认识，提出了“我们要求有中国本位的文化建设”的口号：“不守旧”，即是“淘汰旧文化，去其渣滓，存其精英，努力开拓出新的道路”；“不盲从”，即是“取长舍短，择善而从，在从善如流之中，仍不昧其自我的认识”；“根据中国本位，采取批评态度，应用科学方法来检讨过去，把握现在，创造将来”①。虽然《宣言》的作者们并没有对“中国本位”作出令人满意的解释，而且有重谈“中体西用”论调的嫌疑，导致“全盘西化”论者对其予以猛烈的抨击，但是，它对引导人们思考中国的国情、探究中国文化建设的方向有着一定的启迪作用。此为近代文化保守主义发展的第六阶段。

作为第七阶段的现代新儒家大体脱胎于东方文化派，“杜亚泉、梁启超等人可视为其前驱先路人物，尤以梁启超的影响为甚”②。张君劢从关注儒家人生哲学出发，主张“拿西洋科学西洋政治同我们的儒教佛教消化而融会”，这种“对中华文化人生哲学独特价值的积极阐扬，使得张君劢成为现代新儒家中颇具特色的一员健将”。“现代新儒家的其他重镇熊十力、梁漱溟、冯友兰表现了更加自觉的文化绵统意识，竭尽全力承续先秦原始儒家，特别是宋明新儒学的学术传统，以疏畅中华文化的源头活水，使之不致湮灭，而趋汪洋。”③ 现代新儒家的第二代以唐君毅、牟宗三、徐复观、方东美等为代表，常年的寓居海外，使得他们在《为中国文化敬告世界人士宣言——我们对中国学术研究及中国文化与世界文化前途之共同认识》中对其文化思想做了集中的阐述，一方面表现出了对中国民族之“花果飘零”的悲叹，但更多的是对中国文化的诠释方法、精神生命、伦理价值以及传统文化与民主价值、东西文化的差异和互补等提出了自己的看法，表达了他们对中国文化

---

① 王新命等《中国本位文化的建设宣言》，《文化建设》，1935 年第 1 卷第 4 期。

② 冯天瑜、何晓明、周积明《中华文化史》，上海：上海人民出版社 1990 年 8 月，第 1115 页。

③ 冯天瑜、何晓明、周积明《中华文化史》，上海：上海人民出版社 1990 年 8 月，第 1117～1118 页。

"内在超越"的信仰和信心。

总之,中国近代的文化保守主义是一脉相承的,尽管各派的文化思想及侧重点略有差异,但总体倾向是以文化的民族性对抗文化的时代性,他们挖掘中国传统文化之精髓,希冀从中间寻找出能够重建中国文化的精神资源,以此作为焕发文化生机的活力。正如艾恺在论述世界范围内的反现代化思潮时指出,一个"西化"很深的反现代化文化民族主义者在向现代文化进行文化引借时,其文化哲学约有两种类型:一是国家认同对象……二是民族认同对象,其目标是对本土文化的复苏与重振,当然包括摒弃与否定传统文化中某些不适于现代社会的因素,它带有较多的文化色彩。"那些思想家常常鼓励别人或自己进行对过去文化传承、语言、文学与历史方面的研究……在很多的情况下,本土文化的'精义'被认为包含在文学与语言的传统中。"①

二、民初"文化遗民"与近代文化保守主义的关联

从一般意义看,中国近代的文化保守主义明显区别于西方的文化保守主义,它是民族政治危机、文化危机直接作用于民族文化的产物,属于民族心理自卫的一种本能表示。民初"文化遗民"的文化保守主义倾向,就整体而言,归属于中国近代文化保守主义的范围,因此,民初"文化遗民"的贡献丰富了近代文化保守主义思潮对中国近代文化贡献的内容,但是,民初"文化遗民"的文化保守主义也呈现出一定的特异性,这是比较二者尤应注意的问题。

1. 近代文化保守主义队伍中的一翼

从上述对近代文化保守主义的初步勾勒可以看出,民初"文化遗民"存在的时间及其文化倾向大体与近代文化保守主义的第四、第五阶段同步,他们的文化实绩和文化倾向也基本与这两个阶段相吻合。

---

① [美]艾恺《世界范围内的现代化思潮——论文化守成主义》,贵阳:贵州人民出版社 1991 年 4 月,第 226 页。

第一，民初"文化遗民"在传统学术、史学、文学、文化事业上的贡献虽然有作为其遗民情怀的成分，但他们用自己的实际成就证明了中国传统文化并非是一钱不值的糟粕，罗振玉、王国维、沈曾植、缪荃孙等人不仅对甲骨学、敦煌学、地理学、音韵学、目录学等开拓了一个新的研究区域，而且在学术研究的方法上有着重大的突破，如王国维的"二重证据法"。它们客观上接续了从先秦儒家、宋明理学到乾嘉学派等历史进程中的中国传统文化之命脉，在一定程度上实践着张载"为天地立心，为生民立命，为往圣继绝学，为万世开太平"的至圣名言。民初"文化遗民"对学术研究也正如学衡派，一方面关注文化的发展路向，一方面用自己的学术成果回应文化上的"番达主义"（Vandalism）①。

第二，《亚洲学术杂志》和《学衡》杂志，虽然两刊的主要创始人的学术背景具有很大的差别，一方基本为中学背景，一方为典型的西学背景，但是不论是从刊物的文化倾向还是从刊物对学术研究的重视程度来看，两者均具有极大的相似性，而且两刊也有共同的撰稿人，如王国维、张尔田、孙德谦等，尤其是刊载于《学衡》杂志第11期的孙德谦的《中国学术要略》就是转摘自《亚洲学术杂志》第1期，刊载于1932年第77期《学衡》的《我执实相管》一文的作者李翊灼就是《亚洲学术杂志》倡导者沈曾植的学生。吴宓在《中华新报》上盛赞《亚洲学术杂志》"每篇皆言之有物，精粹确实，不事敷衍补缀，其方法亦甚允当，虽专事发明经义，整

---

① 番达人（也译作"汪达尔人"）与苏维汇人是日耳曼民族的一支，公元406年底，苏维汇人、汪达尔人和非日耳曼民族的阿兰人越过莱茵河，经高卢于409年秋进入西班牙。西哥特人侵入西班牙后，苏维汇人被迫退居伊比利亚半岛西北角，建立苏维汇王国；汪达尔人和阿兰人则由盖塞里克（428—477年在位）率领，于429年渡海进入西北。439年攻陷迦太基，建立汪达尔—阿兰王国。随后，汪达尔人又征服西西里西部、科西嘉岛、撒丁岛和巴利阿利群岛。455年攻陷罗马城，大肆焚掠，全城文物毁弃殆尽。于是，大规模地破坏文化古物和人类文明的野蛮行为被称为"汪达尔主义"或"番达主义"。（《辞海》，上海：上海辞书出版社1999年版，第2500页）

理旧学,然处处针对时事,以实用为归"①。可见两刊的办刊旨趣有很大的相同,而且能够互相援引。

第三,东方文化派、学衡派、亚洲学术杂志派对东方文化的关心是共同的,不纯粹局限于一国一地,而是将目光集中于"轴心文明"时期的中国、印度文明、古希腊文明之精魂。当然,三者也有细微的区别:东方文化派更多强调东方乃至中国文化的优越感;《学衡》杂志则集中探讨孔子精神、西洋历史、希腊精神、印度哲学之起源等古典性内容,有申发思古之幽情的味道;《亚洲学术杂志》则更为关注当下出现、发生的问题。总之,三者基本可以用"精神文明,其要在于古典。西方之古典,出于希腊、罗马,东方之古典,出于《论语》、《孟子》"② 来概括,他们的终极目标是攫取东、西文明中有益的成分,为当时战后欧洲的重建提供一份精神上的食粮和方向的指引,他们的努力,客观上推动了当时东方文化复兴思潮的高涨。

当然,民初"文化遗民"与文化保守主义的关联并不全是在辛亥革命以后形成的,在他们对西学有一定的认识和了解之后,大体就有"中体西用"的思想倾向,如王玫伯在辛丑年(1901)左右与章梫的信函中有类似的表述:"采西学之长,续中学之短;取汉儒之实,补宋儒之虚。"③

2. 民初"文化遗民"的特异性

尽管民初"文化遗民"与近代文化保守主义有同,但他们的异处也是明显的,具体表现为:

(1) 政治(身份)的不同

从中国近代文化保守主义发展七个阶段代表人物的政治倾向来看,他们基本属于"新民"的范围,只是他们关注文化的热情超

---

① 《吴宓君论新文化运动之反应》,《亚洲学术杂志》(第四期),1922 年8 月,丛录。

② [日] 西本省三《德意志青年与中国文化》,《亚洲学术杂志》(第四期),1922 年 8 月。

③ 《复王玫伯孝廉》,章梫《一山文存》,沈云龙《近代中国史料丛刊》第 33 辑,台北:文海出版社,第 359 页。

过政治上的热情。用"进步"观念来评价，他们当为近代社会进步的同路者，中华民国的建立是这种理想实现的一个载体，也是他们理想的寄托；但民初"文化遗民"首要的身份是遗民，其次才是"文化遗民"，因此，他们的文化保守主义是立足于对中华民国的不满，试图以文化接续来表达自己的理想，基本集政治上的"反动"和文化上的"进步"为一体。

（2）对民族（主义）的认识不同

除"国粹派"之外，中国近代的文化保守主义基本不关心民族及民族主义的问题。而民初"文化遗民"对民族主义有自己独到的看法。

"国粹派"对"华夷之辨"较为敏感，刘师培在《读左札记》中认为，研究《春秋》三传，旨在"辨别内外，区析华戎"、"首华夷之界"，[1] 黄节的《春秋攘夷大义发微》和《黄史》、邓实的《民史分叙》、马叙伦的《古正统志》等文章都把民族问题作为首要论述的对象，他们的真实意图是将倡导民族气节视为发扬国粹、鼓张国魂的手段。

"国粹派"关注国粹的文化保守主义倾向被许多研究者冠以"文化民族主义"的称号，因为他们或"恢复民族精神，试图以复兴中国古学来达到振兴民族的目的"，[2] 或"以整个民族、国家的利益为最终取向"[3]。

民初"文化遗民'虽然也关注国粹，但他们并不与"国粹派"同道，而是基本站在满族统治者的立场上，要么视"中华民国"为夷，要么坚持上古的夷夏观念，视外国为夷，其"夷夏观念"的固执性和落后性，显然易见。因此，无论如何，他们都与"文化民族主义"有巨大的鸿沟。

---

① 刘师培《读左札记》，《国粹学报》第 1 期。

② 冯天瑜《中华元典精神》，上海：上海人民出版社 1994 年 5 月，第480 页。

③ 罗福惠《中国民族主义思想论稿》，武汉：：华中师范大学出版社1996 年 7 月，第 329 页。

第二节　现代性视野中的民初文化遗民定位

经过 18 世纪宣扬资产阶级政治思想体系的启蒙运动及 19 世纪工业革命的影响和推动，欧洲社会已经走出了中世纪，跃进到现代乃至后现代社会的门槛。参照世界文明体系变化的坐标及世界性时段，明清之际以前的中国遗民基本对应于世界古代文化的阶段，清民之际的遗民基本处于现代及后现代阶段。中世纪向现代社会的转变，常常引发人们对传统与现代、现代与后现代关系的思考，是故，传统、现代、后现代三个术语及其代表的文化阶段和实质性含义多被今人用作哲学史、文学史、思想史的分析工具，事实上，借用三者来分析清末民初的文化遗民，能更好地加深我们对民初遗民的理解。

一、现代与现代性观照下的民初文化遗民

1. 关于现代及现代性

探讨现代及现代性的著作不计其数，沿用现有的研究成果，"现代"多指一个时段，与"过去"相对，它泛指从中世纪结束以来一直延伸到今天的一个"长时程"，也是一种区别于中世纪的新时代精神和特征的"价值尺度"。①

"现代性"相比于简单理解的"现代"就显得较为复杂和歧异，它与"现代化"纠结在一起，"现代化"大体有四种界说：

①在近代资本主义兴起后的特定国际关系格局下，经济上落后国家通过大搞技术革命，在经济和技术上赶上世界先进水平的历史过程。

②现代化即是工业化，是经济落后国家实现工业化的进程，是人类社会从传统的农业社会向现代工业社会转变的历史过程。

③现代化是自科学革命以来人类急剧变动的过程的统称。

---

① 罗荣渠《现代化新论——世界与中国的现代化进程》，北京：商务印书馆 2004 年 1 月，第 6 页。

④现代化是一种心理态度、价值观和生活方式的改变过程，换句话说，现代化可以看作代表我们这个历史时代的一种"文明的形式"。①

"现代性"的概念显得更为复杂，代表性的界说有五种：

①吉登斯将现代性看作是现代社会或工业文明的略缩语，它包括从世界观、经济制度到政治制度的一套架构，它着眼从制度层面来理解现代性，"现代性是一种后传统的秩序"②。

②哈贝马斯把现代性视为一项"未完成的设计"，其核心问题就是自我理解和自我确证。

③福柯将现代性理解为"一种态度"，而不是一个历史时期，因此，它不是一个时间概念。"所谓态度，我指的是与当代现实相联系的模式；一种由特定人民所作的志愿的选择；最后，一种思想和感觉的方式，也就是一种行为和举止的方式。无疑，它有点像希腊人所称的精神气质（ethos）。"③ 由于这种"态度"、"精神气质"有"哲学的质疑"品格，因此，福柯的现代性富有批判精神。

④布莱克认为："从上一代人开始，'现代性'逐渐被广泛地运用于表述那些在技术、政治、经济和社会发展诸方面处于最先进水平的国家所共有的特征。"④

⑤马克斯·韦伯虽然没有就"现代性"做出专门的界定，但是他关注"理性"，在《新教伦理与资本主义精神》一书中认为："资本主义精神的发展完全可以理解为理性主义整体发展的一部

---

① 罗荣渠《现代化新论——世界与中国的现代化进程》，北京：商务印书馆 2004 年 1 月，第 9～15 页。

② ［英］安东尼·吉登斯《现代性与自我认同》，北京：生活·读书·新知三联书店 1998 年 5 月，第 3 页。

③ 福柯《何谓启蒙》，见汪晖《文化与公共性》，北京：生活·读书·新知三联书店 1998 年 6 月，第 430 页。

④ ［美］C. E. 布莱克《现代化的动力——一个比较史的研究》，杭州：浙江人民出版社 1989 年 5 月，第 5 页。

分，而且可以从理性主义对于生活基本问题的根本立场中演绎出来。"①

至于"现代性"与"现代化"的关系，如布莱克所述："'现代化'则是指社会获得上述特征（注：即技术、政治、经济和社会发展诸方面处于最先进水平的国家所共有的特征）的过程。"②故有学者进一步概括说："从因果关系上说，'现代化'属因，而'现代性'则是其结果，是科学技术、经济生产、社会转型等这些现代化过程的推动，才产生了作为现代社会的'属性'的现代性；其次，更重要的是，现代化与现代性本质上分属'实证的'与'规范的'两种不同范畴。"③

通过上述关于现代化、现代性概念的描述及二者关系的分析，我们可以看出，现代化和现代性有着密切的关联，这种关联导源于它们共同关注着两个层面：一是以科学技术、经济、社会转型和政治等为主体的社会结构层面；一是以"精神气质"、"理性"、心理态度、价值观和生活方式等为主体的文化心理层面。如果将这两个层面对应于中国近代一百余年的时期，那么，我们会明显地看到，中国近代社会发生的一切过程其实就是现代化和现代性在中国的影响过程。

结合近代中国的历史进程看，19 世纪 60 年代以来的洋务运动、戊戌变法、清末新政、辛亥革命以及《资政新编》等，都属于当下先进人物对社会结构层面现代化和现代性的追求，总体的目标是"救亡图存"、"振兴中华"，而且它们一直延伸到 20 世纪中期。这种对民族、国家身份的认同及其渴求情感渗入到思想、文化层面，被刘小枫称作"'现代士大夫精神'情结的缠碍"，集聚在

①　［德］马克斯·韦伯《新教伦理与资本主义精神》，西安：陕西师范大学出版社 2006 年 2 月，第 31 页。

②　［美］C. E. 布莱克《现代化的动力———一个比较史的研究》，杭州：浙江人民出版社 1989 年 5 月，第 5 页。

③　陈嘉明《现代性与后现代性十五讲》，北京：大学出版社 2006 年 4 月，第 36 页。

所谓的"中国问题"① 上；被高瑞泉称作"现代性观念谱系"，它们大体由世人熟知的"进步"、"竞争"、"创造"、"科学"、"民主"等核心概念组成，诸多概念之中，"进步观念是现代性的前提和核心，它根本改变了中国人的世界图景和价值取向……甚至可以说，没有'进步'的理想，就不会有中国的现代化。没有'进步'的观念，我们将无法理解其它现代性。也就是说，'进步'成了其它现代观念的前提和预设。'竞争'和'创造'则是进步的两大动力来源，具体展开了进步理想所包含的追求、进取、求索、扩张和冒险的精神"②。

总之，"中国问题"也好，"现代性观念谱系"也好，虽然它们有关涉社会结构层面的成分，但它们更多地是被楔入到文化心理层面，正是从这个意义上讲，用它们来观照民初的文化遗民，就有了可靠的依据和理由。

2. 现代性与民初文化遗民

现代性与民初文化遗民的关联大体表现在两个方面：一是民初文化遗民的西学情结；二是民初文化遗民的社会观、文化观。

①民初文化遗民的西学情结在前文已经做了交代，他们的求变思想，器物关注，注重学会、舆论和学校教育，重视政治改良等，与当时的曾、左、李、康、梁、孙中山等先进人物是同趣的，都是

---

① 据刘小枫《现代性社会理论绪论》所述："中国问题"是指晚清士大夫看到的中国所遇"三千年未有之大变局"；中国的社会制度和人心秩序的正当性均需重新论证，这种论证需求是由西方的现代性逼出来的。"中国问题"包含三个层面的定位：在历史事功层面，问题是中国作为一个民族国家单位如何富强，在国际（国族）间的不平等竞争中取得强势地位；在生活秩序的价值理念层面的问题是，中国传统的价值理念与西方价值理念的冲突如何协调，民族性价值意义理念和相应的知识形态如何获得辩护；在个体安身立命的意义层面，问题是如何维护中国的传统终极信念的有效性，设想其解放性力量不仅对中国有效，也对西方有效。（刘小枫《现代性社会理论绪论》，上海：三联书店1998年1月，第195页）

② 高瑞泉《中国现代精神传统——中国的现代性观念谱系》（增订本），上海：上海古籍出版社2005年9月，第13页。

对以科学技术、经济、社会转型和政治等为主体的社会结构层面的现代化和现代性的追求，终极目标是"救亡图存"、"振兴中华"。

中华民国建立之后，民初文化遗民成为保守派的同路人，但并没有妨碍他们对现代化和现代性的追求，他们与先进人物的异趣体现在他们对现代化和现代性内涵的理解，具体就是建国方案的不同。① 就像现代化和现代性有多种界定一样，民初文化遗民更多地是看中传统的经济、社会、政治领域中能够利用、借鉴、扩张和焕发生机的现代性因素，如劳乃宣的"共和观"、"君主民主观"，胡思敬对张之洞《奏定学堂章程》的批评，《亚洲学术杂志》办刊宗旨的"六体"、"八用"，他们共同的目标是从"保种"、"保国"的需要出发的，离不开"中国问题"的总范围。

②相比于民初学人的西学情结，民初文化遗民的社会观、文化观有些保守，他们在以"精神气质"、"理性"、心理态度、价值观和生活方式等为主体的文化心理层面更为接近上文引述的"现代化"概念的第四种表述和福柯对"现代性"的理解，如胡思敬提倡的宋五子书，《亚洲学术杂志》的"六体"，曹元弼对《孝经》的维护等，主要强调中国文化中的精神性和价值观的成分。

用现代性比照民初文化遗民，他们最大的缺陷就是，自严复的《天演论》译出之后，社会上已经基本接受了进化论史观，而且进化论史观成为一种普遍的人类认识法则和人们评价事物的基本标准，但是，民初文化遗民却比较固执地坚持传统的历史循环论，②

---

① 孙中山等人主张建立民主共和制的国家，民初文化遗民基本倾向于建立君主立宪制的国家，从某种意义上讲，民主共和、君主立宪是两种不同的国家政体形式，并不存在先进和落后的价值评判，就像今天的英国和美国依然是两种政体的国家代表，但并不妨碍它们共同成为现代化的发达国家。

② 中国古代也有进化史观的存在，如王夫之在《读通鉴论》中，从"气化日新"的自然观引申出由禽兽到人类、由夷狄之"野"到华人之"文"的文明演进论。只是这种史观的影响因客观的原因没有渗入到社会各阶层。（详见冯天瑜、何晓明、周积明《中华文化史》，上海：上海人民出版社1990年8月，第173页）

排斥作为现代性观念代表的进化论史观，这恐怕就是民初文化遗民常常成为人们攻击对象的理由和原因了。

二、传统与现代之于民初文化遗民

现代化和现代性虽然是作为近代资本主义的产物而出现的，但它终究脱离不了"传统"这根脐带。近代中国人，从早期维新派、洋务派、康梁等改良派、孙中山等资产阶级革命派以及五四新文化派等，一直在思考如何摆脱传统的束缚而进入现代化国家，但是历史的惰性使得他们既欲超脱传统却又难以摆脱传统，离异与回归成了一对矛盾体，所以，有的论者说，"为防止文化失范而求助于传统，为现代化的政治新生又必须抛弃传统，这或许是中国现代化历程中特有的二律背反现象。其结果是，中国人在自觉的深层意识层面对传统的抨击日益激烈；另一方面，在深层的或不自觉的意识层面上，这种传统对人心的镇制力，以及由此而引起的权势者的诱惑力又从来没有削弱过。旧政治的复活，又进而激起意识层面的反传统的激进主义，文化失范又更深了一层。"① 民初的文化遗民恐怕也是因"传统对人心的镇制力"原因，尤其是迷恋传统文化中的"克里斯玛特质"，故对传统的文化和思想采取一种保守和看护的状态。

1. 关于传统

"传统"是围绕人类的不同活动领域而形成的代代相传的行为方式，是一种对社会行为具有规范作用和道德感召力的文化力量，同时也是人类在历史长河中的创造性想象的沉淀。因而一个社会不能完全破除其传统，一切从头开始或完全代之以新的传统，而只能在旧传统的基础上对其进行创造性的改造。钟情"传统"概念的希尔斯极为关注"实质性传统"（Substantive tradition），因为这种

---

① 许纪霖《智者的尊严——知识分子与近代文化》，萧功秦序言，上海：学林出版社 1991 年 12 月，第 4 页。

传统往往具有一种神圣的克里斯玛（Charisma）特质。① 他认为不仅那些具有（或被认为具有）超凡特质式的权威及其血统能够产生神圣的感召力，而且社会中的一系列行为模式、角色、制度、象征符号、思想观念和客观物质，由于人们相信它与"终极的"、"决定秩序的"的超凡力量相关联，同样具有令人敬畏的、使人依从的神圣克里斯玛特质。因此，社会中行之有效的道德伦理、法律、规范、制度和象征符号等或多或少被注入了与超凡力量有关的克里斯玛特质。②

2. 民初文化遗民与传统

虽然人们很少用这种具有西方学术背景的术语"克里斯玛特质"来形容中国文化传统里的某些精神，③ 但是，如果借用该术语来分析民初文化遗民对传统的坚守，亦不无参考价值，因为传统文化中的思想观念、制度、象征符号、道德伦理等，因其具有神圣的感召力和超凡的力量，依然盘踞在民初文化遗民的心中，起着有形或无形的支配作用，这正如马克思所说："权威是它的知识原则，

---

① 据《论传统》一书的译序《传统、克里斯玛和理性化》介绍：Charisma一词最早出现在《新约·哥林多后书》中，原指因蒙受神恩而被赋予的天赋。19 世纪的德国法学家 Sohm 用它来指基督教教会的超世俗性质。马克斯·韦伯全面延伸、扩大了 Charisma 的含义，既用来指具有神圣感召力的领袖人物的非凡体格特质或精神特质，如先知、巫师、立法者、军事首领和神话英雄等的超凡本领或神授能力，也用它来指一切与日常生活或世俗生活中的事物相对立的被认为具有超自然能力的神圣特质，如皇家血统或贵族世系。后者是常规化的或制度化的克里斯玛。（［美］E. 希尔斯《论传统》译序《传统、克里斯玛和理性化》，傅铿、吕乐译，上海：上海人民出版社 1991 年 3 月，第 4~5 页）

② ［美］E. 希尔斯《论传统》译序《传统、克里斯玛和理性化》，傅铿、吕乐译，上海：上海人民出版社 1991 年 3 月，第 2~5 页。

③ 林毓生在《中国传统的创造性转化》（北京：生活·读书·新知三联书店 1988 年 12 月）中将"奇理斯玛"（即克里斯玛）运用到中国的文化研究中；王一川在《中国现代奇理斯马典型——二十世纪小说人物的修辞论阐释》（昆明：云南人民出版社 1995 年 7 月）中将它运用到中国小说典型研究中，具有一定的开创意义。

而崇拜权威则是它的思想方式。"①

①就思想观念层面而言，《亚洲学术杂志》的章程"六体"——主忠信以修身，尊周孔以明教，敦睦亲以保种，讲经训以善世，崇忠孝以靖乱，明礼让以弭兵，是民初文化遗民对传统文化的克里斯玛特质式的集中坚守，忠信、孔教、孝道、经训、礼让等尽管发轫于"轴心文明"时期，但它们在新的文明发展阶段仍然有着强劲的借鉴和使用价值，对国民精神的陶塑起着积极的促进作用，因此，民初文化遗民尤其注意从中西文化对比层面，凸显它们存在的合理性和延续的必要性，并且把它们作为一种优秀的文化精神加以鼓吹，希冀以此加强公民对它们的认同感和信服力。

另外，像夷夏观念、五伦观念和孔教观念等，即使它们与中华民国以"共和"、"民主"等现代性观念作为建国的精神原则相悖谬，以民主科学、平等自由代替三纲五常、忠孝节义是中西学术交汇后出现的一种新的文化现象，但民族观念、伦理观念、道德观念等在国民精神上的型塑作用、号召力和感化力并没有随着中华民国的建立而荡然无存，所以，劳乃宣在尊孔文社的演说辞中，将先秦至晚清曾文正这一漫长历史阶段中的"孔子之学"的学派和思想演变作了较为详细的勾勒，其中心意思就是要"尊孔子之道"，而要"尊孔子之道"，当学"孔子之学"，因为"孔子之学，祖述尧舜，宪章文武，继往开来，为百世所共遵"。而且在当今西学东渐的大背景中，曾文正开译西书，派遣留学生学习西方的法政、哲学、语言文字等，它们均可归属为中学的义理、考据、词章、经济等门类，所以，"中学西学，一以贯之，无二致"②。胡思敬"潜心宋五子书"，意在借助宋代理学中"天理"、"心性"等因素，"以讲学挽回世道相劝勉"，这与理学重视主观意志力量，注重气

---

① 《马克思恩格斯全集》（第 1 卷），北京：人民出版社 1956 年，第 312 页。

② 劳乃宣《论尊学之标准》，桐乡卢氏校刻《桐乡劳先生（乃宣）遗稿》，沈云龙《近代中国史料丛刊》第 36 辑，台北：文海出版社，第 133～139 页。

节、品德、自我节制、立志,强调人的社会责任和历史使命感,凸显人性的庄严,塑造民族性格等积极作用是一致的。因此,研究宋明理学史的学者也评价说:"宋明理学在中国思想史的发展长河中,占有特殊地位。先秦诸子、两汉经学、魏晋玄学、隋唐佛学、宋明理学,是中国思想史上开出的不同花朵……在漫长的七百年间,理学家辈出,'穷理尽性,以至于命',其间不能没有值得后人汲取的有价值的思想成果。"①

②就制度层面而言,民主共和与君主专制是对立的两种制度,从君主制转向共和制,既是革命的结果,也是观念转变的结果,但是民初文化遗民们留恋君主制度,甚至为恢复君主制度实践了一系列复辟活动。这一方面表明了他们为保存原有秩序而作出的努力;另一方面,从世界范围看,它也是制度转型过程中的普遍现象,如英国斯图亚特王朝复辟、法国波旁王朝复辟等。

③就象征符号而言,皇帝应该是具有克里斯玛特质的典型。存留二千多年的皇帝制度构成了中国古代制度文化中重要的一翼,在没有出现现代意义的国家概念以来,皇帝既是国家的象征,也是民族的象征,所以,中国古代的忠君和爱国是联系在一起的。辛亥革命推翻溥仪皇帝,皇帝制度也随之被消灭,用"进步"、"民主"等概念来观照,这应该是社会的巨大进步,因为中华民国正用民主、共和等现代性观念追逐当时的世界先进性文明。

但是,民初文化遗民更多地是用传统的眼光打量新兴的制度形态,是有政治、文化上的理解的:

首先,辛亥革命是一种断裂、一种否定,由于除旧布新工作上的不彻底性,导致社会解构带来的惰性与缺失应运而生:新的国家观、道德观、价值观并没有及时地接续上传统的君尊民卑的君主观、重义轻利的价值选择观、上下尊卑的等级秩序观、政教合一的权威观和信仰观,制度建设过程中的这些真空,客观上为民初文化遗民从传统寻找精神支撑提供了帮助。

---

① 侯外庐、邱汉生、张岂之《宋明理学史》(上),北京:人民出版社1984年4月,第19页。

其次，新兴的共和制度对民初遗民来讲还是无法驾驭的一个对象，所以，他们更愿意从传统的思想、经验中寻找可供借鉴的精神资源作为庇护，以复古为解脱，以退守为保护，民国初年的孔教运动、君政复古、帝制复辟等复古思潮一波接一波地进行，就很好地说明了这一点。

最后，皇帝是中央集权的君主专制社会的中心，高高在上的皇帝是威权的一个象征符号，而且基本是以神化的面貌出现的，它与世俗的关联多半是通过诏、诰、谥号等实体性的形式实现的。中华民国的建立削去了皇帝的上述权威，但由于对末代皇帝溥仪的特殊处置形式，使得民初文化遗民依然存留着"封妻荫子"的渴望，王国维的"忠悫"、梁济的"贞端"、徐枋的"忠勤"、陆润庠的"文端"、梁鼎芬的"文忠"等谥号，就是皇帝克里斯玛特质的又一体现。

如果说，宋元、明清之际的遗民，有较多民族意识上的"克里斯玛特质"，相比而言，清民之际的遗民更多具有皇帝特征的"克里斯玛特质"，上述三点就是此种特质的表现。

总之，夷夏观念、五伦观念和孔教观念，君主制度，皇帝等传统性的内容，在民初遗民的眼中，都具有神圣的克里斯玛特质，这构成了他们极力保存传统精神资源的动力，而这种动力又与他们的文化保守主义倾向相结合，因此，准确地说，民初遗民的整体身份是"文化遗民"，他们合道统担当、学统承续与文化整理三位为一体，从而奠定了他们在中国近代社会转型中的特殊地位。

结　　语

　　从历史的纵贯和文化的延续看，遗民因与政治、文化、社会变迁等因素联系在一起，从而构成了三千年中国传统社会中一种挥之不去的文化现象。社会热烈和冷静的对峙，处于社会弱势地位的遗民总是被人们冠之以异样的情感、看法和评价，事实上，遗民们虽然对政治的变迁比较敏感，但他们对待文化却大都保留着理性的评判，故从另一个角度上看，研究遗民能够增加我们对文化演变的深切理解，尤其能够深化后人对文化丰富性、多样性、复杂性、变异性的认识。

　　作为中国遗民发展史上的最后一支队伍，民初（文化）遗民因其政治心态的固执和政治倾向的保守，加之特定社会转型过程中的政治观、价值观、历史观、文化观的影响，于是，关于遗民诉说的各种诟病纷至沓来，以致社会的评价呈现出模式化、世俗化的倾向和单一性、不公正性的特征。

　　借用话语系统的概念，清民之际遗民话语系统大体分为政治话语和文化话语两大类。政治话语决定了他们遗民的身份，文化话语陶塑了他们"文化遗民"的特征。

　　就政治话语而言，民初遗民首先应归属于遗民范围。"不仕新朝"的行为、"不忘故主君恩"的态度、对新朝的排斥，使得民初遗民的政治情结多集中在"孤露遗臣"之情怀和"与民国敌对"两方面。复辟、变名、易服、归隐、殉节、崇陵情结、不与新朝合作等是他们"文字话语"的主要表现；"义熙"、"阳九"、"癸丑""甲寅"、"民国"等正朔符号是"时间话语"的主要体现。

　　从纯粹的政治角度看，改朝换代是政治革新的一种形式、一种手段，是各种势力角逐后力量的重新安排和平衡格局建立的前提，民—清易代也是这样的政治大变革的一种表现，但是，从民族关系看，汉—秦易代、宋—唐易代仅是民族内部关系中一个家族被新兴的家族势力所代替，是在民族关系系统内部力量的重新组合，是在民族关系不变的前提下进行的一次政治革命，"以夏变夷"的心理秩序没有在政治革命的场景中打乱，而元—宋易代、清—明易代、民—清易代则不同，在政治革命的基础上夹杂着民族关系，只是元—宋、清—明是以"夷"变"夏"，文化先进的民族被一般认为文化落后的民族所取代，传统文化中形成的"道统"旁落了、被遗弃了，因此朝代的更替不仅被认为是政治的鼎革，而且被认为是文化的夷灭，宋遗民、明遗民的痛心疾首既有政治的因素，更多的是文化惨遭汰灭后的彷徨与忧虑，价值评判中蕴含着情感评判。民—清易代本应被视为明—元易代的接续，但是西学进入中国后，传统夷夏观念中"夷"逐步有"西夷"、"中夷"的分野，而"中夷"在与"西夷"的对抗中有与"夏"合流、基本上升为"夏"层面的趋势。宋遗民、明遗民和辛亥革命时期的思想家基本取传统的夷夏观念，他们看来，以成吉思汗为代表的蒙古人和以爱新觉罗为代表的满人都是"鞑虏"，因此"驱逐鞑虏，恢复中华"成了从朱元璋农民起义到兴中会时期一贯连续的口号。民初遗民则在扭曲的君臣之义的基础上，把在"西夷"思想指导下建立的中华民国视为"西夷"，所以，民—清易代同样是"以夷变夏"、"以野变文"！由于新成立的民国是一种新型的政体而不是换一个皇帝，因此民初遗民既抛弃了政治革命中应具有的价值评判，也抛弃了民族革命中应具有的情感评判，使得他们既失去了价值评判的标准，也失去了情感评判的标准，更多的是借鉴"时间话语"和"文字话语"等形式表现他们政治倾向，这也许就是民初遗民长期为民国人物所鄙视的一个原因。

就文化话语而言，民初遗民不仅比较多地关注传统文化中的夷夏观念、君臣观念、孔教观等观念，而且在他们的相关实践活动中，多以赓续学术、从事文化的传承和整理为职志，因此，民初遗民的活动和实践使得他们更多地呈现出"文化遗民"的特征。

借用顾炎武的话，历代遗民是面临着"亡国"的问题，而民

初遗民面临的是 "亡天下" 的问题。但是民初 "文化遗民" 并没有在因 "亡国" 顺带而来的 "亡天下" 背景中失去 "匹夫之贱与有责焉耳矣" 的信心和文化自觉，与历代 "文化遗民" 相似，不仅担负起修史、著书、教育等活动重任，甚至超越了前辈遗民，积极参与博物馆、图书馆建设，而且对传统的夷夏观念、五伦观念、孔教观念，由留恋变为坚守和固执，从此意义上说，民初 "文化遗民" 在一定程度上承载了民族文化赓续的重担，中国现代学术之所以能够在 "千劫奇变" 中建立，民初遗民的学术续命和文化活动不能没有贡献。

文化历来有时代性和民族性的特征，从文化的时代性认同看，民初遗民基本上对它们采取视而不见的态度， "视而不见" 脱胎于夷夏观念在东、西两大文明体系对峙、冲突、交汇的过程中观念的变化和价值标准的变化。现代性的世界谱系观念如进步、民主、自由、平等等，在西方经由现代化进程的护持下，由地域性的观念上升为世界普遍的原则，同时也成为一种普世的标准。民初遗民却忽略这种西方的普世原则，从时代的认同上讲，具有较多的落后、顽固的成分。对于文化的民族性成分，他们集道统担当、学统承续与文化整理三位一体，从思想观念、制度形态、象征符号等方面，坚守东方式的夷夏原则、君臣伦理和孔教观念，君主立宪制度以及皇帝制度，希望运用这些民族性的 "克里斯玛特质"，重铸民族文化的辉煌，虽然他们在摧枯拉朽的社会进化史观面前有些仓皇失措，但是他们坚守传统文化的真诚，文化保守主义价值观的选择，还是不容否定的。

三千年时间的文化陶塑，遗民历史中孕育着一种可贵的文化品质——遗民精神。遗民精神的构成，其一是忠君爱国思想，尽管在君主专制社会里， "君" 与 "国" 有狭隘的成分，但放大而言，对 "君" 与 "国" 情感的坚守却是培养道德、情操、信仰和理想的有效模式和典范，具有普世性的伦理和社会意义；其二是士人气节，遗民们之所以成为后人仰慕和钦敬的对象，他们不因时序的变化、朝代的更替而成为 "贰臣"，小而言之，关乎个人的名节，大而言之，关乎士人气节，即临难不苟、思想自由、坚持独立的品行和人格；其三是文化志趣和文化理想，人类文明的进步离不开历史的新陈代谢和文化精神的继承和发展，人类社会的推陈出新离不开有主体创造性源泉的人类思维活动，遗民在社会鼎革中并没有因时代的热烈而放弃自己的文化守望，反而冷静地坚守固有的文化价值，看护着一己或整个民族的精神家园，这种无私的精神境界恰恰构成了遗民存在的价值。相比于历代遗民，民初遗民在三个方面的实践显得更为完整、全面和坚韧，从这个意义上说，民初遗民是真正的"文化遗民"。

参考文献

一、史料类

1. 司马迁《史记》，中华书局 1959 年版
2. 脱　脱《宋史》，中华书局 1985 年版
3. 张廷玉《明史》，中华书局 1974 年版
4. 赵尔巽《清史稿》，中华书局 1976 年版
5. 王国维《观堂集林》，河北教育出版社 2001 年版
6.《王国维先生全集》，台湾大通书局 1976 年版
7.《王国维遗书》，上海书店出版社 1983 年版
8. 王庆祥等《罗振玉王国维往来书信》，东方出版社 2000 年版
9. 吴　泽《王国维全集·书信》，中华书局 1984 年版
10. 袁英光、刘寅生《王国维年谱长编 1877—1927》，天津人民出版社 1996 年版
11. 孙敦恒《王国维年谱新编》，中国文史出版社 1991 年版
12. 卞孝萱、唐文权《民国人物碑传集》，团结出版社 1995 年版
13. 钟碧蓉、孙彩霞《民国人物碑传集》，四川人民出版社 1997 年版
14. 缪荃孙《续碑传集》，上海古籍出版社 1987 年版
15. 汪兆镛《碑传集三编》，香港大东图书公司 1978 年版
16. 罗振玉《永丰乡人稿八卷》（含杂著八卷、续八卷、附录一卷），上虞罗氏贻安堂 1921—1922 年刊本
17. 劳祖德整理《郑孝胥日记》，中华书局 1993 年版

326

18. 钱仲联《沈曾植集校注》，中华书局 2001 年版

19. 梁淑安《中国文学家大辞典·近代卷》，中华书局 1997 年版

20. 陈旭麓《中国近代史词典》，上海辞书出版社 1982 年版

21. 中国第二历史档案馆《中华民国史档案资料汇编》，江苏古籍出版社 1991 年版

22. 贾逸君《中华民国名人传》，上海书店出版社 1990 年版

23. 朱师辙《清史述闻》，生活·读书·新知三联书店 1957 年版

24. 王思治《清史论稿》，巴蜀书社 1987 年版

25. 沈云龙《近代中国史料丛刊》（含正编、续编、三编），（台北）文海出版社 1966—1987 年版，包括：

胡思敬《退庐全书》

劳乃宣《桐乡劳先生遗稿》

章　梫《一山文存》

李瑞清《清道人遗集》

陈曾寿《苍虬阁诗》

沈瑜庆《涛园集》

周　馥《秋浦周尚书（玉山）全集》

冯　煦《蒿庵随笔》

金　梁《近世人物志》、《瓜园述异》

梁鼎芬《节庵先生遗诗》

陈宝琛《沧趣楼诗集》

袁荣法《湘潭袁氏家集》

杨寿枏《苓泉居士自订年谱》

周延礽《吴兴周梦坡（庆云）先生年谱》

温　肃《温侍御（毅夫）年谱及檗庵奏稿》

孙玉声《退醒庐笔记》

杨钟羲《雪桥自订年谱》及《雪桥诗话》（共三编）

梁焕鼐、梁焕鼎《桂林梁先生（济）遗书》

缪荃孙《艺风堂文集》

王季烈《螾庐未定稿》

王式通《志庵遗稿》

奭　良《野棠轩文集》

章　钰《四当斋集》

王树枬《故旧文存》

吴道蓉《澹庵文存》

经世文社《民国经世文编》（交通、宗教、道德）

《甲子清室密谋复辟文证》

《上海通志馆期刊》

26. 周和平主编《北京图书馆藏珍本年谱丛刊》，北京图书馆出版社 1998 年版，包括：

李思敬《复叟七十年谱》

吴士鉴《含嘉室自订年谱》

缪荃孙《艺风老人年谱》

申　权《金公年谱》

王舟瑶、王敬礼《默庵居士自订年谱》

张学华、张澍棠《提法公年谱》

王迈常、王蘧常《部昀府君年谱》

戴正诚《郑叔问先生年谱》

王玫伯《默庵居士自订年谱》

张　勋《松寿老人自叙》

陈夔龙《水流云在图记》

王季寅《福山石坞王君年谱》

吕海寰《吕海寰自叙年谱》

瞿鸿机、瞿宣颖《止庵年谱》

严　璩《侯官严先生年谱》

贺培新《水竹村人年谱》

27. 周庆云"晨风庐丛刊"（1914—1917 年刊行），包括：

《晨风庐唱和诗存》

《晨风庐唱和诗续集》

《淞滨吟社集》

《甲乙消寒集》

《壬癸消寒集》

28. 《中国近代文学丛书》，上海古籍出版社 2003 年版，包括：

郑孝胥 《海藏楼诗集》

陈三立 《散原精舍诗文集》

樊增祥 《樊樊山诗集》

易顺鼎 《琴志楼诗集》

杨　圻 《江山万里楼诗词钞》

29. 《民国笔记史料丛刊》，上海书店出版社 1997 年版，包括：

胡思敬 《国闻备乘》

陈灨一 《睇向斋谈往》

秦翰才 《满宫残照记》

陶菊隐 《政海轶闻》

30. 周骏富 《清代传记丛刊》，（台湾）明文书局 1986 年印行，包括：

陈伯陶 《胜朝粤东遗民录》

张其淦 《明代千遗民诗咏》

31. 张其淦 《张氏家传》，桑兵 《清代稿钞本》（第二辑），广东人民出版社、广东大沿海出版工贸有限公司 2009 年版

32. 陈宝琛 《沧趣楼文存》，福建图书馆 1959 年油印本

33. 张学华 《暗斋稿》，广东蔚兴印刷场 1948 年刻本

34. 章　梫 《王章诗存合刻·一山诗存》，刘承干民国丙寅 15 年（1926）刻本

35. 王舟瑶 《王章诗存合刻·默庵诗存》，刘承干民国丙寅 15 年（1926）刻本

36. 《希社丛编》，民国三年（1914）刊本

37. 邹　弢 《希社中兴续编》，1925 年刊本

38. 王先谦 《葵园四种》，岳麓书社 1986 年版

39. 吴　芹 《近代名人文选》，上海大达图书供应社 1935 年版

40. 伦明著、雷梦水校补 《辛亥以来藏书纪事诗》，上海古籍出版社 1990 年版

41. 冒怀苏《冒鹤亭先生年谱》，学林出版社 1998 年版

42. 苏　精《近代藏书三十家》，台北传记文学出版社 1983 年版

43. 章士钊《甲寅杂志存稿》，上海书店出版社 1990 年版

44. 黄　浚《花随人圣庵摭忆》，上海古籍出版社 1983 年版

45. 庄士敦《紫禁城的黄昏》，台湾李敖出版社 1988 年版

46. 李玉安、陈传艺《中国藏书家辞典》，湖北教育出版社 1989 年版

47. 郑逸梅《清末民初文坛轶事》，中华书局 2005 年版

48. 郑逸梅《艺林散叶荟编》，中华书局 1995 年版

49. 郑逸梅《逸梅杂札》，齐鲁书社 1985 年版

50. 郑逸梅《梅庵谈荟》，黑龙江人民出版社 1985 年版

51. 柴德赓等《辛亥革命》，上海人民出版社 1957 年版

52. 章伯锋、李宗一《北洋军阀》，武汉出版社 1990 年版

53. 杜春和《北洋军阀史料选辑》，中国社会科学出版社 1981 年版

54. 中华文史论丛增刊《艺风堂友朋书札》，上海古籍出版社 1980 年版

55. 赵启霖《赵瀞园集》，湖南人民出版社 1992 年版

56. 胡嗣瑗《直庐日记》，中华全国图书馆文献缩微复制中心 1994 年版

57. 张寅彭《民国诗话丛编》，上海书店出版社 2002 年版

58. 陈　毅（诒重）《郇庐遗文》，1936 年刊本

59. 中国科学院北京天文台《中国地方志联合目录》，中华书局 1985 年版

60. 朱士嘉《中国地方志综录》（增订本），商务印书馆 1958 年版

61. 上海图书馆编《中国丛书综录》，上海古籍出版社 1982 年版

62. 施廷镛《中国丛书综录续编》，北京图书馆出版社 2003 年版

63. 孙静庵《明遗民录》，浙江大学出版社 1985 年版

64. 王云五《续修四库全书提要》，台湾"商务印书馆"股份有限公司 1972 年版

65. 汪兆镛《微尚老人自订年谱》，王云五《新编中国名人年谱集成》，台湾"商务印书馆"1981—1982 年版

66. 叶　参、陈邦直、党庠周《郑孝胥传》，《民国丛书》第一编（88），上海书店出版社 1989 年影印版

67. 存萃学社编集《罗振玉传记汇编》，（香港）大东图书公司 1978 年印行

68. 王蘧常《沈寐叟年谱》，台湾"商务印书馆"1977 年版

69. 张大为、胡德熙、胡德焜编《胡先骕文存》，江西高校出版社 1995 年版

70. 王夫之《读通鉴论》，中华书局 1975 年版

71. 王夫之《船山全书》，岳麓书社 1996 年版

72. 阮元校刻《十三经注疏》，中华书局 1980 年影印本

73. 史　玄《旧京遗事》·夏仁虎《旧京所闻》·阙名《燕京杂记》，北京古籍出版社 1986 年版

74. 刘　侗、于奕正《帝京景物略》，北京古籍出版社 1980 年版

75. 顾炎武著、黄汝成集释《日知录集释》，岳麓书社 1994 年版

76. 吴庆坻《辛亥殉难记》，台北成文出版社 1968 年版

77. 吴士鉴《蕉廊脞录》，中华书局 1990 年版

78. 瞿兑之《杶庐所闻录·养和室随笔》，辽宁教育出版社 1997 年版

79. 陈三立《散原精舍文集》，辽宁教育出版社 1998 年版

80. 刘成昌《世载堂杂忆》，辽宁教育出版社 1997 年版

81. 刘体智《异辞录》，中华书局 1997 年版

82. 陈夔龙《梦蕉亭杂记》，北京古籍出版社 1985 年版

83. 徐一士《一士类稿·一士谈荟》，书目文献出版社 1984 年版

84. 梁启超《饮冰室合集》，中华书局 1989 年版

85. 郝树侯《元好问诗选》，人民文学出版社 1983 年版

86. 孔凡礼《增订湖山类稿》，中华书局 1984 年版

87. 顾炎武《顾亭林诗文集》，中华书局 1983 年版

88. 全祖望《鲒埼亭文集选注》，齐鲁书社 1982 年版

89. 卓尔堪《明遗民诗》，中华书局 1961 年版

90. 张　枬、王忍之《辛亥革命前十年间时论选》，生活·读书·新知三联书店 1963 年版

91. 章伯锋、顾亚《近代稗海》，四川人民出版社 1988 年版

92. 中国人民政治协商会议文史资料委员会《文史资料存稿选编　晚清·北洋（上）》，中国文史出版社 2002 年版

93. 缪荃孙等《嘉业堂藏书志》，复旦大学出版社 1997 年版

94. 徐　珂《清稗类钞》，中华书局 1986 年版

95. 邓之诚《骨董琐记全编》，北京出版社 1996 年版

96.《马克思恩格斯全集》，人民出版社 1957 年版

97. 近代报刊/杂志：

《国学季刊》

《亚洲学术杂志》

《史地学报》

《越　风》

《申　报》

《大公报》

《正　谊》

《青　鹤》

《学　衡》

二、论著类

1. 胡平生《民国初期的复辟派》，台湾学生书局 1985 年版

2. 陈鸿祥《王国维传》，人民出版社 2004 年版

3. 吴雁南、冯祖贻等主编《中国近代社会思潮》，湖南教育出版社 1998 年版

4. 章开沅、林增平主编《辛亥革命史》，人民出版社 1981 年版

5. 陈旭麓《近代中国社会的新陈代谢》，上海社会科学院出版社 2006 年版

6. 王庆祥《溥仪交往录》，东方出版社 1999 年版

7. 焦静宜《遗老与遗少》，国际文化出版公司 1994 年版

8. 焦静宜《二十世纪初中国的遗老遗少》，科学出版社 1989 年版

9. 项文惠《嘉业堂主刘承干传》，浙江人民出版社 2003 年版

10. 李性忠《刘承干与嘉业堂》，文物出版社 1994 年版

11. 王森然《近代二十家评传》，上海书店出版社 1990 年版

12. 汪辟疆《汪辟疆说近代诗》，上海古籍出版社 2001 年版

13. 刘衍文《寄庐茶座》，汉语大词典出版社 2004 年版

14. 钱基博《现代中国文学史》，中国人民大学出版社 2004 年版

15. 冯天瑜《明清文化史散论》，华中工学院出版社 1984 年版

16. 冯天瑜、何晓明、周积明《中华文化史》，上海人民出版社 1990 年版

17. 冯天瑜《中华元典精神》，上海人民出版社 1994 年版

18. 冯天瑜《人文论衡》，武汉出版社 1997 年版

19. 冯天瑜、谢贵安《解构专制——明末清初“新民本”思想研究》，湖北人民出版社 2003 年版

20. 罗志田《裂变中的传承》，中华书局 2003 年版

21. 罗志田《国家与学术：清季民初关于“国学”的思想论争》，生活·读书·新知三联书店 2003 年版

22. 桑　兵《晚清民国的国学研究》，上海古籍出版社 2001 年版

23. 罗继祖《枫窗脞语》，中华书局 1984 年版

24. 罗继祖《墐户录》，黑龙江人民出版社 1989 年版

25. 罗继祖《两启斋笔麈》，上海书店出版社、世纪出版集团 2000 年版

26. 罗继祖《鲁诗堂谈往录》，上海书店出版社、世纪出版集团 2001 年版

27. 罗继祖、王庆祥《罗继祖绝妙小品文》，时代文艺出版社 1998 年版

28. 杨荫深《中国学术家列传》，上海书店 1998 年影印"民国丛书"版

29. 王森然《近代二十家评传》，上海书店 1998 年影印"民国丛书"版

30. 人世间社《二十今人志》，上海书店 1998 年影印"民国丛书"版

31. 沈兼士《沈兼士学术论文集》，中华书局 1986 年版

32. 陈寅恪《金明馆丛稿初编》，上海古籍出版社 1980 年版

33. 陈寅恪《金明馆丛稿二编》，上海古籍出版社 1980 年版

34. 姜义华《港台及海外学者论近代中国文化》，生活·读书·新知三联书店 1987 年版

35. 钱　穆《中国近三百年学术史》，商务印书馆 1997 年版

36. 叶嘉莹《王国维及其文学批评》，广东人民出版社 1982 年版

37. 陈祖武《清初学术思辩录》，中国社会科学出版社 1992 年版

38. 张仲礼《中国绅士：关于其在 19 世纪中国社会中作用的研究》，上海社会科学出版社 1991 年版

39. 叶南客《边际人——大过渡时代的转型人格》，上海人民出版社 1998 年版

40. 费孝通《乡土中国　生育制度》，北京大学出版社 1998 年版

41. 杨念群《儒学地域化的近代形态：三大知识群体互动的比较研究》，生活·读书·新知三联书店 1997 年版

42. 余英时《中国思想传统的现代诠释》，江苏人民出版社 1992 年版

43. 余英时《士与中国文化》，上海人民出版社 2003 年版

44. 余英时《中国思想传统及其现代变迁》，广西师范大学出版社 2006 年版

45. 许纪霖《20 世纪中国知识分子史论》，新星出版社 2005 年版

46. 许纪霖《智者的尊严：知识分子与近代文化》，学林出版社 1991 年版

47. "中华文化复兴运动推行委员会"《中国近现代史论集》，台湾"商务印书馆"1986 年版

48. 罗福惠《中国民族主义思想论稿》，华中师范大学出版社 1996 年版

49. 胡伟希《辛亥革命与中国近代思想文化》，中国人民大学出版社 1991 年版

50. 孟　森《明清史论著集刊》，中华书局 1959 年版

51. 喻大华《晚清文化保守思潮研究》，人民出版社 2001 年版

52. 胡逢祥《社会变革与文化传统——中国近代文化保守主义思潮研究》，上海人民出版社 2000 年版

53. 赵　园《明清之际士大夫研究》，北京大学出版社 1999 年版

54. 赵　园《制度·言论·心态》，北京大学出版社 2006 年版

55. 存萃学社《〈四库全书〉之纂修研究》（《清史论丛》第 7 辑），（香港）大东图书公司 1980 年 10 月印行

56. 黄爱平《四库全书纂修研究》，中国人民大学出版社 1989 年版

57. 郭英德《中国古代文人集团与文学风貌》，北京师范大学出版社 1998 年版

58. 郭英德《明清文学史讲演录》，广西师范大学出版社 2005 年版

59. 胡晓明《近代上海诗学系年初编》，上海教育出版社 2003 年版

60. 朱德慈《近代词人考录》，中国社会科学出版社 2004 年版

61. 汤志钧《康有为政论集》，中华书局 1981 年版

62. 赵汀阳《没有世界观的世界》，中国人民大学出版社 2003年版

63. 高瑞泉《中国现代精神传统——中国的现代性观念谱系》（增订本），上海古籍出版社 2005 年版

64. 陈嘉明《现代性与后现代性十五讲》，北京大学出版社2006 年版

65. ［德］马克斯·韦伯《新教伦理与资本主义精神》，陕西师范大学出版社 2006 年版

66. ［美］C. E. 布莱克《现代化的动力——一个比较史的研究》，浙江人民出版社 1989 年版

67. 汪　晖《文化与公共性》，生活·读书·新知三联书店1998 年版

68. ［英］安东尼·吉登斯《现代性与自我认同》，生活·读书·新知三联书店 1998 年版

69. 罗荣渠《现代化新论——世界与中国的现代化进程》，商务印书馆 2004 年版

70. ［美］艾　恺《世界范围内的现代化思潮——论文化守成主义》，贵州人民出版社 1991 年版

71. ［美］艾　恺《最后的儒家——梁漱溟与中国现代化的两难》，江苏人民出版社 2003 年版

72. 林毓生《中国传统的创造性转化》，生活·读书·新知三联书店 1988 年版

73. 刘泽华《中国古代政治思想史》，南开大学出版社 1992 年版

74. 朱日耀《中国古代政治思想史》，吉林大学出版社 1988 年版

75. 费孝通《乡土中国　生育制度》，北京大学出版社 1998 年版

76. 方　勇《南宋遗民诗人群体研究》，人民出版社 2000 年版

77. 陈庆元《福建文学发展史》，福建人民出版社 1996 年版

78. 潘成玉《清初诗坛：卓尔堪与〈遗民诗〉研究》，中华书

局 2004 年版

　79. 赵红娟《明遗民董说研究》，上海古籍出版社 2006 年版

　80. 陆学艺、景天魁《转型中的中国社会》，黑龙江教育出版社 1994 年版

　81. 溥　仪《我的前半生》，群众出版社 1964 年版

　82.《鲁迅全集》　人民文学出版社 1981 年版

　83. 中国政协全国文史委员会及各省市县编辑的文史资料

三、论文类

　1. 欧阳哲生《中国近代文化流派之比较》，《中州学刊》1991 年第 6 期

　2. 何晓明《近代中国文化保守主义述论》，《近代史研究》1996 年第 5 期

　3. 罗福惠《概论近代以来我国文化传统主义的演化》，《华中师范大学学报》1987 年第 6 期

　4. 胡逢祥《试论中国近代史上的文化保守主义》，《华东师范大学学报》(哲学社会科学版) 2000 年第 1 期

　5. 张田生《明遗民与清初医学的发展》，《甘肃中医学院学报》2005 年第 1 期

　6. 庞　鸥《抱香怀古意，恋国忆前身——泛议宋、明遗民艺术》，《东南文化杂志》2001 年第 4 期

　7. 葛兆光《世间原未有斯人——沈曾植与学术史的遗忘》，《读书》1995 年第 9 期

　8. 林贤治《文化遗民陈寅恪》，《书屋》1998 年第 6 期

　9. 刘振华《论钱谦益的"文化遗民"心态》，《东南文化》2000 年第 11 期

　10. 傅道彬、王秀臣《郑孝胥和晚清文人的文化遗民情结》，《北方论丛》2002 年第 1 期

　11. 傅道彬、王秀臣《海藏楼内外的郑孝胥》，《北方论丛》2005 年第 1 期

　12. 桑　兵《民国学界的老辈》，《历史研究》2005 年第 6 期

13. 李　瑄《刘遗民非"遗民"考》，《史学集刊》2005 年第 4 期

14. 张　兵《遗民与遗民诗之流变》，《西北师大学报》（社会科学版）1998 年第 4 期

15. 徐学林《试论清末至民国前期的安徽出版业的历史地位》，《出版发行研究》1999 年第 6 期

16. 徐学林《精于理财，拼命存古——近代出版家刘世珩传略》，《出版史料》2003 年第 1 期

17. 熊月之《辛亥鼎革与租界遗老》，《学术月刊》2001 年第 9 期

18. 龚汝富、刘钧《略论胡思敬的文化保守主义及其诗文》，《江西教育学院学报》2001 年第 5 期

19. 孙　明《清遗民关怀中的治统与道统——以沈曾植、曹廷杰为个案》，《史林》2003 年第 4 期

20. 赵利栋《略论王国维的学术价值取向：学术独立与求道心态》，《学术研究》2003 年第 4 期

21. 邵盈午《从梁济"自沉"看中国近代遗老的文化心态》，《上海师范大学学报》2004 年第 1 期

22. 韩春英《论梁鼎芬——晚清忠君卫道型知识分子的典型代表》，河北大学 2001 年硕士论文

23. 傅阳华《明遗民画家若干问题研究》，首都师范大学 2002 年博士论文

24. 王　雷《民国初年前清遗老群体心态剖析》，广西师范大学 2003 年硕士论文

25. 陈丹丹《"十里洋场"与"独上高楼"——民初上海遗民研究》北京大学 2003 年硕士论文

26. 许丽梅《民国时期四川"五老七贤"述略》，四川大学 2003 年硕士论文

27. 许全胜《沈曾植年谱长编》，华东师范大学 2004 年博士论文

28. 刘　慧《胡思敬仕履及其心路历程研究》，江西师范大学

2005 年硕士论文

29. 罗惠缙《清末民初遗民关系摭拾》, 《贵州社会科学》2007 年第 3 期

30. 罗惠缙《1913 年至 1914 年间的"道德救亡"思想解析》,《武汉理工大学学报》(人文社会科学版) 2006 年第 6 期

31. 罗惠缙《民初遗民生存方式之文化意蕴解析》, 《求索》2007 年第 4 期

32. 罗惠缙《一死从容殉大伦, 千秋怅望悲遗志——"文化遗民"王国维论》,《光明日报》2007 年 5 月 18 日

33. 罗惠缙《主题选择与文学表达的差异性——京、沪 1913 年上巳日三场修禊诗比较研究》,《吉首大学学报》(人文社会科学版) 2009 年第 6 期

34. 罗惠缙《民初遗民诗话的民族意识探析——以魏元旷〈蕉庵诗话〉为中心》,《广西社会科学》2010 年第 8 期

35. 戴　逸《〈清史稿〉的编纂及其缺陷》,《清史研究》2002 年第 1 期

36. 邹爱莲、韩永福、卢经《〈清史稿〉的编纂纂修始末研究》,《清史研究·史苑》2004 年

后　记

　　本书是在博士论文的基础上修订而成的。翻阅博士论文原稿，一股珍爱之情油然而生，毕竟它是一段时间心血的凝结，也是一份心情记录。

　　看着原来的写作后记，思绪又进入了当时的状态，敝帚自珍，原后记一字不落地呈现：

　　写完论文，不自觉地想起了艾青的诗句："为什么我的眼里常含泪水？因为我对这土地爱得深沉。"虽然引发我眼泪的不是"土地"，但几年来的师情、友情、亲情常让我泪水涟涟，它们既让我愧疚，也使我振奋。

　　三年前，在两平米的地下室熬过几个月复习时间的我，有幸进入武汉大学，在冯天瑜先生门下学习中国文化史。先生学问宏博，思接千载，视通万里，睿智的思想火花、汪洋的知识学问每在授课之时贯注我心中，读其著述，也犹如春风化雨，滋润在我的心坎，生性驽钝的我常常有意外的收获。论文从选题到框架结构的确定、字句的推敲，无一不浸透冯师的心血，尤其是2006年5、6月间，2007年4月间冯师因颈椎疼痛难忍不得已动手术时，在病床上还不时牵挂我论文的架构，适时指点我的研究，并悉心批点论文初稿。论文还有许多不如意处，诚使我歉疚、惶恐，唯有在以后的时间中精进锤炼，方能不辜负冯师的一片教诲和厚意。人常言，经师易得，人师难逢，经师、人师都为我所占，诚人生中一大快事也。

　　鉴于选题的宏观性特征和前人研究区域拓展狭窄的现状，资料搜寻和论文写作对我是一个很大的挑战。民初遗民人物繁多，相关史料和个人文集往往隐藏于壁立千仞的图书架上，每一次有用的发现，都会增添内心的一份厚实和喜悦。武汉大学图书馆、武汉大学历史学院资料室、华中师范大学近代史研究所资料室、吉首大学图书馆等地无一不留下我查阅资料的足迹。每当寒鸦驮着夕阳的余晖飞越清幽的楚天之际，也正是我背着沉甸甸的复印书籍、骑着自行车载着众多的好心老师惠我的无数资料或资料线索赶回宿舍之时。论文写作的主体是我，但是论文的架构和丰实离不开众多师友的智慧贡献，武汉大学钟年教授、覃启勋教授、谢贵安教授、罗运环教授、杨华教授、任放教授、聂长顺博士后，华中师范大学罗福惠教授，华中科技大学孙秋云教授，湖北省社会科学院张艳国博士后，贵州大学张新民教授，中原工学院柳素平博士，同门学友万齐洲、陈绍辉博士等无不给我以有益的启迪，或惠以思想，或惠以批评，所在单位吉首大学文学与新闻传播学院简德彬院长、张和宇书记等领导也殷殷在望。许多心仪的宝贵资料是在中山大学刘述良博士、安徽财经大学刘纪荣博士、南京大学刘晗博士、王泽庆博士、华中师范大学刘海军博士、武警指挥学院长沙分院罗新钢硕士等朋友的帮助下获得的，论文的成形有上述师友的一份功劳、一份期待。

"黎洲老人坐雪交亭中，不知日之早晚，倦则出门行塍亩间，已复就坐，如是而日、而月、而岁，其所凭之几，双肘隐然。"我的就学远逊于黎洲老人，所凭之几，无双肘隐痕，但20余万字的写作毕竟是个巨大的考验，夜深鼾声四起之时，正是我挑灯奋战兴酣之际。字符数量的增长，不纯意味着胜利的曙光在前，更重要的是它能抚平我心中的牵挂、卸载负债的亲情、告慰父亲的在天之灵。

还差4个月，便是父亲逝世20年的祭日，每当在学习、论文写作过程中偷懒或情绪松懈时，父亲清瘦的面容就会浮现在我的面前，回想起父亲对儿女们学习的无限期望，尤其是他临逝前因没有看到我们姐弟五人考上大学而流下遗憾的泪水时，倍感伤神的我不由自主地翻开了桌上的书，摸起了手中的笔，论文或许是为自己而写，或许是为女儿、妻子及亲人而写，不知不觉间女儿写给我的信

341

涌现在心头。

　　在远方的爸爸：
　　　　您辛苦了！
　　　　岁月就是这样的慢，年复一年，日复一日，我总是在家里等着您。您的文章写得怎样了？身体好吗？您千万别被冬风吹感冒了呀！我有时想您了，就安慰自己：爸爸出差了，晚上才能回来。风儿吹起了笛子，为我伴奏；花儿跳起了优美的舞蹈，让我欣赏……您是不是仿佛闻到了花香？
　　　　　　　　　　　　　　　　　　　您的女儿：罗涵秋

　　每当翻看女儿元旦写给我的信，眼泪不禁潸然而下，几乎每一次从吉首乘车来武汉上学，火车撞击铁轨的咔嚓声总会在送行女儿思念的哭声中碾过。三年中，颇喜粘我的女儿压抑着自己的想念从小学一年级读到了三年级，妻子周彩云一人辛勤地操持女儿的学习、生活和家务，并鞍前马后地为我的求学服务，年迈的母亲、岳父母及兄、弟、姐、侄们都为我的求学牵肠挂肚。为子、为父、为夫、为兄弟的我，除了感激和热泪，存留心中的有太多的愧疚、太多的歉意、太多的感慨！
　　　　师情如山，磅礴崔嵬！
　　　　友情如海，横无际涯！
　　　　亲情如水，静谧浩渺！
　　天道可以酬勤，对我而言，今后唯有更勤，方能报得"三情"之春晖！

　　论文在答辩时得到众多老师的肯定，这是对我的鼓励。毕业后的几年，尽管有繁重的管理工作，却没有放松对论文的完善和充实，对原论文的框架结构做了一定的调整。4 年来继续掏挖和拓展，先后发表了论文十多篇，承担国家社科基金课题 1 项，省级科研课题 3 项，研究的深入使得自己对课题的意义及价值有了新的认识。同事、朋友、亲人的关心和鼓励充注了更大的动力，我会继续在学术的道路上前进，我依然坚信：天道酬勤！

本书的出版，得到了武汉大学出版社陈庆辉社长等人的大力支持，学术分社陶佳珞社长亲任本书的责任编辑，并提供了众多有价值的修改意见。古道热肠，铭记肺腑。

谨谢助力的各位老师、朋友、同事、亲人！敬祈读者批评指正！

2007 年 4 月 20 日初稿于武汉珞珈山

2010 年 3 月修订于吉首大学